REVISTA TRIMESTRAL DE

DIREITO PÚBLICO

43/2003

MALHEIROS EDITORES

Revista Trimestral de Direito Público

Órgão do

INSTITUTO GERALDO ATALIBA
IDEPE — INSTITUTO INTERNACIONAL
DE DIREITO PÚBLICO E EMPRESARIAL

INSTITUTO DE DIREITO ADMINISTRATIVO PAULISTA
IDAP

RTDP
Publicação trimestral de
MALHEIROS EDITORES LTDA.
Rua Paes de Araújo, 29, cj. 171
CEP 04531-940 - São Paulo, SP - Brasil
Tel.: (011) 3078-7205 - Fax.: (011) 3168-5495
Diretor responsável: Álvaro Malheiros
Diretora: Suzana Fleury Malheiros

Assinaturas e comercialização:
CATAVENTO DISTRIBUIDORA DE
LIVROS S.A.
Rua Conselheiro Ramalho, 928
CEP 01325-000 - São Paulo, SP - Brasil
Tel.: (011) 3289-0811 - Fax.: (011) 3251-3756
Supervisão Gráfica: Vânia Lúcia Amato
Editoração Eletrônica: Letra por Letra Studio

SUMÁRIO

DOUTRINA

EL LEGISLADOR RACIONAL Y LA PREDECIBILIDAD DE LA CONDUCTA HUMANA 5
— Fernando Sainz Moreno

COMPETÊNCIA URBANÍSTICA MUNICIPAL E COMPETÊNCIA DA UNIÃO EM MATÉRIA DE TELECOMUNICAÇÕES: INTERFERÊNCIAS 26
— Celso Antônio Bandeira de Mello

ACUMULAÇÃO DE CARGO POLÍTICO COM FUNÇÕES PARTICULARES 36
— Cármen Lúcia Antunes Rocha

A SEGURANÇA JURÍDICA NA ERA DA VELOCIDADE E DO PRAGMATISMO. Reflexões sobre direito adquirido, ponderação de interesses, papel do Poder Judiciário e dos meios de comunicação 52
— Luís Roberto Barroso

ALTERAÇÃO EM CONTRATO DE CONCESSÃO RODOVIÁRIA 65
— Floriano de Azevedo Marques Neto

RESPONSABILIDADE CIVIL DO ESTADO POR ATOS LEGISLATIVOS (Revivescimento de uma antiga questão) 79
— Edilson Pereira Nobre Júnior

ASPECTOS DO CONSELHO NACIONAL DE JUSTIÇA 96
— Heraldo Garcia Vitta

IMPROBIDADE ADMINISTRATIVA, AGENTES POLÍTICOS E FORO PRIVILEGIADO 107
— Wallace Paiva Martins Junior

O PROCESSO ADMINISTRATIVO NO ROL DOS DIREITOS E GARANTIAS INDIVIDUAIS 126
— Egon Bockmann Moreira

SANÇÃO ADMINISTRATIVA E O PRINCÍPIO DA CULPABILIDADE 136
— Rafael Munhoz de Mello

PARECERES

O CAMPO DE INCIDÊNCIA DO DEVER DE LICITAR — ENTIDADE FECHADA DE PREVIDÊNCIA COMPLEMENTAR PATROCINADA PELO PODER PÚBLICO E ENTIDADES AUXILIARES SUAS: DESCABIMENTO DE LICITAÇÃO PARA CONTRATÁ-LA — CONSTITUCIONALIDADE DO DECRETO FEDERAL 4.978, DE 3.2.2004 — OFENSA AO PRINCÍPIO DA MORALIDADE ADMINISTRATIVA NA CONTRATAÇÃO DE UM TERCEIRO 163
— Celso Antônio Bandeira de Mello

FAIXAS DE DOMÍNIO DE RODOVIAS ESTADUAIS CONCEDIDAS. USO DO SOLO E DO ESPAÇO AÉREO POR CONCESSIONÁRIA DE SERVIÇO PÚBLICO FEDERAL 171
— Adilson Abreu Dallari

A CVM E O DEVER DE GUARDAR SIGILO 190
— Pedro Dutra

ESTUDOS E COMENTÁRIOS

TRIBUNAL DE CONTAS 203
— João Feder

O COMBATE À CORRUPÇÃO NO ESTADO DEMOCRÁTICO DE DIREITO: A AÇÃO POPULAR 209
— Flavia Piovesan

NEOLIBERALISMO, JUSTIÇA E GOVERNABILIDADE 216
— Rogério Medeiros Garcia de Lima

O PRINCÍPIO CONSTITUCIONAL DA EFICIÊNCIA NA ADMINISTRAÇÃO PÚBLICA 223
— Juliano Henrique da Cruz Cereijido

SERVIÇOS DE TERCEIROS OU SUBSTITUIÇÃO DE MÃO-DE-OBRA. Interpretação do art. 72 da Lei de Responsabilidade Fiscal 233
— Marcelo Palavéri e Walter Penninck Caetano

EL LEGISLADOR RACIONAL Y LA PREDECIBILIDAD DE LA CONDUCTA HUMANA*

FERNANDO SAINZ MORENO

Universidad Complutense

I — Introducción: 1. Algunas consideraciones sobre la "proliferación jurídica" como parte de la "proliferación total"; 2. Idea central del fundamento filosófico de la relación entre racionalidad y predecibilidad en nuestra cultura jurídica; 3. Esquema. II — El legislador racional: 1. La racionalidad del legislador; 2. Razón suficiente; 3. Racionalidad de los fines: a) ¿Somos libres o estamos determinados?; b) Razón y sentimiento de justicia; 4. Toma de buenas decisiones e interdicción de la arbitrariedad. III — Predecibilidad de la conducta humana: 1. La predecibilidad en el ámbito político y jurídico: a) ¿Es predecible el futuro?; b) La predicción para el poder normativo; c) La predicción para quien juzga; 2. Valor de la predecibilidad para los ciudadanos: a) La vida personal proyectada hacia el futuro; b) La subsistencia personal. El pacto entre generaciones; c) Confianza en la estabilidad del derecho. La seguridad jurídica.

I — INTRODUCCIÓN

Mi intervención en este Seminario sobre *La Proliferación Legislativa, un Desafío para el Estado de Derecho*, organizado por el Colegio Libre de Eméritos, se sitúa en el marco de la "introducción general sobre la teoría y realidad de la legislación", preparada por el coordinador, profesor Francisco J. Laporta, y repartida hace tiempo entre los ponentes. Esta introducción constituye, pues, el punto de partida del Seminario. En ella se encuentra el germen de lo que después se dirá, con variaciones de extensión y de sentido, sobre la predecibilidad de las relaciones humanas como elemento de racionalidad del derecho. Pero antes tenemos que hacer algunas consideraciones generales sobre la llamada "proliferación legislativa" porque ésta no se entiende bien, a mi juicio, si la consideramos como un fenómeno aislado, característico de la producción actual de normas, cuando en

* Publicado en *La Proliferación Legislativa, un Desafío para el Estado de Derecho*, Seminario organizado por el Colegio Libre de Eméritos, Civitas, 2004.

realidad es una manifestación del prolífico mundo occidental en que vivimos, cuya "abundancia" lo inunda todo.

1. Algunas consideraciones sobre la "proliferación jurídica" como parte de la "proliferación total"

Hablo de la "proliferación jurídica" y no, como es lo habitual, de la "proliferación legislativa", porque la situación actual es el resultado de la conjunción de la abundancia de normas con la abundancia de resoluciones de todo tipo, administrativas y judiciales, y con la inundación de literatura jurídica que llega a cotas inalcanzables, hasta el punto de que ya no es posible ni conocer su contenido, ni siquiera leer y comprender los títulos de lo que se publica sobre una rama del derecho — basta, para comprobarlo, examinar cualquier "Boletín de Sumarios" que los centros de documentación difunden quincenal o mensualmente.

Está claro, por lo demás, que este fenómeno que los juristas calificamos de "proliferación" es una manifestación de la "proliferación total" en la que vivimos, donde se multiplican las informaciones, las creaciones literarias, las actuaciones económicas, las doctrinas políticas, los actos sociales, las relaciones humanas que aparecen y desaparecen sin dejar rastro. Ése es el mundo en el que lo que llamamos derecho se crea y se transforma, y en el que se ejerce la potestad normativa. Quienes la ejercen son responsables de la mala calidad de las normas, en algunos supuestos, visible a primera vista y, en otros, más graves, oculta. Pero su responsabilidad la comparten con tantos titulares estatales, regionales, locales, comunitarios, etc., que resulta muy difícil imputar a cada uno de ellos la que le corresponde si se diera el caso de que, el presunto responsable, hubiera tenido la posibilidad de hacerlo mejor, dada la distribución de competencias, la fuerza vinculante de tantas sentencias y las imperiosas exigencias de una política que vive al día del cambio constante.

El magma normativo no vive aislado. Está metido en un recipiente o, mejor, flota simbióticamente en un líquido de infinitas actuaciones de las que nacen usos y costumbres, de innumerables decisiones administrativas y judiciales que crean precedentes más o menos vinculantes, y de miles de comentarios, notas y estudios jurídicos que unas veces aclaran y otras muchas tergiversan o confunden el sentido de las normas positivas.

La literatura jurídica es también, en efecto, causante del estado de cosas que tantas veces se denuncia. No es raro que quien protesta por la confusión normativa sea, él mismo, un contribuyente neto a la confusión que denuncia. Pedimos control de la calidad de las normas, y es justo que lo hagamos, pero también deberíamos pedirlo de las obras jurídicas que tantas veces incrementan el caos, cambian la terminología aceptada e, incluso, el sentido de los conceptos básicos, con total impunidad, invocando, simplemente, la libertad de ser original. Es cierto que muchas novedades terminológicas o conceptuales son flor de un día y se puede sospechar que ni siquiera sus autores las recuerdan después de haberlas publicado. El "sentido común" y la "naturaleza de las cosas" decantan lo que es valioso de lo que no lo es y va depositando en el fondo de la corriente el lodo que enturbia las aguas. Cualquiera puede escribir o enseñar lo que quiera y, lo que es peor, obligar a los alumnos a aprender las teorías más incomprensibles, los conceptos más confusos e, incluso, a aprender la crítica — no a criticar — aquello que es valioso. Contra este riesgo no se pueden adoptar medidas directas. La censura de los contenidos de la enseñanza es inimaginable y el delito de embarullar las mentes no está tipificado en ningún Código. La superación de ese estado de cosas va por otro camino. En el ámbito de las Facultades de Derecho la corrección de estas situaciones se produce por la vía del contraste: cada alumno ha tenido — ha gozado y ha sufrido — a lo largo de su carrera un suficiente número de profesores, y ha leído — o debido leer — un suficiente número de manuales y libros que le permite ir depurando, por sí solo, las nociones, conceptos, modos de razonar útiles para el pensamiento jurídico y apartando lo que no es más que producto de la ignorancia, de la falta de experiencia, de la insuficiencia mental o de un enfurruscamiento personal, más o menos simpático. Y, ya fuera de las Facultades, los jueces, los abogados, los funcionarios, los ciudadanos en general, hacen lo mismo para poder sobrevivir: criban el bombardeo incesante de noticias de todo tipo, declaraciones políticas, obras y actos culturales, etc., al que están sometidos. La queja por el exagerado número de leyes es antigua "corruptissima re pública plurimae leges" (Tacitus).

Y, sin embargo, el caos no es absoluto. Todavía los ciudadanos, aunque protestan, lo soportan y sienten seguridad suficiente para desarrollar sus vidas. Ésta es una cuestión, pues, de psicología. Si retrocedemos en el tiempo a épocas en las que el "magma" jurídico era infinitamente menor, la crítica contra legislación, que agobia al hombre "de la cuna a la sepultura", era constante. Sólo Calígula encendiendo una gran hoguera nos podrá salvar, escribía Bermúdez de Peraza en 1612.

¿Esta situación puede mejorar? Parece que sí, pero al buscar fórmulas para lograrlo no podemos olvidar que el mal de la "proliferación legislativa" forma parte de la "proliferación jurídica" a la que todos, y no sólo los titulares de las potestades normativas, contribuimos. Cuando hablamos, pues, de "estos tiempos de legislación motorizada e imperfecta" tenemos que hablar, también, de "estos tiempos de literatura jurídica motorizada e imperfecta" cuya inocuidad sería ingenuo proclamar, y exigirnos a nosotros mismos sencillez y claridad que contribuya a poner orden intelectual en la creciente masa de normas — cuya cantidad no es necesariamente mala — convirtiéndola en un ordenamiento jurídico en el que el sentimiento de lo que es justo siga siendo, a pesar de todo, la fuerza que hace progresar el derecho.

2. Idea central del fundamento filosófico de la relación entre racionalidad y predecibilidad en nuestra cultura jurídica

En efecto, la cantidad de normas, al igual que la cantidad de resoluciones o de estudios jurídicos, no es por sí misma un mal. Coincido en esto con Francisco Laporta cuando dice en su introducción: "la cantidad de legislación en abstracto no tiene por qué forzar una valoración negativa (...). Desde el punto de vista cuantitativo las leyes han de ser las necesarias, ni demasiadas, ni demasiado pocas". El problema no está en la cantidad sino en la calidad y, muy especialmente, en la inestabilidad. ¿Por qué?

Francisco Laporta responde que "la proliferación desordenada de la legislación puede ser una amenaza para los fundamentos mismos de nuestra cultura jurídica, pues en la medida en que destruya la predecibilidad y la constancia en el tiempo de los parámetros legales por los que nos regimos, está poniendo en peligro el valor básico de la autonomía individual y promoviendo un fundamento antropológico diferente para nuestro sistema jurídico".

Por lo tanto, la respuesta que Laporta nos propone se encuentra en las raíces filosóficas de la cultura jurídica occidental, en su presupuesto antropológico: "la visión del ser humano como artífice de sus propios pensamientos; de sus acciones y decisiones, del ser humano como dueño de sí mismo, como constructor y diseñador de su propia vida". Lo cual, para Laporta significa que la autonomía personal, fundamento de la dignidad humana, está compuesta de libertad negativa — libertad de no impedimento — y de libertad positiva, libertad que permite al hombre proyectar en el tiempo sus planes, sus deseos o intereses, proyectar su propia vida. Para que ello sea posible es necesario un medio ambiente social razonablemente predecible y estable, del que forma parte esencial el orden, la seguridad y la estabilidad. Y, concluye Laporta, "esta percepción del derecho y la legislación como un mecanismo creado para posibilitar al máximo las decisiones individuales, en virtud del grado de certidumbre que la eficacia de las leyes introducen en el contexto social, forma parte del pensamiento moderno, al menos desde el Renacimiento, pero se profundiza con la fundación del Estado de Derecho pues en él, la aspiración fundamental del orden jurídico no es sólo que los ciudadanos se sometan a las leyes, creando así un espacio para la predecibilidad de sus comportamientos, sino que lo hagan también los gobiernos y las demás agencias del poder".

3. *Esquema*

Pues bien, asumiendo lo anterior, aquí trato ahora de exponer la idea de que la predecibilidad del derecho como una exigencia de la autonomía personal hay que interpretarla en el contexto general de la predecibilidad como base de la vida humana. Nuestra vida discurre, día a día, como bien sabemos, hacia un futuro que creemos conocer o, al menos, que podemos imaginar, porque de él tenemos un saber previo, no completo ni exacto, pero suficiente para hacer soportable la vida a quienes, como los seres humanos, tienen conciencia de su propia existencia, con un pasado que recuerdan, un presente instantáneo y un previsible futuro. De ese saber forma parte el ordenamiento jurídico. Está claro, sin embargo, que la predicción de lo que puede suceder no depende sólo de las características del ordenamiento jurídico, de su claridad, de su completitud, de la calidad y estabilidad de las normas que lo forman. Todo ello, sin duda, se integra en la mínima seguridad que necesitamos para proyectar nuestras vidas, o dicho más sencillamente, para vivir. Pero esa mínima seguridad nos la da, sobre todo, el hecho de que, previsiblemente, las "cosas" en general, se van a producir siguiendo el orden de los días y de las noches, de las estaciones, del crecimiento, la madurez, la vejez y la muerte, etc. Sobre esa sucesión ordenada vivimos aun asumiendo que se producirán situaciones imprevistas, algunas muy graves, que la rompan. La base de nuestra vida, sin embargo, se encuentra en la previsible continuidad de un orden conocido de acontecimientos cuya fragilidad asumimos y nos mantiene alertas, aunque no demasiado, porque sobre el temor de todo lo que puede suceder, es imposible vivir. Es bien sabido que los centinelas tienden a dormirse incluso antes de la batalla.

Y podemos predecir, también, cómo se van a comportar los demás. El fundamento de esta predicción se basa en nuestra convicción de que todos los hombres tienen la misma conciencia de su identidad personal que tenemos cada uno de nosotros, porque hay una igualdad básica entre todos aunque modulada por las circunstancias. Esa igualdad básica nos permite imaginar el comportamiento y las reacciones de los demás teniendo en cuenta el entorno en que se han formado.

Sobre estos presupuestos de predecibilidad se sustenta el derecho. Para cada ciudadano y, también, para cada poder público, "adivinar" lo que puede suceder es un ejercicio constante de intuición y de racionalidad. Las normas se dictan con base al pronóstico de cuál va a ser su eficacia — ¿Se van a respetar?, ¿En qué medida? —, y de cuáles van a ser sus efectos directos sobre el comportamiento de aquellos a los que van dirigidas, y sus efectos indirectos sobre los bienes que se pretenden proteger o estimular. Esa predicción la hace quien dicta la norma pero, con frecuencia, traslada a quien debe cumplirla y aplicarla, la tarea de concretarla. Y esa predicción tiene que hacerla también el ciudadano no sólo de las normas que, directa o indirectamente, le van a vincular o afectar, sino también de la valoración que sus actos van a recibir al aplicarse esas normas.

La predecibilidad tiene, pues, varias caras conectadas entre sí. Esta ponencia pretende exponer esas conexiones. ¿Cómo operan para los titulares del poder público? ¿Qué valor tienen para los ciudadanos?

Pero antes de examinar esas cuestiones debemos hacer una consideración previa: ¿En qué medida las predicciones forman parte de la racionalidad del derecho? ¿En qué medida somos libres para hacerlas?

II — El legislador racional

1. La racionalidad del legislador

Del título de este seminario se deduce que se ha tomado como punto de partida la idea de que un legislador es racional cuando adopta sus decisiones teniendo en cuenta lo que puede predecir de las relaciones humanas (lo que los ciudadanos quieren y lo que van a querer pasado algún tiempo, lo que hacen y lo que van a hacer). El legislador es racional cuando razona correctamente sobre la eficacia jurídica y sobre los efectos sociales de sus normas, teniendo en cuenta que esas normas van a ser aplicadas a conductas humanas de alguna manera predecibles y a circunstancias materiales hasta cierto punto también pronosticables.

El alcance de este enunciado es, sin embargo, difícil de precisar, pese a que parece fácil comprender lo que queremos decir cuando empleamos los términos "racional" y "razonable". En el lenguaje ordinario y en el lenguaje jurídico se utilizan constantemente esos adjetivos calificativos: "no es racional que", "es perfectamente razonable que en ese caso se tomara esa decisión", "no había necesidad racional de", "debe repetirse la votación porque existe duda razonable sobre el resultado", "el expediente se iniciará previa petición razonada". En cada uno de estos casos los adjetivos racional, razonable, tienen un significado diferente; ¿Qué significan cuando los aplicamos al legislador? ¿Significa lo mismo decir que el hombre es un animal racional que decir que el mundo es racional? ¿Significa lo mismo cuando lo decimos del género humano que cuando lo predicamos de un hombre concreto? Y, en nuestro caso, cuando hablamos de la racionalidad del legislador en general y cuando hablamos de un legislador concreto ¿Estamos hablando de lo mismo? ¿Podemos calificar de racional al legislador o ello entraña una *contradictio in adiecto*? Eso depende de lo que entendamos por racional, porque no todos los conceptos a los que se agrega el adjetivo racional tienen notas comunes, ni la aplicación de ese adjetivo conduce al mismo significado.

En general, racional significa que algo es susceptible de ser entendido, que tiene una razón de ser. Y racional aplicado a un ser humano significa, en primer lugar, que ese ser tiene capacidad de entender lo que le rodea y de entenderse a sí mismo, esto es, que es inteligente en el sentido de que tiene conciencia de lo que sabe y de los límites de su propia capacidad de conocer y de recordar, pero también significa que lo que ese hombre dice o hace responde a un criterio común de razón.

En cierto modo podemos aplicar ese significado de racionalidad al legislador, a lo que hace y al resultado de su acción, aunque ello entrañe el riesgo, en algunos casos, de hipostasiarlo.

2. Razón suficiente

De una parte, podemos decir que todo lo que el legislador hace es racional porque tiene una razón de ser. Por lo tanto, puede ser entendido. Se trata del antiguo "principio de razón suficiente", o "razón determinante" que José Ferrater Mora define así: "Nada es o nada sucede, sin que haya una razón para que sea o para que suceda o sin que haya una razón que lo explique", Leibniz (*Monadología*) lo formuló (*principium reddendae rationis*) como uno de los grandes principios en que se fundan nuestros razonamientos: "consideramos que ningún hecho puede ser verdadero o existente y ninguna enunciación verdadera sin que haya una razón suficiente para que sea así y no de otro modo"; "nada acontece sin razón". Wolff (*Ontología*) le dio un lugar preferente en el razonamiento: Razón suficiente es aquello por lo cual entendemos que algo es (*Per rationem sufficientem intelligimus id, unde intelligitur cur aliquid sit*). Schopenhauer distinguió cuatro tipos de razón suficiente (*Sobre la Cuádruple Raíz del Principio de Razón Suficiente*): Razón suficiente del devenir (todo lo que pasa en los objetos físicos o materiales puede explicarse); del conocer — hay una razón para que una determinada proposición sea verdadera; del ser — toda propiedad relativa a números y figuras geométricas es explicable en términos de otras propiedades — y del obrar — hay siempre una razón por la cual alguien hace lo que hace. Heidegger (*La Esencia del Fundamento* y *Principio de Razón*) situó este principio en el más amplio problema del fundamento (*Grund*), en la libertad de fundamentar (*gründen*) en su doble forma, negativa (*nihil est sine ratione*) y afirmativa (*omne ens habet rationem*).

También lo que el legislador hace tiene una razón de ser y su obra, el ordenamiento — aunque éste no se agote en las normas positivas que el legislador promulga —, puede ser entendido. La búsqueda de esa razón es parte fundamental de la interpretación jurídica. Ahora bien, como es obvio, el que exista una "razón suficiente" no significa que sea "racional" en el otro sentido de la expresión, esto es, que sus mandatos sean racionales por los fines que persiguen y por los medios que utiliza para alcanzarlos. Veamos en qué consiste, o en qué debiera consistir, la racionalidad de los *fines* y la racionalidad de los *medios*.

3. *Racionalidad de los fines*

Este otro aspecto de la racionalidad — ¿El legislador es racional por los fines que persigue? — presupone la existencia de una "razón suficiente" en el sentido que hemos expuesto pero ahora de lo que se trata es de hacer una valoración de esa razón desde el punto de vista que Max Weber propuso cuando formuló la distinción muy clarificadora entre la "racionalidad de los fines" (*Zweckrationalität*) y la "racionalidad del valor" (*Wertrationalität*).

El argumento de la racionalidad de los fines se utiliza para objetos muy diversos: ¿Es racional establecer la mayoría de edad a los 14 años? ¿Es racional prohibir la tortura? ¿Es racional prohibir la delegación del voto? ¿Lo es prohibir la pena de muerte o los Tribunales de Honor? ¿Es racional que los accionistas y no los profesionales controlen la actividad de una empresa? ¿Es racional prohibir a las parejas de homosexuales adoptar niños?, ¿Es racional regular la poliandria o la poligamia como situaciones estables? En estos y en otros casos — en general siempre que se valoran los fines de una regulación, ¿Puede utilizarse el criterio de la racionalidad? ¿Es la razón la que permite valorar el contenido material de los fines que la norma pretende alcanzar? De hecho, con independencia de que sea correcto o no plantear en términos de racionalidad la elección de fines por el legislador, es frecuente que al valorar los fines elegidos se invoque su carácter racional o irracional, aunque no siempre con el mismo sentido. Unas veces significa que la regulación no es correcta, otras que no se ha seguido el camino adecuado para seleccionarlos, otras muchas, sencillamente, que no es justa.

A veces, incluso, el propio legislador habla de la racionalidad del fin que persigue; por ejemplo, la Constitución reconoce el derecho de todos los españoles "a una remuneración suficiente para satisfacer sus necesidades y las de su familia" (artículo 35.1). A esa finalidad constitucional dedica el legislador muchas normas, entre otras, el Estatuto de los Trabajadores (Real Decreto-ley 1/1995) en el que introduce, la fijación anual de un salario mínimo interprofesional (artículo 27). Ahora bien, ¿Quién y cómo fija la cuantía de ese salario? El debate sobre la necesidad de establecer un procedimiento "racional" ha dado lugar a la promulgación del Real Decreto-ley 3/2004, de 25 de junio, dictado, según dice su título, para "la racionalización de la regulación del salario mínimo interprofesional" ¿En qué consiste aquí la racionalización? Del Real Decreto-ley se deduce que, en este caso, por racionalizar se entiende vincular el salario mínimo interprofesional (SMI) a la finalidad para la cual fue creado y desvincularlo de otras finalidades distintas de las laborales, por ejemplo, las finalidades de servir de criterio para el acceso a viviendas de protección oficial, para la revisión de alquileres, o para obtener el beneficio de justicia gratuita, etc., finalidades colaterales que hacen difícil que la cuantía del salario mínimo se fije sólo con una finalidad laboral y pueda alcanzar una cifra cercana al 60 por 100 del salario medio de los trabajadores, tal como recomienda la Carta Social Europea del Consejo de Europa. Para hacer posible esa desvinculación, el Real Decreto-ley crea otro índice de referencia, el Indicador Público de Renta de Efectos Múltiples (IPREM). En consecuencia, en este caso, se ha entendido por "racionalizar", ajustar un instrumento a la estricta finalidad para la que fue creado. Pero en otras ocasiones, sin embargo, por racionalizar se entiende algo muy distinto, se entiende actualizar una situación jurídica ajustándola a las exigencias actuales de la razón (por ejemplo, establecer la responsabilidad de los miembros de un consejo de administración, o determinar los derechos de un hijo natural, etc.). En unos y en otros casos hablamos de medidas que se ajustan o que no se ajustan a la razón. ¿En qué sentido tomamos el concepto de razón?

La dificultad de responder a esta pregunta no nos obliga al silencio, al contrario, los juristas deben responder a muchas cuestiones difíciles de contestar. La prohibición del *non liquet* no sólo rige para los jueces, y para los funcionarios sino también para los juristas en general, cuya tarea propia no se agota en mostrar la enorme dificultad, la casi imposibilidad, de dar una respuesta con validez universal, sino en dar una respuesta que podamos aceptar, útil para nuestra vida. Por ello en "la razón vital", de Ortega Y Gasset encontramos una buena aproximación al problema planteado por la razón en el ámbito del derecho. Partiendo de una concepción de la vida como la "realidad radical", y de todo lo demás como "realidad radicada en la vida", la razón sirve para "saber a qué atenerse en el mundo en el que vivimos". Idea que Julián Marías desarrolla en su *Antropología Metafísica*: "El problema fundamental que se plantea cuando se toma en serio la experiencia de la realidad es el de la conexión. Ya hemos visto que la percepción no la da y por eso no permite 'vivir' (en el sentido de una vida humana, de una vida que no sea meramente biológica). Sólo la razón, aprehensión de la realidad en su conexión, hace posible la vida humana. Pero las interpretaciones usuales de la razón, dominantes en tan gran porción de la historia de la filosofía, destruyen la experiencia de la vida y con ella la posesión de la realidad personal; el racionalismo está seguro y cree saber de antemano cómo son las cosas: racionales; el irracionalismo también está seguro de que son irracionales. Sólo la experiencia de la vida, homólogo no teórico de la razón vital, alveolo dentro del cual ésta funciona, subsuelo de la filosofía, hace posible el planteamiento efectivo del problema".

Pues bien, creo que al hablar de la racionalidad de los fines que el legislador persigue, los juristas, los políticos, los ciudadanos en general, se están refiriendo a la concordancia de esos fines con la "razón vital", esto es con la razón que procede de su experiencia de la vida y de su sentido de lo justo, aquella razón que hace posible su vida porque ayuda a comprenderla y porque ayuda a resolver los problemas que la vida misma plantea, comenzando por la cobertura de las necesidades primarias que son el fundamento de la convivencia humana. De todo esto no se puede prescindir. La racionalidad humana no es pura razón en el sentido de la lógica formal y ello, de una parte, porque no está demostrado que el cerebro — si es que es el cerebro lo que piensa — actúe como un ente en sí mismo — y, de otra parte, sobre todo, porque el hombre no sólo no está obligado a comportarse racionalmente, esto es, prescindiendo de sus preferencias, de sus pasiones, sino porque en el fondo de nuestra libertad están esas preferencias y pasiones como elementos imprescindibles de nuestras decisiones.

Pero ahora, al hablar de la racionalidad del legislador, no estamos hablando de la razón de un sujeto individual, sino de un ente colectivo que toma sus decisiones por mayoría de votos a través del procedimiento parlamentario, dentro de límites materiales y formales cada vez más complejos, y las toma inmerso en un ordenamiento ya existente, muy denso, sujeto a fuertes vinculaciones — la Constitución, los Estatutos, el derecho europeo, las decisiones de aquellos tribunales que le obligan, etc. — y en un contexto social y económico que constriñe unas veces y otras expande los efectos de sus decisiones más allá de lo supuestamente querido. Sin duda, la libertad del legislador no es similar a la de una persona física, pero ello no excluye el valor de la voluntad individual en la producción de las normas, mayor o menor, según su clase. No es igual redactar una orden ministerial, un decreto-ley, un decreto-legislativo, un tratado internacional, o un proyecto o proposición de ley, etc. Pero en los parlamentos, como sucede también en otros órganos colegiados, por ejemplo en los tribunales de justicia, la influencia de ciertas personas por su prestigio, sus relaciones personales, su posición política, etc., puede ser muy importante e, incluso, en algunos casos determinante. De modo que cuando hablamos de la racionalidad de las decisiones del legislador podemos considerar, sin falsear la cuestión, la influencia que tiene la racionalidad de los miembros que forman el cuerpo legislador y plantearnos esta cuestión. ¿En qué medida sus decisiones son libres? Y luego preguntarnos: ¿En qué medida son justas? Y, después ¿En qué medida son medio adecuado para alcanzar los fines propuestos?

a) ¿Somos libres o estamos determinados?

Actualmente el debate sobre la libertad personal se ha reabierto a la vista de las investigaciones que sobre el cerebro realizan las ciencias neurológicas y del conocimiento. ¿De esas investigaciones se deduce que la libertad es una ilusión? No hay, hasta el momento, conclusiones que permitan negar que, por regla general, los hombres disponen de libertad suficiente para que tenga sentido la declaración que el artículo 10 de nuestra Constitución hace sobre el "libre desarrollo de la personalidad" como fundamento del orden político y de la paz social, y tengan sentido también, la larga serie de libertades públicas que las Constituciones garantizan, y tantas normas civiles y penales cuyo presupuesto es la libertad de actuar o de consentir. Hoy, con el significado algo tosco con el que hablamos de libertad en el mundo del derecho, esa libertad existe, al menos, como un fondo sobre el que, después, hacemos matizaciones según las características personales y las circunstancias de cada cual.

Podemos distinguir, claro es, entre una libertad absoluta el concepto fuerte de libertad, y una libertad relativa, el concepto débil de libertad, según una terminología conocida. Sobre la primera el derecho tiene poco que decir. Nada, creo yo. Sobre la segunda, en cambio, se fundan los textos jurídicos que garantizan la libertad de elegir: Una persona es libre si bajo iguales condiciones causales pudiera haber decidido de forma distinta a como lo hizo. Esa libertad no excluye la intervención determinante de ciertas características de la persona. En primer lugar, aquellas capacidades que debe tener necesariamente para que pueda decidir por sí misma — por ejemplo, la capacidad de poder valorar las consecuencias de sus propias decisiones — y, además, sus preferencias personales que forman sus características constitutivas. Recientemente, Michael Pauen (*Illusion Freiheit?*, 2004), ha defendido que las preferencias personales que determinan nuestras decisiones, no son incompatibles con la libertad personal sino, precisamente, el presupuesto de su existencia. Sin ellas las decisiones y actuaciones de una persona serían independientes de sus convicciones, deseos y necesidades y, por ello, no serían imputables a esa persona. Sólo se decide y actúa libremente si la opción que se toma procede de las preferencias de quien las toma. En consecuencia, la libertad consiste en que las decisiones y actuaciones de una persona estén determinadas correctamente, y no en que no estén determinadas de ninguna manera. Por lo tanto, están excluidas de las acciones libres las que proceden exclusivamente de condicionantes físicos o psíquicos y las que se producen casualmente. Claro es que las preferencias personales proceden en gran medida de las circunstancias de cada cual por lo que la libertad entendida como la posibilidad de actuar de acuerdo con nuestras preferencias, es sólo relativa en la medida en que no somos dueños absolutos de nuestras preferencias y pasiones.

En este sentido creo que hay que entender la cita que Atienza hace de Hume: "la razón es, y sólo debe ser la esclava de las pasiones". Y en este sentido creo, también, que hay que entender la conexión entre vida y razón que Atienza expone en su estudio sobre "Razón práctica y legislación" — incluido en su *Contribución a una Teoría de la Legislación*, 1997: "Considero que la racionalidad práctica ha de caracterizarse en términos procedimentales, más bien que sustanciales, como un proceso dialógico y no monológico, llevado a cabo por hombres en las condiciones de su existencia real y no por un espectador imparcial o por los representantes de una hipotética situación originaria".

El procedimiento de discusión abierto es, sin duda, el camino que conduce al mayor consenso sobre los fines racionales que el legislador debe incorporar a sus normas. Pero no todo consenso, ni toda decisión adoptada a través de un buen procedimiento democráticamente organizado, es válido ni justo. El control de la constitucionalidad de las normas lo demuestra. La norma que pretende el mayor bien para el mayor número de ciudadanos puede ocasionar un mal inadmisible a una minoría. Los Tribunales Constitucionales existen para corregir esa clase de decisiones mayoritarias, pero no se puede desconocer que ellos también actúan según ciertas reglas de procedimiento, y sus resoluciones se toman por la mayoría de los miembros del Tribunal, dentro de los límites de su propia libertad.

Y aquí, hay que recordar un pasaje de Don Quijote de La Mancha, muchas veces mal citado porque se omite la parte final, la más importante porque se refiere a la libertad de todos los hombres, estén cautivos o no (2ª Parte, Capítulo LVIII):

"La libertad, Sancho, es uno de los más preciosos dones que a los hombres dieron los cielos; con ella no pueden igualarse los tesoros que encierra la tierra ni el mar encubre; por la libertad, así como por la honra se puede y debe aventurar la vida, y, por el contrario, el cautiverio es el mayor mal que puede venir a los hombres. Digo esto, Sancho, porque bien has visto el regalo, la abundancia que en este castillo que dejamos hemos tenido; pues en mitad de aquellos banquetes sazonados y de aquellas bebidas de nieve, me parecía a mí que estaba metido entre las estrechezas de la hambre, porque no lo gozaba con la libertad que lo gozara si fueran míos; que las obligaciones de las recompensas de los beneficios y mercedes recebidas son ataduras que no dejan campear el ánimo libre. ¡Venturoso aquel a quien el cielo dio un pedazo de pan, sin que le quede obligación de agradecerlo a otro que al mismo cielo!"

Los límites más fuertes de nuestra libertad individual no se encuentran en las cadenas, en el cautiverio físico, sino en nuestras vinculaciones internas, tanto negativas como la envidia, el odio, el egoísmo, como positivas como el agradecimiento y el amor. El debate público de las decisiones corrige, en parte, las consecuencias de los límites subjetivos de nuestra libertad personal, pero no las elimina. Quienes participan en el debate también están vinculados subjetivamente y no podemos pensar seriamente que unas pasiones contrapesen a las otras alcanzando un hipotético equilibrio final objetivo.

Además, tampoco un buen procedimiento abierto asegura un resultado válido. Muchas decisiones de los hombres se refieren a materias que no pueden someterse al régimen de las mayorías. No sólo las que conciernen a la ciencia física, a la medicina, etc., sino también a la economía, a los hechos históricos, al arte, a la filosofía. Evidentemente. ¿Se puede votar en un Parlamento lo que sucedió en una batalla o un ataque militar? ¿Se puede votar quién fue el causante de una catástrofe marítima o financiera? ¿Se puede votar si es adecuado o no un tratamiento médico o una medida presupuestaria? ¿Se puede votar la limitación o la prohibición de las investigaciones genéticas? Sin embargo, se pueda o no se pueda, de hecho estas, y otras muchas cuestiones similares, se someten a votación, unas veces por el interés político que en determinado momento pueda tener su debate y la resolución que se adopte, y, otras, porque se considera por la mayoría que el valor democrático de la decisión prevalece sobre su acierto. Pero la investigación histórica o científica, la creación artística, la realidad económica seguirán su curso. A lo sumo, las decisiones normativas afectarán temporalmente a quienes directamente las sufren o las gozan, pero no podrán impedir ni desviar por mucho tiempo el proceso inexorable que la razón impone a largo plazo, o, más exactamente dicho, sin plazo.

b) Razón y sentimiento de justicia

La racionalidad del legislador no se agota en la corrección formal y democrática con la que ha tomado sus decisiones. Tratándose de una racionalidad jurídica está sujeta a la valoración de la justicia de los fines a los que las normas sirven.

El sentimiento de lo que es justo y de lo que es injusto forma parte de nuestra conciencia, aunque sea un sentimiento educado en la convivencia social en la que rige un ordenamiento jurídico cuyas reglas han ido acumulando a lo largo de los siglos muchos principios que responden a nuestra idea de la justicia. El sentido de lo justo está fuera y dentro del sistema de normas. De alguna manera emana de ellas — el efecto pedagógico moral de las normas — pero no se agota en ellas: Quien analiza sin prejuicios su propia conciencia, llega a la convicción de que existen formas de relacionarse con los demás hombres que, prescindiendo de lo que diga el derecho positivo, son injustas siempre y en todas partes.

Al conocimiento de lo justo se llega a través de la experiencia personal de lo que es injusto, experiencia que el hombre tiene desde su primera infancia y sobre la cual construye después la noción más abstracta de la justicia. Pero es el sentimiento que provoca una injusticia concreta el que indigna al hombre y le mueve a rebelarse, con independencia de lo que establezcan las regulaciones del derecho positivo. Como ha escrito Martin Kriele (*Grundprobleme der Rechtsphilosophie*, 2003) la capacidad de reconocer la injusticia se encuentra en la naturaleza humana, y en ella radica el núcleo de la teoría del derecho natural. Son las experiencias de injusticias concretas las que hacen del relativismo una teoría ajena a la vida. Dicho brevemente, son esas experiencias de lo injusto las que abren la puerta al conocimiento de lo justo. Pero, advierte Kriele, ello no conduce a hacer prevalecer siempre el sentimiento subjetivo de lo injusto sobre las reglas objetivas del derecho positivo, porque en estas reglas se han ido condensando, a lo largo de muchos siglos, principios de justicia que maduran nuestro sentimiento de la injusticia elevándolo sobre la visión, a veces demasiado plana, de las impresiones inmediatas.

Kant expuso en un famoso ejemplo la relación ente los hechos y la razón: ¿Cómo se comportará un ciudadano cuyo príncipe, bajo la amenaza de una pena de muerte, le exige que dé un testimonio falso contra una persona honorable a la que el príncipe quiere perder? Nadie puede predecir con certeza si en tal situación será justo o prevalecerá su amor a la vida, pero, en todo caso, el ciudadano tendrá que juzgar lo que decide porque es consciente del sentido moral de su acción. Esa conciencia está también presente al juzgar las decisiones del legislador, sobre todo aquellas que directamente afectan a nuestra subsistencia, al desarrollo de nuestra vida (alimentación, seguridad, vivienda, trabajo, educación, etc.). John Rawls, en su *Teoría de la Justicia*, aparecida en 1971 y luego en *Liberalismo Político*, 1993, y en justicia *Como Fairness*, 2001, examinó cómo se pasa de la cobertura de las necesidades vitales al derecho, y qué reglas deben respetar los hombres para obtener aquellos bienes que tienen que emplear para realizar sus planes de vida, cualquiera que éstos sean. Este planteamiento recuerda al de Martin Kriele aunque de éste se distingue del anterior en que, aun reconociendo el valor que tienen los intereses por los que se lucha como fundamento del derecho y de la moral, advierte que el sistema falla cuando se rompe la reciprocidad entre ellos y una mayoría estable y fuerte no respeta a las minorías. El principio fundamental de la justicia no nace de la ordenada lucha por los bienes vitales, sino de la pretensión, que todos los hombres tienen por igual, de ser libres y de que se reconozca su dignidad. Eso sólo se logra cuando el poder sirve a la ausencia de abuso de poder.

El sentimiento de lo que es justo y de lo que es injusto ha sido el motor que a lo largo del tiempo ha ido introduciendo en el derecho positivo reglas materiales y procesales de justicia y ha logrado que el ordenamiento jurídico de los países libre y democráticos y que pueda aceptarse, en sus formulaciones generales, como un ordenamiento justo. Ese largo proceso ha alcanzado un nivel muy superior al que pueden llegar quienes, sin conocerlo, se guían sólo por sus sentimientos subjetivos. Por ello, quienes se declaran positivistas en países con una larga tradición jurídica y un fuerte progreso civilizador, llegan con frecuencia, cuando se ajustan al derecho positivo, a resultados similares a los que llegan quienes se declaran idealistas. Ello permite aceptar la presunción de que el derecho positivo de esos países es, en general, un derecho justo. Y, sin embargo, el progreso hacia un derecho más justo no ha concluido y nunca concluirá. El sentimiento de injusticia sigue vivo en nuestras conciencias y exige que el legislador reaccione. Es cierto que ese sentimiento no es igual en todos los hombres, ni es igual lo que, en consecuencia, se le pide al legislador. Pero la pluralidad de opiniones no justifica la defensa del puro relativismo. No todos los fines son iguales ni el legislador debe ser una simple máquina registradora de las tendencias sociales mayoritarias. Lo primero es garantizar la vida, la paz; luego, satisfacer las necesidades vitales más elementales y, sólo después, el mayor bienestar. Las reglas establecidas para alcanzar esos fines no son puros instrumentos técnicos. En ellas también deben realizarse los valores superiores de la libertad, la justicia, la igualdad y el pluralismo político (artículo 1,1 CE), lo que exige, de una parte el conocimiento de la ciencia del derecho y, de otra, el impulso del sentimiento subjetivo de lo justo. La interpretación que hacen los jueces y la que hacen los profesionales y los profesores del derecho que estudian y enseñan, está teñida por el sentimiento personal de lo que es justo. Ese sentimiento, sin embargo, no ampara cualquier decisión que se adopte ignorando el valor que tiene el orden de justicia ya constituido; no ampara, pues, una solución del caso concreto tomada a ras de tierra.

4. Toma de buenas decisiones e interdicción de la arbitrariedad

Razón y justicia deben determinar la toma de buenas decisiones por el legislador y por todos los poderes jurídicos. ¿Cómo? La estructura interna y el funcionamiento democrático de un poder público sometido a la ley y al derecho es el presupuesto mínimo para que sus decisiones sean legítimas. Pero una decisión legítima puede ser una decisión equivocada, una mala decisión, incluso, una decisión contraria al sentimiento de justicia de muchos ciudadanos. ¿Hay alguna vía para evitarlo? ¿Existe un arte o ciencia de las buenas decisiones? A lo largo de la historia se han escrito innumerables doctrinas y se han dado centenares de consejos sobre el buen gobierno, sobre el arte de tomar buenas decisiones. Don Quijote de La Mancha escribió una carta a su amigo Sancho Panza, gobernador de la Ínsula Barataria (2ª Parte, Capítulo LI), dándole este consejo: "No hagas muchas pragmáticas; y si las haces procura que sean buenas, y, sobre todo, que se guarden y cumplan; que las pragmáticas que no se guardan, lo mismo es que si no lo fuesen; antes dan a entender que el príncipe que tuvo discreción y autoridad para hacerlas, no tuvo valor para hacer que se guardasen; y las leyes que atemorizan y no se ejecutan, vienen a ser como la viga, rey de las ranas: que al principio las espantó, y con el tiempo la menospreciaron y se subieron sobre ella".

Hoy el arte del buen gobierno recibe otros nombres. Algunos, le llaman "gobernanza". El *Diccionario de la Real Academia Española* ha acogido ese término: "Arte o manera de gobernar que se propone como objetivo el logro de un desarrollo económico, social e institucional duradero, promoviendo un sano equilibrio entre el Estado, la sociedad civil y el mercado de la economía". Éste no es el momento para juzgar esa definición ni para analizar lo que aporta al arte del buen gobierno — véase el estudio de Joan Prats Catalá publicado en *Estudios para la Reforma de la Administración Pública*, 2004; pero está claro que, con esa o con otras denominaciones hay abiertas múltiples investigaciones dirigidas a mejorar las decisiones que los hombres adoptan en un mundo tan incierto como el nuestro ("metodología de las decisiones", "análisis de las decisiones", "investigaciones operativas", "inteligencia artificial", "razonamientos plausibles bajo incertidumbre", etc.).

Sixto Ríos ha sintetizado lo que estos estudios pretenden. Se trata de aprender a tomar mejores decisiones en situaciones más o menos complejas (decisiones individuales, negociaciones, decisiones políticas) que se presentan continuamente a lo largo de la vida, que implican descubrir alternativas posibles y preferencias por sus objetivos finales ante un porvenir incierto cuyos riesgos son desconocidos. "Así ha ido surgiendo — dice Sixto Ríos — el actual Análisis de Decisiones, conjunto de metodologías que, a través de representaciones formales, como árboles de decisión, diagramas de influencia, sistemas expertos, en las que se integran las percepciones probalísticas del decisor en relación con los sucesos inciertos que se le presentan, sus valoraciones de las consecuencias de las posibles decisiones para llegar a la aplicación de criterios normativos fundamentales (utilidad esperada, riesgo fijado, etc.), que permitan ofrecer a los decisores soluciones racionales coherentes y, en consonancia con su pensamiento crítico y comportamiento natural, tratando de hacer compatible la racionalidad científica con la inevitable y aun deseable presencia de lo subjetivo en la solución de cada problema". El objetivo de la adopción de decisiones racionales es ayudar a tomar las mejores decisiones posibles en promedio a lo largo de nuestra vida. Pero podemos preguntarnos si bajo toda esta fraseología hay algo más de lo que, por ejemplo, Baltasar Gracián en 1647 dijo sobre el *Arte de la Prudencia*; cosas tan sencillas como que antes de decidir hay que "enterarse de los asuntos" (136) y que "pensar bien es el resultado de la racionalidad" (298). Eso es lo mismo que dice nuestra Constitución cuando exige que los proyectos de ley vayan acompañados "de los antecedentes necesarios para pronunciarse sobre ellos" (artículo 88 CE), y cuando garantiza "la interdicción de la arbitrariedad de los poderes públicos" (artículo 9.3 CE).

Con relación a lo primero, el Tribunal Constitucional no ha dado al artículo 88 de la Constitución el valor que sin duda tiene para que el legislador se entere adecuadamente del asunto de que está tratando. De la STC 198/1986, de 29 de julio, parece deducirse que la falta de antecedentes o la inconsistencia de éstos es un defecto que debe ser denunciado por las Cámaras antes de aprobar el proyecto, sin que el Tribunal Constitucional "pueda interferirse en la valoración de la relevancia que un elemento de juicio tuvo para los parlamentarios" (F. J. 3). Una interpretación más ajustada a la finalidad de ese precepto exige la existencia de esos antecedentes para que puedan ser tenidos en cuenta no solo por el legislador y también por el Tribunal Constitucional para juzgar la racionalidad de la legislación.

A la racionalidad y a la justicia del legislador sirve la garantía de la interdicción de la arbitrariedad (artículo 9.3 CE).

Sobre lo primero, la racionalidad, el Tribunal Constitucional ha dicho que la desproporción entre los medios empleados por el legislador y el fin que se le atribuye puede ser calificada de arbitraria, pero, para ello, la desproporción ha de implicar "un sacrificio excesivo e innecesario de derechos que la Constitución garantiza" (STC 66/1985, de 23 de mayo). Y, más recientemente, el Tribunal Constitucional ha declarado que para que "(...) una ley pueda ser tachada constitucionalmente de arbitraria debe incurrir, en primer lugar, en capricho, inconsecuencia o incoherencia creadores de desigualdad o de distorsión en los efectos legales. Por ello hay que concretar en la norma, a través de un razonamiento de detalle y una demostración convincente, los efectos legales inconstitucionales que son consecuencia de esa arbitrariedad" (STC 73/2000, de 14 de marzo).

En cuanto a lo segundo, el Tribunal ha declarado que también la lesión del valor justicia, que consagra el artículo 1 de la norma fundamental, se puede juzgar desde la perspectiva de la interdicción de la arbitrariedad (STC 65/1990, de 5 de abril). Y, más recientemente, la Sentencia 181/2000, de 20 de junio, concreta la vinculación del principio de interdicción de la arbitrariedad con el valor justicia y su alcance efectivo como canon de constitucionalidad: "(...) Respecto de la invocación del valor superior de la justicia enunciado en el artículo 1.1 de la Constitución, no cabe olvidar que constituye un canon de enjuiciamiento necesitado de concreción, de tal manera que este Tribunal ha subrayado, en lo que ahora importa, la estrecha conexión que existe entre el valor justicia del artículo 1.1 de la Constitución y el principio de interdicción de la arbitrariedad de su artículo 9.3. El valor justicia del artículo 1.1 CE no puede, pues, identificarse unilateralmente con particulares modos de entender lo justo, ni con una forma de fiscalización de la constitucionalidad de la ley en atención a los resultados. Mas bien, ha de ser considerado como un concepto tendencialmente abierto y plural. Por ello este valor superior del ordenamiento operará como un canon complementario, en concurrencia con otros factores de ponderación y, muy especialmente, en relación con el principio de interdicción de la arbitrariedad en su proyección sobre el legislador (...)".

Por lo tanto, la garantía constitucional de la interdicción de la arbitrariedad garantiza la racionalidad de las normas en su sentido más amplio, esto es, que hayan sido dictadas con conocimiento suficiente de aquello que se pretende regular, con una finalidad legítima, proporcionada, adecuada a este fin, y con respeto del valor justicia.

III — Predecibilidad de la conducta humana

1. La predecibilidad en el ámbito político y jurídico

Predecir, "anunciar por revelación, ciencia o conjetura algo que ha de suceder" (DRAE), lo mismo referido a la conducta humana que a los acontecimientos de la naturaleza, ha sido y es una constante necesaria en la vida de los hombres y en la de los pueblos. La predicción de lo que va a suceder ha sido y es una cuestión vital. Augurios, presagios, presentimientos, premoniciones, profecías, pronósticos, hipótesis, conjeturas, proyecciones de cálculo de probabilidad, etc. hacen posible, con mayor o menor fundamento, tomar decisiones y realizar investigaciones científicas. Escrutar los tiempos que vienen es, a veces, una actividad de charlatanes, pero, sobre todo, de profesionales que asesoran a empresas, partidos políticos, gobiernos. Programas y planes se sustentan en el pronóstico de lo que va a suceder y nuestras decisiones personales son casi todas el resultado de una predicción intuitiva o razonada. La vida de los hombres está proyectada hacia el futuro, y también la vida de los pueblos. Algunas predicciones se cumplen, otras no. Un mal cálculo o la incidencia de sucesos no previstos como probables alteran radicalmente los pronósticos, pero, también puede ocurrir, que otros sucesos, tampoco previstos, hagan coincidir los resultados actuales con los pronósticos iniciales. Por ejemplo, en España los pronósticos sobre la evolución de la población hechos en los años 50 y 60 se dieron por fracasados debido a la incidencia de un fenómeno no pensado entonces, el descenso en picado de la tasa de natalidad; pero, de repente, otro fenómeno de sentido inverso, tampoco imaginado en aquella época, la inmigración masiva, ha volteado de nuevo los cálculos y, ahora, la población aumenta aunque por causas y de forma distinta a la imaginada. También ha sido espectacular el fracaso de los pronósticos que hace veinte años se hicieron sobre la incidencia que las nuevas tecnologías de las comunicaciones iban a tener sobre la publicación en papel de libros, enciclopedias y periódicos; y ha sido una gran sorpresa el "enganche" masivo y no previsto de los jubilados y personas mayores a *internet*, etc.

Unas predicciones fracasan, otras no, pero, sin ellas, no es posible vivir.

En el ámbito de las decisiones que se adoptan en el mundo de la política y del derecho, así como en el de nuestra vida, las predicciones son bastante simples e intuitivas. A veces, porque no hay tiempo para un largo análisis; a veces, porque los consejeros y expertos tienen opiniones contradictorias o, realmente, ni saben ni pueden saber qué predecir; a veces porque nuestra experiencia y nuestras pasiones prevalecen sobre la razón — la cual, por otra parte, no es ni puede ser, en este ámbito de las decisiones personales, totalmente aséptica frente a nuestras preferencias: ¿Cómo puede un juez de vigilancia penitenciaria saber lo que va a hacer el recluso al que concede un permiso? ¿Cómo puede predecir un Delegado del Gobierno lo que va a suceder si no prohibe una manifestación en determinado lugar?, ¿Cómo puede predecir un jefe de estado los efectos de una acción militar, o de la respuesta a un ataque, o de un ataque preventivo?, ¿Cómo predecimos nosotros los efectos de las decisiones que constantemente tomamos, algunas muy importantes para nuestra vida?, ¿Cómo toman los empresarios decisiones que, a corto o a largo plazo, pueden hundir o salvar sus empresas? Es asombrosa la ligereza con la que se procede en muchos casos, incluso cuando se trata de decisiones políticas de gran alcance adoptadas previo consejo de expertos y de asesores. No parece que la situación en el mundo de la política y del derecho haya cambiado mucho, ni pueda cambiar, de la que Abd Allah, último rey ziri de Granada, destronado por los almorávides en 1090, nos cuenta en sus memorias (traducidas por Emilio García Gómez y Levi-Provençal): Si eres fuerte y tus consejeros saben lo que quieres, te darán la razón, y, si no saben lo que quieres, habrá tal disputa entre ellos que serás tú, en soledad, quien tenga que decidir.

En todo caso, para reducir la subjetividad de las decisiones se han creado multitud de consejos cuya audiencia es, unas veces, facultativa, otras, preceptiva, aunque su parecer no sea, por lo general, vinculante, y se han creado también gabinetes de apoyo a quienes toman decisiones políticas, ¿Cuál es el fundamento de las predicciones en el ámbito de la política y del derecho? Está claro que la posibilidad de experimentar en este ámbito es difícil, porque no es posible crear un laboratorio para las relaciones sociales. Algunos experimentos se han hecho, como es sabido. Por ejemplo aplicando a un solo municipio normas especiales de régimen local — por ejemplo, en Francia, la "La organique n. 2003-704 du 1er auôt 2003 relative à collectivités territoriales", o premiando o castigando solo en ciertos casos, o simulando la tramitación de expedientes administrativos con nuevos procedimientos para medir tiempos y resultados. Hay, sin embargo, una resistencia general a realizar estos experimentos porque muchos de ellos crean inseguridad y, otros, son demasiado costosos para obtener un resultado incierto. Por ello las predicciones suelen hacerse recordando experiencias pasadas, haciendo cálculos estadísticos, analizando conductas humanas típicas y valorando los resultados de medidas adoptadas en otros países.

De forma algo esquemática, puede distinguirse entre el valor que la predecibilidad de la conducta humana tiene para quienes ejercen el poder público — el poder de gobernar, el de legislar y el de juzgar — y el valor que tiene para la vida los ciudadanos.

a) ¿Es predecible el futuro?

A lo largo de la historia la predicción de los acontecimientos futuros se centraba en la predicción de posibles guerras, epidemias, catástrofes, alianzas y traiciones, riqueza y pobreza etc. Todo ello sigue presente en el horizonte actual de los hombres. Pero, además, ahora que comienza un nuevo milenio, nuevos hechos, nuevos conocimientos — "radicalmente nuevos" —, alteran por completo la condición de ser hombre. Ahora ya no es posible, ni siquiera, intentar predecir lo que puede suceder a medio plazo porque, lo que posiblemente va a suceder, es algo que no puede ser siquiera imaginado. Por primera vez en la historia de la humanidad los hombres están penetrando en la naturaleza misma del hombre con la posibilidad, ya real, de alterar esa naturaleza. Los avances en biotecnología y en ingeniería genética abren un horizonte quizá lejano — aunque es difícil saber si, realmente, es tan lejano —, que está presente, sin embargo, en nuestro subconsciente y afecta al fundamento de las normas de conducta y de ética. Pero no sólo la investigación genética, también las tecnologías de la información y de las telecomunicaciones son una novedad que están alterando — éstas como una cualidad ya tangible — las bases de las relaciones sociales, políticas y económicas en el mundo entero, por lo tanto, la estructura del poder y la posición de las naciones.

a) ¿Qué será mañana de nuestro mundo? Esta pregunta, tantas veces planteada en relación al medio ambiente, al aire, al agua, a la tierra, extiende su objeto al hombre mismo. ¿Cómo será mañana el hombre? ¿Puede controlarse o dirigirse la evolución de lo que está sucediendo? El ciudadano, el científico y el político, ¿En qué situación se encuentran ante estos hechos nuevos y los que previsiblemente les van a suceder? La relación siempre compleja entre la ciencia, la técnica y la política, se mueve entre la precaución y la conciencia de la inutilidad de frenar la investigación y la experimentación. El principio de precaución rige, sobre todo, como límite a los experimentos que pueden causar daños a las personas o a la naturaleza. José Esteve Pardo ha estudiado la relación entre técnica, riesgo y derecho (1999), y el principio de precaución ante la incerteza científica (2003). La precaución en este ámbito va más allá de la prudencia exigible a todos los hombres en su comportamiento diario para no causar daños a los demás. Pero la prohibición de la imprudencia fuera del ámbito de la vida diaria y llevada a los centros de investigación puede implicar un límite a la libertad de investigación científica y técnica (artículos 20.1.a y 44 de la Constitución). El poder político tiene en estos casos que respetar esa libertad, pero, también, impedir los daños que pueda causar una decisión cuyo contenido es muy difícil de determinar. La memoria de lo que ha sucedido a lo largo de la historia con los descubrimientos científicos recuerda que éstos se han logrado frecuentemente causando daños. Que el principio de precaución puede representar un límite para el progreso científico no ofrece duda. El principio de precaución impuesto por normas que sancionan con dureza su violación puede provocar un comportamiento temeroso, falto de la audacia necesaria para investigar en ciertas materias. ¿Hasta dónde puede llegar la limitación de la investigación y de la experimentación científica? ¿Tienen los ciudadanos el deber jurídico de soportar los daños actuales que la investigación puede producir, ante la expectativa de los beneficios futuros que puedan procurar? El poder público deberá contrapesar la predicción del alcance de los posibles beneficios con la de los posibles perjuicios. Esto es fácil de decir, pero difícil de hacer. El debate que en Francia y en el mundo entero está teniendo lugar sobre esta cuestión llevó a un editorial del periódico *Le Monde* (26 mayo 2004) a pedir que el "principe de precaution" no se convierta en "principe de frilosité". Habrá, pues, que hacer el pronóstico previsto en el artículo 141.1 LRJ-PAC sobre si los daños causados por la investigación derivan o no de hechos o circunstancias que no se hubieren podido prever o evitar según el estado de los conocimientos de la ciencia o de la técnica en el momento de la producción de aquéllos. Pero, claro es, aquí no se trata sólo de "daños" en el sentido jurídico de lesiones corporales o patrimoniales. Se trata de algo trascendente: de la configuración misma de los seres humanos.

b) Dejando a un lado el anterior problema, que sobrepasa nuestra capacidad de razonar y predecir, veamos ahora algunas de las cuestiones sobre las que los gobernantes han intentado siempre hacer predicciones.

¿Son predecibles las guerras?, ¿Lo son las crisis económicas, o las crisis sociales? El conocimiento de la historia ha sido siempre una fuente de predicciones sobre el futuro. El pueblo que no conoce su historia está condenado a repetirla. Ésa es, en distintas versiones, una opinión muy extendida. No me parece, sin embargo, que tenga mucho fundamento. El estudio de la historia sirve para comprender el pasado, pero sirve poco para predecir el futuro. ¿Podemos predecir una nueva guerra conociendo las condiciones sociales económicas en las que se produjeron las anteriores? La respuesta a esta pregunta exige más tiempo y espacio del que aquí, ahora, se le puede dedicar, pero adelanto mi opinión contraria.

La crisis iraquí ha reavivado el antiguo debate sobre las causas y las consecuencias de los conflictos armados. ¿Era previsible? ¿Las explicaciones económicas son suficientes para explicar el desencadenamiento de los conflictos? En el ámbito de los debates políticos y académicos se ha replanteado la idea que desarrolló Nicolai Kondratieff de que los conflictos más graves están ligados a los ciclos largos de la economía. Otros autores como Arnold Toynbee y Joseph Schumpeter se ocuparon de esta teoría. Hoy, sin embargo, prevalece en general la creencia de que la geopolítica es más determinante que los factores económicos. Para Christian Boissieu, por ejemplo, la naturaleza de los ciclos puede haber sido modificada por la mundialización y las nuevas tecnologías de la información y de las comunicaciones, de modo que, en lugar de fases de depresión y de fases de crecimiento, hay fases de, aceleración del crecimiento y fases de ralentización. Pero, en todo caso, las guerras, como los grandes acontecimientos se pueden presentir pero no predecir. Los hombres más capaces y conocedores de la realidad política no predijeron el comienzo de la Primera Guerra Mundial, ni el de la Guerra Civil española, ni siquiera los periodistas reunidos en un Congreso en Berlín predijeron la inmediata caída del muro.

¿Es temible la deslocalización?; ¿A dónde nos va a conducir? Las respuestas son confusas y pese a todo el aparato "científico" que las rodean, no dejan de ser intuitivas. ¿Y las catástrofes naturales? La ola de calor cogió desprevenidos a los europeos en el verano de 2003. Eso les hizo reaccionar y se prepararon para la ola de calor del verano de 2004 que no llegó (en España, Orden Ministerial de 29 de mayo de 2004 sobre el Plan Nacional de Actuaciones; en Francia fijación de un "Seuil d'alerte", etc.). ¿Y qué ha sucedido con las encefalopatías espongiformes transmisibles? (RDLey 8/ 2001, de 6 de abril), etc. Las predicciones acompañan todas las decisiones del poder público, las grandes y las pequeñas, y en todas se advierte un grado muy alto de incertidumbre y una dosis muy fuerte del impacto político inmediato, ¿Tienen sentido las guerras preventivas?, ¿Evitan o no males mayores?, ¿Es posible una respuesta que tenga, realmente, algún grado de certeza?, ¿Y las medidas que se están tomando contra la llamada "violencia de género"?, ¿Y la enseñanza de la religión en las escuelas influye, realmente, en el sentido religioso de la existencia?, ¿Y qué efectos puede tener en la solidaridad social las medidas que fortalecen las autonomías políticas?, ¿Podemos predecir las consecuencias que la elección del Presidente de los EE.UU va a tener, próximamente, en la situación política y económica de España? Es asombroso oír a quienes "más saben", y comprobar la docta inconsistencia de sus predicciones en tantos asuntos de la vida social.

Pongamos un ejemplo: El fracaso escolar ¿Es menor si se establece el sistema de que repitan curso los alumnos que no han alcanzado un determinado nivel superando las pruebas establecidas o, por el contrario, permitir que pasen de curso los alumnos que no las han superado? ¿Qué sistema es mejor para la formación de los alumnos? ¿Repetir curso disminuye la confianza de los alumnos en sí mismos, reduce sus ambiciones? ¿Son los padres quienes, en último término, deben decidir si su hijo repite o no curso?, ¿O son los profesores los que deben tomar esa decisión? Estas preguntas se repiten sin una respuesta clara. El reciente debate en Francia sobre *le redoublement scolaire* deja claro, al menos, una cosa: la decisión que se adopte debe estar predeterminada en sus elementos esenciales: ¿Quién la toma? ¿Cómo la toma? ¿Con qué criterio? La respuesta parece sencilla sobre el papel: Debe adoptarse la mejor decisión para cada alumno, pensando en su futuro. Hay que predecir qué va a ser mejor y esa predicción hay que realizarla en el presente imaginando qué sucederá pasados los años. ¿Es ésa una predicción técnica que debe encomendarse a los profesores, o es una predicción social que deben realizar los órganos escolares, o es una decisión familiar que corresponde a los padres ("yo considero que mi hijo está suficientemente preparado y no necesita repetir curso")? Las estadísticas ofrecen una ayuda para encontrar una solución ¿Qué porcentaje de alumnos repetidores ha fracasado en las pruebas finales?, ¿Y en su actividad ciudadana? Esta última pregunta daría una respuesta adecuada, pero parece muy difícil de realizar. Las predicciones en materia de educación escolar — y, también, universitaria — son producto, en gran medida, de la imaginación, del incesante tanteo. Las normas sobre educación escolar se basan en predicciones sobre el resultado de su aplicación, pero ese resultado raramente se puede valorar porque antes de que haya dado su fruto ya ha sido modificado por otra norma basada en otra predicción tan endeble como la anterior. Posiblemente, ante la pregunta de si debe establecerse un sistema de repetición de curso para adquirir y fijar conocimientos que no se tienen o si, por el contrario, es más beneficioso permitir que el alumno vaya adquiriendo esa formación a lo largo de los cursos sucesivos, la mayoría de las personas responderán: "Eso depende" y así volveremos a empezar: ¿Depende de qué?

b) La predicción para el poder normativo

Toda norma se dirige hacia el futuro, incluso las que tienen eficacia retroactiva porque éstas proyectan hacia el futuro los efectos de hechos, actos o situaciones del pasado. Al elaborar y aprobar una norma hay que hacer algunas predicciones: ¿Cómo va a ser entendida? ¿Cómo va a ser aceptada? ¿Qué efectos va a producir? ¿Qué cambios se van a producir durante su vigencia?

Por otro lado, el legislador no puede pronosticar ni valorar suficientemente las consecuencias de sus normas, por lo que, con frecuencia, encomienda a quienes las van a aplicar hacer esos pronósticos.

El legislador puede decir que para combatir ciertas conductas delictivas debe imponerse el cumplimiento íntegro de las penas, o puede encomendar a las autoridades competentes en materia penitenciaria o a los jueces, la tarea de predecir, caso por caso, si deben o no concederse reducciones o permisos. El legislador puede establecer reglas que eliminen ciertos riesgos en materia de orden público o sanitario, etc., o puede dejar un margen de apreciación a quien aplica la norma. El límite del traslado de la función de pronosticar se encuentra en el principio de legalidad cuando la materia está sujeta a reserva de ley.

c) La predicción para quien juzga

Para quien juzga, la aplicación del derecho obliga, en general, a hacer una predicción de las consecuencias de su decisión en el caso concreto y, más allá del caso que resuelve, en el entorno del mismo, haciendo una ponderación, tan difícil, entre su convicción de lo que el derecho dice en ese caso y la responsabilidad por el alcance de la decisión — ética de la convicción, ética de la responsabilidad.

En algunos supuestos, además, ese pronóstico de lo que va a suceder forma parte del contenido de la decisión misma, por ejemplo, en un recurso contra la autorización o denegación de una manifestación, o, lo que es todavía más difícil, en la decisión sobre la concesión de un permiso penitenciario en base al comportamiento predecible de quien lo va a recibir cuando la experiencia demuestra que no siempre los informes que se le proporcionan — por ejemplo de psicólogos o psiquiatras — aciertan.

Y, por lo demás, el juez tiene que valorar en muchos supuestos si la predicción realizada por quien está siendo juzgado ha sido, o no, correcta — responsabilidad penal, patrimonial, fuerza mayor, etc.

2. *Valor de la predecibilidad para los ciudadanos*

a) La vida personal proyectada hacia el futuro

Toda nuestra vida está proyectada hacia el futuro. El tiempo transcurre incesante como una realidad en la que estamos, ¿O somos nosotros un movimiento imparable? El tiempo nos constituye, lo entendamos o no. Nos damos cuenta de ello, y, sin comprenderlo, tenemos que aceptarlo porque así somos. Mientras estamos vivos no podemos hacer otra cosa que tomar decisiones con efectos que se consumen, unos en el acto, otros a más largo plazo, o a muy largo plazo. La angustia que la conciencia de este pensamiento puede llegar a producir será mayor o menor según el tiempo que le dediquemos: una sombra fugaz que pasa, o un túnel que parece no tener fin. En realidad, el hombre soporta este pensamiento reduciéndolo a una dimensión humana, haciéndolo "manejable" mediante la programación de lo que vamos a hacer ahora mismo, esta tarde, mañana, esta semana, el próximo mes, o el resto de nuestra vida.

"La vida humana opera esencialmente en la anticipación del futuro" (Julián Marías); de un futuro, sin embargo que no es absolutamente incierto puesto que se puede anticipar. Si lo fuera, sería imposible vivir porque al hombre, mientras está vivo, le sostienen algunas evidencias que le permiten dar el paso que al instante siguiente, inexorablemente, tiene que dar. Hay momentos en los que nosotros mismos y el entorno en el que nos encontramos parecen estables y fácilmente predecibles, hay otros, en cambio, en los que la incertidumbre parece dominarlo todo, pero incluso en ellos, si estamos vivos tendremos conciencia de nuestra propia existencia y conciencia de la posibilidad, por muy reducida que sea, de proyectar una acción inmediata.

Frente a la incertidumbre todos buscamos situaciones estables, seguras, primero para tener cubiertas nuestras necesidades vitales básicas — alimentación, alojamiento, protección — sin las cuales no es posible nuestra vida, y, después, para conseguir otros fines según nuestros intereses, y personalidad — poder, riqueza, respeto, fama, trascendencia religiosa, o, simplemente, paz. La búsqueda de una estabilidad predecible es un objetivo de la vida humana. Pero la estabilidad ya lograda es siempre frágil, no se consolida de una vez por todas. La caída está presente de modo constante en nuestra vida aunque intentemos reducirla a una posibilidad mental, irreal de hecho. Sin embargo, es un riesgo real, nuestro y de la sociedad en la que vivimos, aunque no siempre igual para todos, en todas partes, en todas las circunstancias. Es un riesgo cierto cuyo alcance intentamos predecir desmenuzándolo en riesgos parciales — el riesgo de una enfermedad, de un accidente, de una catástrofe, de la pérdida del trabajo, de envejecer en el desvalimiento, del desorden social que impida el desarrollo de nuestra vida personal, etc. —, y queremos dominar o, al menos, paliar mediante reglas que obliguen a todos. Cada uno de nosotros lo padecemos, y presumimos que lo padecen los demás. El conocimiento de nuestra propia situación y la presunción de que es similar a la de los demás, nos permiten predecir, más o menos, cuál va a ser nuestro comportamiento y cuál va a ser el de los otros. Sobre esas predicciones se dictan las normas cuya estabilidad es uno de los factores que permiten proyectar nuestra vida.

b) La subsistencia personal. El pacto entre generaciones

Las normas no proporcionan directamente los bienes que hacen posible la subsistencia de las personas, pero las normas pueden contener reglas que faciliten, en lo posible, esa subsistencia. Así, las normas que garantizan que nadie podrá ser privado de sus bienes y derechos sino por causa justificada de utilidad pública mediante la correspondiente indemnización; las que garantizan, o deberían garantizar, que los contratos de arrendamiento de una vivienda permitan permanecer en ella mientras no exista posibilidad real de ocupar otra; las que garantizan o deberían garantizar, que una política de "resultados" no producirá la pérdida de su trabajo a quienes no pueden tener otro trabajo; las que garantizan, o deberían garantizar, que los poderes públicos mantendrán un sistema de pensiones y ayudas que proporcione a los ciudadanos suficiencia económica en situaciones de necesidad, o durante la tercera edad, etc.

La predicción de que estas normas van a existir o van a mantenerse las que ya existen, hace posible el desarrollo de la vida personal y, en consecuencia, facilitan la paz social. Por el contrario, la predicción de que las normas no van a garantizar un orden social y económico en el que la subsistencia personal vaya a estar asegurada, justifica el ejercicio de los derechos de resistencia y de legítima defensa.

En el momento actual, la evolución de la estructura de la población crea un gran problema. La previsión de que la subsistencia de las generaciones de mayores cada vez más longevas tenga que ser garantizada por las generaciones cada vez menos nutridas de jóvenes, suscita la duda de si éstos van a soportar esa carga. ¿Existe un pacto tácito entre generaciones que asegure el cumplimiento de esa carga? El pacto entre generaciones, tanto se entienda en sentido sincrónico — niños, adultos y mayores que viven en cada momento —, como en sentido diacrónico (los que en el futuro vivirán — como dice la Ley del Patrimonio Histórico cuando dispone su "transmisión a las generaciones futuras..." — no es, ni puede ser, obviamente, un pacto jurídico vinculante como tal, pero la presunción de su existencia está en la base de las normas que obligan a unas generaciones a sostener a otras, ¿Es predecible que ese pacto se rompa?; ¿Es predecible que los jóvenes se nieguen a que los mayores vivan a su costa?, ¿Es predecible que el modelo social europeo no resista la tensión creciente a la que está sometido y se rasgue el tejido social? La posibilidad de que esto suceda, aunque sea remota y sea negada por los políticos con competencias en materias que afectan a la cohesión social, obliga a adoptar ya medidas de solidaridad forzosa. En otras épocas se recurría a la religión y a las familias "alargadas", en las que convivían abuelos y nietos. Hoy, el fuerte endeudamiento de las familias (en España 14.2 millones de familias según el censo de 2001, deben, en junio de 2004, una media de 39.000 euros, según datos publicados por el Banco de España, el doble que en junio de 1998) y la tendencia a debilitar la estructura jurídica de las familias y que los usos sociales debiliten los vínculos afectivos entre sus miembros, parece hacer inviable la "solución familiar". Queda, pues, la "solución pública", esto es la decidida intervención del poder público sobre los factores que inciden en los desajustes generacionales. De hecho, sin embargo, la predicción de lo que puede llegar a suceder no es suficiente para que se adopten medidas preventivas, quizá por la velada esperanza de que este problema se resolverá sólo por la evolución natural de los acontecimientos, o porque, quizá, parece que sin alterar las reglas la economía actual, es un problema insoluble.

c) Confianza en la estabilidad del derecho. La seguridad jurídica

El carácter predecible del derecho, entendido este carácter en su sentido amplio — predecible su contenido y predecible su aplicación —, es un principio esencial del Estado de Derecho que recibe la denominación de principio de seguridad jurídica (artículo 9.3 de la Constitución). Es una cualidad del ordenamiento que permite a cada ciudadano orientar su vida en un mundo regulado por normas y principios jurídicos. Por ello, la Constitución incorpora la "seguridad jurídica" como algo distinto de otras seguridades que también protege, por ejemplo, "la seguridad personal" (artículo 17); la "seguridad de los consumidores y usuarios" (artículo 51); la "seguridad del Estado" (artículos 12 y 105, b); la "seguridad pública" (artículos 149.1; 29; 28; 70; 104); la "seguridad social" (artículos 41; 149, 1, 17). Pero, ¿Qué es lo que garantiza la seguridad jurídica?: ¿La posibilidad formal de conocer el derecho, o la posibilidad material de predecir el contenido del derecho? Hay, pues, dos concepciones de la seguridad jurídica. Una, estrictamente formal, que sólo exige claridad y precisión a las normas y al ordenamiento en su conjunto ("... el legislador debe perseguir la claridad y no la confusión normativa, debe procurar que acerca de la materia sobre la que regula sepan los operadores jurídicos y los ciudadanos a qué a tenerse y debe huir de provocar situaciones objetivamente confusas..." — STC 49/1990); y otra que, además de esa exigencia, añade la del valor material de la confianza, la estabilidad y, en definitiva, la paz. Porque, como dijo Jaime Guasp (*Derecho*, 1971), el primero de los grandes principios fundamentadores de todo lo jurídico es aquel que recoge "el impulso o impulsos de una sociedad ya constituida como tal hacia su normal conservación". "La paz puede definirse como aquel principio que explica la persecución por una sociedad de su propio mantenimiento". "La paz en cuanto fundamento del Derecho da lugar a la seguridad como fundamento del Derecho también". "La faceta subjetiva de la paz jurídica es la seguridad; la faceta objetiva de la paz jurídica es la certeza. Seguridad y certeza jurídica se complementan. La exigencia básica de la paz forzosamente ha de estar integrada por un ingrediente de paz subjetiva que es la seguridad humana en el Derecho y por un ingrediente de paz objetiva, que es la certeza impersonal que a ese mismo derecho cabe atribuir".

El Tribunal Constitucional sin embargo, no ha sabido o no ha querido profundizar por esa vía en el principio de seguridad jurídica, temiendo, quizá, frenar la evolución del derecho positivo. Por ello ha buscado una solución algo retórica a la necesidad de dar un contenido material al precepto de la Constitución que garantiza la seguridad jurídica. El Tribunal ha enunciado algunas notas que concurren en el concepto de seguridad jurídica ("... es suma de certeza y legalidad, jerarquía y publicidad normativa, irretroactividad de lo no favorable, interdicción de la arbitrariedad...") y, para evitar la objeción de que así entendida la noción de seguridad jurídica fuera superflua, aclara que no se trata de una simple adición de los principios sino que "la seguridad jurídica es la suma de esos principios, equilibrada de tal suerte que permita promover en el orden jurídico la justicia y la igualdad en libertad" (SSTC 150/1990; 174/1998; 203/1998; 225/1998, etc.). Pero, más certeramente, en mi opinión, Pérez Luño (*Seguridad Jurídica*, 1991) explica que la seguridad jurídica sirve para "establecer ese clima cívico de confianza en el orden jurídico, fundada en pautas razonables de previsibilidad, que es presupuesto y función de los Estados de Derecho"; porque como ha escrito Juan José Lavilla Rubira (*Seguridad Jurídica*, 2004), "dicho principio demanda, en general, que los poderes públicos protejan la confianza de los ciudadanos que ajustan su conducta a la legalidad vigente, frente a cambios normativos que no sean razonablemente previsibles (STC 273/2000) así como frente a los cambios — carentes igualmente de razonable previsibilidad — en la interpretación administrativa del derecho aplicable, protección que requiere que, cuando tengan lugar dichos cambios, se prevea un régimen transitorio que tutele suficientemente las expectativas de los titulares de las situaciones jurídicas preexistentes".

COMPETÊNCIA URBANÍSTICA MUNICIPAL E COMPETÊNCIA DA UNIÃO EM MATÉRIA DE TELECOMUNICAÇÕES: INTERFERÊNCIAS

CELSO ANTÔNIO BANDEIRA DE MELLO

Titular da Faculdade de Direito
da Pontifícia Universidade Católica de São Paulo — PUC/SP

1. O art. 24, I, da Constituição Federal estabelece que compete à União, concorrentemente com Estados e Distrito Federal "legislar sobre direito urbanístico" (art. 24, I, da Constituição Federal). Sem embargo, consoante preceptivo do § 1º, a titulação da União, ali prevista, é unicamente para expedir "normas gerais" às quais, conforme estatui o § 2º, haverão de se conformar a legislação estadual ou distrital editada para suplementá-las. À falta delas, entretanto, os Estados exercerão competência plena "para atender a suas peculiaridades", como estabelece o § 3º. Contudo, sobrevindo ditas normas, fica suspensa a eficácia da legislação estadual no que lhes for contrária. É o que dispõe o § 4º. Registre-se ser também da alçada da União, a teor do art. 182, § 4º, expedir a lei "federal" que definirá os termos segundo os quais fica facultado ao Poder municipal exigir do proprietário do solo urbano não edificado, mediante lei própria e específica para área incluída no Plano Diretor (também este aprovado por lei municipal), que promova seu adequado aproveitamento, sob pena de conseqüências previstas nos incisos I a III do mesmo dispositivo.

2. De par com as precitadas competências legislativas, da União, dos Estados e do Distrito Federal, compete ao Município, a teor do art. 30, I — e já agora privativamente — expedir as normas urbanísticas que sejam de "interesse local". Também lhe compete "suplementar a legislação federal e estadual no que couber", conforme previsto no inciso II deste mesmo artigo. Acresce, ainda, que, a teor do inciso VIII, assiste-lhe, outrossim, "promover, no que couber, adequado ordenamento territorial, mediante planejamento e controle do uso, do parcelamento e da ocupação do solo urbano". Finalmente, em decorrência do art. 182, "A política de desenvolvimento urbano, executada pelo Poder Público municipal, conforme diretrizes gerais fixadas em lei, tem por objetivo ordenar o pleno desenvolvimento das funções sociais da cidade e garantir o bem-estar dos seus habitantes".

Eis, pois, que as competências mais significativas em matéria urbanística, na prática, são as do Município. Aliás, basta uma leitura do chamado Estatuto da Cidade, ou seja, da Lei nacional n. 10.257, de 10.7.2001, expedida para regular os arts. 182 e 183 da Constituição, para perceber-se que tal reconhecimento nela está claramente expressado.

3. É óbvio que as assinaladas competências das diferentes pessoas jurídicas têm que se harmonizar, de sorte a não haver um pisoteamento de umas sobre outras ou um entrechoque que as contraponha. Uma vez mantidas cada qual na respectiva esfera que lhes foi assinalada pela Constituição, adscrevendo-se todas ao campo de ação que lhes corresponde, elas são compatibilizáveis. Com efeito: "Não se presumem antinomias ou incompatibilidades nos repositórios jurídicos", sintetizou Carlos Maximiliano. E logo além: "Sempre que descobre uma contradição deve o hermeneuta desconfiar de si; presumir que não compreendeu bem o sentido de cada um dos textos ao parecer inconciliáveis (...)" (*Hermenêutica e Aplicação do Direito*, 15ª ed., Forense, 1995, p. 134).

Dessarte, por muito difícil que seja — e muitas vezes o é — o exegeta não pode deixar de estabelecer uma composição entre normas oriundas destas diferentes esferas jurídicas (União, Estados e Municípios) para que convivam sem se desautorizarem reciprocamente.

No Texto Constitucional há indicações claras apontando, ao menos, os vetores interpretativos que se deve obedecer para deslinde da questão.

4. Viu-se que, em se tratando de "normas gerais", a competência é da União. Uma vez que as leis são sempre (ou quase sempre) normas gerais, há de se entender que quando o Texto Constitucional menciona "normas gerais" está a demandar algo além da generalidade que é comum a quaisquer leis, verificação óbvia que não espanca a notória dificuldade, ainda hoje irresoluta, para se proceder a uma identificação precisa do que sejam normas gerais.

Relembre-se inicialmente lições de Geraldo Ataliba, ao tratar, em estudo profundo, das normas gerais de direito financeiro e tributário previstas na Carta de 1967 e mantidas na Carta de 1969, dita Emenda n. 1 à referida Carta. De acordo com o referido jurista deveriam ser consideradas como normas gerais tão-somente as que previnem conflitos entre as pessoas de direito público e as que preenchem lacunas constitucionais insuscetíveis de serem supridas pelas próprias pessoas de direito público interessadas ("Normas gerais de direito financeiro e tributário e autonomia dos Estados e Municípios", *RDP* 10/45-80).

5. Nós mesmos ensaiamos algumas diretrizes para qualificação das normas gerais, apontando que são gerais as que, ao contrário das outras, veiculam *apenas*:

"a) preceitos que estabelecem os princípios, os fundamentos, as diretrizes, os critérios básicos, conformadores das leis que necessariamente terão de sucedê-las para completar a regência da matéria. Isto é: daqueloutras que produzirão a ulterior disciplina específica e suficiente, ou seja, indispensável, para regular o assunto que foi objeto de normas apenas 'gerais'.

"Segue-se que não serão caracterizáveis como disposições veiculadoras de normas gerais as que exaurem o assunto nelas versado, dispensando regramento sucessivo. É claro, entretanto, que o dispositivo que formula princípios ou simples critérios não perde o caráter de norma geral pelo fato de esgotar os princípios ou critérios aplicáveis, visto que nem uns, nem outros, trazem consigo exaustão da disciplina da matéria sobre a qual se aplicam;

"b) preceitos que podem ser aplicados uniformemente em todo o País, por se adscreverem a aspectos nacionalmente indiferençados, de tal sorte que repercutem com neutralidade, indiferentemente, em quaisquer de suas regiões ou localidades.

"Segue-se que não serão normas gerais aquelas que produzem conseqüências díspares nas diversas áreas sobre as quais se aplicam, acarretando, em certas áreas, por força de condições, peculiaridades ou características próprias da região ou do local, repercussão gravosa sobre outros bens jurídicos igualmente confortados pelo Direito" (*Curso de Direito Administrativo*, 14ª ed., Malheiros Editores, 2002, pp. 473-474).

José Afonso da Silva aponta como conteúdo possível das normas gerais *de direito urbanístico* da alçada da União, "aquelas que, expressamente mencionadas na Constituição, fixem os princípios e diretrizes para o desenvolvimento urbano nacional, estabeleçam conceitos básicos de sua atuação e indiquem os instrumentos para sua execução" (*Direito Urbanístico Brasileiro*, 3ª ed. revista e atualizada, Malheiros Editores, 2000, p. 64).

Tomando em conta estas indicações até agora feitas, nota-se que a competência da União relativa à expedição de normas gerais de direito urbanístico dificilmente se confundirá, em algum caso, com o campo competencial de Estados e Municípios. O mesmo se dirá no que atina às atribuições legislativas da União supostas no art. 182, § 4º.

6. Quanto às competências estaduais na matéria, também são discerníveis das competências municipais, normalmente sem dificuldades de grande monta, porque, como disse o precitado José Afonso, são prepostas a "estabelecer normas de coordenação dos planos urbanísticos no nível de suas regiões administrativas, além de sua expressa competência para, mediante lei complementar, instituir regiões metropolitanas, aglomerações urbanas e microrregiões, constituídas por agrupamentos de municípios limítrofes, para integrar a organização, o planejamento e a execução de funções públicas de interesse comum" (ob. cit., pp. 55-56).

7. Em vista do que até agora se disse resulta perceptível que nem União, nem Estados, fixam normas urbanísticas "intramunicipais", mas apenas normas que contemplem aspectos "intermunicipais". Segue-se que, naquela intimidade o que vai sobrelevar é a competência do Município. A este é que assistirá expedir as licenças para ocupação do solo urbano municipal (art. 30, VIII: "controle do uso, do parcelamento e da ocupação do solo urbano"), sempre que dita ocupação esteja conforme às leis municipais que a regulem.

Nada obstante, cabem aqui algumas importantes acotações para que se possa melhor gizar a extensão de liberdade que o Município terá ou, dito pelo reverso, para encarecer algumas constrições a que estará sujeito para não se incompatibilizar com competências alheias.

8. Desde logo, é certo que legislação da alçada da União ou dos Estados, ao incidir sobre matéria estranha ao direito propriamente urbanístico, pode, entretanto, repercutir neste campo. Em tais casos a legislação edilícia ou urbanística do Município não poderá trazer consigo violação ou amesquinhamento daquilo que resulta de lei ou ato federal ou estadual legitimamente exarados, pois circunscritos à temática sobre a qual podiam dispor e tenham disposto em termos comedidos. Vale dizer as normas municipais pertinentes terão de manter compatibilidade com o que em outra esfera haja sido regularmente disposto.

Tome-se como exemplo imediatamente visível a legislação estadual que fixasse uma determinada cubagem mínima de ar como o piso de salubridade tolerável para compartimentos habitáveis. Disto resultaria a impossibilidade da legislação edilícia municipal admitir que nas plantas das habitações uni ou plurifamiliares fossem aceitos como dormitórios compartimentos cujas reduzidas dimensões acarretassem uma cubagem de ar inferior à estabelecida na legislação sanitária estadual.

9. Similarmente, sendo de competência *privativa* da União, consoante dispõe o art. 22, IV, da Constituição Federal, legislar sobre *telecomunicações*, daí decorre que são obrigatórias em todo o País — e não podem ser dispensados ou agravados por disposição estadual ou municipal — as normas que nesta esfera sejam regularmente expedidas no que concerne aos *correspondentes equipamentos e respectivos requisitos de segurança* quanto aos *padrões consi-*

derados necessários e suficientes para preservação da saúde humana e salubridade ambiental.

Ademais, posto que o art. 21, XI, do Texto Constitucional dispõe competir à União "explorar, diretamente ou mediante autorização, concessão ou permissão, os serviços de telecomunicações, nos termos da lei, que disporá sobre a organização dos serviços, a criação de um órgão regulador e outros aspectos institucionais", compreende-se que a outorga que faça de tais serviços ***não pode ser, diretamente ou por vias transversas, impedida, frustrada, tornada ineficaz ou desnecessariamente perturbada em decorrência de lei estadual ou municipal***. Dessarte, é incensurável a Lei federal n. 8.919, de 15.7.1994, de acordo com a qual ao "permissionário de qualquer serviço de radiocomunicação é assegurado o direito de instalação da respectiva estação, bem como do necessário sistema ou conjunto de antenas, em prédio próprio ou locado, observados os preceitos relativos às zonas de proteção de aeródromos, heliportos e de auxílio à navegação aérea", "obedecidos os princípios técnicos inerentes ao assunto e observadas as normas de engenharia e posturas federais, estaduais e municipais aplicáveis às construções, escavações e logradouros públicos".

10. Uma vez que a telefonia móvel celular é serviço de telecomunicações e seu funcionamento pressupõe instalação de estações radio-base, a concessão, efetuada pela União, de serviços de telefonia celular traz *consigo a qualificação da concessionária no direito de efetuar as necessárias instalações* cujos requisitos técnicos, *inclusive no que concerne à obediência aos padrões de salubridade em vista da emissão de radiações*, evidentemente são definidos na esfera da União e de ninguém mais.

A expedição pela União do ato concessivo, ou quando for o caso da permissão ou autorização, confere desde logo ao beneficiário a correspondente titulação que o habilitará ao exercício da atividade em causa, para cujo desempenho independerá de aquiescência de qualquer outra pessoa jurídica de direito público.

É de meridiana clareza que os sujeitos competentes para definição dos padrões técnicos de segurança e de salubridade pessoal ou ambiental relacionados com radiações oriundas de Estações Radio-Base são as pessoas jurídicas ou órgãos encartados na administração direta ou indireta da União aos quais dita competência haja sido atribuída nos termos da legislação federal pertinente. Aliás, em matéria de radiação, consta que a ANATEL adotou os limites preconizados pela Organização Mundial de Saúde. Ditos padrões impõem-se obrigatoriamente para Estados e Municípios, os quais, à toda evidência, não podem minorá-los nem agravá-los. Ou seja, quanto a tais aspectos não há espaço para legislação estadual ou municipal, Assim, serão *inconstitucionais* se incidirem sobre o referido tópico em descompasso com o disposto pelo Poder Público federal.

Dessarte, é visível que descabe a edição de lei municipal ou estadual para regular distâncias sobre o ponto de radiação de antena transmissora e a divisa do imóvel ou sobre a base desta e as divisas do lote, maiormente se o fizerem de maneira discrepante daquela que resulte das normas técnicas federais atinentes à garantia da salubridade circunvizinhante.

Em suma, conquanto seja livre de qualquer dúvida ou entredúvida que a instalação de Estações Radio-Base (ERB's) se assujeita às disposições urbanísticas municipais, também é livre de dúvidas ou entredúvidas que ditas normas do Município *terão de atender a parâmetros de razoabilidade* e jamais poderão ser fonte de impedimento à aplicação de normas regularmente editadas nas órbitas federais ou estaduais, assim como menos ainda poderão se constituir em obstáculo inarredável à produção de efeitos de atos regularmente expedidos nas esferas da União ou dos Estados.

11. As atividades de telecomunicações se exercitarão em diversos pontos do território nacional e, obrigatoriamente, na intimidade do espaço territorial de um Município, por ser este a menor unidade geográfica político-administrativa em que se encontra dividido o País. Assim, instalações físicas, como as ERB's, demandadas para o desempenho do que haja sido autorizado, concedido ou permitido, haverão de sediar-se em território municipal.

Se o Município desfrutasse da prerrogativa de concordar ou não com a possibilidade de serem efetuadas tais instalações, é óbvio que a palavra definitiva sobre as conseqüências efetivas das referidas autorizações, concessões ou permissões ficaria retida em suas mãos. Já não seria a União, como quer o Texto Constitucional, quem decidiria sobre a real concreção de tais atos, porquanto estes ficariam na pendência de uma aquiescência municipal. Ora, as competências irrogadas à União no art. 21 não são o enunciado de palavras fátuas; não podem ser havidas como outorga de poderes inconseqüentes, isto é, despojados do atributo de produzir, por si mesmos, as repercussões concretas na realidade em função das quais são exercitados.

A entender-se de outro modo, seria forçoso concluir que, na matéria, a esfera de atribuições da União teria de concertar-se com as decisões municipais, pena de se tornar inoperante na vida real, isto é, inapta a produzir os efeitos pretendidos pelos atos em que se traduzem.

É óbvio que ninguém sufragaria entendimento que abicasse em disparate de tal ordem. Evidentemente, na outorga pelo Poder federal das habilitações previstas no art. 21, XI, está implícito que não poderão ser antepostos, por quem quer que seja, mediante lei ou mediante ato administrativo, obstáculos frustradores do sentido prático, objetivo, daquelas decisões da União.

12. Certamente por força de suas atribuições em matéria urbanística, o Município poderá disciplinar a utilização dos espaços urbanos e, pois, estabelecer condições a serem atendidas por quaisquer sujeitos que os queiram ocupar. Aliás, a própria Lei 9.472, de 16.7.1997, conhecida como Lei Geral de Telecomunicações, as ressalva, embora reportada a normas sobre construção e utilização de espaços em "logradouros públicos". De fato, seu art. 74 estatui que "a concessão, permissão ou autorização de serviço de telecomunicações, não isenta a prestadora do atendimento às normas de engenharia e às leis municipais, estaduais ou do Distrito Federal relativas à construção e à instalação de cabos e equipamentos em *logradouros públicos*".

Daí, entretanto, como é hialinamente claro, não se segue que, a título de fixar dito regramento, possa erigir empeços que representem, *in concreto*, para os titulados pela União como autorizados, concessionários ou permissionários de serviços de telecomunicações, a inviabilização física, técnica ou econômica, do *direito* de utilizarem os espaços imprescindíveis para implantação de equipamentos que neles se tenham de instalar para a adequada prestação da atividade em vista da qual foram regularmente qualificados pelo Poder federal.

Isto significa que, embora a legislação municipal possa estabelecer normas preordenadas a assegurar adequada utilização dos espaços urbanos, de maneira, inclusive, a que sejam respeitados critérios até mesmo estéticos, sobretudo em áreas nobres, não poderá fazê-lo de molde a tornar proibida em determinadas zonas a instalação de equipamentos — como as ERB's, por exemplo — se nelas necessitarem se ubicar por razões de ordem técnica, sob pena de comprometimento da adequada prestação do serviço, sobretudo nos casos em que seja obrigatório, perante o Poder concedente, alcançar determinados padrões ou metas de qualidade.

Pelos mesmos fundamentos jurídicos aduzidos, também não são admissíveis disposições municipais, estabelecidas em lei ou em atos subalternos, como os provenientes do Executivo, que, mesmo não se apresentando como um impedimento direto à instalação dos sobreditos equipamentos, abiquem transversamente em resultado igualmente obstativo, por via de exigências tão onerosas que a inviabilizem *economicamente* ou a tornem *excessivamente gravosa*, alterando de modo significativo os custos que estariam implicados se não houvera tais exigências.

Ante as considerações óbvias de que as habilitações deferidas pela União em matéria de telecomunicações produzem efeitos por força própria, decorre que não ficam assujeitadas à concordância do Município em conferir-lhes condições de efetiva produção de efeitos práticos. Evidencia-se, então, igualmente, que os sujeitos a quem o Poder federal outorgue tais habilitações *têm direito* ao exercício das sobreditas atividades, no que está evidentemente implicado, a utilização dos meios para tanto imprescindíveis.

13. Ora, se há, pois, *direito* ao exercício das atividades em causa e, conseqüentemente, à utilização dos meios e equipamentos que lhe são inerentes, segue-se, por derivação lógica irrefragável, que o Município não dispõe de aptidão jurídica para, a seu critério, isto é, *discricionariamente*, deferir ou indeferir licenças para instalação dos equipamentos em apreço. Deveras, se a autoridade municipal pudesse, ao seu líbito, invocar razões de interesse público para outorgar ou denegar licenças de instalação, nela é que estaria retida a aptidão jurídica para ensejar ou obstaculizar as atividades de telecomunicações. Em suma, a União ficaria a depender de um *nihil obstat* editado pelos Municípios, conclusão esta que ninguém da área jurídica, em seu juízo normal, encamparia.

Assim, é forçoso reconhecer que o Município não tem *competência discricionária* para livremente aquiescer ou denegar a instalação de ERB's. Antes e pelo contrário, uma vez atendidos os normais requisitos da legislação urbanística, está, de direito, obrigado a aquiescer em que sejam instaladas dentro de perímetros nos quais, por razões de ordem técnica, devam obrigatoriamente se alocar para o bom funcionamento do serviço a que estão prepostas. Portanto, trata-se de ato vinculado.

Com as expressões "discricionário", "discricionariedade", estamos a significar *margem de interferência subjetiva do administrador* na decisão a ser tomada. Negando a existência dela na apreciação relativa à expedição de licenças para instalação de ERB's, estamos a afirmar que o Município não pode outorgar ou negar licença para que sejam instaladas mediante critérios subjetivos. Sua decisão quanto a isto terá de estar assentada no contraste entre normas jurídicas descritivas de uma *situação objetivamente reconhecível* e a pretensão formulada pelo sujeito titulado para o serviço de telecomunicação celular, de tal sorte que se este se encontrar conforme à legislação será obrigatória a expedição da licença, tal como seria obrigatória sua denegação no caso de desacordo com a lei. Em suma: o que está em pauta é um ato vinculado.

Se inexistir lei municipal específica contemplando as estações radio-base, tendo em vista que o Município não poderia obstar o funcionamento de um serviço de telecomunicações concedido pela União — o que ocorreria se fossem negadas licenças para instalação das ERB's — a solução será aplicar as disposições legislativas municipais que se aplicam à generalidade das edificações, atendendo-se as normas existentes no que concerne a coeficientes de edificação e taxas de ocupação.

Em tal caso, ainda que seja menos evidente a ausência de liberdade administrativa, mesmo assim, havendo, como há, direito do concessionário instalar a ERB em área onde seja tecnicamente indispensável para a correta prestação do serviço, tudo se resumirá em atender *exigências razoáveis* que a Administração haja estabelecido com base nas disposições gerais sobre o direito de edificar previstas na legislação urbanística. Vale dizer: a outorga ou denegação da licença não serão jamais decisões tomadas meramente com base em um entendimento do administrador sobre ser ou não conveniente que se instalem ERB's na área.

14. Firmados estes pontos, outrossim se exibe como conclusão inadversável a de que a expedição de licença municipal para instalação de ERB's no local tal ou qual não pode ser, nem mesmo pela legislação do Município, condicionada a manifestações concordantes dos moradores da área ou de suas circunvizinhanças.

Com efeito, uma vez assente que os titulados a serviços de telecomunicações têm *direito* a desenvolver as correspondentes atividades e que tal direito abrange como consectário lógico inafastável o de instalar as ERB's dentro dos perímetros em que, por razões de ordem técnica, necessitem se ubicar, resulta que ninguém, seja ou não vizinho de tais locais, poderia validamente sufocá-lo. É do mesmo modo claro que, se fosse aceita tal possibilidade, os atos que a Constituição atribuiu à União passariam a ter sua eficácia jurídica e fática pendente da concordância deste segmento dos moradores locais, com manifesta violação da competência federal na matéria, porquanto na Lei Maior inexiste qualquer clausulamento desta natureza.

15. As estações radio-base são edificações, isto é, torres com implementos. Assim, os atos municipais que liberam suas instalações têm a mesma natureza daqueles que liberam as edificações em geral. Vale dizer: ainda que expedidos sob outra designação (autorização, permissão ou qualquer outro) são verdadeiramente *licenças de edificar*, ou seja, atos notoriamente vinculados e que uma vez emitidos ***perfazem atos jurídicos perfeitos e geram direito adquirido***.

Deveras, edificações para prestar serviços de telecomunicações por todo um largo período da concessão não se erigem com propósitos precários, mas se fazem com ânimo de permanência, além de envolverem dispêndios obviamente incompatíveis com precariedade. Ademais, não é a licença que compõe o direito a edificar. Este precede a edificação. Apenas o exercício de tal direito é que está condicionado a um ato administrativo cuja função específica é conferir se há ou não há conformidade entre a edificação pretendida, isto é, a ereção da estação radio-base, e os condicionamentos normativos a que está sujeita. Em suma: a licença é ato que remove obstáculo ao *exercício* de um poder jurídico preexistente, mas cuja atuação está condicionada a uma conferência administrativa.

16. É bem de ver, portanto, que o deferimento de licença nada tem de precário. Com efeito, a voz "precário", reportada ao ato administrativo, significa provisório, cancelável a qualquer tempo, instável. É evidente que um ato recognitivo de direito nada pode ter de precário, de instável, de provisório.

Daí haver Hely Lopes Meirelles enunciado, com propriedade, a diferença existente entre os alvarás de licença, atos definitivos e os de autorização, atos precários, nos seguintes termos: "O alvará pode ser definitivo ou precário: será definitivo e vinculante para a Administração quando expedido diante de um direito subjetivo do requerente como é a edificação, desde que o proprietário satisfaça todas as exigências das normas edilícias; será precário e discricionário se a Administração o concede por liberalidade, desde que não haja impedimento legal para sua expedição, como é o alvará de porte de arma ou de uso especial de um bem público. O alvará definitivo consubstancia uma licença; o alvará precário expressa uma autorização" (*Direito Administrativo Brasileiro*, Ed. RT, 6ª ed., atualizada, 1978, pp. 111-112).

Sérgio de Andréa Ferreira, o eminente professor da Universidade Estadual do Rio de Janeiro, professa lição em que sublinha os mesmos traços, ao dizer: "A primeira, a licença, de caráter vinculado envolve direito subjetivo oponível à própria Administração, a última, autorização ou permissão, *eminentemente discricionária é precá-*

ria e revogável" (*Direito Administrativo Didático*, 1978, p. 252).

17. De resto, seria simplesmente absurdo imaginar-se precariedade na licença para construir, tanto em face de seu caráter meramente aferidor de um direito preexistente, quanto à vista dos relevantes efeitos patrimoniais que são envolvidos com base neste ato administrativo. Deveras, uma vez obtida a licença, o interessado investe recursos de monta. Sem abalançar-se a riscos descomedidos, ninguém alocaria importâncias de tomo, assumindo a álea de suportar prejuízos de assinalado porte.

Conseqüência, então, do quanto se vem de dizer é a de que as licenças de edificar, porque retratam atos jurídicos perfeitos e conferem direito adquirido, não podem ser afetadas por legislação superveniente que altere os termos dantes vigorantes para expedi-la. Assim, as licenças já emitidas para instalação das ERB's, mesmo que hajam sido deferidas sob a denominação de "autorizações" ou de "permissões" ou sob qualquer outra nomenclatura, não serão afetadas na hipótese de sobrevir legislação ulterior que regule diversamente a matéria.

18. De toda sorte, tendo em vista a quantidade de problemas suscitados pela instalação de estações radio-base, a solução mais adequada para implantar segurança jurídica na matéria seria a expedição, pela União, de norma geral capaz de prevenir conflitos de competência entre os diversos titulados para legislar sobre matéria urbanística e para compor diretrizes que, na ausência de legislação municipal específica para as sobreditas estações, fornecessem critérios seguros para desate da questão.

19. Assim, podem ser sumuladas umas tantas conclusões ao cabo das anotações precedentes. A saber:

I — Em matéria urbanística, a competência da União é restrita à expedição das chamadas "normas gerais" (art. 24, § 1º, da Constituição Federal), portanto, normas que fixam princípios, critérios e diretrizes gerais, que fornecem a caracterização básica dos instrumentos urbanísticos e que previnem conflitos de competência legislativa entre as pessoas jurídicas de capacidade política. Compete-lhe, outrossim, a expedição da lei prevista no art. 182, § 4º, da Lei Maior, para definir os termos segundo os quais o Município poderá exigir do proprietário do solo urbano não edificado e sito em área incluída no Plano Diretor que promova seu adequado aproveitamento, sob pena de conseqüências previstas nos incisos I a III do mesmo dispositivo.

Já a competência dos Estados e do Distrito Federal, previstas concorrentemente com a da União no art. 24, com os suplementos delineadores dos §§ 1º a 4º, tem, sobretudo, por objeto, como bem o disse José Afonso da Silva, "estabelecer normas de coordenação dos planos urbanísticos no nível de suas regiões administrativas, além de sua expressa competência para, mediante lei complementar, instituir regiões metropolitanas, aglomerações urbanas e microrregiões, constituídas por agrupamentos de municípios limítrofes, para integrar a organização, o planejamento e a execução de funções públicas de interesse comum".

A competência urbanística do Município, privativa no que concerne aos assuntos de interesse local (art. 30, I), comporta, ainda, a suplementação da legislação federal e estadual, no que couber (inc. II) e se destina a "promover, no que couber, adequado ordenamento territorial, mediante planejamento e controle do uso, do parcelamento e da ocupação do solo urbano" (inc. VIII). Assim, os Municípios exercem as competências urbanísticas mais relevantes em termos práticos, pois enquanto os outros sujeitos fixam normas preocupados com os aspectos "inter" ou "supramunicipais", estes disciplinam os tópicos mais concretos e diretos da matéria, isto é, os "intra" municipais.

Uma vez mantidas cada qual na respectiva esfera que lhes foi assinalada pela Constituição, adscrevendo-se todas ao campo de ação que lhes corresponde, elas são compatibilizáveis, uma vez que, conforme o exposto, ainda que todas versem matéria urbanística, possuem objetos discerníveis.

II — As competências municipais para legislar sobre matéria urbanística sofrem indiscutíveis limitações jurídicas decorrentes do exercício, por União e Estados, de competências de outra ordem que lhes sejam pertinentes. Em tais casos a legislação edilícia ou urbanística do Município não poderá trazer consigo violação ou amesquinhamento daquilo que resulta de lei ou ato federal ou estadual legitimamente exarados, pois circunscritos à temática sobre a qual podiam dispor e tenham disposto em termos comedidos. Sirva de exemplo legislação estadual que fixasse como piso de salubridade para compartimentos habitáveis uma determinada cubagem mínima de ar. Disto resultaria a impossibilidade da legislação edilícia municipal admitir que nas plantas das habitações uni ou plurifamiliares fossem aceitos como dormitórios compartimentos cujas reduzidas dimensões acarretassem uma cubagem de ar inferior à estabelecida na legislação sanitária estadual. Similarmente, sendo de competência *privativa* da União, consoante dispõe o art. 22, IV, da Constituição Federal, legislar sobre *telecomunicações*, daí decorre que são obrigatórias em todo o País — e não podem ser dispensados ou agravados por disposição estadual ou municipal — as normas que nesta esfera sejam regularmente expedidas para regular os correspondentes equipamentos e seus requisitos de segurança quanto aos padrões de radiação considerados necessários e suficientes para preservação da saúde humana.

III — É procedente o entendimento de que à União e unicamente a esta esfera governamental é que assiste competência para definir os padrões técnicos de segurança e de salubridade pessoal relacionados com radiações oriundas de Estações Radio-Base, excluindo-se, portanto, a possibilidade de terceiros fixarem para elas, em função de radiações, recuos ou afastamentos.

IV — A concessão federal de serviços de telefonia celular é, em si mesma, suficiente para assegurar ao concessionário o direito à instalação de ERB's (necessariamente em território municipal) na conformidade de exigências técnicas impostergáveis para o adequado funcionamento do sobredito serviço. Assim, o Município não pode, em nome do interesse local, contrapor-se a isto.

V — O Município não pode, em nome de sua competência reguladora e ordenadora do uso e ocupação do solo, proibir a instalação de ERB's em determinadas áreas, como nas estritamente residenciais. Assim também, não pode estabelecer condições que abiquem transversamente em resultado igualmente obstativo, como ocorreria se impusesse exigências que as inviabilizassem *economicamente* ou as tornassem *excessivamente dispendiosas*, alterando de modo significativo os custos que estariam implicados se não houvera tais exigências.

VI — A emissão da competente aquiescência para a instalação de ERB's por parte do Município — falece ao Estado tal competência — não é ato discricionário, mas vinculado ao disposto na lei regedora da espécie. Se inexistir lei municipal específica contemplando as Estações Radio-Base, tendo em vista que o Município não poderia obstar o funcionamento de um serviço de telecomunicações concedido pela União — o que ocorreria se fossem negadas licenças para instalação das ERB's — a solução será aplicar as disposições legislativas municipais que se aplicam à generalidade das edificações, atendendo-se as normas existentes no que concerne a coeficientes de edificação e taxas de ocupação. Em tal caso, ainda que seja menos evidente a ausência de liberdade administrativa, mas, havendo, como há, direito do concessionário instalar a ERB em área onde seja tecnicamente indispensável para a correta prestação do serviço, tudo se resumirá em atender *exigências razoáveis* que a Administração haja estabelecido com base nas disposições gerais sobre o direito de edificar previstas na legislação urbanística. Vale dizer: a outorga ou denegação da licença não serão jamais decisões tomadas meramente com base em um entendimento do administrador sobre ser ou não conveniente que se instalem ERB's na área.

VII — A legislação municipal não pode fazer com que a expedição de licenças para instalação de ERB's fique na dependência de manifestação concordante dos moradores das vizinhanças.

VIII — Legislação superveniente, estadual ou municipal que modifique os requisitos para instalação de ERB's não pode afetar a situação das que já estejam instaladas com base em atos municipais precedentemente expedidos, pois isto implicaria ofensa a atos jurídicos perfeitos e direitos adquiridos.

IX — Ante a multiplicidade de pessoas tituladas para emissão de normas urbanísticas e a freqüente ausência de normas municipais específicas sobre a instalação de ERB's, a alternativa jurídica mais adequada para solucionar os problemas daí derivados, com vistas a se obter a necessária segurança jurídica, seria a edição, pela União, de norma geral capaz de prevenir conflitos de competência entre os diversos titulados para legislar sobre matéria urbanística e para compor diretrizes que, na ausência de legislação municipal específica para as sobreditas estações, fornecessem critérios seguros para desate da questão.

ACUMULAÇÃO DE CARGO POLÍTICO COM FUNÇÕES PARTICULARES

CÁRMEN LÚCIA ANTUNES ROCHA
Professora Titular de Direito Constitucional da PUC/MG. Advogada

Introdução. I — Acumulação de atividades, de cargos, empregos ou funções públicas remuneradas por servidores públicos. II — Acumulação de cargos, empregos e funções públicas por membros do Poder. III – Princípios constitucionais dos agentes políticos no Brasil: inacumulabilidade de cargo político com funções particulares. Conclusão.

Introdução

Tem sido árdua a tarefa a que se propõem alguns de afastar o jurídico do ético. O direito é ético por excelência. Não há Justiça sem ética. Tampouco Justiça aética.

Despertada para o conteúdo ético dos comportamentos públicos e privados, sem os quais não se há cogitar do justo, a sociedade contemporânea aspira mais que ao jurídico-formal: quer o jurídico justo, o que impõe o jurídico-ético. O valor base da ética é o moralmente reto. O valor base do direito é o corretamente justo.

Justificado como instrumento de realização da justiça social, o Estado haverá que ser ético para ser legítimo. Bem assim a Administração Pública, uma das faces do ente político. Por isto a conjugação do justo e do ético traduzem o direito havido como legítimo.

Pelo paradigma contemporaneamente aceito, o que é da *polis* haverá que ser eticamente justo para ser legítimo.

O cidadão não confia ser justo o que estiver sob pendência ética. E a desconfiança rompe o elo que garante a confiabilidade dos cidadãos na administração de sua cidade política. Sem confiança, não há chance para a democracia.

Os princípios da justiça social envolvem, pois, necessária e primariamente, a ética. Por isto é que as Constituições contemporâneas expressam, em suas normas, o princípio da moralidade pública.[1] A Admi-

1. Neste sentido, por exemplo, a Constituição alemã, em cujo art. 2º, 1, se põe que "todos têm o direito ao livre desenvolvimento de sua personalidade, desde que não violem os direitos de outrem e não atentem contra a ordem constitucional ou a lei moral". A Constituição da Colômbia, de 1991, preceitua, em seu art. 209, que: "A função administrativa está a serviço dos interesses gerais e se desenvolve com fundamento nos princípios da igualdade, moralidade, eficácia, economia, celeridade, imparcialidade e publicidade, mediante descentralização, delegação e desconcentração de funções. As autoridades administrativas devem coordenar suas ações para o adequado cumprimento

nistração Pública democrática exige o respeito estrito e insuperável da ética.

A constatação de tais condições da atualidade é o que conduz à indagação sobre alguns comportamentos dos agentes públicos — em especial, dos membros de Poder — são válidos jurídica e eticamente. Afinal, o justo não é apenas o tecnicamente acertado, mas, principalmente, o eticamente legitimado.

I — Acumulação de atividades, de cargos, empregos ou funções públicas remuneradas por servidores públicos

Os cargos públicos compõem os quadros dos entes políticos, competentes ao desempenho das funções do Poder Público. Em razão do princípio da acessibilidade dos cargos públicos é que as legislações dos diferentes Estados cuidam de estatuir os princípios e as regras que restringem a acumulação remunerada de cargos públicos.

Tanto se dá em cumprimento ao princípio da moralidade administrativa e, em especial, ao da garantia de se buscar a acessibilidade dos cargos e empregos públicos a todos os nacionais. Neste sentido é que se tem o art. 37, I, da Constituição brasileira de 1988, a manter a tradição republicana na matéria (aquele mandamento constitucional foi assegurado desde a primeira Lei Fundamental da República brasileira instalada em 1891 — art. 73).

Todos os cargos, empregos e funções públicas são acessíveis a todos os brasileiros habilitados nos termos da legislação vigente. Cumpre-se, pela efetividade conferida ao princípio, o princípio segundo o qual, sendo pública a *res*, a todos do povo, que detenham as condições de desempenhar as tarefas inerentes ao Poder Público, haverão de ser elas oferecidas e garantidas como passíveis de serem desenvolvidas.

Para os cargos públicos remunerados, entretanto, as Constituições brasileiras, na esteira do quanto se positivam nas legislações republicanas em geral, têm como critério a inacumulabilidade, ressalvas feitas aos casos por ela elencados (art. 37, XVI e XVII, da Constituição de 1988). A idéia que se contém como razão da norma é que a dupla remuneração cerceia a acessibilidade dos cargos, empregos e funções aos interessados, além de fazer com que as atividades desempenhadas o sejam sem a vinculação necessária à pessoa política que remunera o trabalho, podendo conduzir a uma dificuldade do que provê o lugar se não houver identidade das matérias nas quais se especializa o agente.

Ponderando sobre a matéria, lecionava Ruy Barbosa: "(...) *qual a razão da norma constitucional que, em matéria de cargos remunerados, proíbe as acumulações? A razão é o interesse do serviço público, o bem da administração. Não é assim? Parece óbvio. As acumulações, por via de regra, prejudicam ao serviço público, relaxam e desmoralizam a administração. Por via de regra, logo as acumulações devem ser vedadas, como inconvenientes à excelência dos serviços, que a administração desempenha. Vulgarmente, por aí se cuida outra coisa, e é sob esse aspecto que os Governos de arranjos e as clientes dos partidos encaram as desacumulações. O acervo dos empregos representa, a esses olhos, um grande bolo, de que a desacumulação sistemática multiplica as fatias, habilitando os distribuidores a ensanchar o número de comensais e a satisfazer a maior soma de apetites. Essa política interesseira tem o seu meio de se recomendar à democracia. (...) Um grão de milho para cada bico não mata a fome a ninguém, mas assegura a sujeição de todos. (...) quando já não resta onde se possa demitir, metem-se a desa-*

dos fins do Estado. A Administração Pública, em todas as suas ordens, terá um controle interno, que se exercerá nos termos estabelecidos em lei". A Constituição da República Federativa do Brasil de 1988 estabelece, expressamente, aquele princípio no art. 37.

cumular (...). Mas outro foi o alvo da proibição constitucional. (...) As acumulações, 'em geral', são nocivas, porque desfavorecem o bom serviço do Estado. (...) As acumulações não são, de seu natural, boas ou más. São más, ou boas, úteis ou nocivas, consoantes os casos, isto é, segundo a natureza dos cargos e a maneira de se proverem. Casos até há em que elas resultam da natureza das coisas e são, portanto, necessárias, imperiosas e quase subentendidas algumas vezes, a respeito de certas funções, cargos ou serviços. (...) Note-se que, em certas circunstâncias e em certas matérias, a acumulação é o único meio de obter para o serviço público a concorrência dos homens de mérito avantajado. Com os vencimentos de um só lugar, não se podem captar, às vezes, os serviços de uma notabilidade científica ou profissional. Mas a faculdade, admitida na lei, de acumular, quando se trate de cargos dessa categoria, profissionais, científicos ou técnicos, habilita os Governos a enriquecerem as instituições desse caráter com os melhores servidores, as mais assinaladas reputações, os competentes de mais valor em cada especialidade" (*Comentários à Constituição Federal Brasileira*, v. VI,São Paulo, Saraiva, 1934, p. 199 — destaques no original).

Deve ser anotado que nas lições de Ruy Barbosa o de que se cuida e o que ali se enfatiza é, fundamentalmente, a questão de desempenhos nos quais o interesse é o mesmo, o público. A inacumulabilidade de cargos públicos, como regra adotada constitucionalmente desde os primeiros tempos da República, deve-se à necessidade de se preservar o desempenho excelente a se buscar no serviço público. Daí a ilação a que chega aquele insuperável advogado brasileiro de que não se há cogitar de boas ou más acumulações em si, mas no exercício das atividades entregues ao agente público e no que se há de considerar necessário e desejável para que se tenha a garantia do bom desempenho da atividade que é cometida ao agente público.

II — Acumulação de cargos, empregos e funções públicas por membros do Poder

a) Princípios constitucionais sobre o estatuto do membro do Poder

A regra da inacumulabilidade de cargos públicos, constitucionalmente cuidada, refere-se, como se patenteia pela simples topografia da norma no texto jurídico fundamental do Brasil (Título III, Capítulo VII), aos servidores públicos. Categoria perfeitamente identificada no gênero agentes públicos, os servidores públicos submetem-se a princípios e regras que levam em consideração, como não poderia deixar de ser, as condições específicas dos cargos, empregos e funções, que compõem as carreiras do serviço público (ressalva feita a cargos autônomos, que são poucos e peculiares nos quadros da Administração Pública), além de se referirem a situações de permanência ou que têm esta vocação para a efetivação das atividades administrativas. Não se cuida, pois, de estatuto que se aplique indistintamente aos agentes públicos, quando não se esteja diante daquela categoria precisa.

Todavia, alguns princípios — em especial, aqueles expressos no *caput* do art. 37, da Constituição da República e os que deles decorrem — são inerentes à Administração Pública, quer dizer, aos provimentos públicos. Pelo que todos os agentes encarregados das atividades administrativas e, em especial, aqueles que exercem a direção superior da Administração, haverão de estar a eles sujeitos.

Os princípios constitucionais da Administração Pública — juridicidade, impessoalidade, publicidade, moralidade administrativa, razoabilidade, proporcionalidade, dentre outros, como o da boa-fé, o da economicidade observado nas práticas administrativas, o da motivação dos provimentos, o da submissão ao controle político, administrativo e, se for o caso, judicial — submetem todos os agentes públicos que compõem os quadros administrativos do Estado.

Não bastante haver a constitucionalização da Administração Pública, a Lei Fundamental da República brasileira de 1988 cuidou de estatuir a Administração Pública ética para o Estado Democrático de Direito em que se constituiu a nossa Federação (art. 1º da Constituição). É esse modelo de Administração que se põe como imprescindível para que se tenha a efetividade do Estado de Justiça Social (arts. 1º, 170 e 193, da Constituição, dentre outros).

A constitucionalização da Administração Púbica Ética constitui um passo à frente em relação à Administração Pública técnica. Essa há sempre, qualquer que seja o modelo de Estado adotado. Para o Estado de Direito basta a Administração Pública técnica. Para o Estado Democrático, porém, há de ser a Administração Pública ética. Mais não é ela que o aparato estatal por meio do qual se cumprem os fins sociais do Estado, que tem o ser humano como centro e fim de sua existência e para o qual se volta a sua eficiência.

Alterou-se, no curso dos séculos XIX (final) e XX, o paradigma estatal — de Estado de Direito, pensado no liberalismo, e que se cumpre pela submissão às normas jurídicas, independente de compromissos com as transformações sociais a buscarem a efetiva prestação de justiça social, para o Estado Democrático de Direito, o qual põe como seus fins a dinâmica transformadora que iguala os desigualados e discriminados e libera os aprisionados em condições sociais desumanas.

No fluxo daquela mudança transformadora sobreveio a alteração do paradigma administrativo: de Administração Pública técnica, que se sedimentou em parâmetros jurídicos afirmados nos textos legais e, depois, nos constitucionais, *para a Administração Pública ética*, a qual se embasa não apenas no princípio da legalidade (bloco da juridicidade), mas nos princípios éticos que determinam a interpretação e a aplicação legítimas das normas jurídicas às quais se sujeitam a Administração Pública.

No Estado Constitucional Democrático a Administração Pública há de se pautar, portanto, necessariamente, na ética pública a determinar o socialmente justo acolhido no sistema normativo. É este elemento que pauta, de modo determinante, a hermenêutica e a aplicação das normas postas à obrigatória observância de todos.

A direção superior da Administração Pública, composta de agentes políticos,[2] submete-se, portanto, com maior rigor e estreiteza, aos princípios éticos afirmados na sociedade e quase sempre acolhidos, muitas vezes até mesmo expressamente, no sistema jurídico. Pela sua condição de serem pessoas que exemplificam a conduta aceitável ética e juridicamente no Estado para todos os demais quadros administrativos, modelam eles não apenas os comportamentos públicos mas ainda apresentam o parâmetro moral a ser observado pelos comportamentos privados e as bases da relação dos particulares com o Estado, além de demonstrar os valores a serem preservados nas relações de cada um com os demais cidadãos no espaço social. Esta a razão pela qual se há de ter maior severidade e até mesmo uma certa intransigência em relação aos que exercem os cargos de direção superior da Administração Pública ética, única legitimada no Estado Democrático de Direito, como antes acentuado.

2. Agentes políticos são aqueles que integram a estrutura política dos cargos do Poder Público, quer dizer, aqueles que ocupam, como titulares, substitutos ou interinos, os cargos constitucionalmente definidos como os fundamentais da organização do Poder do Estado. A relação jurídica destes agentes com o Estado é de natureza político-constitucional e os princípios e regras fundamentais do seu estatuto são, por isso mesmo que integram o Poder, postos na Lei Fundamental do Estado.

Quanto mais elevado o cargo na hierarquia administrativa e quanto mais afirmado politicamente o objeto das atividades a serem desempenhadas pelo seu titular tanto menos flexível haverá de ser a interpretação a ser conferida às normas de princípios a submeter o agente público.

Não apenas pelo aspecto modelar se há de enfatizar este rigor, mas também porque quanto mais alto o nível hierárquico do cargo administrativo maior conteúdo político e mais alto teor decisório será a prática do agente, pelo que sobre ele não haverá de pesar qualquer desconfiança quanto ao acatamento dos princípios éticos.

A intersecção dos espaços público e privado vêm se constituindo um dos mais graves problemas que a humanidade enfrenta na busca de uma Administração Pública ética. O poder conhece pouco a divisão entre a soleira da porta da casa particular e os umbrais da coisa pública. Ademais, e com ênfase para as práticas da pós-modernidade, o empresário quer ser Estado, como vingança da fase em que o Estado se fez empresário. A sua presença não é estranha nos corredores públicos. Fica mais inseguro o cidadão que não sabe ao certo se o agente público também se faz privado, se perambula anônimo, ou não, nos estreitos dos particulares.

Por isto é que Constituições como, por exemplo, a da Finlândia, não apenas realçam as obrigações jurídicas dos titulares dos cargos políticos, mas relevam também as qualidades a serem exigidas dos agentes públicos, afirmando que:

> Art. 36. Os membros do Conselho de Ministro deverão gozar da confiança do Parlamento.
>
> O Presidente da República nomeará, após consulta prévia dos grupos parlamentares, os membros do Conselho de Ministros, os quais deverão ser cidadãos nascidos na Finlândia e *conhecidos por sua honradez e competência.* (...) O Ministro responsável pela administração da Justiça e outro Ministro, como mínimo, deverão ter formação jurídica.
>
> (...).
>
> Art. 86. Os princípios gerais em virtude dos quais se poderá dar a nomeação para cargos públicos do Estado são a capacidade, a competência e *um acreditado valor cívico.*

É que os cargos públicos são não apenas um direito, mas um dever, ou *múnus* público, que se cumpre em benefício de todos, porque não se vive isoladamente e há que se colaborar para o atendimento do interesse público segundo padrão ético socialmente acolhido e juridicamente determinado. O Estado Democrático de Direito faz-se paradigma da vivência política que releva o homem social, não apenas o indivíduo.

O estatuto fundamental — direitos, deveres e responsabilidades — do agente político (especialmente aquele que, após a Emenda Constitucional n. 19/1998 à Constituição brasileira, nomeia-se como *membro do poder*) é traçado, em seus princípios e regras primárias, pela própria Constituição.

Diversamente do que se passa com os demais servidores públicos, encarregados fundamentalmente das atividades administrativas, vale dizer, dos desempenhos que dão concretude aos mandamentos minudenciados ou expostos em suas contingências sociais nas normas infraconstitucionais (não obstante os princípios constitucionais a determinar o modelo administrativo e também os provimentos públicos em sua condição jurídica primária), as normas estatutárias dos agentes políticos são expostas constitucionalmente. Daí não se dever pesquisar na legislação infraconstitucional as normas relativas aos direitos, deveres e responsabilidades — imunidades, prerrogativas, etc. — dos agentes políticos, pois é no sistema constitucional mesmo que se há de encontrar o regime jurídico a que se submetem eles.

Nem poderia ser diferente, pois o agente político-membro de poder integra o Poder Público, como é óbvio e conforme se tem afirmado constitucionalmente no Brasil na própria expressão normativa (art. 37, XI). E a Constituição é sede própria para o cuidado com a principiologia e o regramento do Poder.

b) Inacumulabilidade de cargos e funções públicas pelos agentes políticos

b.1) Entre os princípios que se impõem aos agentes políticos se tem o da inacumulabilidade de cargos, empregos e funções públicas. De se considerar a lição de Ruy Barbosa, antes mencionada, segundo a qual o princípio não se aplica de forma hermética ou taxativa, comportando as exceções necessárias para o bem do serviço público. Cargos ou funções cuja acumulação seja benéfica ao desempenho que se busca como finalidade pública, a ser excelentemente atendida, terão a sua situação determinada não apenas no sentido de sua tolerância, mas ainda do seu acatamento.

Assim, a acumulação de cargo de ministro com a função de membro, às vezes até mesmo a presidência de algum órgão colegiado de entidade pública que compõe o Poder (Comissão, Colegiados, etc.) são não apenas aceitáveis, como desejáveis nos casos em que haja uma estreita relação dos objetos a serem focalizados nas duas situações administrativas.

Quando decorra ou concorra o exercício paralelo e cumulativo dos cargos, empregos ou funções para a excelência dos serviços a serem desenvolvidos, a regra constitucional afasta-se da determinação de inacumulabilidade e legitima-se em razão dos fins buscados.

Algumas Constituições, hoje em vigor, põem claramente tais regras. É o que se vê, por exemplo, da Constituição da Espanha, de 1978, em cujo art. 98, 3, se tem que "los miembros del Gobierno no podrán ejercer otras funciones representativas que las propias del mandato parlamentario, *ni cualquier otra función pública que no derive de su cargo*, ni actividad profesional o mercantil alguna".

Constituições há que remetem as normas estatutárias dos agentes políticos do Poder Executivo àquelas que fixam os impedimentos aos membros do Poder Legislativo. Tanto se dá, mais comumente, nos Estados que adotam o parlamentarismo. Explica-se então a fórmula constitucional, uma vez que os Ministros do Conselho do Poder Executivo são membros dos parlamentos. Assim é que se tem, entre outros, o caso da Constituição da Colômbia, em cujo art. 143 se estatui que "*a função do Ministro* é incompatível com o exercício de qualquer outro cargo público, seja ou não de eleição popular, salvo no caso em que leis especiais os encarreguem de tais funções. *São aplicáveis aos Ministros as regras, proibições e sanções estabelecidas nos arts. 110, 111, 112 desta Constituição, no que couber*. Os Vice-Presidentes da República podem assumir Ministérios".

b.2) No Brasil, as Constituições cuidaram, sempre, de impor limites às funções dos membros de Poder, expressando as restrições, contudo, mais nos casos dos cargos do Poder Legislativo e aos do Judiciário.

Verifica-se que a Constituição do Império, em seus arts. 131 e 133, rezava:

> Art. 131. Haverá differentes Secretarias de Estado. A Lei designará os negócios pertencentes a cada uma, e seu numero; as reunirá, ou separará, como mais convier.
>
> (...).
>
> Art. 133. Os Ministros de Estado serão responsáveis
>
> I — Por traição.
>
> II — Por peita, suborno, ou concussão.
>
> III — Por abuso do Poder.
>
> IV — Pela falta de observância da Lei.
>
> V — Pelo que obrarem contra a Liberdade, segurança, ou propriedade dos Cidadãos.
>
> VI — Por qualquer dissipação dos bens públicos.

Por se cuidar de Carta outorgada pelo Imperador, deve ser anotado o realce dado mesmo assim ao princípio da moralidade administrativa (incisos I, III e VI) e à exigência de acatamento da legislação vigente (inciso IV).

A Constituição de 1891, ao estatuir sobre os Ministros de Estado, dispôs que:

> Art. 50. *Os Ministros de Estado não poderão acumular o exercício de outro emprego ou função pública, nem ser eleitos Presidente ou Vice-Presidente da União, Deputado ou Senador.*
>
> Parágrafo único. O Deputado ou Senador que aceitar o cargo de Ministro de Estado perderá o mandato e proceder-se-á imediatamente a nova eleição, na qual não poderá ser votado.

Em comentários a este dispositivo expõe João Barbalho que "o exercerem os instrumentos outras funções simultaneamente com as que lhes são próprias, lhes é vedada com razão. Essas outras funções acumuladas seriam ou de caráter executivo e os ministros exercê-lo-iam contra o princípio hierárquico, ficando cada um deles chefe de si mesmo ou subalterno de algum colega — ou de caráter legislativo ou judiciário e neste caso infringir-se-ia o princípio, fundamental no sistema, da divisão e independência dos poderes. Junto a isto, com resultado da acumulação — o mal desempenho de um de outro dos cargos acumulados, ou mesmo de ambos. Já de si o ministério é tarefa onerosíssima, própria para absorver toda a atividade do funcionário" (João Barbalho, *Constituição Federal Brasileira — Comentários*, Rio de Janeiro, F. Briguiet e Cia. Ed., 1924, p. 275).

A Constituição de 1934 alterou, substancialmente, o quanto previsto naquela primeira Lei Fundamental republicana. Os arts. 59 a 62 da Constituição de 1934 não mais previram vedação expressa para os Ministros, como se houvera naquele sistema anteriormente positivado.

Sem se ater à Carta de 1937, outorgada por Getúlio Vargas em novembro daquele ano (a matéria foi reiterada, nos termos daquela de 1934, nos arts. 88 a 89), de se realçar que apenas se reprisou, nos arts. 90 a 93 da Constituição de 1946, o quanto havido nos moldes da de 1934.

Não houve alteração da matéria na Carta de 1967 (arts. 86 e 87) e na Emenda n. 1, de 1969 (arts. 84 e 85).

A Constituição da República de 1988 modifica, na substância, mesmo que não necessariamente ou apenas na forma, o cuidado fundamental com os cargos públicos, mudando-lhes a nomenclatura (a partir da Emenda n. 19/1998, antes referida, passa-se a cuidar de membros dos Poderes), os contornos constitucionais dos cargos e dos agentes públicos que compõem a Administração Pública, o estatuto fundamental dos agentes políticos e, mesmo, a principiologia daquele inerente aos servidores públicos.

O traçado constitucional dos princípios fundamentais a submeter a Administração Pública "de qualquer dos Poderes" enfoca, diversamente, em termos normativos, o provimento e o desempenho dos cargos públicos.

Os princípios arrolados no art. 37, *caput*, da Constituição da República, que se conjugam com todos os que fincam as bases normativas do sistema e que se põem em diversas passagens do Texto Magno, enfatizam os fundamentos do Estado Democrático de Direito a ditar uma Administração Pública cuja face e dinâmica é perfeitamente acoplada e responde àquela opção constituinte. Como antes realçado, a Administração Pública daquele Estado quadra-se em parâmetros que correspondem perfeitamente ao paradigma no qual a ética acopla-se indissoluvelmente com os ideais de justiça social buscados.

De se encarecer, pois, que os princípios da legalidade (na expressa referência do texto constitucional), da moralidade administrativa, da impessoalidade, da publicidade, da eficiência, bem como aqueles outros implícitos (também denominados na doutrina como decorrentes alguns, sensíveis outros) não podem ser desconhecidos ou afastados quando da análise de qualquer comportamento público, seja ele praticado por agente político (membro de poder inclusive) ou servidor público. O passo desse ou a sua voz fazem-se próprios da Administração Pública, à qual se imputam os provimentos efetivados em seu nome e como desempenho de suas atribuições.

Quanto aos servidores públicos, o sistema constitucional brasileiro optou pela inacumulabilidade dos cargos públicos, na fórmula antes lembrada (arts. 37, XVI e XVII), não se impondo regime de dedicação exclusiva ao serviço público, ressalvadas as hipóteses em que a legislação que cuida, especificamente, de cada cargo e caso o impõe.[3]

Quanto aos agentes políticos, a Constituição da República brasileira de 1988 repetiu a fórmula anteriormente adotada, estatuindo impedimentos expressos, proibições e prerrogativas para os agentes dos Poderes Legislativo (arts. 54 a 56) e Judiciário (arts. 95 e 96), além de afetar-lhes foro especial (arts. 102 e 105), dentre outras situações próprias do regime que os submete.

A legislação eleitoral — materialmente constitucional no que concerne às hipóteses relativas às exigências a serem atendidas pelos candidatos a cargos públicos e aos casos de inelegibilidade por seu descumprimento — vale para os que buscam prover cargo eletivo (dentre outras leis e normas expedidas pela Justiça Eleitoral, de se enfatizar a Lei Complementar n. 64/1990) e também deve ser atentada para fins de compor o regime constitucional dos candidatos a membros de Poder.

Não se tem, portanto, *expressamente* — conquanto não se possa considerar inexistir no sistema — norma constitucional definidora do regime específico dos Ministros de Estado, a dizer, não se tem na literalidade do texto constitucional brasileiro o conjunto dos direitos, deveres, proibições, impedimentos, prerrogativas, enfim, o estatuto fundamental dos Ministros de Estado e dos detentores de cargos políticos não providos por mandato popular decorrente de eleição.

A positivação deste estatuto haverá de ser constitucional, uma vez que não se pode considerar que membro de poder ou agente político que compõe a Administração Pública superior — cargos e funções que integram o Poder Público — possa ter o regime jurídico a que se sujeita imposto segundo regras infraconstitucionais, desconectadas dos princípios constitucionais. De menos quanto aos princípios, haverá que se encontrar a matéria em bases constitucionais, o que se haverá de extrair do sistema fundamental.

Há que se relevar, assim, inicialmente, o princípio da legalidade, pilar magno e primeiro do Estado de Direito. E haveria, então, que se ponderar, inicialmente, que o princípio da legalidade para o Poder Público (art. 37, *caput*) é entendido com conteúdo inverso àquele que compõe princípio vestido com o mesmo nome para o indivíduo (art. 5º, II), quer dizer, para o ente público (assim como para os agentes públicos) o que não está permitido, está proibido.

Este entendimento marca o ponto de partida do Estado Democrático de Direito. O Estado não pode fazer senão o que lhe é juridicamente posto, direta ou indiretamente, no sistema normativo.

Quanto aos agentes políticos, especificamente os Ministros de Estado, para os

3. Alguns cargos exigem dedicação exclusiva por imposição da norma que deles cuidam, o que tem sido considerado perfeitamente válido no sistema, desde que se imponha tal condição no edital de convocação para o concurso ou que se determine a sua alteração — quando assim não era anteriormente — em razão de superveniência de interesse público perfeitamente demonstrado. Assim se dá, por exemplo, em casos de cargos de docência em instituições públicas de ensino. Também em casos de chefia e de assessoramento não é incomum exigir-se a dedicação exclusiva. Com isto se busca, de um lado, o perfeito atendimento das necessidades de serviço e, de outra parte e não menos importante, evitam-se que interesses conflituosos interfiram no espaço público de desempenhos que precisam se ater ao interesse do povo.

quais a capitulação normativa no texto constitucional é breve, não se há imaginar, apenas por isso, que lhes teria sido conferida liberdade de escolher o regime a que se submetem, como se tanto pudesse ser possível no Estado de Direito.

b.3) Antes de considerar a questão da acumulação — lícita ou não — de cargos públicos políticos com outros cargos, empregos ou funções, mormente em se cuidando daqueles havidos em sede particular, há que se dar uma rápida passada de olhos pelo direito comparado, para se saber o cuidado das Constituições contemporâneas sobre o tema.

A *Constituição da Áustria* (Lei do Estado Federal de 1929) estabelece, em seu art. 19 que:

> Art. 19.1. Os órgãos executivos supremos são o Presidente da República, os Ministros Federais e os Secretários de Estado (*Staatsekretäre*), assim como os membros dos Governos Regionais. 2. Poder-se-á restringir por lei federal a possibilidade de ocupação lícita dos órgãos especificados no anexo 1 e de outros cargos públicos em atividades lucrativas privadas.[4]

A *Constituição da Bolívia*, de 1967, estabelece, em seus arts. 43 a 45, que:

> Art. 43. Uma lei especial estabelecerá o Estatuto do Funcionário Público baseado no princípio fundamental de que os funcionários e empregados públicos são servidores exclusivos dos interesses da coletividade e não de alguma parcialidade ou algum partido político.
>
> Art. 44. O Estatuto do Funcionário Público estabelecerá os direitos e deveres dos funcionários e empregados da Administração e conterá as disposições que garantem a carreira administrativa, assim como a dignidade e a eficácia da função pública.
>
> Art. 45. Todo funcionário público, civil, militar ou eclesiástico está obrigado, antes de tomar posse em cargo público, a declarar, expressa e especificamente, os bens ou rendas que tenha, o que será verificado na forma determinada em lei.

A *Constituição da Colômbia*, de 1991, reza, em seu art. 122, que:

> Art. 122. (...) Nenhum servidor público entrará em exercício em seu cargo sem prestar juramento de cumprir e defender a Constituição e desempenhar os deveres que a ele incumbem.
>
> Antes de tomar posse no cargo, ao retirar-se do mesmo ou quando a autoridade competente o solicitar, o servidor deverá declarar, sob juramento, o montante de seus bens e rendas.
>
> Esta declaração somente poderá ser utilizada para os fins e propósitos de aplicação das normas do servidor público.
>
> (...).
>
> A lei determinará o regime aplicável aos particulares que, temporariamente, desempenham funções públicas e regulará o seu exercício.

A *Constituição de Costa Rica*, de 1949, estatui, em seus arts. 111 e, mais especificamente, 143, que:

> Art. 111. Nenhum deputado poderá aceitar depois de diplomado, sob pena de perder seu mandato, cargo ou emprego dos outros Poderes do Estado ou das instituições autônomas, salvo quando se trate de um Ministério do Governo. Neste caso, será reincorporado à Assembléia quando cessarem as suas funções.
>
> Art. 143. *A função de Ministro é incompatível com o exercício de qualquer outro cargo público, seja ou não de eleição popular, salvo em caso de leis especiais lhes encarregarem de alguma função. São aplicáveis aos Ministros as regras, proibições e sanções estabelecidas nos arts. 110, 111, 112 desta Constituição, no que couber.*

A *Constituição do Chile*, de 1980, em seu art. 34, dispõe que:

> Art. 34. Para ser nomeado Ministro se requer ser chileno, ter vinte e um

4. A Áustria dispõe de uma Lei de incompatibilidades para os órgãos supremos e demais altos cargos da Administração Pública (BGBI, 1983/330), contando com uma Lei Federal de nível constitucional sobre limitações para os órgãos supremos do Estado (revisada em 1990).

anos completos de idade e reunir todos os requisitos gerais para o ingresso na Administração Pública.

Nos casos de ausência, impedimento ou renúncia de um Ministro, ou quando por outra causa se produza a vacância do cargo, será ele provido na forma estabelecida em lei.

A *Constituição do Equador*, com as normas de 1998, estabelece, em seu art. 123, que:

> Art. 123. *Não poderão ser funcionários nem membros de órgãos diretivos de entidades que exercem poder estatal de controle e regulação quem tenha interesses ou representam terceiros que os tenham nas áreas a serem controladas ou reguladas.*
>
> *O funcionário público deverá abster-se de atuar nos casos em que os seus interesses entrem em conflitos com os do órgão ou entidades aos quais preste serviços.*

Quanto aos cargos de Ministros de Estado, cuidando do tema nos arts. 176 e ss., aquela Lei Fundamental dispõe sobre os impedimentos para a assunção do cargo nos termos seguintes:

> Art. 177. Não podem ser Ministros:
>
> 1. o cônjuge, pais, filhos ou irmãos do Presidente ou do Vice-Presidente da República;
>
> 2. as pessoas que tenham sido condenadas por delitos punidos com reclusão ou chamados em juízo penal, salvo, neste caso, quando hajam sido absolvidos;
>
> 3. os que tenham contrato com o Estado, como pessoas naturais ou como representantes de pessoas jurídicas nacionais ou estrangeiras, sempre que o contrato tenha sido celebrado para execução de obras públicas, prestação de serviços públicos ou exploração de recursos naturais, por concessão, associação ou qualquer modalidade contratual;
>
> 4. os membros da força pública em serviço ativo.

Disposição parecida é a que pode ser encontrada no art. 161 da *Constituição de El Salvador*, de 1983, com mudanças fundamentais datadas de 1996, segundo o qual "não poderão ser Ministros ou Vice-Ministros de Estado as pessoas compreendidas nos incisos 2º, 3º, 4º, 5º e 6º do art. 127 desta Constituição".

O art. 127 a que se remete aquele reza:

> Art. 127. Não poderá ser candidato a Deputado:
>
> (...).
>
> 2º. os que tenham administrado ou manejado fundos públicos, enquanto não obtenham a aprovação de suas contas;
>
> 3º. os contratantes de obras ou empresas públicas que seja custeado com fundos do Estado ou de Município, seus garantidores e os que, como resultado de tais obras ou empresas tenham reclamações de interesse próprio pendentes;
>
> 4º. os parentes do Presidente da República até o quarto grau de consangüinidade ou segundo por afinidade;
>
> 5º. os devedores da Fazenda Pública ou Municipal que estejam em mora;
>
> 6º. os que tenham pendentes contratos ou concessões com o Estado para a exploração de riquezas nacionais ou serviços públicos, assim como os que tenham aceito ser representantes ou prepostos administrativos daqueles ou de sociedades estrangeiras que estejam na mesma situação.

A *Constituição da Espanha*, conforme antes mencionado, é expressa, em seu art. 98, ao dispor que "3. *Os membros do Governo não poderão exercer outras funções representativas que as próprias de mandatos parlamentares, nem qualquer outra função pública que não derive do seu cargo, nem atividade profissional ou mercantil alguma*".

A *Constituição da Grécia* estatui, em seu art. 81, que:

> Art. 81.1. O Governo constitui-se pelo Conselho de Ministros, composto pelo Primeiro Ministro e dos Ministros.
>
> (...)
>
> 3. *Ficará em suspenso toda atividade profissional dos membros do Governo, os Secretários de Estado e o Pre-*

sidente da Câmara durante o desempenho de suas respectivas funções.

A *Constituição da Guatemala*, de 1983 com modificações de 1995, estatui que:

Art. 197. Proibições para ser Ministro de Estado.

Não podem ser Ministros de Estado:

a) os parentes do Presidente ou Vice-Presidente da República, assim como os de outro Ministro de Estado, até o quarto grau de consangüinidade ou segundo por afinidade;

b) os que tendo sido condenados em juízo de contas não tenham solvido suas responsabilidades;

c) os contratantes de obras ou empresas que tenham sido custeados por fundos do Estado, de suas entidades descentralizadas, autônomas ou semiautônomas ou de Município, seus fiadores ou que tenham reclamações pendentes em razão destes negócios;

d) quem representa ou defenda interesses de pessoas individuais ou jurídicas que explorem serviços públicos;

e) os ministros de qualquer religião ou culto.

Em nenhum caso os Ministros podem atuar como prepostos de pessoas individuais ou jurídicas nem gerir, em forma alguma, negócios de particulares.

A *Constituição de Honduras*, de 1982, dispõe, em seu art. 250, que:

Art. 250. Não podem ser Secretários ou Subsecretários de Estado:

I — os designados à Presidência da República, os parentes do Presidente e dos designados, até o quarto grau por consangüinidade ou segundo por afinidade;

II — os que tiverem administrado valores públicos, enquanto não tenham a aprovação de suas contas;

III — os concessionários do Estado, seus prepostos ou representantes para a exploração de riquezas naturais ou contratados de serviços e obras públicos custeados com fundos do Estado e quem tenham contas pendentes com este em razão destes contratos.

Norma parecida prevalece no art. 192 da *Constituição do Panamá*.

A *Constituição da Itália*, de 1948, reza que:

Art. 98. *Os empregados públicos estarão no serviço exclusivo da Nação.*

Se forem membros do Parlamento, não poderão obter promoção alguma, a não ser por antiguidade.

Estabelecer-se-ão, por lei, limitações ao direto de inscrever-se em partidos políticos para os magistrados, os militares de carreira em serviço ativo, os funcionários e os agentes de polícia e os representantes diplomáticos e consulares no exterior.

A *Constituição do Paraguai*, de 1992, reza, em seus arts. 237 e 241, que:

Art. 237. Das incompatibilidades. O Presidente da República e o Vice-Presidente não podem exercer cargos públicos ou privados, remunerados ou não, enquanto estejam em suas funções.

Tampouco podem exercer o comércio, a indústria ou atividade profissional alguma, devendo dedicar-se, exclusivamente, a suas funções.

Art. 241. Os requisitos, das incompatibilidades e das imunidades. Para ser Ministro se exigem os mesmos requisitos que para o cargo de Deputado. Têm, ademais, iguais incompatibilidades que aquelas estabelecidas para o Presidente da República, salvo o exercício da docência. Não podem ser privados de sua liberdade, exceto nos casos previstos para os membros do Congresso.

A *Constituição do Peru*, de 1993, estabelece, em seu art. 126, que:

Art. 126. (...) *Os Ministros não podem exercer outra função pública, exceto a legislativa.*

Os Ministros não podem ser gestores de interesses próprios ou de terceiros, nem exercer atividade lucrativa, nem intervir na direção ou gestão de empresas ou de associações privadas.

A *Constituição da Suécia*, de 1992, preceitua, em seu art. 9, que:

Art. 9. Somente poderá ser Ministro quem for cidadão sueco há dez anos no mínimo.

Os Ministros não poderão exercer atividades públicas ou privadas, nem desempenhar comissões ou realizar atividades suscetíveis de menoscabar a confiança neles depositada.

A *Constituição do Uruguai* estatui, em seu art. 178, que "os Ministros de Estado gozarão das mesmas imunidades e terão as mesmas incompatibilidades e proibições que as dos Senadores e representantes no que couber".

Verifica-se, pois, nesta breve vista d'olhos por alguns textos constitucionais vigentes que além dos princípios que fundamentam o estatuto do agente político (ou membro do poder, para se utilizar a expressão aproveitada pelo constituinte reformador brasileiro) os povos se preocupam em fixar regras proibitivas ou restritivas de condições para os agentes políticos titulares dos cargos não providos por eleição.

O objetivo — percebe-se — é ético-jurídico: quer-se que não se menoscabem (para valer-se da literal expressão encontrada na Constituição sueca) os créditos políticos havidos nos cargos públicos e que não se ponha em risco a separação necessária que deve se manter entre a *res publica* e os negócios particulares, além, é certo, de se buscar encarecer a dedicação da pessoa ao cargo, emprego ou função no qual se o provê.

III — Princípios constitucionais dos agentes políticos no Brasil: inacumulabilidade de cargo político com funções particulares

A Constituição da República brasileira, de 1988, estabelece os princípios fundamentais relativos ao provimento dos cargos públicos — políticos e administrativos —, conforme antes lembrado, além de definir regras específicas para os membros do poder. O estatuto básico dos titulares de cargos do Poder Executivo (arts. 76 a 86 relativamente ao Presidente da República), do Legislativo (arts. 53 a 56) e do Judiciário (arts. 93 a 95) tem, no texto daquela Lei Fundamental da República, a sua expressão primária.

O que se há de questionar é, diante dos termos breves dos arts. 87 e 88 da Constituição da República brasileira, se haveria como se retirar dos princípios constitucionais normas estatutárias básicas a prevalecer quanto aos agentes políticos não titulares de cargos eletivos, especialmente para a consideração quanto à exigência, ou não, de se admitir a sua acumulação com funções particulares.

Para a análise específica do tema aqui proposto, a saber, a possibilidade ético-constitucional de haver acumulação de cargo público e desempenho simultâneo de atividade particular, talvez conviesse se atentar, mais uma vez, à lição de Ruy Barbosa, o qual, ao comentar as acumulações de cargos públicos (situação diversa, portanto, da que aqui se põe a exame), pontifica: "serão, porventura, danosas todas as acumulações? Serão todas elas imorais? Evidentemente não. 'Em regra' as acumulações de cargos públicos são nocivas. Mas acumulações há, 'excepcionalmente', que o não são. A Constituição enunciou a regra, deixando à lei ordinária o precisar as exceções. (...) Toda a lei, sendo racional, tem a sua razão. A razão é a alma da lei. *Ratio est anima legis*, dizem os mestres da interpretação. Alguns acrescentam que a lei consiste na sua razão: *Ratio est ipsa lex*. Pelo que, a disposição da lei cessa, onde cesse a sua razão. Cessante *legis ratione, cessat et ejus dispositio*. Ora, qual a razão da norma constitucional, que, em matéria de cargos remunerados, proíbe as acumulações? A razão é o interesse do serviço público, o bem da administração. — Parece óbvio (...). A lei não treslê. A Constituição não disparata. Proibindo as acumulações, ela não proibiu senão as acumulações que devia e podia proibir: as acumulações injustas, perniciosas e evitáveis. As imprescindíveis, as naturais, as úteis ao bem da nação não ficaram proibidas" (Ruy Barbosa, ob. cit., v. VI, pp. 197-205).

Se em matéria de acumulação de cargos públicos para os servidores públicos e mesmo para alguns agentes políticos (membros dos Poderes Legislativo e do Judiciário e alguns cargos do Executivo) a Constituição cuidou de estatuir as regras a prevalecer em termos de restrições e impedimentos, não deixou ao intérprete senão a alternativa de buscar a solução para os cargos de agentes políticos não contemplados naquele rol (e, em especial, aqueles que não provêem os cargos por escolha popular pelo voto) a partir dos princípios fundamentais da ordem vigente.

A questão a ser respondida é se poderia o agente político — por exemplo, Ministro de Estado, Secretário de Estado — titularizar cargo público e manter, simultaneamente, as suas atividades particulares.

Em que pese não ter a Constituição brasileira de 1988 feito claras as regras a prevalecer para a hipótese, como se deu em outros sistemas (conforme acima comprovado) parece que todos os princípios que fundamentam as regras nela positivadas conduzem à negação de tal possibilidade. Quer se atue em termos de ética pública, quer se raciocine em termos de ética constitucional, quer se atenha aos termos dos princípios jurídicos, não há como se imaginar possível que a *res publica* fique ao talante da confusão entre os dois interesses a dominar uma pessoa no mesmo momento, na mesma conjuntura, na mesma contingência histórica por ela vivida.

Muitos são os elementos ético-constitucionais que conduzem à negativa de se aceitar como válida a hipótese examinada.

O primeiro diz com a natureza do Poder Político do Estado e de sua natureza permanente. Sendo permanente o Poder, o exercício dos cargos que o estruturam e compõem a sua organização fundamental também guardam a característica essencial de continuidade. O ocupante do cargo político, portanto (do membro de Poder, na terminologia constitucionalmente aproveitada no Brasil), não pode se interromper. Daí porque não se cogita de férias de agente político, mas tão-somente do seu repouso. Daí porque, mesmo nos momentos de repouso, não se exime o agente político da obrigação de dar a público ciência de sua situação, do local onde está. Alguns Estados — hoje não poucos — mantêm locais para o descanso dos governantes (tal como se dá nos Estados Unidos, França, Estado do Vaticano, etc.). O Poder estatal é do povo e dele não se ausenta, não se afasta o governante enquanto estiver em seu exercício. O desempenho do cargo político não é profissional e, nas Repúblicas, é temporário. Quem o assume, durante o período que o exerce, desempenha-o em caráter contínuo, sem interrupção, sem horários previamente definidos.

O Poder do Estado não se privatiza, não se particulariza, não repousa, não pode ser exercido de maneira intermitente. Pelo que o titular do cargo político também não pode gozar da condição intermitente, que seria imprópria à natureza das funções exercidas.

A atividade do Poder do Estado exige, pela sua natureza, dedicação exclusiva e contínua daquele que ocupa o cargo pelo qual se desenvolvem as competências políticas específicas.

O segundo elemento ético-constitucional a ser considerado para a análise da matéria está em que, numa República, não se há de render ensejo à confusão entre os interesses públicos e privados encravados na mesma pessoa, no mesmo tempo, exercendo-se cargo da estrutura política do Estado. Aliás, objetivamente, nem há como se afirmar que, em determinados momentos do dia, do mês, do ano a pessoa é titular do cargo político, desvestindo esta sua condição em outros momentos, que ficariam à sua escolha.

Nem se há de cogitar que, no espaço da coisa pública, haveria como contracenar o interesse do povo com o interesse particular do ocupante do cargo. As injunções do cargo político não podem ceder aos interesses particulares do seu ocupante. E tanto não pode ser deixado ao nuto do titular do cargo, segundo eleição subjetiva que ele pudesse fazer de quando, como e onde fazer prevalecer o seu interesse particular e quando considerar-se comprometido com o prevalecente interesse público, do qual se há de desincumbir.

Os interesses particulares impõem-se superiormente, independente da vontade ou do interesse do agente político. O privado não é escolha nem opção que fica na área de escolha exclusiva do particular que se considere apenas eventualmente comprometido com o soberano interesse público.

É princípio constitucional do Estado de Direito que o interesse público prevalece e impõe-se sobre o interesse privado. Mais ainda se há de observar este princípio quando se considera os deveres do titular de cargo público. E muito mais quando este cargo compõe a estrutura do Poder Político do Estado.

Talvez se devesse atentar à observação com que se depara não poucas vezes, no sentido de que alguns profissionais, como, por exemplo, o médico-cirurgião, não podem deixar de ser desempenhados por largo período, sob pena de o profissional perder a habilidade, que depende do seu exercício para ser mantida.

Não são parcos ou infreqüentes os casos, na política brasileira, de políticos que, sendo médicos e atentando ao interesse de seus clientes, mantiveram as suas atividades particulares e as desenvolveram, paralelamente, ao desempenho público. Ministros de Estado, Prefeitos, Deputados, dentre outros, são freqüentemente lembrados como casos que garantiram a sua profissão simultaneamente ao exercício de cargos políticos.

O direito aplica-se pelos seus princípios. E princípio não pode conduzir a tratamentos desigualados ou discriminatórios. A se pensar segundo a conveniência ou interesse de algumas pessoas, ter-se-ia que considerar que alguns profissionais — por exemplo, os advogados — pelo teor e natureza de suas práticas profissionais jamais poderiam manter-se em atividade, enquanto outros, como médicos ou engenheiros, apenas para ficar em algumas profissões, poderiam.

Ora, ou bem a Constituição permite a interação entre o público e o privado, ou bem não se há de considerar válida, eticamente, a escolha entre continuar o profissional, ou não, em atividades particulares, a despeito de sua condição política pelo tempo que ocupar cargo público. E em todos os casos poderia haver a presença do interesse particular, em que pese em alguns casos de maneira mais óbvia que em outros. O tráfico de influência que ocorre — ou pode ocorrer — tanto se dá quanto a um engenheiro quanto a um advogado. E a se permitir a continuidade do desempenho, abre-se larga avenida à corrupção. Basta ver que não é incomum, em alguns casos, o profissional mantendo o seu escritório, aliciando clientes (o que rompe, por exemplo, em termos de Direito, a ética do advogado prevista em norma específica) e deixando no espaço profissional o testa de ferro, que garante a prevalência do interesse particular sobre e contra o individual.

Aliás, alguns médicos — por exemplo, em termos de Municípios — valem-se exatamente de sua condição profissional para não apenas angariar votos, mas para "construir a sua base eleitoral" (*sic*), o que desatende, rigorosamente, à ética constitucional que há de impor-se à atividade política.

Cargo político é múnus público. Tal como o jurado, que não pode pedir ao juiz a suspensão do júri no período do dia em que ele atenderia os seus clientes no escritório, também o ocupante de cargo político não pode pedir a "suspensão" do processo político pelo tempo que lhe pareça adequado para atender os seus interesses profissionais-particulares durante o período em que integrar os quadros públicos.

Também não se pode afirmar, validamente, que alguns cargos políticos e as profissões dos seus titulares não conflitam em suas atividades, enquanto outras, sim.

O cargo político tem essência que não se altera conforme a competência pública por ele desempenhada. O que há, tão-somente, é que algumas áreas são mais sensíveis e expostas ao conflito de interesses e às conseqüências da intersecção do público e do privado. É o que se dá, por exemplo, na área econômico-financeira. Os titulares dos cargos políticos nesta área são permanentemente munidos de informações que podem gerar perigos permanentes para a economia do Estado se forem mal utilizadas ou se vierem a ser de conhecimento de particulares antes ou fora dos casos previstos em lei. Todas as pessoas têm o direito de receber o mesmo tipo de informações dos poderes públicos. O tráfico de influências é perigosíssimo em algumas áreas políticas, pelo que pretendem alguns ater a isso a restrição ao exercício de atividades particulares simultâneas ao desempenho de cargos públicos.

A questão, contudo, não é o nível de risco de conflito de interesses ou de tráfico de influências, mas em que a natureza do poder público e a ética constitucional cujo acatamento rigoroso se impõe aos cargos políticos é da natureza desta atividade, não distinguindo entre uma ou outra competência exercida pelos diferentes ocupantes nas diversas pastas em que se organiza a Administração Pública.

O terceiro elemento a se considerar, relativamente à espécie apreciada, pode ser notado na absoluta carência de respaldo ético-constitucional do argumento financeiro. Rico não pode manter o seu patrimônio e o seu "padrão de vida" com os subsídios do cargo. Mas rico ou pobre, ninguém é obrigado a aceitar titularizar cargo político. Ou bem o convidado pode submeter-se ao Direito e, então, poderá aceitar convite que lhe seja feito, ou bem não pode porque os seus interesses pessoais lhe são mais caros que os negócios da cidade política. O que não se pode é imaginar que exatamente as pessoas que menos têm ou adquiriram na vida — e não poucas vezes são os que integraram cargos públicos pela sua vida, o que, sendo desenvolvido com honestidade, não enrica quem quer que seja — é que poderiam dedicar-se com mais afinco aos desempenhos públicos que aqueles que não o podem porque são detentores de patrimônios que não se aquietam sequer quando o seu titular integra o serviço público ou o governo do Estado. Seria risível o argumento se não fosse, melancolicamente, não poucas vezes utilizado e, o que é pior, apresentado como se fosse um laivo de honestidade de quem dele se vale.

Nada, pois, na Constituição do Estado Democrático de Direito, para o qual se há de estruturar Administração Pública eticamente justa além de tecnicamente eficiente, qualquer fundamento que garanta ser possível a acumulação de cargo político com atividade particular simultaneamente desempenhada pela pessoa.

Acumular cargos políticos com ocupações particulares, enquanto no exercício dos desempenhos públicos, não parece compatível com os princípios constitucionais daquele modelo de Estado, que é o conquistado pela sociedade brasileira (art. 1º da Constituição da República, de 1988). Quer pelo aspecto da legitimidade sob a qual se vislumbre a hipótese (o cidadão não confia nos negócios levados a cabo sem a devida dedicação dos agentes públicos, nem supõe, menos ainda pressupõe a bondade humana a tratar dos negócios privados em espaço público sem confusão que não se acabe em benefício dos outros que não o autor das práticas), quer pelo da juridicidade (o Direito não acolhe interpretação de suas normas que contrarie a ética, visto ser o princípio da moralidade componente fundamental do válido comportamento público), não se há concluir ser possível, no direito brasileiro, a acumulação de cargos públicos e atividades privadas para os agentes do Poder. Se a acumulação dos cargos públicos remunerados obedece a restrições, mais ainda aquela em que os recursos que chegam aos interessados não têm fonte pública certa ou transparente oferecida ao controle da coletividade.

Há de se considerar, assim, ser constitucionalmente incompatível o exercício de cargo político com atividades particulares desempenhadas pelo seu titular, por contrariarem os princípios da Administração Pública ética, juridicamente acolhidos no sistema vigente.

Conclusão

A palavra candidato vem de cândido, de alvo ou branco. Homens antigos que se propunham ao exercício de cargo público forravam-se com uma túnica cândida, a simbolizar ausência de mácula moral a lhes comprometer a atividade que viriam a desempenhar. A túnica não cobria o corpo todo. Deixava-o à mostra, para que demonstrada ficasse a boa condição física do interessado. Afinal, o cidadão não poderia confiar em alguém que não dispusesse de condições físicas ótimas para o exercício das funções de governo, sempre árduas.

Vivemos tempos outros. Não apenas o da aparência. Pior: vivemos o tempo da *apare(s)cência*, no qual aparecer e parecer ser o que não se é está na ordem do dia. Ou em sua desordem.

Melhorou, entretanto, a exigência ética da sociedade. Quem não pode se dispor ao outro não pode se afirmar como agente da *polis*. É que política não tem hora certa. O certo da política é o seu incerto e incessante. Política não tem horário fixo de exercício como as atividades profissionais regulares privadas podem admitir. No cargo político não se pode estar alguns momentos do dia. O exercício na *polis* impõe compromissos e até sacrifícios. Há quem exerça o poder. Há quem sofra o poder. Em qualquer caso, não é ele uma imposição, senão que uma opção. E toda escolha na vida impõe a seleção e a exclusão de outras coisas, situações ou pessoas das quais a escolha afasta o autor da opção.

Não há solução muito diversa quanto às exigências que se impõem aos membros do Poder Público, como se pode notar dos sistemas constitucionais arrolados à guisa de exemplos. Mas esta é a ética que se impõe à Administração Pública democrática, a qual solicita maior comprometimento dos cidadãos porque também oferece mais às cidades.

Belo Horizonte, 18 de agosto de 2004.

A SEGURANÇA JURÍDICA NA ERA DA VELOCIDADE E DO PRAGMATISMO

Reflexões sobre direito adquirido, ponderação de interesses, papel do Poder Judiciário e dos meios de comunicação[1]

Luís Roberto Barroso

Professor Titular de Direito Constitucional da UERJ. Mestre pela Universidade de Yale.
Procurador do Estado e Advogado no Rio de Janeiro

I. Introdução: segurança jurídica e pós-modernidade. II. A ordem jurídica como instrumento da insegurança. III. A proteção constitucional dos direitos adquiridos no Brasil: III.1 Estudo de caso: os expurgos inflacionários nas contas do FGTS dos trabalhadores. IV. Questões atuais envolvendo direitos constitucionais e segurança jurídica: IV.1 Colisões de direitos constitucionais; IV.2 Judiciário, mídia e opinião pública; IV.3 A imprensa e a função justiceira.

I. Introdução: segurança jurídica e pós-modernidade

O conhecimento convencional, de longa data, situa a segurança — e, no seu âmbito, a *segurança jurídica* — como um dos fundamentos do Estado e do Direito, ao lado da justiça e, mais recentemente, do bem-estar social. As teorias democráticas acerca da origem e justificação do Estado, de base contratualista, assentam-se sobre uma cláusula comutativa: recebe-se em segurança aquilo que se concede em liberdade. Consagrada no art. 2º da Declaração dos Direitos do Homem e do Cidadão, de 1789, como um *direito natural e imprescritível*, a segurança encontra-se positivada como um direito individual na Constituição brasileira de 1988, ao lado dos direitos à vida, à liberdade, à igualdade e à propriedade, na dicção expressa do *caput* do art. 5º.

O próprio constitucionalismo francês procurou conceituar o termo, no Preâmbulo da Constituição de 24 de junho de 1793: "A segurança consiste na proteção conferida pela sociedade a cada um de seus membros para conservação de sua pessoa, de seus direitos e de suas propriedades". Tal formulação a aproxima da cláusula do *devido processo legal* do direito anglo-saxão, incorporada quase literalmente à Constitui-

1. Apontamentos de uma exposição feita no *I Congresso Brasileiro de Direito Público*, coordenado pelo Prof. Celso Antônio Bandeira de Mello, em abril de 2000. A versão escrita guardou a informalidade da apresentação oral.

ção brasileira em vigor, no art. 5º, LIV.[2] No seu desenvolvimento doutrinário e jurisprudencial, a expressão segurança jurídica passou a designar um conjunto abrangente de idéias e conteúdos, que incluem:

1. a existência de instituições estatais dotadas de poder e garantias, assim como sujeitas ao princípio da legalidade;

2. a confiança nos atos do Poder Público, que deverão reger-se pela boa-fé e pela razoabilidade;

3. a estabilidade das relações jurídicas, manifestada na durabilidade das normas, na anterioridade das leis em relação aos fatos sobre os quais incidem e na conservação de direitos em face da lei nova;

4. a previsibilidade dos comportamentos, tanto os que devem ser seguidos como os que devem ser suportados;

5. a igualdade na lei e perante a lei, inclusive com soluções isonômicas para situações idênticas ou próximas.

A idéia de segurança jurídica, todavia, enfrenta uma crise de identidade nesse início de século e de milênio, uma quadra histórica identificada pelo rótulo ambíguo de *pós-modernidade*, com algumas características bem delineadas. Na *Política*, vive-se a ampliação do espaço privado e a desconstrução do Estado tradicional, pela privatização e pela desregulamentação. No *Comportamento*, consolidou-se o gosto pela imagem, pela análise condensada, a impressão superficial. A vitória do efêmero e do volátil sobre o permanente e o essencial. Vive-se a era (i) do poder dos meios de comunicação e (ii) da velocidade. Velocidade da informação e velocidade da transformação: novas gerações de computadores, novos instrumentos de conexão em rede universal, novos fronteiras nos medicamentos e na genética. As coisas são novas por vinte e quatro horas.

O próprio Italo Calvino, em suas *Seis Propostas para o Próximo Milênio* — que só foram cinco, pois ele faleceu antes de escrever o texto da sexta — incluiu dentre elas a *leveza* e a *rapidez*. Ninguém nesses dias parece impressionar-se com a advertência do grande jurista uruguaio Eduardo Couture, inscrita no sétimo mandamento do advogado: "O tempo vinga-se das coisas que se fazem sem a sua colaboração".[3]

Outra característica desses tempos tem sido o pragmatismo interpretativo, antes ideológico que científico, que se nutre da paranóia do horror econômico e da hegemonia do pensamento único. Nessa variante, princípios constitucionais voltados para a segurança jurídica — como o respeito aos direitos adquiridos, os direitos de igualdade e o devido processo legal — são tratados como estorvos reacionários. Não se teme o horror jurídico. Os tempos não parecem estar para miudezas como pessoas, seus sonhos, seus projetos e suas legítimas expectativas.

II. A ordem jurídica como instrumento da insegurança

Um conjunto de conceitos, princípios e regras decorrentes do Estado Democrático de Direito procura promover a segurança jurídica. A *Constituição*, assim, demarca o espaço público e o espaço privado, organizando o poder político e definindo direitos fundamentais. Tem vocação de *permanência* e é dotada de *rigidez*. A lei, por sua vez, opera a despersonalização do poder, conferindo-lhe o batismo da representação popular. Visa, sobretudo, a introduzir previsibilidade nos comportamentos e objetividade na interpretação. De parte isto, cada domínio do Direito tem um conjunto de

2. Constituição Federal, art. 5º, LIV: "ninguém será privado da liberdade ou de seus bens sem o devido processo legal". Na Emenda 5 à Constituição dos Estados Unidos da América: "No person shall be deprived of life, liberty, or property, without due process of law".

3. Eduardo Couture, *Os Mandamentos do Advogado*, trad. Ovídio Batista da Silva, 1979.

normas voltadas para a segurança jurídica, muitas com matriz constitucional.

Confiram-se alguns exemplos: a) no *direito constitucional*, as garantias dos membros de cada Poder, para que desempenhem com independência suas funções constitucionais, e que incluem: a vitaliciedade, inamovibilidade e irredutibilidade de subsídios dos juízes; as imunidades parlamentares; as regras específicas para instauração de processo contra o chefe do Poder Executivo, além da proteção do direito adquirido, do ato jurídico perfeito e da coisa julgada; b) no *direito administrativo*, princípios como os da legalidade, publicidade, razoabilidade e o dever de motivar as decisões; c) no *direito penal*, os princípios da reserva legal, da anterioridade da lei penal, da presunção de inocência e as limitações ao poder de decretar a prisão; d) na *teoria geral do direito*, instituições como a prescrição e a decadência ou, e) no *direito civil*, o casamento e o estabelecimento de uma ordem de vocação hereditária. Não há necessidade de prosseguir na enunciação, que apenas expressa o conhecimento convencional.

A verdade, contudo, é que apesar da expressiva ascensão política e científica dos últimos anos, o constitucionalismo brasileiro e suas instituições ainda não vivem a maturidade plena. E, como conseqüência, a insegurança é um traço de relevo na paisagem jurídica do país. A Constituição, a despeito da vocação de permanência já referida, mais se assemelha a um periódico, vitimada por uma crônica disfunção: o *narcisismo constitucional*, pelo qual cada governante quer um texto à sua imagem e semelhança. A lei, por sua vez, tem sido atingida pelo avanço crescente das competências normativas administrativas, das delegações legislativas e, sobretudo, no caso brasileiro, da tentação compulsiva das medidas provisórias.[4]

A idéia de direito adquirido, que desde sempre conviveu com enormes complexidades conceituais, tornou-se uma obscuridade nos dias que correm. Por tal razão, pareceu-me adequado revisitar brevemente o tema, tentando demarcar ao menos o sentido mínimo da locução.

III. A proteção constitucional dos direitos adquiridos no Brasil

O conflito de leis no tempo envolve a contraposição entre lei nova e lei velha.[5] Não é incomum em direito a superveniência de lei que mude o tratamento jurídico dado a determinada questão. Cabe ao direito intertemporal solucionar esse conflito, fixando o alcance de normas que se sucedem. Seu objeto é a determinação dos limites do domínio de cada uma dentre duas disposições jurídicas consecutivas sobre o mesmo assunto.[6]

O postulado básico na matéria, que comporta exceções, mas tem aceitação universal, é o de que a lei nova não atinge os fatos anteriores ao início de sua vigência, nem as conseqüências dos mesmos, ainda que se produzam sob o império do direito atual.[7] Esse princípio, conhecido como princípio da *não-retroatividade* das leis, tem por fundamento filosófico a necessidade da segurança jurídica, da estabilidade do direito.[8]

Nos Estados Unidos, a Constituição de 1787 veda a edição de leis retroativas de uma maneira geral (art. 1º, Seção 9, 1: "*ex*

4. No início de agosto de 2000, já haviam sido editadas, ao longo da vigência da Constituição de 1988: 571 medidas provisórias originárias, tendo havido 4.561 reedições e 21 rejeições.

5. Paul Roubier, *Le Droit Transitoire (Conflits des Lois dans le Temps)*, 1960, pp. 3-4.

6. Carlos Maximiliano, *Direito Intertemporal*, 1946, p. 7.

7. Carlos Maximiliano, *Direito Intertemporal*, cit., p. 10.

8. Paul Roubier, *Le Droit Transitoire*, cit., p. 223. Sobre o tema, no direito brasileiro, v. R. Limongi França, *A Irretroatividade das Leis e o Direito Adquirido*, 1982.

post facto law") e proíbe aos Estados que elaborem leis que prejudiquem a obrigatoriedade dos contratos (art. 1º, Seção 10, 1: "law impairing the obligation of contracts"). Na América Latina, à exceção do México, e na Europa, a regra da não-retroatividade é de nível infraconstitucional, podendo, mesmo, ser derrogada por legislação superveniente.

No Brasil, o tema constou de todas as Constituições, desde a Imperial, de 1824, excluindo a Carta do Estado Novo, de 1937. No texto presentemente em vigor, dispõe o inciso XXXVI do art. 5º: "a lei não prejudicará o direito adquirido, o ato jurídico perfeito e a coisa julgada".

Calha observar que, embora a não-retroatividade seja a regra, trata-se de princípio que somente condiciona a atividade jurídica do Estado nas hipóteses expressamente previstas na Constituição, a saber: a) a proteção da segurança jurídica no domínio das relações sociais, veiculada no art. 5º, XXXVI, anteriormente citado; b) a proteção da liberdade do indivíduo contra a aplicação retroativa da lei penal, contida no art. 5º, XL ("a lei penal não retroagirá, salvo para beneficiar o réu"); c) a proteção do contribuinte contra a voracidade retroativa do Fisco, constante do art. 150, III, *a* (é vedada a cobrança de tributos "em relação a fatos geradores ocorridos antes do início da vigência da lei que os houver instituído ou aumentado"). Fora dessas hipóteses, a retroatividade da norma é tolerável.[9]

É bem de ver que a regra do art. 5º, XXXVI, dirige-se, primariamente, ao legislador e, reflexamente, aos órgãos judiciários e administrativos. Seu alcance atinge, também, o constituinte *derivado*, haja vista que a não retroação, nas hipóteses constitucionais, configura direito individual que, como tal, é protegido pelas limitações materiais do art. 60, § 4º, IV, da CF. Disso resulta que as emendas à Constituição, tanto quanto as leis infraconstitucionais, não podem malferir o direito adquirido, o ato jurídico perfeito e a coisa julgada. O princípio da não-retroatividade só não condiciona o exercício do poder constituinte *originário*. Mesmo assim, por refugir ao princípio geral, deverá ele dispor de modo expresso.[10]

Note-se que não há, nesse ponto, qualquer distinção entre as chamadas "leis de ordem pública" e as demais. A Constituição não prevê exceções. Qualquer lei, seja qual for o adjetivo que se lhe vier a agregar, está obrigada a respeitar essas garantias, como, aliás, o Supremo Tribunal Federal já decidiu reiteradas vezes. Confira-se, por todos,[11] trecho do acórdão marco na matéria, proferido na ADI 493-DF, relatado pelo Ministro Moreira Alves, *in verbis*:

> Se a lei alcançar os efeitos futuros de contratos celebrados anteriormente a ela, será essa lei retroativa (retroatividade mínima) porque vai interferir na causa, que é um ato ou fato ocorrido no passado.
>
> O disposto no art. 5º, XXXVI, da Constituição Federal se aplica a toda e qualquer lei infraconstitucional, sem

9. Este é o entendimento acolhido na jurisprudência do STF, como se vê em *RTJ* 145/463, 1993, ADI 605-DF, Medida Cautelar, rel. Min. Celso de Mello: "O princípio da irretroatividade somente condiciona a atividade jurídica do Estado nas hipóteses expressamente previstas pela Constituição, em ordem a inibir a ação do Poder Público eventualmente configuradora de restrição gravosa (a) ao *status libertatis* da pessoa (CF, art. 5º, XL), (b) ao *status subjectionis* do contribuinte em matéria tributária (CF, art. 150, III, *a*) e (c) à segurança jurídica no domínio das relações sociais (CF, art. 5º, XXXVI)". A doutrina, tanto civilista como publicista, chancela este ponto de vista, como se colhe, por todos, em: Sílvio Rodrigues, *Direito Civil*, v. 1, 4ª ed., pp. 51 e 53; e Pinto Ferreira, *Comentários à Constituição Brasileira*, v. 1, 1989, p. 143.

10. Sobre o tema, v. Luís Roberto Barroso, *Interpretação e Aplicação da Constituição*, 1999, pp. 51 e ss.

11. Nesse mesmo sentido, dentre outros: RE 205.193-RS, rel. Min. Celso de Mello, *DJU* 6.6.1997, *RTJ* 89/634, 90/296, 107/394, 112/759 e 164/1.144.

qualquer distinção entre lei de direito público e lei de direito privado, ou entre lei de ordem pública e lei dispositiva.

Aliás, no Brasil, sendo o princípio do respeito ao direito adquirido, ao ato jurídico perfeito e à coisa julgada, de natureza constitucional, sem qualquer exceção a qualquer espécie de legislação ordinária, não tem sentido a afirmação de muitos — apegados ao direito de países em que o preceito é de origem meramente legal — de que as leis de ordem pública se aplicam de imediato alcançando os efeitos futuros do ato jurídico perfeito ou da coisa julgada, e isso porque, se se alteram os efeitos, é óbvio que se está introduzindo modificação na causa, o que é vedado constitucionalmente"[12] (destaque acrescentado).

Na mesma linha se pronunciou o Ministro Ilmar Galvão — curiosamente ao decidir pelo não conhecimento de recurso extraordinário interposto pela Caixa Econômica Federal discutindo a mesma questão aqui tratada —, *in verbis*:

Leis de ordem pública — Razões de Estado — Motivos que não justificam o desrespeito estatal à Constituição — Prevalência da norma inscrita no art. 5º, XXXVI, da Constituição.

A possibilidade de intervenção do Estado no domínio econômico não exonera o Poder Público do dever jurídico de respeitar os postulados que emergem do ordenamento constitucional brasileiro.

Razões de Estado — que muitas vezes configuram fundamentos políticos destinados a justificar, pragmaticamente, *ex parte principis*, a inaceitável adoção de medidas de caráter normativo — não podem ser invocadas para viabilizar o descumprimento da própria Constituição. As normas de ordem pública — que também se sujeitam à cláusula inscrita no art. 5º, XXXVI, da Carta Política (*RTJ* 143/724) — não podem frustrar a plena eficácia da ordem constitucional, comprometendo-a em sua integridade e desrespeitando-a em sua autoridade.[13]

Assentado que as razões de Estado e as leis de ordem pública não exoneram a atividade legislativa da observância da proteção constitucional do art. 5º, XXXVI, cumpre agora aprofundar a questão do direito adquirido. É ainda a antiga opinião de Gabba que baliza o tema, ao apontar, como características do direito adquirido: 1) ter sido conseqüência de um fato idôneo para a sua produção; 2) ter-se incorporado definitivamente ao patrimônio do titular.[14] O conhecimento corrente é que havendo o fato necessário à aquisição de um direito ocorrido integralmente sob a vigência de uma determinada lei, mesmo que seus efeitos somente se devam produzir em um momento futuro, terão de ser respeitados na hipótese de sobrevir uma lei nova. Confira-se, a propósito, a límpida lição de Reynaldo Porchat, *ipsis litteris*: "Direitos adquiridos são consequencias de factos juridicos passados, mas consequencias ainda não realisadas, que ainda não se tornaram de todo effectivas. Direito adquirido é, pois, todo o direito fundado sobre um facto juridico que já succedeu, mas que ainda não foi feito valer".[15]

Esta é também, como já assinalado em transcrição anterior, a posição do Supremo Tribunal Federal, que rejeita a retroação quando a lei nova pretender alterar efeitos futuros de fatos consolidados no âmbito da lei antiga, independentemente da natureza da lei nova.

12. *RTJ* 143/724 e ss.

13. *RTJ* 164/1.145 e ss.

14. V. Gabba, *Teoria della Retroatività delle Leggi*, 1868, p. 191: "É adquirido todo direito que: a) é conseqüência de um fato idôneo a produzi-lo, em virtude da lei do tempo no qual o fato se realizou, embora a ocasião de fazê-lo valer não se tenha apresentado antes da atuação de uma lei nova a respeito do mesmo, e que b) nos termos da lei sob o império da qual se verificou o fato de onde se origina, passou imediatamente a fazer parte do patrimônio de quem o adquiriu". V., também, Carlyle Popp, "A retroatividade das normas constitucionais e os efeitos da Constituição sobre os direitos adquiridos", *Paraná Judiciário* 36/13.

15. Reynaldo Porchat, *Da Retroactividade das Leis Civis*, 1909, p. 32.

O direito adquirido pode ser melhor compreendido se extremado de duas outras categorias que lhe são vizinhas, a saber: a expectativa de direito e o direito consumado. (Sobre ato jurídico perfeito se falará mais adiante.) Com base na sucessão de normas no tempo e na posição jurídica a ser desfrutada pelo indivíduo em face da lei nova, é possível ordenar estes conceitos em seqüência cronológica: em primeiro lugar, tem-se a expectativa do direito, depois o direito adquirido e, por fim, o direito consumado.

A expectativa de direito identifica a situação em que o fato aquisitivo do direito ainda não se completou quando sobrevém uma nova norma alterando o tratamento jurídico da matéria. Neste caso, o efeito previsto na norma não se produz, pois seu fato gerador não se aperfeiçoou. Entende-se, sem maior discrepância, que a proteção constitucional não alcança esta hipótese.

Na seqüência dos eventos, direito adquirido traduz a situação em que o fato aquisitivo aconteceu por inteiro, mas por qualquer razão ainda não se operaram os efeitos dele resultantes. Nesta hipótese, a Constituição assegura a regular produção de seus efeitos, tal como previsto na norma que regeu sua formação, nada obstante a existência da lei nova.

Por fim, o direito consumado descreve a última das situações possíveis — quando não se vislumbra mais qualquer conflito de leis no tempo — que é aquela na qual tanto o fato aquisitivo quanto os efeitos já se produziram normalmente. Nesta hipótese não é possível cogitar de retroação alguma. Como registra, ainda uma vez, Reynaldo Porchat, *in verbis*: "Como ultimo elemento característico do direito adquirido, exige a definição que o direito ainda não tenha sido feito valer, isto é, que ainda não tenha sido realisado em todos os seus effeitos. Nesta condição está o criterio pelo qual se distingue o direito adquirido daquelle que já foi consummado. Desde que o titular de um direito já o fez valer contra quem elle existia, e desde que já se realisaram os effeitos delle decorrentes, esse direito entrou para a classe dos factos consummados, deante dos quaes nem é possivel cogitar de acção retroactiva de lei alguma. O direito adqquirido é um direito que pertence a alguem, mas que ainda não produziu todos os seus effeitos (...)"[16] (transcrição *ipsis litteris*).

De modo esquemático, é possível retratar a exposição desenvolvida na síntese abaixo:

a) *Expectativa de direito*: o fato aquisitivo teve início, mas não se completou;

b) *Direito adquirido*: o fato aquisitivo já se completou, mas o efeito previsto na norma ainda não se produziu;

c) *Direito consumado*: o fato aquisitivo já se completou e o efeito previsto na norma já se produziu integralmente.

É oportuno enfatizar, ainda uma vez, que qualquer lei atribuidora de direitos — seja de ordem pública ou não — poderá gerar direito adquirido, na forma da qualificação acima. Como se demonstrou anteriormente, era equivocada a crença de que não existiria direito adquirido diante da superveniência de lei de ordem pública, tese já rechaçada pelo Supremo Tribunal Federal. A distinção entre leis de ordem pública, que geram relações institucionais, e as demais, tem repercussão mais importante sobre o ato jurídico perfeito, conceito que se aproxima, mas não se confunde com o de direito adquirido. A utilização de um exemplo facilitará a demonstração do argumento.

Entende-se, sem maior disputa, que a relação entre o servidor público e a União é uma relação institucional, regida por lei, e que "não há direito adquirido a determinado regime jurídico".[17] Com isso se quer sig-

16. Idem, ibidem.

17. RE 178.802-RS, 2ª T., Rel. Min. Maurício Correa, *DJ* 19.4.1996: "Os proventos da inatividade são regulados pela norma vigente ao tempo de sua aposentadoria, mas o servidor não tem direito

nificar que o servidor não tem o direito de ver mantidas as condições iniciais de sua relação com o ente público, sendo possível a modificação do regime jurídico por uma lei posterior.

Imagine-se, então, que uma lei alterando a forma de remuneração do servidor seja promulgada no dia 4 (quatro) de determinado mês. Imagine-se também que a remuneração relativa ao mês anterior ainda não tenha sido creditada, pois tal somente se verifica no dia 5 (cinco) do mês subseqüente ao trabalhado. Pergunta-se: a remuneração a ser depositada no dia seguinte ao da entrada em vigor da lei será por ela atingida? Parece evidente que não. Trata-se de direito adquirido, uma vez que o fato aquisitivo — a prestação de serviços ao longo de um mês — já se verificou, restando apenas os efeitos a serem ultimados.

A lei nova, entretanto, poderá ser aplicada ao mês que se inicia e dali por diante, sem que o servidor possa contra isso se insurgir, alegando direito às condições vigentes quando de seu ingresso no serviço público. É este o ponto fundamental que distingue as chamadas relações institucionais das contratuais, ou meramente privadas. A lei referida no exemplo pôde ser aplicada desde logo às situações em curso, respeitado o direito adquirido, apenas por que se tratava de uma relação institucional. Tudo seria diferente se a lei se destinasse a disciplinar relações privadas. Neste caso, o novo regime legal só poderia aplicar-se às relações que viessem a se formar após sua entrada em vigor, e não àquelas em curso, pois estariam elas protegidas não apenas pelo direito adquirido, mas também pelo ato jurídico perfeito.

Isso foi o que se passou, por exemplo, com os contratos que se encontravam em curso quando da entrada em vigor do Código de Defesa do Consumidor, sobre os quais o novo diploma não pôde incidir;[18] ou com os contratos de locação, em relação à nova lei que passou a reger a matéria.[19] A questão não é controvertida no Supremo Tribunal Federal, que já teve oportunidade de manifestar-se reiteradas vezes sobre o ponto, deixando claro que as relações contratuais

adquirido aos critérios legais com base em que 'quantum' foi estabelecido, nem à prevalência do regime jurídico então vigente, ainda mais quando, em obediência a preceito constitucional a esse superveniente, lei nova vem disciplinar o regime jurídico e o plano de carreira dos servidores, incorporando aos vencimentos e proventos as gratificações antes recebidas 'em cascata' ou 'repique', que não são permitidas pela nova ordem constitucional". No mesmo sentido: *RTJ* 143/293, 99/1.267, 88/651.

18. STJ, 3ª T., REsp 31.954-0-RS, rel. p/acórdão Min. Waldemar Zveiter, *DJU* 4.4.1994: "Por primeiro, considero que, formalizado o compromisso de venda e compra anteriormente à vigência da Lei n. 8.078, de 11.9.1990 (Código de Proteção e Defesa do Consumidor), não incide na hipótese *sub judice* o preceituado art. 53 do mencionado diploma legal. Conforme ainda há pouco teve oportunidade de decidir o Sumo Pretório, 'o disposto no art. 5º XXXVI, da Constituição Federal, se aplica a toda e qualquer norma infraconstitucional, sem qualquer distinção entre lei de direito público e lei de direito privado, ou entre lei de ordem pública e lei dispositiva' (ADI n. 493-0-DF, Rel. Min. Moreira Alves). Aliás, no sentido da inaplicabilidade do Código de Defesa do Consumidor a contrato celebrado sob a égide do ordenamento jurídico anterior por igual se orientou a C. 3ª Turma deste Tribunal, em precedente da relatoria do Ministro Eduardo Ribeiro (REsp n. 36.455-8-SP)". No mesmo sentido REsp 50.871-RS, REsp 45.666-5-SP, REsp 38.518-0-SP, *RSTJ* 65/393.

19. 2ª T., RE 102.216-SP, rel. Min. Moreira Alves, *DJ* 28.9.1984: "Direito de preferência de locatário de imóvel vendido a terceiro. (...) Em face do § 3º do art. 153 da Constituição, que não faz qualquer distinção em matéria de ato jurídico perfeito e de direito adquirido, é indubitável que o contrato válido entre as partes é ato jurídico perfeito, dele decorrendo, para uma ou para ambas, direitos adquiridos. Se a lei posterior cria para terceiro direito sobre o objeto do contrato e oponível a ambas as partes contratantes, não pode ela, sob pena de alcançar o ato jurídico perfeito e o direito adquirido entre as partes, ser aplicada a contratos validamente celebrados antes de sua vigência".

6ª T., REsp 142.791-SP, rel. Min. Luiz Vicente Cernicchiaro *DJ* 22.6.1998, "Constituída a regem-se, durante toda a sua existência, pela lei vigente quando de sua constituição.[20]

III.1 Estudo de caso: os expurgos inflacionários nas contas do FGTS dos trabalhadores

Aplicando-se os princípios e conceitos acima expostos à polêmica questão dos expurgos inflacionários no reajuste das contas vinculadas ao FGTS, é possível extrair, desde logo, uma conclusão preliminar: a discussão acerca da natureza da relação jurídica envolvida no estabelecimento de tais contas — i.e., se institucional ou contratual — é irrelevante para a solução da demanda. De fato, os empregados titulares das contas não postulam que lhes seja assegurado, até o término de sua relação com o Fundo, o índice vigente quando nele ingressaram.

Na verdade, tudo o que se discute é se têm eles direito adquirido aos índices previstos pelas leis vigentes quando da entrada em vigor dos atos normativos que promoveram os chamados "expurgos", relativamente aos meses anteriores à existência de tais normas.

O que é preciso examinar, portanto, em coerência com a argumentação teórica desenvolvida, é se o fato aquisitivo do direito à correção monetária já havia se aperfeiçoado quando da entrada em vigor das novas leis, ainda que o efeito último desse direito — o crédito em conta da correção monetária — só viesse a se produzir no futuro. Se assim tiver se passado, nada importa a natureza da lei — se de ordem pública, dispositiva ou qualquer outra qualificação: o direito adquirido, por imperativo constitucional, terá de ser respeitado.

Pois bem: o fato aquisitivo da correção monetária era, e é, a permanência contínua dos valores em conta durante determinado período, de modo que o gestor ou administrador da conta possa aplicar esses recursos e obter com eles não apenas a manutenção do capital (correção monetária), mas também a sua remuneração (juros). No caso das contas vinculadas ao FGTS, esse período aquisitivo era trimestral ou mensal, dependendo do instante considerado, prevendo-se o primeiro dia do período aquisitivo subseqüente (o trimestre ou o mês seguinte) como momento em que esse fato se aperfeiçoava. O efeito final desse direito — o crédito em conta da correção monetária —, no entanto, só aconteceria um mês ou um trimestre depois, conforme o caso. Após o crédito em conta, evidentemente, ter-se-ia já um direito plenamente consumado.

Ora, é evidente que não compõe o fato idôneo a produzir o efeito correção monetária o momento no qual a correção é creditada em conta — evento que não faz parte do fato descrito pela norma e sim do efeito por ela atribuído. Desse modo, a regra que regula a correção monetária, e especificamente o índice que a medirá, será definido pela lei em vigor quando do aperfeiçoamento do fato aquisitivo. Reitere-se: defender que o fato idôneo, no caso, é composto também pelo momento de crédito da correção monetária representa violar a garantia constitu-

relação jurídica na vigência que assegure a impenhorabilidade do bem de família, lei posterior não pode afetá-la. Conseqüência do princípio da garantia do ato jurídico constituído e da irretroatividade da lei".

20. ADI 493-DF, rel. Min. Moreira Alves, j. 25.6.1992, *RTJ* 143/724: "Disso deriva, a nosso ver, que à sobrevivência da eficácia das cláusulas livremente pactuadas de um contrato, em matéria que, à época da sua celebração, era confiada à autônoma estipulação das partes, não pode opor-se a lei superveniente, ainda que de ordem pública". RE 205.193-RS, rel. Min. Celso de Mello, *DJU* 6.6.1997: "Os contratos submetem-se, quanto ao seu estatuto de regência, ao ordenamento normativo vigente à época de sua celebração. Mesmo os efeitos futuros oriundos de contratos anteriormente celebrados não se expõem ao domínio normativo de leis supervenientes. Os contratos — que se qualificam como atos jurídicos perfeitos (*RT* 547/215) — acham-se protegidos, em sua integralidade, inclusive quanto aos efeitos futuros, pela norma de salvaguarda constante do art. 5º, XXXVI, da Constituição da República".

cional do direito adquirido fazendo-o simplesmente desaparecer, com um truque de mágica, por meio da sua equiparação ao direito já consumado.

Todos os atos normativos que implementaram os expurgos aqui discutidos entraram em vigor depois de findo o prazo aquisitivo do direito à correção, mas antes de ser ela creditada nas contas dos titulares. Há, portanto, direito adquirido aos índices em vigor na data em que se exauriram os períodos aquisitivos, não podendo a lei posterior alterar o efeito de fato já perfeitamente verificado de acordo com a lei anterior.

IV. Questões atuais envolvendo direitos constitucionais e segurança jurídica

IV.1 Colisões de direitos constitucionais

O direito, como se sabe, é um sistema de normas harmonicamente articuladas. Uma situação não pode ser regida simultaneamente por duas disposições legais que se contraponham. Para solucionar essas hipóteses de conflito de leis, o ordenamento jurídico se serve de três critérios tradicionais: o da *hierarquia* — pelo qual a lei superior prevalece sobre a inferior —, o *temporal* — onde a lei posterior prevalece sobre a anterior —, e o da *especialização* — em que a lei específica prevalece sobre a lei geral.[21]

Esses critérios, todavia, não são satisfatórios quando o conflito se dá entre normas constitucionais. Aqui avulta o papel dos princípios no processo de interpretação.

Os *princípios constitucionais* são o conjunto de normas que espelham a ideologia da Constituição, seus postulados básicos e seus fins. Dito de forma sumária: são as normas eleitas pelo constituinte originário como fundamentos ou qualificações essenciais da ordem jurídica que institui.

A atividade de interpretação da Constituição deve iniciar-se pela identificação do princípio maior que rege o tema apreciado, partindo-se do mais genérico para o mais específico, até chegar à formulação da regra concreta que vai reger a espécie.

É importante assinalar que já se encontra superada a distinção que outrora se fazia entre norma e princípio. A dogmática moderna avaliza o entendimento de que as normas jurídicas, em geral, e as normas constitucionais, em particular, podem ser enquadradas em duas categorias diversas: os princípios e as regras.[22] Estas últimas têm eficácia restrita às situações específicas às quais se dirigem. Já os princípios têm, normalmente, maior teor de abstração e uma finalidade mais destacada dentro do sistema. Inexiste hierarquia entre ambas as categorias, o que não impede, todavia, que princípios e regras desempenhem funções distintas dentro do ordenamento.

De fato, embora ambos sejam dotados de imperatividade, princípios e regras apresentam características diversas. Do ponto de vista estrutural, utilizando a classificação de Robert Alexy,[23] que teve repercus-

21. Sobre antinomias e critérios para solucioná-las, v. Norberto Bobbio, *Teoria do Ordenamento Jurídico*, 1990, pp. 81 e ss.

22. V., na doutrina estrangeira: Jorge Miranda, *Manual de Direito Constitucional*, t. II, 1983, p. 198; J. J. Gomes Canotilho, *Direito Constitucional*, 1986, p. 172; Robert Alexy, *Teoría de los Derechos Fundamentales*, 1997, p. 83; Ronald Dworkin, *Taking Rights Seriously*, 1977. E na doutrina nacional: Eros Roberto Grau, *A Ordem Econômica na Constituição — Interpretação e Crítica*, 1990, pp. 122 e ss.; Ruy Samuel Espíndola, *Conceito de Princípios Constitucionais*, 1999, pp. 105 e ss.; Daniel Sarmento, *A Ponderação de Interesses na Constituição*, 2000, pp. 42 e ss.; Luís Roberto Barroso, *Interpretação e Aplicação da Constituição*, 3ª ed., 2000, pp. 147 e ss.

23. Robert Alexy, *Teoría de los Derechos Fundamentales*, trad. Ernesto Garzón Valdés, 1997, p. 83: "Las reglas y los principios serán resumidos

são na doutrina brasileira,[24] as regras veiculam *comandos de definição*, ao passo que os princípios são *comandos de otimização*. Por essas expressões se quer significar que as regras (*comandos de definição*) têm natureza biunívoca, isto é, só admitem duas espécies de situação, dado seu substrato fático típico: ou são válidas e se aplicam ou não se aplicam por inválidas.[25] Uma regra vale ou não vale juridicamente. Não são admitidas gradações. A exceção da regra ou é outra regra, que invalida a primeira, ou é a sua violação.

Os princípios se comportam de maneira diversa. Como *comandos de otimização*,[26] pretendem eles ser realizados da forma mais ampla possível, admitindo, entretanto, aplicação mais ou menos ampla de acordo com as possibilidades jurídicas existentes, sem que isso comprometa sua validade. Esses limites jurídicos, capazes de restringir a otimização do princípio, são (i) regras que o excepcionam em algum ponto e (ii) outros princípios de mesma estatura e opostos que procuram igualmente se maximizar, impondo a necessidade eventual de ponderação.[27]

Pois bem: de acordo com o princípio da unidade hierárquico-normativa, normas da Constituição originária jamais podem ser consideradas inválidas, nem o intérprete pode deliberadamente escolher uma para prevalecer sobre as demais. A Constituição, como se sabe, é um documento dialético, fruto de um compromisso político, e que, por isso mesmo, abriga princípios e direitos potencialmente conflitantes. Quando surgem efetivamente situações de conflito — como, *e.g.*, as que contraponham o princípio da livre iniciativa e o da intervenção do Estado no domínio econômico, ou o direito de propriedade e o princípio da função social da propriedade — cabe ao intérprete buscar a conciliação possível entre as proposições aparentemente antagônicas, procedendo a uma *ponderação de valores*.

A ponderação de valores é técnica pela qual o intérprete procura lidar com valores constitucionais que se encontrem em linha de colisão. Como não existe um critério abstrato que imponha a supremacia de um sobre o outro, deve-se, à vista do caso concreto, fazer concessões recíprocas, de modo a produzir-se um resultado socialmente desejável, sacrificando o mínimo de cada um dos princípios ou direitos fundamentais em oposição. O legislador não pode, arbitrariamente, escolher um dos interesses em jogo e anular o outro, sob pena de violar o texto

bajo el concepto de norma. Tanto las reglas como los principios son normas porque ambos dicen lo que debe ser. Ambos pueden ser formulados con la ayuda de las expresiones deónticas básicas del mandato, la permisión y la prohibición. Los principios, al igual que las reglas, son razones para juicios concretos de deber ser (...)".

24. Raquel Denize Stumm, *Princípio da Proporcionalidade no Direito Constitucional Brasileiro*, 1995, p. 42 e Paulo Roberto Lyrio Pimenta, *Eficácia e Aplicabilidade das Normas Constitucionais Programáticas*, 1999, pp. 121 e ss.

25. Robert Alexy, *Teoría de los Derechos Fundamentales*, cit., p. 88. A não aplicabilidade da regra decorre, em geral, de sua invalidade (inconstitucionalidade) ou da perda de sua vigência, como nos casos em que ela é revogada por norma hierarquicamente superior ou posterior de igual hierarquia. No caso da relação entre norma geral e especial, entretanto, a norma geral deixa de ser aplicada não por qualquer dessas duas razões, mas porque os fatos realizam de forma específica a previsão da norma especial, que afasta a incidência da geral. Sobre os critérios de solução de conflito de regras (temporal, espacial, hierárquico e por especialidade), veja-se nosso, *Interpretação e Aplicação da Constituição*, 3ª ed., 1999.

26. Robert Alexy, *Teoría de los Derechos Fundamentales*, cit., p. 86.

27. Confiram-se sobre o tema: Heinrich Scholler, "O princípio da proporcionalidade no direito constitucional e administrativo da Alemanha", trad. Ingo Wolfgang Sarlet, *Revista Interesse Público* 2/93 e ss., 1999, e Daniel Sarmento, "Os princípios constitucionais e a ponderação de bens", in *Teoria dos Direitos Fundamentais*, org. Ricardo Lobo Torres, 1999, pp. 35 e ss.

constitucional. Relembre-se: as regras incidem sob a forma de "tudo ou nada" (Dworkin), ao passo que os princípios precisam ser sopesados.[28]

Com o refluxo dos positivismos — normativistas, historicistas e sociológicos — os princípios jurídicos deram nova configuração ao quadro teórico do *pós-positivismo*,[29] introduzindo ou aprofundando conceitos como os de ponderação, razoabilidade, igualdade e subsidiariedade, dentre outros. A interpretação constitucional, ao servir-se dos limites e possibilidades oferecidos pelos princípios para a busca da solução justa no caso concreto, amplia o poder de criação e a subjetividade do intérprete. Perde-se, assim, em previsibilidade e certeza das decisões, embora a norma escrita sempre permaneça como um parâmetro objetivo, demarcando as fronteiras de atuação. Mas o que se sacrifica, eventualmente, em segurança, é devolvido com lucro na melhor realização da justiça constitucional.

IV.2 Judiciário, mídia e opinião pública

Em um Estado democrático, todo poder político é um poder representativo, emanando do povo e devendo ser exercido em seu nome e interesse. O fato de os agentes políticos do Poder Judiciário não serem eleitos não desnatura o princípio. O constituinte fez a opção legítima de que parte do poder do Estado fosse exercido por fundamentos predominantemente técnicos. Mas a jurisdição deve ser exercida com transparência e o juiz, ao interpretar a Constituição e as leis, não deve ser alheio ao sentimento social. O olímpico distanciamento que anteriormente se supunha devesse ser mantido pelo Judiciário em relação à sociedade e aos outros Poderes já não é mais símbolo de virtude.

Sobre o tema, escrevi eu próprio em outra oportunidade: "O Supremo Tribunal Federal não é um tribunal comum. É o guardião da Constituição. Suas decisões transcendem aos meros casos concretos que julgam, porque vão servir de paradigma para juízes e tribunais de todo o País. Esta e outras circunstâncias fazem do Supremo um tribunal que desempenha relevante papel político. Mas é preciso bem qualificar isto: ele decide conflitos que têm implicações políticas, mas seus critérios e métodos hão de ser jurídicos. A base de legitimidade da atuação do Supremo Tribunal Federal, inclusive quando invalida dos atos dos outros dois Poderes, é, precisamente, a aplicação de princípios que não oscilam ao sabor das circunstâncias. Sem embargo, um juiz de um tribunal superior não pode ser indiferente às conseqüências práticas e simbólicas que sua posição possa acarretar. Dentro dos limites e possibilidades que o ordenamento jurídico oferece, um juiz com visão de estadista deve saber escolher a linha que melhor atenda aos valores e sentimentos que lhe cabe em última análise interpretar".[30]

Como natural, a exposição pública do Judiciário, na mesma medida em que o aproxima dos cidadãos e deixa entrar a luz do sol, sujeita os órgãos judiciais a críticas de diferentes inspirações — justas e injustas, construtivas e destrutivas. Ademais, após a Constituição de 1988, o Judiciário transformou-se em um verdadeiro Poder, que ocupa espaços e os disputa tanto com o Poder Executivo como com o Poder Legislativo. Este conjunto de circunstâncias — a aproximação com a sociedade, as fricções com os outros Poderes, a presença no noticiário — exige, todavia, que se estabele-

28. Sobre o tema, na literatura nacional, v. o denso estudo de Daniel Sarmento, *A Ponderação de Interesses na Constituição Federal*, cit., p. 96.

29. Ricardo Lobo Torres, Prefácio ao livro de Daniel Sarmento, cit. na nota anterior.

30. *Revista Consulex*, julho/1998, entrevista dada por escrito para matéria intitulada *Opiniões Divididas*, na qual se discutia o julgamento do ex-presidente Collor de Mello.

ça um delicado ponto de equilíbrio, para não comprometer a segurança jurídica em favor do populismo judicial.

É preciso ter em conta que não se faz justiça para as câmeras de televisão. Não há bom direito onde o que se busca é agradar a opinião pública. Magistrado dando entrevista coletiva ou julgamento transmitido ao vivo é indício grave de que a boa aplicação da lei pode não estar sendo o centro das atenções. A ribalta, a fogueira de vaidades ateada pela mídia, as paixões que a exposição pública desperta são freqüentemente incompatíveis com a serenidade e a imparcialidade de quem julga. Ao Judiciário pode caber, eventualmente, dar o pão. Nunca o circo. O mérito de um juiz não pode ser aferido em pesquisa de opinião.

Penso ser justo dizer, a bem da verdade, que a preocupação aqui manifestada com a insegurança jurídica que resultaria daquilo que denominei *populismo judicial* é fruto de uma reflexão preventiva e não uma imputação. Ao contrário, não creio que, como regra, esta seja uma disfunção perceptível no Poder Judiciário brasileiro.

IV.3 A imprensa e a função justiceira

Concluo a exposição das idéias que pretendi aqui alinhavar analisando uma distorção que se generalizou no País e que figura como grave fator de insegurança jurídica: os julgamentos pela imprensa. Os meios de comunicação, no Brasil, generalizadamente, entregam-se à função de apurar, julgar e condenar. Não é sequer uma questão de apontar se erram ou acertam nesses juízos: eles simplesmente não integram o legítimo papel dos meios de comunicação, e são realizados sem conhecimento técnico, sem devido processo legal, sem contraditório e muito menos ampla defesa.

A explicação para este fenômeno, todavia, não é difícil de ser encontrada. O Poder Judiciário tornou-se depositário de um conjunto de expectativas após a Constituição de 1988. Novos direitos, novas ações, maior consciência de cidadania, ampliação das relações de consumo. No entanto, a legislação, a cultura judiciária, aspectos ideológicos e de infra-estrutura, o número de juízes, dentre outros fatores, comprometem a capacidade de as instituições judiciais darem vazão à demanda que se formou. E em qualquer sociedade que aspire à civilização, Justiça é gênero de primeira necessidade.[31] O que acontece quando o Judiciário não supre de maneira quantitativa e qualitativamente eficaz esta necessidade? O que acontece quando a procura é maior do que a oferta?

Incide a lei do mercado: o cidadão vai procurar justiça em outro lugar. E a imprensa tem suprido a demanda que não é atendida pelas instituições judiciais próprias. Desnecessário dizer que com conseqüências muitas vezes dramáticas. Em passagem inspirada, escreveu Joaquim Falcão:

"O brasileiro deposita na imprensa a esperança que não se concretiza no Judiciário. (...) A denúncia impressa é a sentença adiada no labirinto do processo. A manchete é o acórdão esquecido na gaveta do desembargador. Na falta de punição jurídica, o brasileiro se satisfaz com o escândalo jornalístico. Divulgar, além de informar, passou a ser julgar, que é quase sempre, punir. Estabeleceu-se um pacto, latente e não intencional, entre a imprensa justiceira e o leitor carente.

"(...) Imprensa não é justiça. Jornal não é *forum*. Repórter não é juiz. Nem editor, desembargador. E quando acreditam ser, transformam a dignidade da informação na arrogância da autoridade de que não dispõem".[32]

A substituição do Judiciário pela imprensa não é saudável. Diminui a um sem

31. As idéias que se seguem baseiam-se em precioso trabalho de Joaquim Falcão, "A notícia que virou fato: a imprensa em questão", in *Monitor Público* 6/5, 1995.

32. Idem, p. 6.

elevar a outra. Como subprodutos, vulneram-se os direitos à honra, à privacidade, à presunção de inocência. E o que é pior: a sociedade satisfaz-se com o enxovalho público, desinteressando-se a seguir. O processo judicial, propriamente dito, freqüentemente é negligenciado, agonizando por falta de empenho, por falta de provas ou pela prescrição. Ao não cumprir seu papel a tempo e à hora, a Justiça deixa um vazio que os meios de comunicação ocupam com volúpia, e permite, assim, a condenação precipitada de culpados e inocentes.

Ah, sim! Também tem as Comissões Parlamentares de Inquérito. Mas esta é uma outra história.

ALTERAÇÃO EM CONTRATO DE CONCESSÃO RODOVIÁRIA

FLORIANO DE AZEVEDO MARQUES NETO

Advogado. Doutor em Direito Público pela USP.
Professor da Faculdade de Direito da PUC/SP

Empresas, reunidas em consórcio, lograram vencer Concorrência Pública com vistas à outorga de concessão de rodovias.

Estando em vias de assinar o contrato de concessão em tela, cogita-se de alterar em alguma medida o objeto da concessão, de modo a agregar à malha viária concedida um trecho suplementar. Complementarmente à alteração cogitada, estar-se-ia a alterar a localização da praça de pedágio prevista para um determinado ponto, o qual seria deslocado um pouco mais à frente.

As mudanças cogitadas se justificam por fatores de ordem técnica. A localização do pedágio no quilômetro inicialmente previsto acarretaria várias ordens de inconvenientes.

Primeiro, porquanto tal praça estaria localizada a apenas 22 quilômetros de outro pedágio, este já operado por outra concessionária. Como a sistemática de pedagiamento no Programa de Concessões segue o critério de Trecho de Cobertura da Praça de Pedágio — TCP, o usuário estaria em tese a pagar, em curto trecho, duas tarifas.

De outro lado, haveria o fato de que a localização prevista no edital acarretaria sobrecarga em trechos das rodovias em apreço que não são objeto da concessão. Isso porque tais trechos não concedidos serviriam de rota de fuga para os usuários interessados em se esquivar de outras praças de pedágio, cuja instalação é prevista na malha rodoviária em apreço. Assim, implementada tal como projetada a alocação das praças de pedágio, teríamos uma conseqüência deletéria para o entorno da malha concedida, além de se verificar alguma impropriedade na proximidade entre os pedágios.

A alteração de que se cogita estaria amparada no edital, já que haveria a previsão de se instalar "*pedágio de bloqueio*", quando constatada eventual rota de fuga ou potencial dano em outras rodovias ou na malha urbana circunvizinhas. Por outro lado poder-se-ia invocar para a sustentação do alvitre, que a extensão da malha concedida até a suposta praça de pedágio, malgrado se configurar medida plena da razoabilidade, acresceria ônus relacionados à manutenção, conservação e operação do sistema a ser concedido.

Além disso, ainda por razões técnicas ligadas à funcionalidade do sistema, é de se considerar que também faz parte das alternativas, ora em estudo, a alteração na forma de cobrança do pedágio que teria sua localização alterada. Enquanto no edital vemos que na praça de pedágio, a ser localizada em determinado trecho da rodovia, haverá cobrança de tarifa bidirecional, na nova praça de que cogita seria praticada a tarifa unidirecional (recolhida de todos os veículos que trafeguem pela rodovia). Tal fato não alteraria o valor do pedágio, posto que a tarifa prevista para ser cobrada seria repartida para se amoldar à unidirecionalidade.

Aspecto importante do que é objeto de estudo diz com a preocupação no tocante ao momento em que poderiam ser introduzidas tais alterações, haja vista não ter sido, ainda (por razões imputáveis exclusivamente ao poder concedente), assinado o contrato de concessão.

Exposta a situação, afloram para o deslinde do assunto as seguintes indagações:

1. "É possível, à luz das disposições legais, editalícias e contratuais, alterar-se o projeto de localização das praças de pedágio e imputar à concessionária ônus de conservação e operação de trecho suplementar à malha rodoviária concedida?"

2. "É lícito acrescentar ao montante das tarifas de pedágio a ser arrecadado pela concessionária o valor correspondente à TCP referente ao trecho acrescido à malha concedida, calculado com base nos valores básicos previstos no edital?"

3. "Se possível a alteração cogitada, deve ela ser realizada antes da assinatura do contrato? Qual o momento jurídico adequado para se formalizar tal alteração?"

As questões suscitadas se referem, todas elas, à questão da mutabilidade dos contratos firmados pelo poder público e suas conseqüências. Dentre elas, destacamos a necessidade de reequilíbrio econômico-financeiro e a eventual incidência de limites à possibilidade de acréscimo ou decréscimo do quanto inicialmente contratado. Todos estes pontos, ressalte-se, devem ser analisados tendo em conta estarmos diante não de um singelo contrato administrativo e sim de um contrato de concessão de serviço público precedido (ou acompanhado) da realização de obras públicas. Embora os contratos de concessão sejam espécies do gênero contrato administrativo (uma vez superada a ancestral discussão em torno da natureza jurídica da concessão), é mister destacar o peculiar tratamento que deve ser dado a esta espécie de ajuste.

Assim postas as questões de fundo enredadas no estudo, deve ficar clara a necessidade de enfrentarmo-las antes de apresentar respostas aos questionamentos formulados. Assim, cumpre focar (i) a alterabilidade dos contratos firmados pelo poder público, em especial no caso dos contratos de concessão; (ii) a conseqüência necessária disso para a equação econômica do ajuste e as formas de sua preservação em face da alteração; e (iii) a aplicabilidade ou não dos limites de acréscimo ou decréscimo previstos no Estatuto das Licitações e Contratos no caso de alterações como a ora cogitada. Após isso, creio ser necessário analisar as questões postas ao lume do edital da Concorrência Internacional da Minuta de Contrato dele integrante. Somente ao depois, cuidarei de dar resposta às indagações.

Esta é a estrutura do presente trabalho. Antes dela dar conta, instiga-me fazer uma ligeira digressão acerca do que seja a "*unilateralidade*", repetidamente referida em documentos legais e contratuais versantes sobre modificação de ajustes regidos pelo Direito Público. Faço isso porque o tema volta e meia enseja confusões, das quais não estariam imunes as linhas que se seguirão.

É cediço que o poder público age, sempre, na perseguição de uma finalidade de interesse coletivo. A razão de ser do Estado e da Administração Pública é a perseguição do nunca assaz referido "*interesse público*", no sentido do qual se outorga função pública ao agente estatal. No Direito Administrativo clássico, é a Administração a um só tempo tutora e realizadora do interesse público. Neste mister, lança mão o poder público de vários instrumentos, um dos quais é o contrato administrativo. Embora se cometa, mediante contrato, aos particulares a incumbência de realizar obras, serviços e fornecimentos necessários à consagração de necessidades coletivas, permaneceria a Administração como tutora dos interesses coletivos, detentora da capacidade de discernir quais interesses devam ser atendidos e mediante quais instrumentos. Bem é verdade que essa concepção tem sido objeto de sólidas críticas (cf. M. S. Giannini, *Diritto Amministrativo*, p. 111). Compartilhamos estreitamente deste entendimento. Porém, no âmbito do presente, são tais críticas secundárias.

O que importa é que no contrato administrativo uma das partes (a Administração) persegue finalidades públicas — bem atender à coletividade carente da melhoria ou usuária do serviço — enquanto outra das partes (o particular contratado) persegue finalidades eminentemente privadas — obtenção do lucro constitucionalmente assegurado. Desta constatação, cediça e comezinha, decorre que qualquer alteração de projeto ou de especificação que se intente fazer num ajuste administrativo deverá ser submetida à Administração contratante. Esta analisará a modificação e poderá acolher ou rejeitar a mudança em virtude de sua adequação ou não às finalidades (públicas) perseguidas com o cometimento.

Certo deve estar, portanto, que sempre haverá um traço de unilateralidade na alteração que se refira a retificações de projetos ou mesmo que implique acréscimo de obras, serviços ou compras. Tal unilateralidade decorre do fato de que somente à Administração cabe verificar ou determinar, no caso concreto, se a modificação cogitada atende ou não aos interesses públicos perseguidos no ajuste. Essa unilateralidade, insista-se, não pode ser exercida desacompanhada da obrigação de motivar, razoavelmente, as razões (de interesse geral) ensejadoras da mudança.

Contudo essa unilateralidade não impede, de forma alguma, que haja uma confluência de interesses entre particular e Administração. Não prenota que o particular tenha, necessariamente, seus interesses lesados pelo exercício da prerrogativa de alteração unilateral do ajuste. Pode, por óbvio, haver situações em que, ao par da mudança encetada atender a finalidades coletivas (consagrar interesses públicos), também coincida com o interesse do particular contratado.

Mais do que uma possibilidade, a perspectiva de coincidência entre o interesse da Administração de alterar unilateralmente os contratos que firma e os interesses do particular contratado é, na verdade, uma garantia legal. Com efeito, mais de um dispositivo da Lei n. 8.666/1993 (art. 58, § 2º e art. 65, § 6º) impõem que, no caso de alteração unilateral dos contratos, seja recomposto o inicial equilíbrio contratado. Assim, é imposição legal que ao exercício da prerrogativa de alterar unilateralmente os ajustes corresponda a atribuição de vantagem econômica ao particular (reequilíbrio).

Em resumo, temos que a unilateralidade referida quando se trata de alteração dos contratos administrativos deve ser entendida não como aquela ditada contra o interesse do contratado e sim aquela que se faz independente do seu interesse. O que predica a unilateralidade é o fato de que tais alterações devem ser formuladas em atenção aos interesses públicos ou às finalidades coletivas perseguidas com o cometimento. O que irá autorizar a alteração unilateral será, na dicção legal (art. 58, I, do Estatuto), a constatação da existência de efetiva "*adequação* [da alteração] *às finalidades de interesse público*" consubstanciadas no ajuste a ser alterado. E será absolutamente irrelevante para a verificação do cabimento destas alterações o fato de coincidir, no caso, interesse do particular. Mesmo porque, cedo ou tarde, assegura a Lei que deverá ser ajustado o interesse do contratado, mediante restabelecimento da equação inicial.

Feitas estas considerações preambulares — de natureza mais filosófica do que jurídica, porém relevantes para o que se seguirá — creio ser possível passar a enfrentar as questões de fundo trazidas.

A mutabilidade dos contratos administrativos

Em outra oportunidade,[1] já asseverei que "*nos contratos administrativos, a prerrogativa de alterar unilateralmente os contratos em virtude do perfazimento de modificações nos projetos que balizam a realização de uma determinada empreitada é uma conseqüência do caráter exorbitante que assumem os contratos administrativos, constituindo-se pois como uma possibilidade da qual a Administração não só pode como deve lançar mão para perseguir o interesse público, nos termos do que pudemos afirmar há pouco.* (...) *Portanto, vemos colocado por um lado o poder-dever da Administração em alterar o contrato quando isso, motivadamente, se fizer necessário para a plena consecução do objeto contratual* (...). *Por outro lado, vemos a relação de preservação que deve ser dada ao objeto deste contrato. Em suma: é devida a alteração de cláusulas do contrato desde que isso seja imprescindível ao pleno atingimento dos fins buscados pelo objeto contratual*" (destaques do original).

Como dito nos parágrafos anteriores, quando a Administração firma um contrato administrativo, o faz porque intenta consagrar algum benefício a ser fruído pela coletividade. Pode ser uma obra, um fornecimento, um serviço. Pode ser ainda uma utilidade pública a ser disponibilizada à fruição da coletividade por conta e risco do particular. Este último é o caso da concessão. De todo modo, para cometer ao particular a incumbência de realizar uma comodidade ou utilidade para uso, direto ou indireto, da coletividade, via de regra há que se fazer realizar uma licitação (cf. arts. 37, XXI e 175 da Constituição Federal). Como é pressuposto desta o estabelecimento de um projeto, de uma especificação do objeto alvitrado e das finalidades perseguidas, é natural que todo o contrato administrativo se prenda aos contornos previamente definidos quando se decidiu trespassar a um particular o cometimento.

Ocorre que, ultimada a licitação ou contratado o particular dela vencedor, muita vez ocorre de se constatar que o projeto original desconsiderou uma nuance relevante, subestimou um determinado detalhe, escolheu alternativa menos interessante, previu um plexo de escopos insuficientes diante das necessidades postas ou mesmo adotou solução técnica que se mostra, ao depois, insuficiente ou inconveniente. A verificação destas insuficiências ou equívocos é absolutamente natural, plausível. Ademais, a superveniência da constatação que se pode implementar o expectado de forma mais adequada é intrínseco ao dinamismo que caracteriza empreendimentos vultosos e complexos como aqueles levados a cabo pelo poder público.

Daí porque as diversas leis que regeram e regem a matéria prevêem a supra aludida possibilidade de alteração dos contratos de direito público com vistas à retrocitada "*adequação às finalidades de interesse público*". Como registramos há pouco, seria rematado desatino pretender adstringir a Administração (tutora e perseguidora de interesses públicos) a seguir obtusamente um projeto que sabe inconveniente, uma formatação que reconhece não ser a mais adequada ou especificações que se mostram superadas pela conjuntura ou por novos dados, supervenientes de qualquer modo.

É por isso, exatamente por isso, que os contratos administrativos não são revestidos da imutabilidade característica dos contratos privados, onde vige a regra do *pacta sunt servanda.* Sendo verificada a necessidade de adaptação do projeto, de ajuste nas especificações ou de ampliação do objeto para bom atendimento das finalidades visadas pela contratação, emergirá o poder-

1. Cf. nosso "Alteração de contratos administrativos para realização de serviços imprescindíveis à consecução do seu objeto", in *Revista do Tribunal de Contas do Estado de São Paulo* 80/75, ago.-nov. 1995.

dever da Administração em modificar as bases daquilo que foi licitado de modo a melhor atender aos interesses públicos que em última instância moveram o poder público a travar contrato.

Como afirmado, a mutabilidade constitui um dos traços do contrato administrativo, componente do plexo de prerrogativas exorbitantes que são próprias à Administração. Tais cláusulas são definidas na doutrina como aquelas que "excedem do direito comum para consignar uma vantagem ou uma restrição à Administração ou ao contratado. As cláusulas exorbitantes não seriam lícitas num contrato privado porque desigualariam as partes na execução do avençado, mas são absolutamente válidas no contrato administrativo, uma vez que decorrem de lei ou dos princípios que regem a atividade administrativa e visam a estabelecer prerrogativas em favor de uma das partes para o perfeito atendimento do interesse público (...). Todavia as principais são as que se exteriorizam na possibilidade de alteração e rescisão unilateral do contrato (...)".[2]

Esse regime exorbitante vem expresso no art. 58 da Lei n. 8.666/1993, aplicável ao caso vertente por força do seu art. 124. Neste dispositivo vemos prescrito que "*O regime jurídico dos contratos administrativos instituído por esta Lei confere à Administração* prerrogativas de (i) alterá-los unilateralmente; (ii) rescindi-los também de forma unilateral; (iii) fiscalizar sua execução; (iv) aplicar sanções; e (v) ocupar provisoriamente bens do contratado para assegurar a continuidade de serviços essenciais".

De outro bordo, o também aplicável art. 65 da Lei n. 8.666/1993 estabelece expressamente que os contratos administrativos poderão ser alterados unilateralmente (i) "*quando houver modificação do projeto ou das especificações para melhor adequação técnica aos seus objetivos*"; e ainda (ii) "*quando necessária a modificação do valor contratual em decorrência de acréscimo ou diminuição quantitativa de seu objeto, nos limites permitidos por esta Lei*".

Incontroversa é, portanto, a possibilidade de a Administração Pública determinar a alteração de um contrato administrativo sempre que os interesses públicos assim impuserem. Não obstante, como leciona Carlos Ari Sundfeld, tal prerrogativa de alteração "encontra, contudo, barreiras e condicionantes". De um lado, diz ele, está a incolumidade do direito do contratado ao equilíbrio econômico e financeiro. De outro, ainda segundo suas lições, há o impedimento de se desfigurar o quanto licitado quer agregando desmedidamente novos cometimentos, quer desnaturando a essência do objeto licitado. Esses parâmetros deverão estar sempre em vista quando nos depararmos com a possibilidade de alteração de um contrato administrativo, qualquer que seja ele.

É certo que um contrato de concessão, espécie de contrato administrativo, também admitirá alterações determinadas pelo poder concedente. Assim prescreve o art. 9º, § 4º, da Lei n. 8.987/1995, em sintonia com outros dispositivos da Lei n. 8.666/1993. Deve-se ressaltar, porém, que os contornos jurídicos destas alterações, mormente quando não consensuais, mostram-se um pouco distintos do que ocorre em comezinhos ajustes do poder público.

Por um lado, porque a própria Lei de Concessões prevê uma regra específica para a recomposição do equilíbrio econômico-financeiro em função da unilateral alteração. Diz o citado § 4º do art. 9º que o reequilíbrio deverá ser concomitante à alteração unilateral. A razão de tal disposição é simples: como na concessão há toda uma estruturação financeira em torno da qual o particular estima seus investimentos, ônus e taxa de retorno, seria írrito ao instituto da concessão admitir alteração unilateral des-

2. Cf. Hely Lopes Meirelles, *Licitações e Contratos Administrativos*, 9ª ed., São Paulo, Ed. RT, 1990, pp. 179 e 180.

ta equação para, somente depois (e sabe-se lá quando), restituir o equilíbrio inicial. Mais ainda quando se sabe que ao concessionário é defeso interromper suas obrigações por força do princípio da continuidade do serviço público (traduzido na disposição do art. 39, parágrafo único da Lei n. 8.987/1995). Assim, temos que à determinação de alteração unilateral de contrato de concessão subjaz necessariamente uma concomitante repactuação do equilíbrio econômico-financeiro. Trata-se, pois, de uma unilateralidade mitigada.

De outro bordo, consoante o dito no parágrafo anterior, não se admite uma alteração unilateral que desfigure o contrato ou que inviabilize as bases do negócio, homologado pelo poder concedente na licitação que precedeu à outorga. Portanto, numa concessão, a interdição à desnaturação do objeto contratual, a que aludia Sundfeld, se revela na vedação de alterações unilateralmente ditadas pelo poder concedente que venham a inviabilizar o plano de negócios posto a cotejo pela concessionária quando ainda disputava a licitação. Se assim não fosse, estar-se-ia a admitir hipótese de extinção da concessão para além das hipóteses previstas no art. 35 da Lei n. 8.987/1995.

Com efeito, seria muito mais fácil o poder concedente extinguir a outorga mediante sucessivas alterações unilaterais que, malgrado compensadas por modalidades de reequilíbrio (por exemplo, prorrogação do prazo da concessão), desfigurassem de tal forma o negócio a ponto dele retirar todo o interesse de exploração do concessionário ou mesmo de forma a impedir a viabilização dos financiamentos exigidos.

Do mesmo modo, parece-me interditado ao poder concedente omitir-se em determinar ajustes ou alterações nas especificações e projetos que pautaram a licitação quando necessárias tais modificações para assegurar a eficácia dos direitos da concessionária previstos na regulamentação e no contrato. Aliás, a Lei Federal n. 8.987/1995 arrola, entre as obrigações do poder concedente a de "*cumprir e fazer cumprir as disposições regulamentares do serviço e as cláusulas contratuais da concessão*" (cf. art. 29, VI). Daí porque se uma alteração no projeto se faz necessária para evitar, por exemplo, evasão de receita (rotas de fuga do pedágio) ou para impedir o comprometimento das projeções constantes do plano de negócio da concessionária, será imperativo ao poder concedente ensejar a alteração destes projetos, justamente para assegurar a cláusula contratual que garanta à concessionária a cobrança de tarifas e a manutenção das condições econômicas inicialmente previstas.

Pode-se concluir este tópico registrando que, sem embargo de ser incontroversa a possibilidade de alteração unilateral do contrato pelo poder concedente, esta prerrogativa deve ser sopesada e vista com moderação em sede de concessões. Isso porque parece-me completamente interditada (mesmo à luz das cláusulas regulamentares) a imposição de alterações de tal profundidade que acarretem a adulteração (princípio da licitação) ou a inviabilização (princípio do equilíbrio e princípio da continuidade do serviço público) do objeto licitado, assim entendido o conjunto de pressupostos negociais e o rol de obrigações subjacentes à outorga.

Em suma, do exposto até aqui, extraio como mensagens principais que: (i) é certa e indiscutível a possibilidade de alteração dos contratos firmados pelo poder público com vistas a uma melhor adequação às finalidades de interesse público que justificam o ajuste; (ii) tais alterações podem ser determinadas unilateralmente pela Administração, no caso de mudança no projeto para melhor amoldamento às suas finalidades ou para agregar quantidades ao objeto quando conveniente à Administração; (iii) tais alterações deverão ter motivação, à vista de tais finalidades coletivas, deverão respeitar os direitos do contratado, não poderão desnaturar o contrato nem invadir limites legais, quando estes forem aplicáveis; (iv) a unilateralidade das alterações previstas na legislação e nos contratos deve ser entendida como decorrência do poder público como tutor dos interesses públicos, nada interditando que tais alterações venham a ser também de interesse do particular contratado; (v) os contratos de concessão, como espécie do gênero contrato administrativo, também estão sujeitos a esse regime de mutabilidade contratual; (vi) porém, em sede de concessão, tal regime deve ser analisado com algumas particularidades em especial no tocante ao respeito aos direitos do concessionário (reequilíbrio concomitante e incolumidade das projeções constantes do seu plano de negócio).

O reequilíbrio econômico e financeiro em face de alteração contratual

Já referi acima que ao poder da Administração alterar os contratos que firma corresponde o dever de recompor a equação econômica inicial. A matéria é de sabença geral, prescindindo de grandes referências e elucubrações. A garantia do particular à manutenção do sinalagma entre ônus e bônus a que se propôs quando disputou e venceu uma licitação é matéria que encontra acento na Constituição da República (art. 37, XXI, *in fine*), na Lei de Licitações (art. 65, II, *d*, e § 6º; art. 58, § 1º) e na Lei de Concessões (art. 9º, § 4º).

Ademais, como ensina a doutrina[3] que "a equação econômico-financeira é intangível, na acepção de que, uma vez aperfeiçoada, não pode ser infringida. A manutenção do equilíbrio econômico-financeiro consiste na impossibilidade de alterar apenas um dos ângulos da equação. Não é possível alterar quantitativa ou qualitativamente, apenas o âmbito dos encargos ou tão-somente o ângulo das retribuições. Se forem adicionados encargos, rompe-se o equilíbrio, a não ser que também se ampliem as retribuições. Idêntico raciocínio se aplica em caso de redução dos encargos, o que acarretará a necessidade de redução das retribuições. Em síntese, a manutenção do equilíbrio econômico-financeiro corresponde a uma espécie de magnetização dos ângulos ativo e passivo do conteúdo da relação jurídica: à alteração de um ângulo deve corresponder uma alteração equivalente e correspondente no outro ângulo".

Repise-se que, havendo alteração unilateral nos contratos (e aquela ditada por modificação nos projetos tem natureza unilateral como visto no § 3, supra) haverão que ser, em regra indesviável, adotadas as providências aptas a recompor o equilíbrio inicial, impondo-se, à luz do prescrito no sobredito § 2º do art. 58, "*a revisão das cláusulas econômico-financeiras do contrato*".

Para o aqui pretendido, cumpre-me apenas destacar mais um aspecto. É que o equilíbrio econômico e financeiro no regime de concessão é algumas notas diferente daquele habitualmente verificado nos contratos administrativos para simples execução de obras e serviços.

Um primeiro aspecto desta diferença se refere ao fato de que, na concessão, o contratado tem obrigações de fazer investimentos (com recursos próprios ou de terceiros), expectando receber em contrapartida, não só o necessário para ressarcir, com lucro, o valor aplicado às obras (custo da melhoria), mas também o suficiente para remunerar o capital investido e cobrir o risco assumido. Temos, então, um mesmo dever de equilíbrio, só que com bases mais complexas. Sim, pois, enquanto na empreitada habitual o equilíbrio se verifica na singela equação encargos remuneração, na concessão ele terá que ser aferido levando em conta muitas outras variáveis tais como montante estimado de investimento, fluxo de caixa projetado, cronograma de desembolsos, variações de receita, custo de remune-

3. Marçal Justen Filho, *Concessões de Serviços Públicos*, São Paulo, Dialética, 1997, pp. 145 e 146.

ração do capital (para fixação do qual concorrem outros tantos fatores).

Relevante também é o fato de que os contratos de concessão são de longo prazo e o equilíbrio da concessão é dinâmico. Isso implica que podem existir, conforme a concessão, períodos em que haja mais investimentos sem retorno, fluxo de caixa negativo, etc. Daí que o equilíbrio nestes empreendimentos deverá sempre ser aferido em cada momento a partir de parâmetros específicos e diferençados.

Ademais, há que se considerar ainda a já aludida circunstância de que, na concessão, há um compartilhamento de riscos, existindo, portanto, alguns fatores cuja ocorrência não justificaria a postulação de reequilíbrio.

De outro lado, o art. 9º, § 4º, da Lei n. 8.987/1995, diversamente do que ocorre nos comezinhos contratos administrativos, determina que o reequilíbrio devido em face de alterações unilaterais de contratos seja concomitante à alteração.

Por fim, tem-se que considerar que a retribuição do concessionário se dá pelo pagamento de tarifa pelos usuários. Portanto, os fatores de desequilíbrio podem se dar não apenas pelo lado da variação nos encargos, como também na modificação das receitas. Porém aqui, diversamente do que ocorre nos contratos de empreitada, há uma margem de variação que integra o risco do concessionário. Há, porém, uma outra parcela de situações em que o poder concedente poderá desequilibrar o pactuado não por agregar ônus, mas por impedir, artificialmente, a auferição de receitas ou não obstar, regularmente, a evasão destas.

Assentado está, portanto, que, paralelamente à possibilidade de se alterar o contrato de concessão, também será indeclinável a obrigação do poder concedente, a um só tempo, alterar as cláusulas econômicas ou financeiras do contrato, de modo a repor no sinalagma contratual os bônus correspondentes aos novos ônus impostos ou determinados ao particular. Como assevera Marçal Justen Filho,[4] se "*a Administração omitir as providências para promover a recomposição no espaço de tempo o mais breve possível, caracterizar-se-á omissão abusiva*", autorizando até mesmo a postulação de providências judiciais para tanto aptas.

A inaplicabilidade dos limites de acréscimo previstos na lei

Outra ordem de cogitações, que poderia ensejar dúvidas no trato da matéria ora focada, se refere à eventual aplicação dos limites de acréscimos previstos no art. 65, § 1º, da Lei n. 8.666/1993 às alterações efetivadas em contratos de concessão. Isso porque, ao se agregar ônus ao particular e se efetivar o necessário reequilíbrio contratual, poder-se-ia cogitar de "*acréscimo de serviços*" passível da limitação de 25% prevista na legislação como uma das restrições à mutabilidade dos contratos administrativos a que fizemos referência no § 10 supra.

No meu entender, em sede de contrato de concessões, são absolutamente inaplicáveis os limites de acréscimo previstos no art. 65. A razão é singela. Os citados limites vêm talhados na Lei (§§ 1º e 2º do art. 65 da Lei n. 8.666/1993) a partir de uma vinculação porcentual "*ao valor inicial atualizado do contrato*". Ou seja, quis o legislador estabelecer uma margem de variação do escopo contratado de modo a outorgar à Administração alguma discricionariedade para ampliar os desembolsos da Administração em um ajuste administrativo. Ou seja, os gastos inicialmente estimados poderão ser incrementados ou reduzidos, pelo acréscimo ou supressão de cometimentos ao objeto, até um limite que não leve os gastos finais para além de 1,25 do inicialmente estimado na licitação.[5]

4. Marçal Justen Filho, *Concessões de Serviços Públicos*, cit., p. 156.

5. Tenho consignado, acompanhado da melhor doutrina, que os limites previstos no art. 65 se

Segue daí a adoção, como base de referência, o valor inicial do contrato. Afinal, nos singelos contratos administrativos, o valor do contrato reflete o gasto estimado (empreitada por preço unitário) ou efetivo (empreitada integral ou por preço global) que arcará a Administração para remunerar as obrigações contraídas pelo particular. Nos comezinhos contratos de empreitada, quanto mais se elevar o valor do contrato (preço total da contratação), maior será o benefício do particular contratado. Em suma, como predicam as próprias definições legais (cf. art. 6º, VIII, da Lei n. 8.666/1993) nos contratos administrativos tradicionais — *v.g.* executados no regime de empreitada — trava-se a retribuição do particular em função do preço avençado. É o preço, donde deriva o valor contratual, que constitui a paga do particular. É dos pagamentos feitos pela Administração que advém sua remuneração.

Como dito acima, nos contratos de concessão a retribuição do particular (concessionário) não advém diretamente de preço dos serviços que executa. É sim obtida da cobrança de tarifa diretamente dos usuários dos serviços ou bens (obras) públicos concedidos. Quem remunera o particular não é o Estado, mas os outros particulares usuários do objeto concedido. Como ensina Celso Antônio, constitui condição essencial da definição de concessão de serviço público a circunstância de que em tal regime *"o beneficiário remunerar-se-ia pela própria exploração de tal serviço"*.[6]

Disso decorre um fato incontroverso. O valor estimado nos contratos de concessão nada mais é que uma singela estimativa de receitas que poderão ser auferidas, em tese, ao longo do amplo prazo de vigência da concessão. Dito de outro modo, o valor inscrito no contrato como estimativa não se presta a estabelecer qualquer garantia de remuneração para o particular nem vincula qualquer compromisso de remuneração para o poder concedente.

Desta cabal diferença, advém uma circunstância que indica a inaplicabilidade dos limites previstos em lei para os comezinhos contratos administrativos. É fato que na concessão o particular explora o serviço por sua conta e risco, como prenota a própria definição legal do regime (cf. art. 2º, II, da Lei Federal n. 8.987/1995). Segue daí que se, ao final da concessão, a receita projetada não se verificar e isso não derivar de nenhum fator imputável ao poder concedente, não poderá o concessionário invocar a proteção prevista no art. 65, § 1º da Lei de Licitações para, alegando *"supressão de serviços"*, impedir o término normal do contrato.

Dito de outro modo, os vultosos valores inscritos nos contratos de concessão como correspondentes a *Valor Estimado do Contrato* nada mais são do que uma estimativa de receitas — que poderá ou não se verificar — com vistas apenas a atender uma formalidade. Tal previsão poderá se mostrar, ao final da concessão, super ou subestimada, posto que as receitas dependem de uma série de fatores não controlados pelo poder concedente ou pelo concessionário, devendo este último assumir os riscos de sua natural variação (álea econômica), é dizer, da variação para a qual não concorra a Administração.

aplicam apenas às alterações quantitativas no objeto contratado (art. 65, I, *b*), não sendo de se observar no caso das alterações qualitativas (art. 65, I, *a*), qual seja, aquelas que decorrem da necessidade de se alterar valores ou especificações para lograr executar exatamente o mesmo objeto inicialmente licitado. Neste sentido, ver meus artigos "Contrato administrativo: superveniência de fatores técnicos dificultadores da execução de obra — Inaplicabilidade dos limites de 25% de acréscimos", in *Boletim de Direito Administrativo* 2/103-119, Ed. NDJ, 1998 e "A inaplicabilidade dos limites de acréscimo aos casos de ônus supervenientes por interrupção da execução por ordem da Administração", in *Cadernos de Direito Tributário e Finanças Públicas* 21/198-213, 1998.

6. Celso Antônio Bandeira de Mello, *Curso de Direito Administrativo*, 8ª ed., São Paulo, Malheiros Editores, p. 433.

Temos, então, que a variabilidade absoluta da remuneração do concessionário (seu ganho advém do número de usuários que queira adquirir os serviços públicos que presta, mediante paga de um valor unitário — tarifa — este sim fixado pelo poder público) aliada aos riscos que o concessionário assume quanto a esta margem de variação (álea econômica) fazem o tal "*valor estimado da contratação*" absolutamente imprestável, para fins de estipulação das margens de modificação do contrato. Isso porque, quando do acréscimo ou decréscimo de ônus ao concessionário, a recomposição do âmago econômico do contrato não poderá ser buscada mediante a singela elevação do "*preço do ajuste*". Como já disse, o equilíbrio num contrato de concessão deve ser buscado em função das variáveis do plano de negócios (valor da tarifa, montante de investimento, fluxo de caixa, prazo de exploração, etc.), variáveis muito mais amplas e complexas do que temos nos singelos contratos de empreitada.

O contrato de concessão não gera, em regra, dispêndios — pagamentos — para o poder público. Por vezes importa na auferição de receitas. O preço previsto no contrato nada mais é que uma projeção de variação presumível e plausível. Os riscos do negócio são assumidos, nas lindes previstas no contrato, pelo concessionário. Posto isso, temos que reconhecer que, à diferença do que ocorre com os contratos normais de empreitada, não se põe lídimo estabelecer limites em função do valor aposto na contratação. Sendo assim, firmo minha convicção no sentido de que para os contratos de concessão não são aplicáveis os limites de alteração previstos no art. 65, § 1º, da Lei n. 8.666/1993, pois, que na espécie (i) não calha falar de acréscimo de serviços; (ii) é impróprio estatuir como referência o "*valor inicial atualizado do contrato*", pois na concessão tal valor nada mais é do que uma projeção do que poderá vir a ser auferido pela concessionária ao longo do prazo de concessão; e por fim (iii) a margem de variação intrínseca ao regime de remuneração do concessionário — tarifas cobradas diretamente dos usuários — impede a adoção do valor contratual como referência para o que quer que seja.

Tenho cá comigo, portanto, que as limitações e condicionantes para se constatar a possibilidade de alteração de um contrato de concessão deverão ser verificadas a partir de outras referências (como as vistas anteriormente no § 11 supra), e não nos limites econômicos aplicáveis aos contratos de empreitada.

Fixadas todas estas notas preambulares, creio que já é possível enfrentar o caso concreto aqui enfocado.

A viabilidade jurídica da alteração pretendida

Como se depreende do que foi até agora enfocado, há na cogitação quatro ordens de alteração nas bases sobre as quais se assentará a concessão. A saber: (i) quer-se introduzir uma alteração no projeto, transferindo uma praça de pedágio prevista para alguns quilômetros adiante, na mesma rodovia, onde em tese já se poderia alocar um chamado "*pedágio de bloqueio*"; (ii) nesta praça de pedágio, pretende-se alterar o sentido de cobrança do inicialmente previsto como cobrança de tarifa bidirecional (cobrado uma só vez para as duas direções) para unidirecional (cobrança nas duas pistas, com referência a uma só direção), sem modificação no valor real da tarifa (que seria repartida em duas frações iguais, meia para cada sentido); (iii) tendo em vista a alteração da localização do pedágio, quer-se agregar aos ônus da concessionária a obrigação de conservar e operar um trecho complementar; e (iv) para fazer frente aos novos ônus referidos no item anterior, intenta-se acrescentar ao trecho de cobertura da praça de pedágio a quilometragem correspondente ao trecho acrescido à malha concedida.

Traduzindo isso em termos jurídicos, temos duas alterações qualitativas (mudança de localização da praça e do sentido de cobrança), uma alteração quantitativa (acréscimo de ônus em virtude de acréscimo de trecho rodoviário à malha) e, por fim, uma modalidade de reequilíbrio financeiro para compensar a oneração suplementar.

A cogitação não me parece esbarrar em qualquer óbice legal ou contratual. Veja-se.

Acima foram citadas e reiteradas as bases legais que autorizam a alteração do contrato (e de suas especificações) "*para melhor adequação às finalidades de interesse público*".

No caso concreto, parece-me fora de dúvida tratar-se da hipótese. Analisando a situação fática local, verifica-se a proximidade que seria estabelecida entre as duas praças de pedágio. Sabe-se dos problemas que têm surgido junto aos usuários, decorrentes do sistema de praças "*tipo barreira*" e do método de cobrança dos pedágios pela já aludida TCP. A ninguém é dado desconhecer grandes críticas que vêm sendo levantadas quanto à suposta desequanimidade de se cobrar pedágio desproporcional ao trecho percorrido por um dado usuário.

Na situação em exame, temos que a proximidade entre as duas praças teria o condão de agravar estas críticas, pois, lícito é presumir que haveria um grupo de usuários a pagar dois pedágios para percorrer exíguo trecho. Aí temos já imperativos técnicos (adequar a localização das praças à TCP a elas correspondente) e jurídico (imperativo da busca da modicidade de tarifa contido no art. 6º, § 1º, da Lei n. 8.987/1995) a recomendar a alteração cogitada.

Parece presente, também, outra ordem de fatores. Demonstrou-se que a localização inicialmente prevista para a praça de pedágio favoreceria enormemente a criação de rotas de fuga pelas rodovias não pedagiadas e mesmo pelo viário urbano do entorno. Ora, sabe-se que uma das finalidades da concessão rodoviária é trespassar ao particular os ônus de conservação de eixos rodoviários de tráfego intenso para que o poder público possa investir na conservação dos eixos secundários, estradas vicinais, etc. Seria uma distorção, um verdadeiro desvio das finalidades da outorga, se da concessão adviesse uma piora para os trechos rodoviários não concedidos. Se tecnicamente se demonstra que a localização da atual praça de pedágio é inadequada, criando deletérios efeitos colaterais para o viário circunvizinho, emerge imprescindível alterar o projeto, reposicionando tal barreira de tarifação.

Há, ainda, um outro argumento que reforça a possibilidade de alteração na localização de tal pedágio. Como já foi referido na inicial, o edital estabeleceu que poderão ser implantadas praças de pedágio de bloqueio, em acessos das rodovias componentes do Lote, caso se constate que eventual rota de fuga de tráfego provoca danos em outras rodovias ou em malha urbana.

Ora, se estão presentes as condições referidas (verificação de rota de fuga que acarreta danos no viário da redondeza), como já se constatou e, se diante de tal condição, o edital admite a possibilidade até mesmo de implantação de uma outra praça de pedágio (dita de bloqueio), tanto mais se pode sustentar a possibilidade de, com um simples deslocamento da praça prevista, atender às duas finalidades: (i) natural cobrança da tarifa contratualmente prevista proporcional ao trecho conservado e (ii) bloqueio apto a cercear rotas de fuga.

Ressalte-se que a previsão de "pedágio de bloqueio" contida no edital levaria a uma situação contrária aos interesses locais. Isso porque a localização de tal praça estaria dentro de região urbana. Como antes dito, seria contrário à concessão tomar medida que levasse à sobrecarga do viário urbano e onerasse os moradores da região em seus deslocamentos de curto percurso. Daí porque a alternativa aventada se nos mostra plenamente justificada.

Tranqüila parece-me ser, portanto, a alteração do projeto de modo a albergar uma nova localização para a praça de pedágio a ser implantada, demonstrado que esta constitui a medida necessária ao melhor atendimento das finalidades da concessão.

De igual maneira, não me parece existir impedimento à modificação do inicialmente previsto de modo a permitir a cobrança do pedágio nos dois sentidos da rodovia. Certo deve estar que me baseio nos elementos informativos trazidos para subsidiar o presente estudo, segundo os quais a medida não alterará o valor da tarifa, posto que ela seria repartida em duas. Deste modo, seria o valor mantido, pois, parece-me acaciano, duas vezes meio prossegue sendo um inteiro.

Razões para o cogitado parece haver no fato de que, alterando-se a localização da praça de pedágio e adotando-se a cobrança nos dois sentidos reduz-se a margem de distorções que poderia ser criada pelo volume de tráfego que atingiria a rodovia no trecho não pedagiado, criando uma indigitada "*rota de fuga dentro do próprio Sistema concedido*".

Ademais, o remanejamento da praça de pedágio torna necessária a introdução da cobrança unidirecional. Isso porque, pela própria configuração da malha objeto da concessão, haveria três trechos rodoviários quase paralelos, sendo que em dois deles haveria pedágios cobrados nos dois sentidos, enquanto na rodovia em comento a cobrança dar-se-ia em um só sentido. Segue daí que no sentido Capital-Interior, todos os veículos que se dirigissem ao Sistema tomarão tal rodovia (daquele modo não pedagiada neste sentido de direção), de forma a fugir dos pedágios existentes em rodovias próximas. Restaria assim sobrecarregada a já referida rodovia, justamente no trecho não concedido. Ou seja, estar-se-ia a onerar o poder público, algo de todo contrário às finalidades da concessão.

Parecem assim presentes razões técnicas amoldadas ao interesse público e aptas a respaldar também esta alteração (modificação do modo de cobrança da tarifa na praça a ser instalada, que passaria a ser tarifa unidirecional).

O ponto seguinte parece-me de ainda mais fácil sustentação. Cogita-se de acrescentar ônus (um trecho complementar de operação e conservação). Foi citada e repetida, linhas acima, a possibilidade que assiste ao poder público em fazê-lo. No caso posto, parece-me que tal medida é possível e razoável.

Possível é porque o edital prevê, ainda que de forma indireta, a possibilidade do poder concedente determinar alterações unilaterais ao concessionário que acarretem significativa alteração nos custos incorridos pelo particular. Além disso, vimos, aplicável é o disposto no art. 65, I, *b*, da Lei n. 8.666/1993. Não há na alteração cogitada qualquer desnaturação no objeto licitado. Segue cuidando-se de concessão rodoviária, incidente sobre a mesma trama de rodovias apenas ampliada em pequeno trecho para dar maior conformidade técnica ao Sistema. Note-se que não se está a introduzir nova rodovia na malha, mas apenas acrescentando trecho de rodovia.

Poderíamos até aludir, com alguma precaução, que o acréscimo de trecho não deixa de atender aos ditames da Lei n. 8.987/1995 quando prevê o dever de observância ao princípio da atualidade, consagrado mediante a sempre necessária "*melhoria e expansão do serviço*".

Se juridicamente possível é o acréscimo de trecho, muito mais ele é atrelado à razoabilidade. Lembremos que o edital já previa a possibilidade de implantação do tal pedágio de bloqueio para evitar distorções de rotas. Ora, absolutamente irrazoável seria exigir do usuário trafegar por trecho não operado, mantido ou conservado pela concessionária e, mesmo assim, vir a ser dele exigido o pagamento de tarifa. Tal proceder caracterizaria odiosa violação ao direito do consumidor (cf. CDC, art. 6º, X). Se há a necessidade técnica (para nós fora de dúvida) de deslocamento da praça do pedágio atualmente prevista, certo deve ser a extensão das obrigações de conservação e operação da concessionária para até o ponto em que esta estará situada.

A última das alterações cogitada nada mais é do que a introdução do necessário reequilíbrio econômico e financeiro, imperativo principalmente pela introdução dos ônus supervenientes referidos no parágrafo anterior. O dever de recomposição, vimos às baldas, decorre da farta base legal. O próprio edital o predica quando estabelece que as partes terão direito à recomposição do equilíbrio econômico-financeiro do contrato quando este for afetado nos casos enumerados nos sub-itens a seguir.

É fora de dúvida que, a se alterar o contrato na forma cogitada, haverá o estabelecimento de um ônus excepcional (não ordinário) para a concessionária. Desnecessário ser especialista em concessão rodoviária para saber que os custos de operação, manutenção e conservação estão ligados, entre outros fatores, à extensão das rodovias concedidas. Tanto é assim que o edital adota a base tarifária quilométrica.

Há, pois, a necessidade de se reequilibrar a equação original, de modo a fazer frente ao desequilíbrio gerado pelos novos ônus de conservação e operação. Damos por suposto que as demais alterações não seriam suficientes para alterar a equação econômica e financeira, nem para mais, nem para menos. Pois se assim é, verifica-se no edital que tal reequilíbrio poderá ser obtido (i) pela prorrogação do prazo de concessão; (ii) pela revisão da tarifa; (iii) pela combinação destas modalidades; ou ainda (iv) por outro critério acordado entre as partes.

Não me cabe dizer qual a melhor modalidade de reequilíbrio a ser adotada. Tampouco pontificar acerca do *quantum* a ser tomado neste sentido. O que me parece absolutamente correto seria acrescentar, à tarifa a ser cobrada na praça de pedágio a ser reposicionada, o valor correspondente ao trecho acrescido multiplicado pelo valor básico correspondente. Com isso, teríamos o reequilíbrio estabelecido a partir dos próprios critérios de remuneração previstos como justos pelo edital, elidindo qualquer margem de questionamento acerca da adequação da recomposição.

Registrei já meu entendimento no sentido de, em sede de contratos de concessão, descaber falar em limites porcentuais de alteração calculados em função do valor do contrato. Porém, ainda que se tomasse tal limite, óbice algum haveria para a alteração em apreço. É que se tomarmos o que se estaria a agregar em termos de valor unitário e dividíssemos a extensão do Lote licitado também multiplicada pelo valor unitário (mesmo considerando que todas as demais rodovias fossem de pista única) teríamos um importe adicional muito, muito inferior aos tão propalados 25%. Este exercício fazemos apenas por amor à argumentação, posto tratar-se de verdadeira estultice adotar tal critério no caso de concessão.

Firmado meu entendimento no sentido de pleno cabimento das alterações pretendidas, resta apenas tecer algumas referências sobre o momento que imaginamos mais adequado para introduzir tais alterações.

O momento de introdução das alterações

Existe no regime legal aplicável uma certa duplicidade de tratamento para a questão da mutabilidade do objeto posto em licitação. Vimos acima que a legislação admite plenamente a mutabilidade do contrato administrativo, assegurando apenas a intangibilidade das cláusulas econômicas e financeiras.

Igual tratamento, porém, não se verifica na fase prévia à contratação. Enquanto o art. 58, I, e o art. 65 regram explicitamente a possibilidade e os limites de alteração do contrato já assinado, o art. 43, VI, manda observar, no processo de licitação, o dever de, após o julgamento, a autoridade competente deliberar acerca da "*adjudicação do objeto da licitação*". O objeto, não envolve, como é óbvio, as alterações cogitadas. Ademais, o art. 41 da Lei n. 8.666/1993 interdita à Administração descumprir as normas e condições do edital.

Assinado o contrato, passam a ter incidência as regras de regência de sua execução, dentre as quais aquelas que autorizam sua alteração, nos termos e condições do que acima vimos.

Apóia esse entendimento o fato de existir, no edital, expressa disposição no sentido de que, após a assinatura do Contrato, a Concessionária poderá propor reposicionamento, revisão de especificação ou redimensionamento de praças de pedágio, o que deixa bem vincado (i) a possibilidade das alterações cogitadas e (ii) o fato de que as mesmas deverão ter lugar após a assinatura do contrato.

Diante disso, sou de entendimento de que, em que pese ser possível entabular tratativas e negociações na fase pré-contratação, as alterações em apreço deverão ter lugar após a assinatura do ajuste, ocasião em que tal procedimento encontrará albergue seguro na legislação de regência.

Neste ponto, creio já ser possível oferecer respostas objetivas às indagações inicialmente formuladas:

"*1.* É possível, à luz das disposições legais, editalícias e contratuais, alterar-se o projeto de localização das praças de pedágio e imputar à concessionária ônus de conservação e operação de trecho suplementar à malha rodoviária concedida?"

1. Sim. São perfeitamente lícitas as alterações cogitadas. A modificação da localização de praça de pedágio e, nela, da sistemática de cobrança da tarifa cuidam de alterações de projeto perfeitamente albergadas na legislação (cf. art. 58, I, e art. 65, I, *a*, ambos da Lei n. 8.666/1993). De outro lado, a imposição de ônus suplementar referente à obrigação de operar, conservar e manter extensão da malha na rodovia também se coloca na margem de possibilidades que a Administração tem de alterar unilateralmente os ajustes que firma (art. 65, I, *b*, da Lei n. 8.666/1993). Todas estas alterações, parece-me, se prestam à melhor adequação do objeto às finalidades de interesse público a ele subjacentes, sendo, pois, imperativos jurídicos. E, mais ainda, encontram expressa autorização em disposição constante do edital.

"2. É lícito acrescentar ao montante das tarifas de pedágio a ser arrecadado pela concessionária o valor correspondente à TCP referente ao trecho acrescido à malha concedida, calculado com base nos valores básicos previstos no edital?"

2. Sim. O art. 9º, § 4º, da Lei n. 8.987/1995 (como ademais diversos outros dispositivos de nossa legislação) prescreve a obrigação do poder público em reequilibrar a equação contratual sempre que advierem alterações unilaterais nos encargos do contrato (é dizer, sempre que a Administração, enquanto tutora dos interesses públicos, se vir obrigada a modificar alguma cláusula ou condição de execução do ajuste). A modalidade de recomposição aventada parece ademais adequada, pois que adota o próprio critério de remuneração previsto no edital e aplicado sobre parâmetro objetivo (extensão do trecho a ser acrescido).

"*3.* Se possível a alteração cogitada, deve ela ser realizada antes da assinatura do contrato? Qual o momento jurídico adequado para se formalizar tal alteração?"

3. Não. Não recomendamos que as alterações sejam feitas antes da assinatura do contrato. Isso poderia vir a ser caracterizado como violação ao princípio da licitação e afronta ao art. 41, *caput*, e 43, ambos da Lei n. 8.666/1993. Já após a assinatura, a alteração do contrato é plenamente albergada na legislação, como espero ter demonstrado acima.

RESPONSABILIDADE CIVIL DO ESTADO POR ATOS LEGISLATIVOS
(Revivescimento de uma antiga questão)

EDILSON PEREIRA NOBRE JÚNIOR

Professor da Universidade Federal do Rio Grande do Norte, da Especialização em Direito Administrativo da Faculdade de Direito do Recife — UFPE e da Escola Superior de Magistratura do Rio Grande do Norte — ESMARN. Mestre e Doutor pela Faculdade de Direito do Recife — UFPE. Juiz Federal

I — Evolver teórico da responsabilidade civil do Estado. II — O direito brasileiro e a responsabilidade estatal. III — Fundamentos do dever de ressarcir. IV — Responsabilidade do Estado por ato legislativo.

I — Evolver teórico da responsabilidade civil do Estado

A palavra *responsabilidade* é utilizada para expressar a situação daquele que, em face da incidência de uma norma jurídica, acha-se apto a suportar as suas conseqüências. Atualmente, pacífico o entendimento de que aquela é inerente aos sujeitos de direito indistintamente, quer físicos ou jurídicos.

No que concerne ao Estado, longo caminho fora trilhado para que se pudesse chegar à sua responsabilização perante terceiros. Podemos dividi-lo em três fases, quais sejam as da: a) irresponsabilidade; b) responsabilidade subjetiva (teorias civilistas); c) responsabilidade objetiva (teorias publicistas).

A primeira delas consistia no Estado irresponsável. Ganhara corpo com o triunfo do absolutismo, a partir da segunda metade do século XV, o qual contribuiu para aguдecer a concepção grega, rejuvenescida na Idade Média, no sentido de que a cidade era uma entidade suprema, com uma soberania sem restrições.[1]

1. Anota Amaro Cavalcanti (*Responsabilidade Civil do Estado*, t. I, Rio de Janeiro, Borsói, 1956, p. 371) que, malgrado o aperfeiçoamento das letras jurídicas em Roma, parecia repugnar aos princípios do direito comum caber ao indivíduo *jure proprio* acionar o Estado ou a Administração Pública, em virtude da lesão de um direito seu, prevalecendo a crença de que dos atos dos funcionários jamais poderiam decorrer qualquer injúria (a palavra é utilizada como sinônima de culpa) ao particular, porquanto configuravam "atos sempre legítimos, feitos na suposição do bem comum, no qual se incluía justamente o dos indivíduos, a quem tais atos pudessem, porventura, parecer lesivos" (ibid., p. 372). Atribui o autor à Idade Média o principiar do pensamento de que a coletividade deveria responder pelos danos causados por al-

Assim, a noção calcada na definição tradicional de soberania de um Estado, a ostentar a idéia de poder ilimitado no seu interior, juntamente com independência absoluta no exterior, consolidava a teoria da irresponsabilidade, já que o monarca, em torno do qual estavam concentradas todas as potestades estatais, não podia causar prejuízos a outrem.

Com tal estado de coisas, celebrizada restou a máxima *Le roi ne peut mal faire* (o rei não pode fazer mal), adaptada, na Inglaterra, pela *The king can do no wrong* (o rei não erra).

Mesmo com a derrocada do absolutismo pela Revolução Francesa de 1789, o cenário permaneceu inalterado, porquanto a soberania continuara com enorme prestígio, tendo apenas sido substituída a sua titularidade, que passara do rei para o povo, em virtude do predomínio da vontade geral (*volonté générale*), articulada como suprema e infalível.

E não apenas isso. A própria tônica de ação do Estado Liberal, cujo âmbito de atividades se apresentava bastante estreito, tinha poucas oportunidades de provocar danos. Por razões de ordem prática, somente com o progressivo desenvolvimento da atuação estatal é que passou a reparação de prejuízos a ser focada como uma necessidade social.

Em alguns países, como nos Estados Unidos da América do Norte e na Inglaterra, a doutrina da irresponsabilidade prevalecera até meados do século XX, sendo abolida nos anos de 1946 (*Federal Tort Claim Act*) e 1947 (*Crown Proceeding Act*), respectivamente. O norte de tais diplomas foi o de prestigiar as regras já existentes sobre o tema no direito privado.[2]

Com isso, não se pretende afirmar que o administrado se encontrava totalmente desprovido do direito de pleitear ressarcimento dos danos que a atuação da potestade pública lhe causara. Por exemplo, o art. 75 da Constituição francesa do ano VIII preceituava que os funcionários do governo, salvo os seus ministros, poderiam ser processados perante os tribunais ordinários, ao depois de autorização do Conselho de Estado.[3]

Nas primícias do século XIX já se podia sentir que o princípio da irresponsabilidade jurídica do Estado não perduraria por muito tempo. Cogitou-se, de logo, de duas teorias.

guns dos seus membros, embora o clima vivenciado em tal período não fosse propício para um maior desenvolvimento da teoria. Prova disto está na advertência de que, segundo a florescente doutrina medieval, admitia-se tão-somente poder ser exigida da coletividade a reparação dos danos causados aos prejudicados que lhe fossem estranhos. Quanto às lesões causadas aos membros da coletividade, não se conhecem exemplos dos quais se possa inferir que aquela se encontrava obrigada a qualquer reparação. Noutra parte da citada obra (Título Segundo, Capítulo I, pp. 271-289), menciona o autor, analisando-os com detença, os vários argumentos em que se apoiaram a tese da irresponsabilidade estatal. Corroborando tal notícia no particular do direito romano, Antonio Fernández de Buján (*Derecho Público Romano y Recepción del Derecho Romano en Europa*, 5ª ed., Madri, Civitas, 2000, p. 213) afirma que os danos provocados pelos funcionários, por dolo ou culpa, no exercício de suas funções, eram de responsabilidade dos seus causadores.

2. Descrição pormenorizada da tendência jurisprudencial inglesa e estadunidense, a partir da vigência de tais diplomas nos informa Caio Tácito em comentário ao RE 20.372 ("Tendências atuais sôbre a responsabilidade civil do Estado", *Revista de Direito Administrativo* 55/263-265, Rio de Janeiro, FGV, jan.-mar. 1959).

3. Referido dispositivo — acentue-se —, por condicionar a responsabilização do agente à prévia autorização do Conselho de Estado, fora, logo após a queda de Napoleão III, revogado pelo Decreto de 18.9.1870, editado pelo Governo Provisório. Não obstante, o Tribunal de Conflitos, no aresto *Pelletier*, de 30.7.1873, entendeu que a revogação do art. 75 não alterava o modelo da separação de poderes, de maneira a que responsabilização do funcionário somente poderia ser buscada perante os tribunais ordinários quando derivasse de fatos pessoais, separáveis do exercício normal das funções (*faute personnelle détachable*).

Primeiramente, lançava-se mão da crença de que a Administração Pública praticava duas espécies de atos, quais sejam os de império e os de gestão. Aqueles seriam considerados os perpetrados pelo Estado em decorrência do seu *jus imperi*, ou seja, da posição de superioridade que ostentava perante o particular, não comportando indenização (atos legislativos, regulamentos, medidas gerais de polícia ou indispensáveis à saúde pública, atos perpetrados em decorrência de convenções diplomáticas, atos judiciais, fatos da guerra e quejandos). Ao invés, os atos de gestão eram praticados pelo Poder Público em situação de igualdade perante os administrados, com vistas à conservação e gerência do patrimônio e serviços públicos. Quanto a estes últimos, haveria a responsabilidade estatal desde que resultassem de conduta culposa do agente público. Surgia, assim, a teoria dos atos de império e de gestão.

Tal decorria da concepção da dupla personalidade jurídica do Estado, de base romanista, cujo desenvolvimento teve lugar na Alemanha com a teoria do Fisco, de modo que aquela seria de conotação pública ou privada, conforme o ente estatal procedesse no campo do direito administrativo ou *iure privato*.

Por outro lado, os administrados lesados por atos da Administração passaram a reputar tal dogma como insuficiente para assegurar-lhes o ressarcimento pelos prejuízos sofridos. Invocou-se, para tanto, os arts. 1.382 e ss. do Código Civil francês,[4] ao argumento de que tal diploma possuía um alcance geral, de maneira que a condição jurídica do Estado deveria ser assimilada à de um comitente, a ser responsabilizado pelos comportamentos das pessoas que atuassem em seu nome.

Estava-se ante a teoria da culpa civil, para a qual, acentua José Augusto Delgado, "só haveria responsabilidade civil do Estado quando, na prática de algum ato lesivo a outrem, ficasse comprovada a culpa do agente que o executou".[5]

No curso da segunda metade do século XIX, reação contra essa tendência partiu do Tribunal de Conflitos da França.[6] Cuidava-se de *arrêt de principe* retratado pelo caso *Blanco*, instaurado perante os tribunais judiciários pelo pai da menor *Agnès Blanco*, a qual, ao cruzar os trilhos ferroviários sitos em uma rua da cidade de *Bordeaux*, fora atingida por vagão pertencente a uma companhia dedicada à manufatura de tabacos, cuja propriedade era do Estado.

Em vista do sinistro, postulou-se indenização contra o Prefeito do Departamento *de la Gironde*, a fim de que o Poder Público fosse considerado responsável *ex vi* dos arts. 1.382 a 1.384 do Código Civil de 1804, porquanto os ferimentos que sua filha experimentara tiveram causa em fato tributado a operários a serviço da referida empresa.

A justiça ordinária se declarou incompetente, o que acarretou a submissão do feito ao Tribunal de Conflitos, a fim de decidir qual a jurisdição competente. Assim, em julgado de 8 de fevereiro de 1873, reconheceu-se, na pena do Comissário do Governo

4. Tal preceito, similar ao art. 186 do nosso Código Civil, possui a redação seguinte: "Todo fato do homem, que cause a outrem um prejuízo, obriga aquele, de cuja culpa aconteceu, a repararlhe" ("Tout fait qualconque de l'homme, qui cause à autrui un dommage, oblige celui par la faute duquel il arrivé, à le réparer").

5. "Responsabilidade civil do Estado pela demora na prestação jurisdicional", *Revista de Direito Administrativo* 153/261, Rio de Janeiro, FGV, jul.-set. 1983.

6. Para fins de uma melhor compreensão, o Tribunal de Conflitos, criado por Lei de 24.5.1872, com composição de oito membros, sendo seis indicados, em partes iguais, pela Corte de Cassação e pelo Conselho de Estado, e dois eleitos pelos seus integrantes assim escolhidos, tem por missão primordial resolver os conflitos de atribuição, positivos e negativos, entre as jurisdições ordinária e administrativa. Lei de 20.4.1932 e Decreto de 25.6.1960 também dispuseram sobre o funcionamento de dito órgão.

David, "que a responsabilidade, que pode incumbir ao Estado pelos prejuízos causados aos particulares por atos das pessoas que ele emprega no serviço público, não pode ser regida pelos princípios que estão estabelecidos no código civil, para as relações de particular a particular; que esta responsabilidade não é nem geral, nem absoluta; que ela tem suas regras especiais que variam segundo as necessidades do serviço e a necessidade de conciliar os direitos do Estado com os direitos privados".[7]

Importante para que restasse forjada a conclusão da não aplicabilidade dos preceitos da legislação civil na regência da responsabilidade estatal foi a contribuição do antecedente *arrêt Pelletier*, já citado em nota de rodapé, ao firmar a doutrina de que os fatos danosos, não oriundos de culpa pessoal do funcionário, fazem desaguar a responsabilidade da Administração.

Esses julgados constituíram sólido respaldo a que a responsabilização do Estado haurisse, com primazia, seus fundamentos na província do direito público, moldando-lhe regime peculiar e específico, derrogatório do direito comum.

De logo, assomou a teoria da culpa administrativa, também conhecida como da *faute du service*, para a qual se parte do conceito de culpa, não aquele concernente à falta pessoal do agente, mas à inerente ao funcionamento do serviço público. De pesquisar, desse modo, não a culpa individual, mas a anônima, decorrente da atuação administrativa, devendo ser apreciada ante as leis e regulamentos aos quais esta deve se conformar. Funcionou, assim, como elo para a transição entre as responsabilidades subjetiva e objetiva.

Partira-se, mais de uma vez, de construção da jurisprudência francesa, servindo-se de precedente o *arrêt Anguet* do Conselho de Estado, de 3 de fevereiro de 1911 (Rec. 146). Tudo tivera início quando um cidadão adentrara no escritório dos correios, sito à Rua *Filles-Calvaire*, no dia 11 de janeiro de 1908, aproximadamente às 8h30 da noite, a fim de enviar uma correspondência, havendo, ao instante que referido particular já se encontrava dentro de tais dependências, a repartição encerrado o seu expediente antes do horário regulamentar. Em face do ocorrido, e atendendo ao convite de um dos empregados postais, retirou-se pela saída reservada aos agentes do serviço, ocasião em que, após um incidente, fora abruptamente expulso por dois carteiros que o consideraram como um intruso.

7. "Que la responsabilité, qui peut incomber à l'État pour les domages causés aux particuliers par le fait des personnes qu'il emploie dans le service public, ne peut être regie par les principes qui sont établis dans le code civil, pour les rapports de particulier à particulier; que cette responsabilité n'est ni générale, ni absolue; qu'elle a ses règles spéciales qui varient suivant les besoins du service et la necessité de concillier les droits de l'État avec les droits privés" (*Les Grands Arrêts de la Jurisprudence Administrative*, 11ª ed., Paris, Dalloz, 1996, p. 1, onde se pode encontrar vasto comentário sobre a importância da decisão). Precedeu a essa deliberação, o *arrêt Rothschild*, do Conselho de Estado, de 6.12.1855, no qual se interpretava o alcance de leis do período revolucionário (16 e 24.8.1790 e de 16.9.1793), proibitivas do conhecimento pelos tribunais ordinários dos atos da Administração. Na esteira do pronunciado no *arrêt Blanco*, ao expressamente consagrar a exclusão da competência judiciária e da incidência do direito civil em espécie onde os danos foram causados pela imprudência de empregados de uma fábrica estatal de tabacos, a qual ostenta grande semelhança com uma indústria privada, o Tribunal de Conflitos assim novamente entendeu no *arrêt Du Verne*, de 20.1.1945, afirmando a competência da justiça administrativa "mesmo se o agente que causou o prejuízo no acompanhamento do serviço não tem a qualidade de funcionário, mas é um empregado auxiliar, ou um preposto da administração, engajado por ela em virtude de um contrato concluído nas condições do direito comum" ("même si l'agent qui a causé le dommage dans l'accomplissement du service n'a pas la qualité de fonctionnaire mais est un employé auxiliaire ou un préposé de l'administration engagé par elle en vertu d'un contrat conclu dans les conditions du droit commum") (ibid., p. 2).

Apreciando o litígio, pronunciou-se o julgador administrativo: "que, nessas condições, o acidente do qual o requerente foi vítima, por conseqüência de sua brutal expulsão dessa parte do escritório, deve ser atribuído, qualquer que seja a responsabilidade pessoal incorrida pelos agentes, autores da expulsão, ao mau funcionamento do serviço público".[8]

Discorrendo sobre o assunto, Vedel & Delvolvé precisam que a "*culpa de serviço* é a culpa imputável a um ou vários agentes do serviço, e que não tem a característica de culpa pessoal destacável do serviço",[9] podendo "consistir numa ação como numa abstenção, num comportamento voluntário como numa imprudência ou numa falta de aptidão. Ela pode ser constituída por um ato administrativo como por uma simples operação material. Ela pode consistir num defeito de organização do serviço como numa fraqueza de seu funcionamento".[10]

Entre nós, bem qualificou a teoria da culpa administrativa José Cretella Júnior, dizendo: "O *serviço público deve funcionar bem*: é a regra. Às vezes, entretanto, o *serviço público funciona mal*. O serviço, além de poder *funcionar mal*, pode *não funcionar* ou pode *funcionar atrasado* e, nestes casos, o Estado é obrigado sempre a indenizar".[11]

Descortinando os pressupostos de tal teoria, Jean Rivero[12] aponta, inicialmente, a deficiência no funcionamento normal do serviço. Isto porque de toda atuação estatal se deve esperar um nível médio de qualidade, variável de acordo com a natureza da missão confiada e as circunstâncias do caso concreto. A culpa surgirá quando a prestação do serviço situar-se abaixo de tal padrão. Ao depois, acrescenta a existência de culpa, não atribuível aos agentes do serviço a título pessoal.

Daí se vê ser decisivo, para que o magistrado possa investigar a ocorrência da culpa do serviço, a análise do caso concreto, levando-se em conta o grau de dificuldade do ato a realizar, as circunstâncias de tempo e de lugar, bem assim os meios materiais e pessoais de que o serviço dispõe.

Isto porque a culpa do serviço, na síntese precisa de Jean Rivero,[13] possui um caráter relativo, de sorte a que um mesmo fato, de conformidade com as circunstâncias, poderá ser tido como culposo ou não.[14]

Seguindo-se a quadra evolutiva, deparamo-nos com o *arrêt Regnault-Desroziers*, do Conselho de Estado, de 28 de março de 1919 (Rec. 329), onde se construíra a teoria do risco administrativo. Tivera como ce-

8. "Que, dans ces conditions, l'accident dont le requérant a été victime, par suite de sa brutale expulsion de cette partie du bureau, doit être attribué, quelle que soit la responsabilité personnelle encourue par les agents, auteurs de l'expulsion, au mauvais fonctionnement du servie public" (id. ibid., p. 134).

9. "Faute de service est la faute imputable à un ou plusieurs agents du service et qui n'a pas le caractère de faute personelle détachable du service" (*Droit Administratif*, 12ª ed., t. 1, Paris, PUF, 1992, p. 581).

10. "Consister dans une action comme une dans une abstention, dans un agissement volontaire comme dans une imprudence ou une maladresse. Elle peut être constituée par un acte administratif comme par une simple opération matérielle. Elle peut consister dans un défaut d'organisation du service commme dans une défaillance de son fonctionnement" (ibid., p. 581).

11. *Manual de Direito Administrativo*, 2ª ed., Rio de Janeiro, Forense, 1979, pp. 343-344.

12. *Direito Administrativo*, trad. Rogério Ehrhardt Soares, Coimbra, Almedina, 1981, p. 320.

13. Ibid., p. 321.

14. O Supremo Tribunal Federal, sempre cauteloso, evidencia que a responsabilidade do Poder Público, *in casu*, decorre não do fato isolado do não funcionamento do serviço público, ou de seu funcionamento precário, mas se, no caso concreto, era possível exigir-se uma ação eficaz daquele. Alguns julgados fornecem essa ilação (1ª T., ac. un., RE 258.726-AL, rel. Min. Sepúlveda Pertence, *DJU* 14.6.2002; 2ª T., ac. un., RE 215.981-RJ, rel. Min. Néri da Silveira, *DJU* 31.5.2002, p. 48; 1ª T., ac. un., RE 130.764-PR, rel. Min. Moreira Alves, *DJU* 7.8.1992, p. 11.782).

nário uma formidável explosão de granadas no forte da cidade de *Double-Couronne*, ao norte da *Saint-Denis*, da qual resultaram, nas aglomerações vizinhas, numerosas vítimas, consistentes em quatorze soldados e dezenove civis mortos, oitenta e uma pessoas feridas, sem contar os estragos que se abateram sobre numerosos imóveis.

Deslindando a questão, o Comissário do Governo Corneille asseverou: "que essas operações, efetuadas em condições de organização sumárias, sob o império das necessidades militares, comportam riscos excedentes dos limites daqueles que resultam normalmente da vizinhança, e que tais riscos, inerentes à sua natureza, em caso de acidente sobrevindo fora de todo fato de guerra, empenham, independente de toda culpa, a responsabilidade do Estado".[15]

Pela teoria do risco administrativo, é despicienda a demonstração da culpa do agente estatal, ou o mau funcionamento do serviço. O que interessa é que haja um dano em detrimento do administrado, cuja origem tenha partido de atuação que possa ser imputada ao Estado. Indispensável, portanto, é o nexo de causalidade entre a ocorrência do dano e a ação da potestade pública.

Essa teoria, é bom frisar, não se confunde com a do risco integral, acoimada também de brutal, ao insistir na obrigação do Estado a reparar, em qualquer hipótese, os danos que a manifestação de sua vontade provocara a outrem. Contrariamente, a teoria do risco administrativo concebe temperamentos.

Equacionando a distinção, Hely Lopes Meirelles[16] salientava que risco administrativo não significa que a Administração deva sempre ressarcir, mas tão-só dispensando o lesado de comprovar a culpa dos agentes estatais, não impedindo, ao revés, aquela de "demonstrar a culpa total ou parcial do lesado no evento danoso, caso em que a Fazenda Pública se eximirá integral ou parcialmente da indenização".

Recentemente, textos constitucionais promulgados no segundo pós-guerra têm, às expressas, consagrado a responsabilidade objetiva da Administração. A Constituição espanhola de 1978, por exemplo, expressa esse ponto de vista no art. 106.2, ao ditar: "Os particulares, nos termos estabelecidos pela lei, terão direito a serem indenizados por toda lesão que sofram em qualquer de seus bens e direitos, salvo nos casos de força maior, sempre que a lesão seja conseqüência do funcionamento dos serviços públicos".[17] Idem o art. 22º da Constitui-

15. "Que ces operátions effectuées dans des conditions d'organisation sommaires, sous l'empire des nécessités militaires, comportaient des risques excédant les limites de ceux qui résultent normalement du voisinage, et que de tels risques étaient de nature, en cas d'accident survenu en dehors de tout fait de guerre, à engager, indépendamment de toute faute, la responsabilité de l'État" (*Les Grands Arrêts*..., cit., 11ª ed., p. 201). Antes mesmo desse acórdão, o Conselho de Estado já se havia deparado com a aceitação da teoria do risco, embora limitando-a ao risco profissional. Acontecera no *arrêt Cames*, de 21.6.1895 (Rec. 509), decorrente do fato de o autor, operário no arsenal de *Tarbes*, haver padecido de ferimento em sua mão esquerda, em decorrência de estilhaços de metal projetados por um forte choque com um martelo, impossibilitando-o definitivamente para o trabalho. Desenvolveu-se, com base na aplicação dos princípios gerais de eqüidade, a análise das obrigações recíprocas do Estado e de seus operários na execução dos serviços públicos, para se concluir que aquele deve garantir estes dos riscos resultantes dos trabalhos executados, culminando-se, na explanação precisa do Conselheiro Romieu, a assentar-se que "se um acidente é produzido no trabalho, e se não há culpa do operário, o serviço público é responsável e deve indenizar a vítima" ("si un accident se produit dans le travail et s'il n'y a pas faute de l'ouvrier, le service public est responsable et doit indemniser la victime"), in *Les Grands Arrêts*..., 11ª ed., p. 39.

16. *Direito Administrativo Brasileiro*, 14ª ed., São Paulo, Ed. RT, 1989, p. 551.

17. "Los particulares, en los términos establecidos por la ley, tendrán derecho a ser indemnizados por toda lesión que sufran en cualquiera de sus bienes y derechos, salvo en los casos de fuerza mayor, siempre que la lesión sea consecuencia del

ção portuguesa de 1976: "O Estado e as demais entidades públicas são civilmente responsáveis, em forma solidária com os titulares dos seus órgãos, funcionários ou agentes, por acções ou omissões praticadas no exercício das suas funções e por causa desse exercício, de que resulte violação dos direitos, liberdades e garantias ou prejuízos para outrem".[18]

Controvérsia, no particular, gerou o sistema plasmado pela Constituição italiana, cujo art. 28 dispõe: "Os funcionários e os dependentes do Estado e dos entes públicos são diretamente responsáveis, segundo as leis penais, civis e administrativas, pelos atos cometidos com violação de direito. Em tais casos, a responsabilidade civil se estende ao Estado e aos entes públicos".[19]

O emprego da expressão "atos cometidos com violação de direito" sugeriu a exegese de que o Constituinte de 1947 homenageara a teoria da culpa civil, máxime em face da remissão feita ao legislador ordinário, o qual, no art. 2.043 do Código Civil de 1942, molda o fato ilícito como "qualquer fato doloso ou culposo, que ocasione a outrem um dano injusto, obriga aquele que o cometeu a ressarcir o dano".[20]

O atropelo de ordem lingüística fora superado pela arte interpretativa da doutrina. Pietro Virga[21] esclarece que, embora a antijuridicidade do comportamento seja pressuposto da responsabilidade extracontratual, não se faz necessário averiguar se o funcionário agira ou não com culpa, bastando que o comportamento seja tido como contrário a alguma norma de direito.

II — O direito brasileiro e a responsabilidade estatal

No Brasil, o trato da matéria se achava, de início, presente na Constituição Imperial de 1824, cujo art. 179, XXIX, estatuía: "Os Empregados Publicos são estrictamente responsaveis pelos abusos, e omissões praticadas no exercicio das suas funcções, e por não fazerem effectivamente responsaveis aos seus subalternos".[22] De con-

funcionamiento de los servicios públicos". Por sua vez, o art. 139, n. 1º, da *Ley* 30, de 26.11.1996, que cuida do Regime Jurídico das Administrações Públicas e do Procedimento Administrativo Comum, ao integrar o texto magno, ratifica a opção do sistema jurídico espanhol pela responsabilidade sem culpa, ao mencionar: "Os particulares terão direito a serem indenizados, pelas Administrações Públicas correspondentes, de toda lesão que sofram em qualquer de seus bens e direitos, salvo nos casos de força maior, sempre que a lesão seja conseqüência do funcionamento normal ou anormal dos serviços públicos" ("Los particulares tendrán derecho a ser indemnizados por las Administraciones Públicas correspondientes, de toda lesión que sufran en cualquiera de sus bienes y derechos, salvo en los casos de fuerza mayor, siempre que la lesión sea consecuencia del funcionamiento normal o anormal de los servicios públicos"). Em sede doutrinária, é essa a constatação de Luis Cosculluela Montaner (*Manual de Derecho Administrativo*, 7ª ed., t. I, Madri, Civitas, 1996, p. 526).

18. A natureza objetiva dessa responsabilidade fora reconhecida pelo Supremo Tribunal Administrativo no Recurso Jurisdicional 48.4204 (1ª Subseção, ac. un., rel. Cons. País Borges, j. 10.10.2002).

19. "I funzionari e i dipendenti dello Stato e degli enti pubblici sono direttamente responsabili, secondo le leggi penali, civili e amministrative, degli atti compiuti in violazione di diritti. In tali casi la responsabilitá civile si stende allo Stato e agli enti pubblici."

20. "Qualunque fatto coloso o colposo, che cagiona ad altri un danno ingiusto, obbliga colui che ha commesso il fatto a risarcire il danno."

21. *Diritto Amministrativo — I Principi*, 4ª ed., Milão, Guiffrè Editore, 1995, p. 420.

22. Observe-se, porém, que, nos termos dos decretos de 8.1.1835, 1º.12.1845, 22.1.1847 e 19.3.1849, o Tesouro Público respondia pelos objetos recolhidos às suas caixas e cofres, contanto que o seu extravio decorresse de negligência ou fraude do servidor competente. Vê-se, então, ser, a nível legal, reconhecida a responsabilidade estatal com base na culpa civil. Mais avançado, o Decreto 1.930, de 26.4.1847, considerava as administrações das estradas de ferro responsáveis pelos danos causados pelos atos dos seus funcionários, no exercício funcional, com o que se nota a adesão embrionária à vertente objetiva do risco.

seguinte, admitia-se a responsabilização não do ente, mas do servidor, exceto a pessoa do Imperador, que o texto sobranceiro (art. 99) acobertava com a inviolabilidade. Orientação idêntica fora preservada com a Constituição de 1891 (art. 82).

Denotando tímida evolução, na esteira da cronologia da jurisprudência francesa, o art. 15 do Código Civil de 1916 proclamou: "As pessoas jurídicas de direito público são civilmente responsáveis por atos dos seus representantes que nessa qualidade causem danos a terceiros, procedendo de modo contrário ao direito ou faltando a dever prescrito por lei, salvo o direito regressivo contra os causadores do dano".

Por seu turno, a Constituição de 16 de julho de 1934 previu, no seu art. 171, a responsabilidade solidária entre os funcionários públicos e o erário, o que fora mantido pela Carta outorgada em 1937 (art. 158).

A nossa adesão definitiva à responsabilidade sem culpa, com suporte no risco administrativo, deu-se com o art. 194 da Constituição de 1946,[23] ratificado pelas Constituições de 1967 (art. 105), 1969 (art. 107) e de 1988 (art. 37, § 6º).[24]

De salientar que a vigente Lei Maior, frente às suas antecedentes, introduziu duas modificações. A primeira delas de natureza terminológica, corrigindo a imprecisão advinda com o uso da expressão restrita "funcionários", substituindo-a pela de "agentes", dotada de amplitude necessária para abranger todos aqueles habilitados para manifestar a vontade estatal.

Em segundo lugar, adveio mutação substancial na sujeição passiva do dever de indenizar, outrora circunscrito às pessoas jurídicas de direito público interno, para a abarcar também as pessoas jurídicas de direito privado prestadoras de serviço público.

Um aviso se impõe: o acolhimento do risco administrativo, com vistas a respaldar a responsabilidade patrimonial da Administração, somente se dá quanto aos atos comissivos. Na hipótese de omissão do agir estatal, entra em cena a culpa administrativa. Intangível, portanto, a lição de Oswaldo Aranha Bandeira de Mello quando, ao depois de salientar que a aplicação do risco administrativo pressupõe ato positivo do agente público, jamais podendo provir de inação, remata: "A responsabilidade do Estado por omissão só pode ocorrer na hipótese de culpa anônima, da organização e funcionamento do serviço, que não funciona ou funciona mal ou com atraso, e atinge os usuários do serviço ou os nele interessados".[25]

Esse remate, no entanto, não quer dizer, como vislumbra Celso Antônio Bandeira de Mello,[26] que a teoria da culpa administrativa se insere no campo responsabilidade subjetiva.

Sobre a matéria grassa, em nossas plagas, enorme dissensão doutrinária. Tal restou demonstrado em resenha constante de voto do Min. Sepúlveda Pertence no RE 283.989-2-PR.[27]

23. O dispositivo elaborado pela Assembléia Constituinte de 1946 dispunha: "As pessoas jurídicas de direito público interno são civilmente responsáveis pelos danos que os seus funcionários, nessa qualidade, causem a terceiros".

24. Valiosa, a esse respeito, a jurisprudência do STF. Consultar: 1ª T., RE 109.615-RJ, ac. un., rel. Min. Celso de Mello, *DJU* 2.8.1996, p. 25.785; 2ª T., RE 116.333-RJ, ac. un., rel. Min. Carlos Madeira, *DJU* 19.8.1988, p. 20.269; 1ª T., RE 91.376-SC, ac. un., rel. Min. Xavier de Albuquerque, *DJU* 14.9.1979, p. 6.846; 1ª T., RE 74.554-PR, ac. un., rel. Min. Rodrigues Alckmin, *DJU* 20.9.1974. É bom ressaltar, conforme está expresso no primeiro dos julgados citados, que o risco administrativo induz a exclusão da responsabilidade do Estado não só quando comprovada a culpa da vítima, mas também nos casos de caso fortuito ou força maior.

25. *Princípios Gerais de Direito Administrativo*, 2ª ed., v. II, Rio de Janeiro, Forense, 1979, p. 487.

26. *Curso de Direito Administrativo*, 4ª ed., São Paulo, Malheiros Editores, 1993, p. 439.

27. O debate, na realidade, tivera início com voto no RE 237.561-RS (1ª T., ac. un., rel. Min. Sepúlveda Pertence, *DJU* 5.4.2002).

O questionamento tem sensível conseqüência prática, consistente em saber, como deixou claro o Min. Sepúlveda Pertence, se a disciplina da responsabilidade civil do Estado por atos omissivos se insere no art. 37, § 6º, da CF, ou se a hipótese é de incidência do Código Civil, principalmente em virtude da codificação recém revogada, como linhas atrás mencionado, haver se ocupado da matéria no seu art. 15.

Tomando partido na controvérsia, sou de que, mesmo nos casos de omissão, decorrente do mau funcionamento do serviço estatal, está-se ante responsabilidade objetiva. A uma, porque não se indaga da culpa do funcionário em si, mas do insatisfatório funcionamento do serviço.

A outra, a caracterização de tal responsabilidade como subjetiva implica em focalizar o seu fundamento no direito privado, contrariando os desígnios da atividade do Conselho de Estado da França, o qual, ao justificar a responsabilidade da Administração, almejou a formulação de um regime autônomo, que se evadisse do direito comum, como bem se vê em Jean Rivero[28] e Vedel & Devolvé.[29]

O distanciamento da *faute de service* das teorias subjetivas é bem exposto por Pedro Lessa, em obra tornada clássica: "Por outro lado, sente-se nesta doutrina um vestigio do conceito de culpa; mas, a culpa aqui (deixem passar a expressão) é *impessoal, objectiva, do serviço público*".[30]

Idem a opinião de Caio Tácito: "O elemento da culpa administrativa (que não se confunde com o conceito da culpa civil, prevista no direito privado) completa-se, em certos casos, com o critério do risco administrativo, ou mesmo do risco social. É, sob êsse aspecto, um 'direito heterogêneo', como o classificou Berlia".[31]

O Supremo Tribunal Federal tem entendido que o nexo de causalidade, indispensável à responsabilidade objetiva do Estado, dá-se tanto quando o dano decorra de ação ou de omissão do Poder Público. É o que deflui do longo rol de precedentes, elaborados tanto sob a égide do art. 107 da Lei Máxima de 1969 quanto do art. 37, § 6º, da atual.[32]

Acrescente-se ainda que a adoção do entendimento de que os danos decorrentes de omissão do Poder Público encontram respaldo no art. 37, § 6º, da Lei Máxima, tem o condão de evitar o inconveniente da ausência de dispositivo normativo específico a regrar tal responsabilidade, uma vez que o art. 43 do novo Código Civil, advindo com a promulgação da Lei 10.406, de 10.1.2002, trouxe a lume sua adesão à responsabilidade objetiva. Do contrário, a matéria cairá, inelutavelmente, no terreno do art. 186 do Código Civil, importando em retrocesso frente às orientações firmadas sobre o assunto, as quais sempre objetiva-

28. *Direito Administrativo*, cit., p. 311.

29. *Droit Administratif*, 12ª ed., t. 1, cit., pp. 549 e 576-577.

30. *Do Poder Judiciário*, 2ª ed., Rio de Janeiro, Livraria Francisco Alves, 1915, p. 170.

31. "Tendências atuais sôbre a responsabilidade civil do Estado", *Revista de Direito Administrativo* 55/267, Rio de Janeiro, FGV, jan.-mar. 1959. Esse entendimento pode ser inferido também de Raimundo Nonato Fernandes ("Responsabilidade civil dos órgãos de trânsito", *Revista CEJ/RN* 7/17, Rio Grande do Norte, Centro de Estudos Jurídicos JF/RN, jul. 2002).

32. Consultar: 1ª T., RE 283.989-2-PR, ac. un., rel. Min. Ilmar Galvão, *DJU* 13.9.2002; 2ª T., RE 215.981-RJ, ac. un., rel. Min. Néri da Silveira, *DJU* 31.5.2002, p. 48; 1ª T., AgIns no AgReg 350.074-SP, ac. un., rel. Min. Moreira Alves, *DJU* 3.5.2002, p. 15; 1ª T., RE 109.615-RJ, ac. un., rel. Min. Celso de Mello, *DJU* 2.8.1996, p. 25.785; 1ª T., RE 130.764-PR, ac. un., rel. Min. Moreira Alves, *DJU* 7.8.1992, p. 11.782. Discrepando da fundamentação perfilhada nesses acórdãos, consta do voto do relator do RE 179.147-1-SP (2ª T., ac. un., *DJU* 27.2.1998), Min. Carlos Velloso, o pendor, em caso de dano provocado por omissão estatal, pela visualização da falta do serviço público como teoria de caráter subjetivo.

ram a disciplina da responsabilidade estatal sob bases publicistas.

III — Fundamentos do dever de ressarcir

A doutrina não se omitiu em desvendar as razões que justificam a obrigação do Estado de reparar danos que sua atuação provocara aos administrados. Celso Antônio Bandeira de Mello[33] as biparte, conforme se cuidem de atos ilícitos e lícitos, no princípio da legalidade e no da igualdade, respectivamente. No particular dos atos ilícitos comissivos, agrega também o postulado da isonomia.

Com isso, deixa-se claro que a obrigação de indenizar, imposta ao Estado com base nas teorias publicistas, não se limita às hipóteses em que, decorrente ou não da ação culposa de seus agentes, tenha a Administração infringido a ordem jurídica. Absolutamente. Quando aquela, mediante ação lícita, desenvolvida em prol da coletividade, venha causar dano a determinados administrados, a responsabilidade igualmente se impõe. A busca da justiça distributiva, através da isonomia, faz com que o custo da ação deduzida em proveito da sociedade seja por esta suportado como um todo.

Assim, demais da legalidade, a respaldar a obrigação de compensar quando da prática de ilícito, viceja o princípio da igualdade a justificar o surgimento da obrigação de responder quando da prática de atos na conformidade do sistema de direito positivo.

Nesse particular, digno de transcrição o escólio, sempre de elevada autoridade, de Marcelo Caetano: "Se um direito tem de ser sacrificado ao interesse público, torna-se necessário que esse sacrifício não fique inìquamente suportado por uma pessoa só, mas que seja repartido pela colectividade. Como se faz tal repartição? Convertendo o direito sacrificado no seu equivalente pecuniário (justa indemnização) pago pelo erário público para o qual contribui a generalidade dos cidadãos mediante a satisfação dos impostos. Assim, a responsabilidade pelos prejuízos causados na esfera jurídica dos particulares em consequência do sacrifício especial de direitos determinado por factos lícitos da Administração pública funda-se no princípio da igualdade dos cidadãos na repartição dos encargos públicos".[34]

Idêntico cenário é reproduzido no direito argentino. Juan Carlos Cassagne[35] e Roberto Dromi[36] indicam que o postulado da igualdade dos cidadãos perante os encargos públicos, contemplado no art. 16 da Constituição da Nação, constitui-se na pilastra da reparação nas situações de sacrifício especial, sofridas pelo administrado, em decorrência de ato legítimo do Estado.[37]

33. *Curso de Direito Administrativo*, 4ª ed., São Paulo, Malheiros Editores, 1993, p. 442.

34. *Manual de Direito Administrativo*, 10ª ed., v. II, Coimbra, Almedina, 1999, p. 1.239. Note-se que a legislação portuguesa, de há muito, já acolhia tal orientação. Precedeu até mesmo a formulação dos tribunais administrativos franceses, haja vista a correlação entre o risco-proveito e a igualdade já se encontrar prevista no Código Civil lusitano de 1867, conforme se podia ver do seu art. 2.396º, ao prescrever que os danos causados em propriedade alheia seriam indenizados por todos aqueles a quem houvessem aproveitado. Mais claro, no art. 2.397º, aditava-se: "Se o benefício se estender a uma povoação inteira, ou quando o dano for ordenado pela autoridade pública no exercício das suas atribuições, a indemnização será paga pelas pessoas em favor das quais o dano for feito, sendo distribuída e paga na conformidade dos regulamentos administrativos". A jurisprudência lusitana também se orienta em que o cânon da igualdade dos cidadãos na repartição dos encargos públicos constitui o fundamento axiológico a embasar a responsabilidade por ato lícito, conforme decidiu o Supremo Tribunal Administrativo no mencionado Recurso Jurisdicional 48.404 (1ª Subsecção, ac. un., rel. Cons. Pais Borges, 10.10.2002).

35. *Derecho Administrativo*, 5ª ed., t. I, Buenos Aires, Abeledo-Perrot, 1996, pp. 276-277.

36. *Derecho Administrativo*, 5ª ed., Buenos Aires, Ediciones Ciudad Argentina, 1996, p. 694.

37. Roberto Dromi, na página mencionada há pouco, além de imputar também à isonomia o

No Brasil, a responsabilização estatal por ato lícito foi, às expressas, reconhecida pelo Supremo Tribunal Federal como conseqüência do postulado que impõe o tratamento igualitário dos cidadãos. Assim consta do RE 113.875, cuja ementa realça o seguinte: "A consideração no sentido de licitude da ação administrativa é irrelevante, pois o que interessa é isto: sofrendo o particular um prejuízo, em razão da atuação estatal, regular ou irregular, no interesse da coletividade, é devida a indenização, que se assenta no princípio da igualdade dos ônus e encargos sociais".[38]

Tecidas essas considerações, passaremos, no tópico que segue, ao exame da admissibilidade da responsabilidade estatal por ato legislativo.

IV — Responsabilidade do Estado por ato legislativo

Inevitável aqui a indagação: a lei, produto da atividade do Parlamento, uma vez provocando danos ao particular, enseja a responsabilidade do Estado? Em caso afirmativo, tal sucede apenas quando venha a portar inconstitucionalidade? Antes de responder ao questionamento, abordarei os óbices à responsabilização estatal por ato legislativo.

Em monografia específica, Maria Emília Mendes Alcântara[39] sumaria óbices de ordem teórica ao reconhecimento da responsabilidade do Estado por atos legislativos. Ei-los:

a) ser a lei um ato de soberania;

b) consistir a lei em norma geral, impessoal e abstrata, do que decorre ser incapaz de acarretar lesões a terceiros;

c) a lei não viola direitos anteriores, porquanto, a contar de sua vigência, modifica a disciplina da lei revogada;

d) a responsabilidade estatal pela edição de normas legais entrava a evolução legislativa;

e) o particular atingido é de ser tido como autor da lei, tendo em vista que, na qualidade de cidadão, elege os representantes incumbidos de elaborar o diploma legal.

Tais argumentos, como bem demonstrou a autora, são facilmente superáveis. Dizer-se que a lei é um ato de soberania, sendo, por isso, de ser imposta a todos, sem que estes possam pleitear qualquer compensação, não mais configura álibi apaixonante.

Demais da soberania constituir atributo do Estado como um todo e, portanto, também do Executivo, de cujos atos não se duvidam que ensejem obrigação de indenizar, a acolhida daquela como excludente do dever de ressarcir impõe um retorno à fase da irresponsabilidade, banida dos diversos sistemas jurídicos.

A princípio, não se pode duvidar que, em emitindo comandos gerais e abstratos, a lei se impõe de forma igual para todos, de sorte a não poder cogitar de danos de sua aplicação.

O argumento não convence. Não fora por outra razão, mas justamente com fundamento no cânone da isonomia, que se atribuiu a responsabilidade do Estado quando, mesmo através da manifestação de sua atividade legiferante em compasso com a Constituição, venha a prejudicar o exercício de atividade lícita pelo particular, causando-lhe prejuízos.

Não se pode desconhecer que a crescente intervenção estatal tem acarretado o

lastro da responsabilidade quanto aos atos estatais não legítimos, acrescenta como fundamentos do dever de reparação a garantia do direito de propriedade (art. 17 da Constituição Argentina) e os direitos individuais tidos como adquiridos.

38. 2ª T., ac. un., rel. Min. Carlos Velloso, *DJU* 3.4.1992, p. 4.292.

39. *Responsabilidade do Estado por Atos Legislativos e Jurisdicionais*, São Paulo, Ed. RT, 1988, pp. 54-56. Da mesma forma, Cretella Júnior ("Responsabilidade do Estado por ato legislativo", *Revista de Direito Administrativo* 153/23, Rio de Janeiro, jul.-set. 1983) se lançou na tarefa de condensar os fundamentos da teoria da irresponsabilidade do Estado por dano provocado por lei.

fenômeno, consoante o qual a lei, visando a tutelar o interesse coletivo, culmina por impor sacrifícios especiais e anormais a parcela de administrados.

Ademais, o mito, tributado a Rousseau, de que a lei não pode conter injustiça, em virtude de representar a decisão de todo um povo (vontade geral), deliberando para a coletividade inteira, por intermédio de normas gerais e comuns, não mais resiste aos tempos contemporâneos, sendo prova insofismável disto a supremacia da Constituição, justificativa para a invalidação judicial dos comandos daquela.[40]

Não se duvida que a lei nova, quando ingressa no mundo jurídico, traz inovações frente ao direito preexistente, até porque é sabido que o legislador constitui instrumento do progresso social, devendo sua ação acompanhar o ciclo evolutivo da coletividade.

Contudo, com isso querer dizer que se afasta a possibilidade do ato legislativo conduzir à responsabilização estatal, porque os direitos antigos perdem a existência com a entrada em vigor da nova ordem, é aniquilar a proteção dos direitos adquiridos que, no caso brasileiro, consubstancia-se em franquia constitucional (art. 5º, XXXVI, CF). Esta circunstância, só por só, afasta a incidência desse raciocínio no nosso *ordo juris*.

O fato da admissão da responsabilidade civil poder conduzir à estagnação da atividade legislativa não merece, igualmente, ser aceita.

Ora, não mais se debate na atualidade sobre a possibilidade do Estado indenizar danos que a sua atividade administrativa pode acarretar a terceiros e tal ponto de vista, em nenhum momento, chegou a eliminar a dinâmica necessária ao proceder da Administração.

À derradeira, a circunstância do cidadão, nas democracias representativas, participar da feitura das leis mediante a escolha dos seus representantes não exclui a responsabilidade aqui enfocada.

Isso porque também nas democracias aquele escolhe os dirigentes máximos da Administração, através da eleição dos chefes do Poder Executivo, e nem por isso se chega a cogitar da exclusão de responsabilidade pela atividade dos funcionários públicos, os quais, quase sempre, atuam com obediência a determinações hierárquicas daqueles.

Conjurados tais obstáculos, vislumbra-se, no que concerne ao estudo desenvolvido, dois pontos de destaque. O primeiro deles se refere à hipótese de danos causados por lei inconstitucional.

No dealbar do século XX, Amaro Cavalcanti, ao depois de dizer que, com a instituição do controle judicial de constitucionalidade das leis pela Constituição republicana de 1891, não mais é lícito afirmar-se, categoricamente, a irresponsabilidade estatal pelos prejuízos a direitos individuais, emanados de norma legal, ensina: "De certo, declarada uma lei inválida ou inconstitucional por decisão judiciária, um dos efeitos da decisão deve ser logicamente o de obrigar a União, Estado ou Município, a reparar o dano causado ao indivíduo, cujo direito fôra lesado — quer restituindo-se-lhe aquilo que indevidamente foi exigido do mesmo, como sucede nos casos de impostos, taxas ou multas inconstitucionais — quer satisfazendo-se os prejuízos, *provadamente* sofridos pelo indivíduo com a execução da lei suposta".[41]

Recentemente, o assunto voltou à baila em despacho proferido pelo Ilmo. Min. Celso de Mello no RE 153.464, onde se reconheceu, por ocasião do bloqueio de cruzados novos, determinado pela Lei 8.024/1990, a possibilidade, em tese, de repara-

40. Essa realidade vivenciada pelas normas legais encontra excelente enfoque em Eduardo García de Enterría (*Justicia y Seguridad Jurídica en un Mundo de Leyes Desbocadas*, Madri, Civitas, 2000).

41. *Responsabilidade Civil do Estado*, t. II, Rio de Janeiro, Borsói, 1956, p. 623.

ção de danos causados pelo Estado quando da edição de ato inconstitucional. Da referida decisão, destaco a afirmativa de que:

"A elaboração teórica em torno da responsabilidade civil do Estado por atos inconstitucionais tem reconhecido o direito de o indivíduo, prejudicado pela ação normativa danosa do poder público, pleitear, em processo próprio, a devida indenização patrimonial".[42]

A orientação pela admissibilidade da responsabilidade do Estado em tais casos também influenciara a recente jurisprudência estrangeira, *ut* se colhe de passagem de ementa do Supremo Tribunal de Justiça de Portugal: "A responsabilidade por acto legislativo ilícito pressupõe que o ato seja inconstitucional ou ilegal e que, nele, se verifiquem os demais pressupostos de responsabilidade consagrados no art. 483º do Cód. Civil".[43]

A compreensão do julgado é de ser integrada com a opinião de Jorge de Miranda,[44] ao enfatizar que o conceito de culpa, inserido como requisito pelo art. 483º do Código Civil português, é identificável em algumas situações, a saber:

a) como a nova aprovação de norma declarada inconstitucional ou ilegal com força obrigatória geral pelo Tribunal Constitucional (art. 282º), sem que tenha ocorrido mudança na norma parâmetro;

b) aprovação de ato legislativo contrário ao resultado de referendo (art. 115º);

c) decreto-lei ou decreto legislativo regional publicado na mesma sessão legislativa em que a sua cessação de vigência tenha sido aprovada pela Assembléia da República (art. 169º, n. 4º);

d) persistência de omissão legislativa a despeito do Tribunal Constitucional ter verificado a inconstitucionalidade e de haver cientificado o órgão legislativo (art. 283º, n. 2º).

Uma distinção precisa ser feita: de regra, os danos são causados por atos que visam executar os comandos legais, gerais e abstratos, salvo quando o texto legal dispõe sobre destinatários individualizados, onde se vê que o dano advém diretamente da lei. Em ambos os casos, inegável que a origem primeira do dano é a norma legal.

É como diz Cretella Júnior, ao assentar que tal discrímen não altera a questão examinada, porquanto "o que é imprescin-

42. *Revista de Direito Administrativo* 189/305, Rio de Janeiro, FGV, jul.-set. 1992. A decisão cita precedentes, que entendemos de transcrição obrigatória. Inicialmente, tem-se o RE 8.889-SP: "O Estado responde civilmente pelo dano causado em virtude de ato praticado com fundamento em lei declarada inconstitucional" (STF, 1ª T., ac. un., rel. Min. Castro Nunes, *RDA* 20/42-45). Debatia-se neste feito o direito de empresa de ônibus, que operava entre cidades mineiras e a localidade de Franca (SP), à indenização de prejuízos pela não obtenção de certificado de conveniência e utilidade, a qual estava condicionada à quitação dos impostos devidos à fazenda pública paulista, nos termos do regulamento estadual de trânsito, sem o qual não poderia trafegar com seus veículos no território de São Paulo. Declarada inconstitucional pelo próprio STF a norma que amparava a exigência, o que fora feito em recurso extraordinário que culminou com a concessão de segurança pelo Tribunal Pleno, por violação ao art. 25 da Carta de 1937, houve o deferimento de pleito de ressarcimento pelo período em que a atividade da empresa estivera suspensa sem causa jurídica. Quase nove anos mais tarde, adveio o RE 21.504-PE: "Uma vez praticado pelo poder público um ato prejudicial que se baseou em lei que não é lei, responde êle por suas conseqüências" (STF, 1ª T., ac. un., rel. Min. Cândido Mota Filho, *RTJ* 2/121). A discussão gravitara em torno da Lei 41, de 11.12.1947, do Estado de Pernambuco, que autorizava a Prefeitura do Recife rever contrato de concessão de serviço de transporte coletivo, firmado com sociedade comercial pelo prazo de vinte anos, outorgando a outras empresas a exclusividade do serviço. A prejudicada promoveu ação de indenização. Declarada pelo Plenário da Excelsa Corte, a 1ª Turma deu provimento a recurso extraordinário do particular para, restabelecendo a sentença monocrática, julgar procedente o pedido.

43. Revista 99B324, ac. un., rel. Cons. Herculano Namora, j. 23.9.1999.

44. *Manual de Direito Constitucional*, 3ª ed., t. IV, Coimbra, Coimbra Editora, 2000, p. 295.

dível é que se verifique o nexo causal entre a lei inconstitucional e o dano ocorrido".[45]

Dessarte, quando alguém venha a sofrer prejuízo, quer em decorrência direta de lei inconstitucional, quer em virtude de sua aplicação, induvidoso o dever do Estado em efetuar a devida reparação. Por exemplo, uma norma que institua um tributo fora das balizas traçadas pela Constituição, como fora o empréstimo compulsório criado pelo Decreto-lei 2.288/1986, ensejará, caso tenha logrado incidência, o direito do particular ao ressarcimento integral dos dispêndios que sofrera.

É pressuposto do direito à indenização o reconhecimento da inconstitucionalidade da norma legal.

Penso, no entanto, não se requerer que tal ocorra em ação direta. A afirmação do vício no controle difuso, mais precisamente no próprio feito onde a indenização é pleiteada, satisfaz tal exigência.[46]

Mais difícil se afigura a aceitação da responsabilidade quando se cuidar de lei constitucional. Mesmo assim, não se pode deixar de considerar que o princípio da igualdade respalda a obrigação de indenizar do Estado.

Com esteio em tal postulado, o Conselho de Estado da França mais uma vez deu mostras do seu labor criativo, ao apreciar o *arrêt Société Anonyme des Produits Laitteirs "La Fleurette"*, de 14 de janeiro de 1938 (Rec. 25). Estava-se diante da Lei de 29 de junho de 1934, a qual, a pretexto de favorecer o mercado de produtos lácteos, interditara a fabricação e, de conseqüência, a comercialização de produtos destinados ao mesmo uso e que, em sua composição, não eram oriundos exclusivamente de leite.

Desse modo, referida sociedade ficara proibida de negociar o seu principal produto, consistente no óleo *Gradine*, composto apenas de 70% de leite e, no restante, de óleo de amendoim e de gema de ovos. Não houve a invocação de que a interdição também se dera para a garantia da saúde pública.

Na assentada de julgamento, o Comissário do Governo Roujou, após afirmar que "este encargo, criado no interesse geral, deve ser suportado pela coletividade",[47] concluiu que a requerente estava fundada a reclamar do Estado a condenação deste a lhe pagar uma reparação pelos prejuízos que sofrera.[48]

45. "Responsabilidade do Estado por ato legislativo", *Revista de Direito Administrativo* 153/26, Rio de Janeiro, jul.-set. 1983.

46. Esse não foi o entendimento consignado em parte do voto-condutor do Min. Demócrito Reinaldo no REsp 121.812-PR (STJ, 1ª T., m.v., *DJU* 19.10.1999), ao assentar que a responsabilidade do Estado por ato legislativo somente se caracteriza quando a lei for declarada inconstitucional mediante decisão do STF com efeito *erga omnes*. Com o devido respeito, tal pensar se mostra adequado a sistemas jurídicos, como os de alguns países europeus, em que a inconstitucionalidade de uma norma somente pode ser afirmada em decisão de tribunal ou corte constitucional, estando vedada tal prática à magistratura ordinária, o que destoa do direito brasileiro.

47. "(...) cette charge, créée dans un intérêt général, doit être supportée par la colletictivité" (*Les Grands Arrêts*..., cit., 11ª ed., p. 308).

48. Noticie-se que, uma centúria antes, no *arrêt Duchâtelet* (1838), o Conselho de Estado concluíra pela irresponsabilidade do Estado legislador. O postulante, fabricante de tabacos artificiais, fora atingido pela Lei de 12.2.1835, a qual, sem atentar a possíveis efeitos nocivos à saúde pública, mas unicamente para garantir o monopólio fiscal da fabricação de tabacos, interditou o fabrico, a circulação e a venda dos tabacos artificiais. Esse ponto de vista fora reproduzido no caso do monopólio do fósforo, instituído pela Lei de 2.8.1872 (*arrêt Moroge*, 5.2.1875, Rec. 89), onde prevaleceu que "(...) O Estado não será responsável pelas conseqüências das leis que, no interesse geral, proíbam o exercício de uma indústria, a menos que disposições especiais intervenham neste sentido" ("... l'État ne saurait être responsable des conséquences des lois qui, dans un intérêt général, prohibent l'exercice d'une industrie, à moins que des dispositions spéciales ne soient intervenues dans ce sens") (*Les Grands Arrêts*..., cit., 11ª ed., p. 309).

Prevaleceu a orientação de que toda vez que o ente estatal, em benefício do corpo social, imponha a determinados indivíduos encargos superiores aos exigíveis em decorrência normal da vida em sociedade, os membros desta devem, igualmente, suportar o seu custo.

Em pouco mais de um lustro, o Conselho de Estado, no *arrêt Caucheteux et Desmont* (21 de janeiro de 1944), reconheceu o direito à indenização a uma empresa, em virtude de prejuízo especial sofrido com a interdição do uso de glicose na fabricação de cerveja, editada no interesse de tutela dos produtores de cereais.

Para o Conselho de Estado quatro são as condições necessárias ao reconhecimento do direito à indenização, a saber:

a) interpretação da vontade do legislador que possibilite ao juiz inferir do seu silêncio um consentimento à indenização;[49]

b) a incidência do princípio da igualdade na repartição dos encargos públicos, de maneira que, se a lei impõe um prejuízo especial e anormal[50] a um pequeno número de particulares, identificáveis a despeito de seus termos genéricos, há a obrigação da sociedade em prover a reparação;

c) haver o sacrifício previsto na lei sido imposto no interesse geral;

d) não dever a atividade sacrificada ser ilícita, imoral ou, de qualquer forma, perigosa para a coletividade.[51]

Aproximadamente duas décadas mais tarde, houve um sensível avanço na orientação do Conselho de Estado com o *arrêt Bovero*.

Tratava-se de lei que vedava a execução de sentença de despejo contra locatários que tivessem filhos prestando serviço militar na Argélia, país que lutava contra a França por sua independência.

Determinado cidadão, na condição de titular do domínio de bem imóvel, ajuizou ação de despejo, obtendo êxito. Impossibilitado de executar o julgado, recorreu ao Conselho de Estado, suplicando indenização pelos danos que a vedação legal lhe acarretara. Aquele órgão, fundado no cânon da igualdade de todos diante dos gastos públicos, acolheu o pedido. A singularidade deste julgado consistira na afirmação da responsabilidade estatal mesmo quando os destinatários da lei, *in casu* os proprietários, sejam indetermináveis.

Exemplos como os narrados são encontrados noutros países. Volvendo-se para a América do Sul, digno de citação é o caso *Urreta S/A*, ocorrido no Uruguai com a criação, pela Lei 8.794, de 15 de outubro de 1931, da ANCAP (*Administración Nacional de Combustibles, Alcohol y Portland)*, resultando no estabelecimento de monopó-

49. Ao exigir-se a omissão do legislador, pode-se vislumbrar vassalagem ao vetusto dogma da irresponsabilidade.

50. A noção de prejuízo especial se reporta àquele que não é imposto à generalidade das pessoas, mas as pessoas certas e determinadas. Limita, de regra, a responsabilidade às hipóteses de lei de efeito concreto, cujos destinatários são, de logo, identificáveis com a só edição normativa. Prejuízo anormal se tem o que não é inerente aos riscos normais da vida em sociedade, extravasando os lindes impostos pelo encargo de suportar a atividade lícita do Estado. Assim, as restrições das atividades, direitos e bens dos administrados que, de forma razoável, respaldam a atividade da administração ordenadora, excluem qualquer direito a ressarcimento. Nesse particular, preciso Themístocles Brandão Cavalcanti: "(...) nenhuma indenização é devida desde que a limitação se exerça dentro da noção de poder de polícia, que pressupõe a regulamentação da atividade. Esta regulamentação, entretanto, não pode atingir ao serviço em suas condições de vida e de existência, o que importaria afinal em sua supressão" (*Tratado de Direito Administrativo*, 5ª ed., v. I, Rio de Janeiro, Livraria Freitas Bastos, 1964, p. 430).

51. Por esse motivo, afastou-se a responsabilidade do Estado no *arrêt Compagnie Générale de Grande Pêche* (Rec. 23, 1938), onde diploma legal pôs termo à importação fraudulenta de álcool dos Estados Unidos.

lio sobre a industrialização de petróleo, álcool e certas bebidas alcoólicas, com a correlativa vedação ao exercício de ditas atividades, até então praticadas pelos particulares sem óbice jurídico. A garantia do tratamento igualitário, prevista no art. 72 da Constituição de 1918, constituíra o norte orientador da *Sentencia* da Suprema Corte uruguaia, de 25 de março de 1946.[52]

Por seu turno, o Supremo Tribunal de Justiça de Portugal, na citada Revista 99B324, não estacionou em asseverar a responsabilidade estatal por ato legislativo incompatível com a Constituição, timbrando em assentar, igualmente, que a "responsabilidade por acto legislativo lícito deverá ser admitida sempre que haja violação de direitos, liberdades e garantias ou prejuízos para o cidadão derivados directamente da lei".

Tal norte já se encontrava estabelecido em julgado anterior, qual seja a Revista 79.573,[53] onde se esclareceu que a qualidade de lei meramente formal, a revestir conteúdo de ato administrativo, não é óbice à reparação, o que pareceu confirmar o estatuído no *leading case* do Conselho de Estado francês no *arrêt Société Anonyme des Produits Laitteirs "La Fleurette"*.

Essas orientações se conformam ante o art. 37, § 6º, da Lei Básica de 1988. Isto porque tal preceptivo tem por lastro o princípio da igualdade, de maneira que se o Estado, com o propósito de velar pelo interesse público, atuar no campo normativo, restringindo, de forma gravosa, direitos e atividades dos particulares (prejuízo anormal), cabe à sociedade compensar os prejudicados pelos benefícios que este lhe proporcionou.[54]

Faz-se mister que a atividade atingida não seja contrária à ordem jurídica. Impõe-se ainda o requisito do prejuízo especial, dirigido a uns poucos administrados, cuja identificação de logo se obtém da dicção normativa, ou por ocasião da aplicação do preceito legal.

A uma, porque a responsabilidade por ato legislativo, editado em harmonia com a Constituição, funda-se no cânon da isonomia, a exigir que o benefício usufruído pela coletividade, em virtude da tutela e resguardo do interesse público, seja, de igual modo, suportado por toda a sociedade, com a reparação dos sacrifícios sofridos por parcela certa dos administrados em prol do bem-estar geral. Caso o prejuízo tenha se espargido pela generalidade das pessoas, não haverá que se supor maltrato ao ideal de tratamento igualitário.

A outra, por não se poder visualizar do *arrêt Bovero* a dispensa de tal exigência. O fato do reconhecimento do direito à reparação, mesmo quando da norma legal não são, de pronto, individualizados os seus destinatários, não autoriza dizer que não exista prejuízo especial, porquanto tal individualização poderá advir ao instante da execução do comando normativo.

Esse raciocínio — advirta-se — vale apenas para a responsabilidade decorrente de lei que não contenda com o Texto Básico. Diversamente, caso se esteja diante de lei inconstitucional, não se demanda a existência de prejuízo especial, cabendo indeni-

52. Cf. Alberto Ramon Real ("La responsabilidad patrimonial del Estado de Derecho por actos legislativos e judiciales", *Revista Arquivos do Ministério da Justiça* 153/155, Rio de Janeiro, Ministério da Justiça, jan.-mar. 1980). Farto comentário do julgado, que também se apoiou no princípio do não enriquecimento sem causa, é tecido por Themístocles Brandão Cavalcanti (*Tratado de Direito Administrativo*, 5ª ed., v. I, cit., pp. 432-435), inclusive com transcrição integral da ementa e de longo trecho de sua motivação.

53. Ac. un., rel. Cons. Martins da Fonseca, j. 21.12.1989.

54. Embora os acórdãos não sejam explícitos em solucionar os temas propostos pela teoria da responsabilidade do Estado por ato legislativo, não se pode negar que esta respalda o direito à indenização do proprietário privado de utilizar imóvel urbano reputado como não suscetível de edificação por lei municipal.

zação mesmo que os danos tenham afetado a generalidade das pessoas. Isto porque o fundamento de dever de reparar se desloca para o princípio da legalidade.[55]

55. Vê-se possuir acerto Miguel S. Marienhoff ("Responsabilidad del Estado por sua actividad legislativa", *Revista de Direito Público* 68/5-15, ano XVI, out.-dez. 1983) quando critica decisão da Corte Suprema de Justiça da Nação, negativa do direito à indenização dos particulares que foram afetados pela reforma do Código Civil argentino de 1968, ao incorporar ao domínio público, sem indenização, bens que até então pertenciam a particulares. Sustenta o ilustre autor que a justificativa do tribunal, ao afastar o cabimento da reparação, por não se tratar de prejuízo especial, fazia tábula rasa da teoria da responsabilidade estatal ante atos legislativos inconstitucionais. Sendo o novo dispositivo legal incompatível com as garantias constitucionais da propriedade e do direito adquirido, consagradas pela Constituição argentina de 1853, haveria que se cogitar da responsabilidade estatal, fossem muitos ou poucos os prejudicados.

ASPECTOS DO CONSELHO NACIONAL DE JUSTIÇA[1]

HERALDO GARCIA VITTA

Juiz Federal Titular da 3ª Vara Cível em Campinas/SP.
Mestre e Doutorando na PUC/SP. Professor na PUC/Campinas e na UNISAL (Campinas/SP)

1. Intróito. 2. As funções estatais: 2.1 Antecedentes históricos; 2.2 Concepção moderna; 2.3 República e democracia. 3. Conselho Nacional de Justiça: 3.1 Composição; 3.2 Competências. 4. Conclusões.

1. Intróito

O Congresso Nacional aprovou a Emenda Constitucional 45, publicada no *DOU* de 31.12.2004, a qual veiculou a denominada *Reforma do Judiciário*. Entre outros temas, instituiu o Conselho Nacional de Justiça – CNJ, órgão interno do Judiciário, com função de fiscalizar, administrativa e financeiramente, os órgãos desse Poder e de impor penas aos membros e aos respectivos serviços auxiliares.

Neste pequeno trabalho analisaremos aspectos do CNJ, especificamente a composição e algumas competências. Veremos como a *Reforma do Judiciário*, nesses temas, violou pontos essenciais de nossa Constituição, ao deixar de respeitar os limites impostos às emendas constitucionais.

Porém, precisamos perpassar as discussões a respeito das *funções estatais*, ao longo do tempo, a fim de compreendermos as *atividades* e *órgãos* do Estado como importante instrumento da *democracia* e da *liberdade* das pessoas.

2. As funções estatais

2.1 Antecedentes históricos

A distinção das atividades estatais varia à medida da história dos diversos povos, pois, nas palavras de Jellinek, a partir do "Estado concreto" abstrai-se a doutrina geral.[2] Sem a pretensão de esgotarmos o rol de autores que escreveram a respeito do tema, citaremos alguns deles, a fim de vermos como essa divisão de atividades e órgãos estatais evoluiu.[3]

O antecedente mais remoto dessa divisão de tarefas estatais é verificado na doutrina aristotélica. Conforme Aristóteles,[4] o Estado tem três Poderes: Conselho, Autorida-

1. Artigo extraído da palestra proferida na UNISAL no dia 3.2.2005.

2. Jellinek, *La Dottrina Generale del Diritto dello Stato*, 3ª ed., p. 161.

3. Idem, pp.161 e ss.

4. Aristóteles, *Política*, IV.

de e Tribunais do Povo. Adverte Jellinek[5] que o filósofo apenas estabelecia os típicos traços fundamentais dos Estados Gregos da época.[6]

A doutrina moderna do Estado, por meio de Bodin, substitui esse pensamento pela *teoria dos direitos de supremacia*. Esse autor enumera os diversos objetos da supremacia estatal francesa, o mesmo fazendo Hobbes, no Estado Inglês, e Pufendorf, na Alemanha. Trata-se de conceito dos direitos de supremacia sob um ponto de vista *material* (território, guerra, justiça etc.). Logo, não se compreendem Poderes distintos, mas "objetos separados do Poder estatal *único*".[7]

A contar do século XVI surge outro princípio de divisão estatal, baseado no *sistema de autoridade*. Seguindo-se o modelo francês da época, distinguem-se órgãos para realizar tarefas específicas (guerra, finanças, justiça, polícia). Trata-se de ramos da Administração, repartições de autoridades. Essa teoria tinha por fundamento ou linha as diversas *espécies de autoridades*, e não a diversidade material do domínio do Estado.[8]

No final do século XVIII essa divisão administrativa do Estado recebe influência da moderna doutrina francesa, quanto aos Poderes do Estado, e autores germânicos elaboram classificações das tarefas estatais: Höpfner menciona, entre outros, o Poder Legislativo, o Poder Executivo, a Economia Estatal e o Poder de Polícia; Schözer, *Potestas Legislativa*, *Executiva* e *Cameralis*; Göner, Poder de Ordenança, Poder Executivo, Poder Penal, Poder Militar, Poder Financeiro; Leist distingue direitos particulares do governo (singulares ramos da Administração) e direitos gerais do governo (Poder Legislativo e Poder Executivo).[9]

Contudo, foi a antítese *príncipe/povo*, o dualismo do Estado Medieval, que influiu nas funções do Estado. O *poder supremo do povo* manifesta-se por meio de decisões da maioria, veiculadas por leis. Isso foi sustentado na *teoria aristotélica*, quando o filósofo grego expõe as relações dos Conselhos com a autoridade, cujos princípios influenciaram a Idade Média, bem como na *doutrina romanística* – a respeito do *direito legislativo do povo*. Segue-se acentuada *superioridade da lei* sobre o rei, assumindo o príncipe a tarefa de executá-la.

Também há muito tempo, no século XIV, Marsilio da Padova separava, com nitidez, *legislação* e *execução*, que procede paralelamente à distinção entre povo e príncipe.[10] Nesse sentido, Locke distingue o Poder Legislativo, o qual predomina em face do Poder Executivo, que lhe é subordinado. Contudo, para o autor inglês, ao rei pertenceriam, além do Poder Executivo, o Poder Federativo e a prerrogativa. Consistia esta no poder supremo do rei, segundo o qual, afora as limitações impostas pelo Parlamento, aquele podia exercer a livre discricionariedade no interesse do bem comum.[11]

Volvendo à doutrina francesa, o Barão de Montesquieu verificou, pela primeira vez, não apenas a distinção das *funções objetivas* do Estado, conforme as instituições existentes, mas acrescentou *órgãos separados* (divisão subjetiva) uns dos outros, três espécies de Poderes: o Legislativo, o Executivo e o Judiciário. No livro *Do Espírito das Leis*, expõe o autor: "(...) que tout homme qui a du pouvoir est porte à en abuser; il va jusqu'à ce qu'il trouve des limites. Qui le dirait! La vertu même a besoin

5. Jellinek, *La Dottrina Generale del Diritto dello Stato*, cit., 3ª ed., p. 162.

6. Idem, ibidem.

7. *Apud* Jellinek, *La Dottrina Generale del Diritto dello Stato*, cit., 3ª ed., p. 163 (grifo no original).

8. Idem, pp. 163-164.

9. Idem, p. 164.

10. Jellinek, *La Dottrina Generale del Diritto dello Stato*, cit., 3ª ed., p. 165.

11. Idem, p. 166.

de limites. Pour qu'on ne puisse abuser du pouvoir, il faut que, par la disposition des choses, le pouvoir arrête le pouvoir (...)".[12]

Segundo o filósofo francês:

"Lorsque dans la même personne ou dan le même corps de magistrature la puissance législative est réunie à la puissance exécutrice, il n'y a point de liberté, parce qu'on peut craindre que le même monarque ou le même sénat ne fasse des lois tyranniques pour les exécuter tyranniquement.

"Il n'ya point encore de liberté si la puissance de juger n'est pas séparée de la puissance législative et de l'exécutrice. Si elle était jointe à la puissance législative, le pouvoir sur la vie et la liberté des citoyens serait arbitraire; car le juge serait législateur. Si elle était jointe à la puissance exécutrice, le juge pourrait avoir la force d'un oppresseur."[13]

Como percebemos, na doutrina de Montesquieu verifica-se coincidência *subjetiva* e *objetiva* das funções estatais.[14] Ou seja, para atividades diversas, órgãos diferentes. Já Aristóteles não punha óbice a que a mesma pessoa participasse do exercício de diversas funções estatais; nessa linha de pensamento, Locke referia o monarca como participante de toda atividade estatal.[15]

2.2 Concepção moderna

Vários autores, em todo o mundo, elaboraram divisões das atividades do Estado, mediante observação da realidade jurídica que os cercava, de acordo com as novas concepções que advieram da doutrina de Montesquieu.[16]

Dentre outros, ao final do século XIX e início do século XX, o jurista alemão Otto Mayer dividiu as espécies de atividades estatais em quatro: legislação, justiça, administração e governo.[17] Mais recentemente, na Itália, Renato Alessi refere a *função governamental* e as atividades tradicionais: Judiciário, Legislativo e Executivo. Ele conceitua "legislação", "administração" e "jurisdição". Conforme o autor, "legislar" é emanar atos primários, os quais inovam no universo jurídico, com efeito direto e imediato do poder soberano. A jurisdição é a expedição de atos subsidiários dos atos primários. Já a "administração" refere-se à emanação de atos complementares dos atos primários, com superioridade (potestade).[18]

Muitos doutrinadores, hoje, aceitam a existência de uma *coordenação de funções estatais*. O próprio Renato Alessi refere as funções características e normais (Poder Legislativo, função legislativa; Poder Jurisdicional, função jurisdicional; Poder Executivo, função executiva – no âmbito desta, a

12. T. I, p. 223: "(...) que todo homem que tem poder tende a abusar dele, até que encontre limites. Quem diria! A virtude mesma tem necessidade de limites. Para que não se possa abusar do poder, é preciso que, pela disposição das coisas, o poder detenha o poder (...)".

13. Montesquieu, *De l'Esprit des Lois*, cit., t. I, p. 225:

"Quando, na mesma pessoa, reúnem-se o poder legislativo e o poder executivo, não há liberdade, pois o monarca ou o senado farão leis tirânicas, para serem executadas tiranicamente.

"Também não há liberdade se o poder de julgar não estiver separado do poder legislativo e do poder executivo. Se aquele poder estiver reunido no legislativo, o poder sobre a vida e a liberdade das pessoas será arbitrário, pois o juiz seria legislador. Se ele estiver reunido no Executivo, o juiz poderia ter a força de um opressor."

14. Isso também é afirmado por Jellinek (*La Dottrina Generale del Diritto dello Stato*, cit., 3ª ed., p. 168).

15. Jellinek, *La Dottrina Generale del Diritto dello Stato*, cit., 3ª ed., p. 168.

16. A respeito, v. o rol de autores mencionado no *Curso de Direito Administrativo*, de Celso Antônio Bandeira de Mello (17ª ed., pp. 27-28, rodapé 2).

17. Otto Mayer, *Derecho Administrativo Alemán*, 2ª ed., t. I, pp. 3 e ss.

18. Renato Alessi, *Principi de Diritto Amministrativo*, pp. 2 e ss.

"função administrativa"), mas não têm competência absoluta, e sim mera "coordenação de funções". De outro lado, os órgãos estatais têm competência excepcional: (a) a potestade regulamentar, autênticas normas jurídicas, atividade materialmente legislativa dos órgãos administrativos; (b) funções jurisdicionais, como as do Conselho de Estado e do Tribunal de Contas.[19]

O professor argentino Gordillo explica a existência de atos materialmente legislativos que são organicamente administrativos, como os regulamentos; atos materialmente administrativos que são organicamente legislativos (investigação, pedidos de informações, autorização); atos materialmente administrativos que são organicamente jurisdicionais (nomeação e remoção dos servidores jurisdicionais); atos materialmente jurisdicionais que são organicamente administrativos (quando o Poder Executivo decide um recurso hierárquico).[20]

No Brasil adotamos a tripartição dos Poderes do Estado nos termos gerais preconizados por Montesquieu. Dispõe o art. 2º da Carta Constitucional: "São Poderes da União, independentes e harmônicos entre si, o Legislativo, o Executivo e o Judiciário".

Esses órgãos do Estado não se confundem com as respectivas atividades. Conforme afirma o saudoso professor e magistrado Oswaldo Aranha Bandeira de Mello, os Poderes Legislativo, Executivo e Judiciário, órgãos do Estado-Poder, não se podem confundir com as funções ou com as ações que os especificam.[21]

Assim como noutros países, o Brasil adota a divisão de *tarefas específicas* ou *peculiares* a órgãos ou Poderes. Em linhas gerais, o Judiciário julga o caso concreto, com eficácia da coisa julgada; o Legislativo elabora leis gerais, abstratas e impessoais; e o Executivo aplica a lei, no caso concreto, em prol do bem comum.

Contudo, é possível o Judiciário e o Legislativo realizarem *função administrativa*, como quando instauram procedimento licitatório para compra de produtos ou concurso público para arregimentar servidores. O Judiciário também pode editar *normas gerais* (regimentos internos dos tribunais, art. 96, I, da CF). O Legislativo *julga* o Presidente da República nos crimes de responsabilidade (art. 86, II, da CF), bem como edita leis materialmente de *efeitos concretos* (exemplo: isenção tributária, sem encargo). O Executivo *julga*, disciplinarmente, os respectivos servidores e elabora regulamentos executivos, a rigor gerais, abstratos e impessoais (art. 84, IV, da CF). Esses exemplos ilustram a *coordenação de atividades* nos *órgãos* ou Poderes do Estado Brasileiro.

Nos tempos atuais é necessário considerarmos alguns aspectos peculiares da separação de Poderes do Estado. Com efeito, explica Themístocles Brandão Cavalcanti, no regime parlamentar ocorre *supremacia do Parlamento*, enquanto no regime presidencial essa supremacia cede ao *controle jurisdicional* que se exerce através dos tribunais, além de uma independência maior do Executivo em face do Legislativo.[22]

Assiste razão a esse autor, eis que no regime parlamentar há distinção entre chefe do Estado e chefe do Governo. O primeiro não participa das decisões políticas, exercendo uma atividade de representação do Estado. Já o chefe do Governo, o qual tem responsabilidade política, é a figura central do parlamentarismo, pois é ele quem exerce o Poder Executivo. Trata-se do Primeiro Ministro, o qual permanece no cargo apenas enquanto mantiver a confiança do Parlamento. A queda do governo pode ocorrer, no regime parlamentarista, pela

19. Idem, ibidem.

20. Agustín Gordillo, *Tratado de Derecho Administrativo*, 5ª ed., t. I, Capítulo IX, pp. 1 e ss.

21. Oswaldo Aranha Bandeira de Mello, *Princípios Gerais de Direito Administrativo*, vol. I, pp. 13 e ss.

22. Themístocles Brandão Cavalcanti, *Princípios Gerais de Direito Público*, 2ª ed., p. 124.

perda da maioria parlamentar, ou pelo *voto de desconfiança*.[23]

No regime presidencialista, o Presidente da República, que é escolhido pelo povo, cumula as funções de chefe do Estado e chefe do Governo. Nesse tipo de regime ocorre com maior nitidez a divisão das funções estatais. Esclarece Dalmo de Abreu Dallari, citando Loewenstein: "Desde o século XVIII se pratica o parlamentarismo, que não aplica o princípio da separação dos Poderes, a qual, no seu entender, não passa mesmo de uma simples distribuição de funções (...)".[24] O presidencialismo, como afirma Marcelo Figueiredo, "caracteriza-se genericamente apresentando separação entre as funções legislativa e executiva (...)".[25]

Ora, no regime presidencialista de governo, no qual a divisão das funções estatais é mais nítida, sobreleva a atividade jurisdicional de julgar com eficácia de coisa julgada, na medida em que o Judiciário, fazendo parte integrante da divisão política do Estado, corrige, em termos jurídicos e de maneira definitiva, atos e comportamentos dos demais Poderes da República (Legislativo e Executivo). Expõe Dalmo de Abreu Dallari que os juízes têm atividade política em dois sentidos: por serem integrantes do aparato de poder do Estado e por aplicarem normas de Direito, as quais são, necessariamente, políticas.[26]

O fato é que os órgãos constitucionais de soberania (Judiciário, Legislativo e Executivo) possuem *relações de paridade*, e não relações de subordinação ou substituição, como realça Canotilho.[27]

2.3 *República e democracia*[28]

O termo "República" comporta diversos significados. Um desses sentidos, a nosso ver, é a garantia da *liberdade* das pessoas no território do Estado. E essa liberdade é alcançada, apenas, com a *paridade de relações* entre os Poderes políticos do Estado; sem isso não concebemos o conceito de "República" no sentido preconizado.

A separação de atividades estatais, realizadas por órgãos diversos, é fundamental à liberdade do povo. Essa divisão, embora não sendo absoluta, devido à coordenação das atividades do Estado, deve ser equilibrada; um Poder não pode sobrepujar, ter supremacia, ou comandar, mesmo indiretamente, outro Poder. Isso levaria ao arbítrio, à opressão.

Paralelamente, o *regime democrático de direito* exige o cumprimento, por parte do Estado, das normas legais e da Constituição. Na medida em que o Estado viola o texto constitucional, mesmo por meio de emendas constitucionais, atinge a essência do regime democrático de direito e, com isso, a liberdade das pessoas.

Veremos como a composição do Conselho Nacional de Justiça – CNJ viola a *República* e a *democracia*, ou seja, atinge *cláusula pétrea material implícita*, sendo, portanto, inconstitucional.

3. *Conselho Nacional de Justiça*

3.1 *Composição*

O CNJ, criado pela Emenda Constitucional 45, compõe-se de 15 membros, to-

23. Cf. Dalmo de Abreu Dallari, *Elementos de Teoria Geral do estado*, 24ª ed., p. 235. Originariamente, no Reino Unido havia *bipartição* dos poderes – Parlamento e Rei –, nascida da Revolução de 1688. Porém, "na primeira década do século XVIII começará a consolidar-se no Reino Unido a tripartição de poderes" (César Saldanha Souza Jr., *O Tribunal Constitucional como Poder*, p. 48).

24. Dalmo de Abreu Dallari, *Elementos de Teoria Geral do estado*, cit., 24ª ed., p. 220.

25. Marcelo Figueiredo, *Teoria Geral do Estado*, 2ª ed., p. 101.

26. Dalmo de Abreu Dallari, *O Poder dos Juízes*, p. 85.

27. J. J. Gomes Canotilho, *Direito Constitucional*, 6ª ed., p. 697.

28. Estabelece o art. 1º da CF: "A República Federativa do Brasil, formada pela união indissolú-

dos *nomeados pelo Presidente da República*, depois de aprovada a escolha pela maioria absoluta do *Senado Federal* (art. 103-B, *caput* e § 2º, da CF).

Entretanto, os *pretendentes* membros do CNJ – dos *quadros do Judiciário*, inclusive os de primeira instância – são *indicados* por magistrados dos *Tribunais Superiores* (STF, STJ e TST), os quais, por sua vez, são escolhidos pelo *Presidente da República*, após a aprovação pelo *Senado Federal* (CF, arts. 101, 104, parágrafo único, e 111, § 1º).

Do mesmo modo, os membros do Ministério Público, Estadual e Federal, são cooptados, para compor o CNJ, pelo Procurador-Geral da República (art. 103-B, XI, da CF), o qual, por seu turno, também é nomeado pelo Presidente da República, depois de aprovada a escolha pelo Senado (art. 128, § 1º, da CF).

A nomeação de pessoas, pelo chefe do Poder Executivo, aos principais postos do Judiciário bem como a aprovação posterior pelo Senado Federal, a rigor, nada têm de inconstitucionais, *desde que a norma jurídica advenha da própria Constituição*, por meio do denominado *poder constituinte*. Contudo, através de *emenda constitucional* já não é possível aumentar, ainda mais, essa importante competência, à medida do excessivo *controle político* que advém dela.

Problema semelhante ocorre com a *indicação*, pela Câmara dos Deputados e pelo Senado Federal, de dois cidadãos de notável saber jurídico e reputação ilibada a fim de comporem o CNJ (art. 103-B, XIII, da CF). Temos de ver a realidade de nossos dias. Na prática, quando se pretende nomear alguém para alguns cargos da República, os agentes políticos nem sempre cumprem o comando constitucional: devido aos acordos políticos, nalgumas hipóteses o cargo disponível acaba sendo preenchido por alguém que não tem reputação ilibada ou notável saber. A imprensa já noticiou algo a respeito, inclusive informando a propositura de ações judiciais. Em que pese a esses precedentes, agora institui-se mecanismo idêntico no CNJ.

Como vemos, a composição do CNJ tem *feitio político*; participação efetiva do (a) chefe do Poder Executivo, por conta das nomeações de todos os membros daquele órgão do Judiciário, e do (b) Parlamento, mediante (b.1) a indicação de dois membros para compor o CNJ e (b.2) a aprovação, pelo Senado, dos nomes indicados pelo Presidente da República.

O mesmo acontece no *Conselho Nacional do Ministério Público* – CNMP, cujas *composição* e *competência* são parecidas com as do CNJ, com algumas modificações (art. 130-A da CF). O fato é que há ingerência dos Poderes Executivo e Legislativo no órgão máximo do Ministério Público, como explicamos antes, cujos comentários aplicam-se, *mutatis mutandis*, ao CNMP.

Nem se argumente no sentido de que o mandato dos integrantes do CNJ seria de apenas dois anos e, desse modo, dificilmente um dado Presidente da República teria como influir, politicamente, no órgão do Judiciário. Essa ressalva tem, ao menos, dois equívocos. Primeiro, a emenda constitucional permite uma *recondução* aos integrantes do CNJ (art. 103-B, *caput*), o que propicia ao Presidente da República nomear pessoas fiéis aos comandos dele ou afinadas, politicamente, à ideologia dele, na medida em que o mandato presidencial é de quatro anos (art. 82 da CF), permitida uma reeleição (art. 14, § 5º, da CF). O segundo engodo daquela assertiva está no fato de a alteração, estabelecida pela Emenda Constitucional, ao imiscuir no Judiciário agentes políticos, *por si só*, já altera o *sistema de freios e contrapesos* estabelecido, originariamente, pelo *constituinte*, não podendo simples emenda constitucional modificar a relação política entre os Poderes do Estado, sob pena de ofensa ao regime *democrático* e à *Re-*

vel dos Estados e Municípios e do Distrito Federal, constitui-se em Estado Democrático de Direito (...)".

pública. Em tema dessa espécie não se pode arriscar, ou seja, esperar que não ocorram movimentos políticos para controle do Judiciário. A só possibilidade disso é suficiente para macular a emenda constitucional.

Do mesmo modo, não socorre o argumento segundo o qual o poder encontra-se no povo, o qual é representado pelo Parlamento, podendo este, desse modo, indicar pessoas idôneas para integrar órgão do Judiciário (CNJ). É que, a par dos argumentos acima expendidos, se levarmos a extremo essa possibilidade, logo teríamos o senhor da quitanda, ou o mecânico da esquina, ou o dono da farmácia, atuando no Judiciário, até mesmo ao lado do magistrado de primeira instância, bastando emenda constitucional estabelecer essa possibilidade.

Na verdade, o fato de terem havido modificações substanciais no sistema de relação entre os Poderes do Estado, estabelecido pelo constituinte, já é suficiente para obnubilar a Constituição, independentemente de qualquer raciocínio prático ou experiência posterior.

A *independência política* das instituições é condição para o bom exercício da *democracia*, a qual pressupõe a *liberdade das pessoas*; e esta é *garantida* ante as *divisões das funções estatais*. Com a preponderância do Executivo, nos comandos superiores dos órgãos do Judiciário, acrescida no CNJ (órgão com competência administrativa, financeira e *correicional* nos órgãos e membros do Judiciário), corremos risco de ver aniquilado o Judiciário, como Poder de Estado independente do Legislativo e do Executivo.

A *separação* de Poderes, hoje, está diretamente ligada ao *regime democrático* de direito, bem como à *República*, como valores que garantem a *liberdade* dos indivíduos. Estabelecida pela Constituição Federal, por meio do *poder constituinte*, a divisão política dos Poderes estatais não pode ser objeto de *emenda constitucional*.

Com efeito, embora o poder do Estado seja *uno e indivisível*, a *separação de funções* estatais é uma realidade consagrada em quase todos os países. Essa idéia vincula-se à de Estado Democrático, originando a conhecida doutrina do *sistema de freios e contrapesos*, por meio do qual o Poder controla o Poder, através dos respectivos órgãos, reciprocamente, sem que haja predominância de qualquer um deles. Ora, estabelecida essa relação política entre os Poderes da República, pelo *poder constituinte*, não poderia simples *emenda constitucional* alterá-la, instituindo órgão no Judiciário composto por pessoas indicadas e escolhidas pelo Parlamento e pelo Poder Executivo. Altera-se a estrutura da Constituição; comprometem-se os *valores estruturais* inseridos pelo poder constituinte, como a *democracia* e a *República*, os quais constituem *cláusula pétrea material implícita*, tornando impossível emenda constitucional maculá-los, atingi-los.

3.2 Competências

Também as competências do CNJ devem ser interpretadas de forma correta, de acordo com os princípios que norteiam o ordenamento jurídico, sob pena de serem, do mesmo modo, inconstitucionais.

Compete ao CNJ:

(A) Remover, colocar em disponibilidade ou aposentar magistrado e outros serviços – nos dois últimos casos, os subsídios ou proventos serão proporcionais ao tempo de serviço –, por decisão da maioria absoluta de seus membros, assegurada ampla defesa (art. 93, VIII, c/c o art. 103-B, § 4º, III, da CF).

Trata-se de *penas administrativas*, pois impostas por *autoridades administrativas*, no regime *jurídico- administrativo*.[29]

29. "Diante o exposto, podemos *conceituar* 'sanção administrativa': é a conseqüência repressiva, estipulada pela ordem jurídica e imposta por autoridade administrativa, no exercício da função administrativa, desfavorável ao sujeito (infrator ou

Conforme se observa da norma jurídica, não se faz menção à competência do CNJ para impor *perda do cargo* do magistrado. É que, antes de adquirida a vitaliciedade, pode o *tribunal ao qual o magistrado estiver vinculado* determinar a perda do cargo; depois da *vitaliciedade*, apenas por *sentença judicial* o magistrado sofrerá tal reprimenda (art. 95, I, da CF).

Não infirma esse entendimento a parte final do inciso III do § 4º do art. 103-B da CF, o qual, depois de estabelecer as penalidades de competência do CNJ a serem impostas aos juízes (remoção, disponibilidade ou aposentadoria), acresce a possibilidade de aquele órgão do Judiciário "aplicar outras *sanções administrativas*, assegurada ampla defesa" (grifamos).

De fato, a perda do cargo dos juízes, depois do *vitaliciamento*, só pode ocorrer por sentença judicial (art. 95, I, da CF). Porém, aqui, há sanção *judicial*, pois a *autoridade* que a impõe é *jurisdicional*, por meio de *sentença*, sob o regime *processual*; e não autoridade *administrativa*, no regime jurídico-*administrativo*.[30] Portanto, o CNJ não tem competência para impor perda de cargo a magistrado vitalício, eis que esse órgão exerce *função administrativa*, no regime jurídico-administrativo.

Quanto à impossibilidade de o CNJ impor perda do cargo aos magistrados *não-vitalícios*, aplicam-se os ensinamentos de Carlos Maximiliano, segundo os quais as leis *punitivas* devem ser interpretadas restritivamente;[31] não poderá o CNJ determinar a *perda do cargo* do juiz, pois a norma jurídica *não o autoriza*, expressamente.

A nosso ver, o CNJ poderá aplicar outras penalidades *administrativas* – além daquelas expressamente estabelecidas na Emenda Constitucional –, desde que plasmadas em *lei*.[32] Contudo, essas "outras penalidades administrativas" devem ser de *menor gravidade* que as estabelecidas na Emenda: trata-se do argumento *a maiori ad minus* – isto é: se a norma autoriza o mais, implicitamente, permite-se o menos. Se a Emenda Constitucional confere competência ao CNJ para remover, colocar em disponibilidade ou aposentar magistrados, com maior razão aquele órgão poderá impor penalidades *menos graves*, como suspensão, advertência etc., desde que – frisamos – as *infrações e sanções* estejam determinadas em *lei*.

(B) Controlar a atuação administrativa e financeira do Poder Judiciário e o cumprimento dos deveres funcionais dos magistrados (art. 103-B, § 4º, da CF).

Para esse mister, o CNJ pode expedir atos administrativos, recomendar providências (art. 103-B, § 4º, I), apreciar, de ofício

responsável), com a finalidade de desestimular as pessoas a descumprirem as normas do ordenamento normativo, em virtude de conduta (comissiva ou omissiva) praticada em ofensa ao mandamento da norma jurídica" (Heraldo Garcia Vitta, *A Sanção no Direito Administrativo*, p. 66 – grifo no original).

30. São as palavras do culto e honrado Celso Antônio Bandeira de Mello: "Reconhece-se a natureza administrativa de uma infração pela natureza da sanção que lhe corresponde, e se reconhece a natureza da sanção pela autoridade competente para impô-la. Não há, pois, cogitar de qualquer distinção substancial entre infrações e sanções administrativas e infrações e sanções penais. O que as aparta é única e exclusivamente a autoridade competente para impor a sanção, conforme correto e claríssimo ensinamento, que de boa-fé sufragamos, de Heraldo Garcia Vitta. *[**A Sanção no Direito Administrativo**, Malheiros Editores, 2003, pp. 30 e ss., notadamente p. 34]* Com efeito, é disto que resulta o regime jurídico que lhes confere a própria feição, a identidade jurídica que lhes concerne, como acentuaram Régis Fernandes de Oliveira *[**Infrações e Sanções Administrativas**, Ed. RT, 1985]* e Daniel Ferreira, *[**Sanções Administrativas**, Malheiros Editores, 2001, pp. 59-60]* enfatizando um critério formal" (*Curso de Direito Administrativo*, cit., 17ª ed., pp. 743-744).

31. Carlos Maximiliano, *Hermenêutica e Aplicação do Direito*, 18ª ed., p. 205.

32. Para a *segurança jurídica* e *garantia* dos membros do Judiciário, somente a *lei* pode estipular infrações e penas administrativas aos magistrados.

ou mediante provocação, a *legalidade* dos atos administrativos praticados por membros ou órgãos do Judiciário, podendo desconstituí-los, revê-los ou fixar prazo para que se adotem as providências necessárias para o cumprimento da lei (art. 103-B, § 4º, II), receber e conhecer das reclamações contra membros do Judiciário e serventias extracartorárias e avocar processos disciplinares em curso (art. 103-B, § 4º, III).

Em princípio, entendemos não ser possível o CNJ reapreciar ato administrativo de outro órgão do Judiciário quanto ao aspecto da *discricionariedade* (oportunidade, conveniência da edição do ato). O "mérito" do ato administrativo[33] não pode ser sindicado pelo CNJ, pois este órgão tem competência excepcional, devendo haver *interpretação restritiva* de suas competências.

A norma constitucional menciona a expressão "legalidade dos atos administrativos" com referência, explícita e que não deixa dúvidas, quanto à possibilidade de o CNJ verificar se o ato administrativo de outro órgão do Judiciário está de acordo com a *Constituição* e as *leis* do país.

O que o CNJ pode verificar é se o ato administrativo editado – por outro órgão do Judiciário – está de acordo com as normas estabelecidas pelo próprio CNJ, na medida em que a Emenda Constitucional lhe conferiu competência para *expedir atos regulamentares* e recomendar providências (art. 103-B, § 4º).

Outra competência "punitiva" do CNJ é a *revisão*, de ofício, dos processos disciplinares já julgados pelos tribunais *há menos de um ano* (art. 103-B, § 4º, V, da CF). Contudo, segundo pensamos, se tiver havido *preclusão administrativa* – ou seja, esgotadas as vias recursais na área administrativa – e o agente (juiz ou membro do tribunal) tiver sido absolvido, ou sofrido imposição de pena branda – pelo tribunal ao qual está ou estava vinculado –, já não pode o CNJ reapreciar o caso, para impor penalidade mais rigorosa ao agente, em que pese à parte final do dispositivo constitucional – "julgados *[processos disciplinares]* há pelo menos um ano".

Isso porque prevalece, a nosso ver, o princípio da *presunção de inocência* das pessoas, o qual decorre do *regime democrático* e da regra-matriz do art. 5º, § 2º, do texto constitucional ("Os direitos e garantias expressos nesta Constituição não excluem outros decorrentes do regime e dos princípios por ela adotados, ou dos tratados internacionais em que a República Federativa do Brasil seja parte").

A ser de outro modo – isto é, se a revisão administrativa pudesse ser usada para "piorar" a situação do agente público –, a Emenda 45, no ponto, seria inconstitucional, pois o dispositivo dela seria contrário ao art. 60, § 4º, IV, da CF, o qual veda emenda constitucional *tendente a abolir* os direitos e garantias individuais.[34]

O jurista Celso Antônio Bandeira de Mello explica a dessemelhança entre *Constituição* e *emendas constitucionais*, cujos ensinamentos servem, também, para *rechaçar a constitucionalidade da Emenda 45* no aspecto antes analisado, o da *composição do CNJ*. No *Curso de Direito Administrativo*, acentua o Mestre: "Já, seu traço de *dessemelhança* visceral – e que as faz quali-

33. Adotamos o conceito de Celso Antônio Bandeira de Mello: "*Mérito do ato* é o campo de liberdade suposto na lei e que efetivamente venha a remanescer no caso concreto, para que o administrador, segundo critérios de conveniência e oportunidade, decida-se entre duas ou mais soluções admissíveis perante situação vertente, tendo em vista o exato atendimento da finalidade legal, ante a impossibilidade de ser objetivamente identificada qual delas seria a única adequada" (*Curso de Direito Administrativo*, cit., 17ª ed., pp. 847-848).

34. Tendo perfeito discernimento a respeito disso, o legislador ordinário, no art. 65, parágrafo único, da Lei 9.784, de 29.1.1999, a qual refere os procedimentos administrativos no âmbito federal, proíbe o agravamento de pena nos processos revisionais.

tativamente distintas da produção constituinte, como se disse – reside em que, ao contrário do fruto do labor constituinte, *elas não são originárias, não são inaugurais em sentido absoluto, não são a fonte primeira da juridicidade, não são o primeiro e incontendível termo de referência de toda a ordem jurídica*".[35]

Mais adiante, ensina: "Assim, não há duvidar de que, *dentro dos quadros constitucionais*, uma emenda constitucional não é senão o fruto de uma autorização constitucional, e, por isto mesmo, para ser válida, *tem que se conter nos limites juridicamente ontológicos daquilo que é uma simples emenda*, e não um poder constituinte propriamente dito".[36]

Por decorrência, há limites à edição de emendas constitucionais. Alguns deles são *expressos* na própria Constituição (art. 60, § 4º); outros, não. Trata-se de limites *implícitos*, *formais* e *materiais*. Especificamente quanto a estes, trazemos, mais uma vez, as palavras do expoente Celso Antônio Bandeira de Mello: "São limites materiais implícitos os impedimentos a que os vetores básicos da Constituição, ou princípios nela vivamente encarecidos, sejam afetados, pois isto implicaria desfigurar a Constituição, subvertê-la, trazendo consigo, na verdade, uma Constituição nova, diversa daquela que foi concebida pelo poder constituinte".[37]

Como afirmamos antes, o *princípio da inocência* das pessoas decorre do *regime democrático* de direito, firmado no país por meio da Constituição de 1988 (art. 1º). E o regime democrático é vetor fundamental da Constituição Brasileira. Afirma Canotilho, referindo-se ao texto constitucional português – o qual tem normas jurídicas semelhantes às da Constituição Brasileira –, que os princípios do Estado de Direito, o *democrático*, o *republicano* e o pluralista são princípios estruturantes do regime político; são princípios que explicitam as valorações políticas fundamentais do legislador constituinte.[38]

Portanto, o CNJ somente poderá rever processos administrativo-disciplinares já julgados pelos tribunais do país apenas para beneficiar o agente público, nunca para prejudicá-lo.

4. Conclusões

Ao final desses esclarecimentos, chegamos às seguintes conclusões:

A divisão das funções estatais sofreu profundas mudanças, à medida do progresso dos diversos povos. Nesse interregno, filósofos e doutrinadores, a rigor, teorizavam a ramificação das tarefas do Estado, conforme a realidade que os cercava.

Assim, teorias surgiram a respeito das funções estatais, até imbicar no princípio de Montesquieu, o qual refere a coincidência subjetiva (órgãos) e objetiva (atividades) das diversas funções do Estado: para atividades diversas, órgãos diferentes (a rigor, Executivo, Legislativo e Judiciário).

No significado atual, há *coordenação* de funções do Estado, na medida em que, a par das competências específicas ou peculiares de cada órgão ou Poder, há outras, anormais ou excepcionais, conforme o ordenamento jurídico de cada país.

Sobretudo no regime presidencialista, há relações de paridade entre os órgãos Judiciário, Legislativo e Executivo, e não liames de subordinação ou substituição.

O CNJ, instituído pela Emenda Constitucional 45, é inconstitucional, pois ofende o regime republicano e a democracia,

35. Celso Antônio Bandeira de Mello, *Curso de Direito Administrativo*, cit., 17ª ed., p. 301 (grifos no original).

36. Idem, p. 302 (grifos no original).

37. Idem, p. 304.

38. J. J. Gomes Canotilho, *Direito Constitucional*, cit., 6ª ed., pp. 172-173.

bem como atinge o sistema de freios e contrapesos estabelecido pela Constituição Federal, os quais são cláusulas pétreas – materiais – implícitas.

O CNJ não pode determinar a perda do cargo de magistrado ou dos servidores auxiliares, pois a Emenda Constitucional não o autorizou; pode impor as penas expressamente mencionadas na Emenda, bem como outras, de menor gravidade, cuja infração e sanção estejam estabelecidas em lei.

Não é possível, devido à inconstitucionalidade da Emenda, o CNJ rever processos disciplinares já julgados pelos respectivos órgãos do Judiciário, se a revisão agravar a situação dos supostos infratores.

Fevereiro/2005.

Bibliografia

ALESSI, Renato. *Principi di Diritto Amministrativo*. Milão, Giuffrè Editore, 1974.

BANDEIRA DE MELLO, Celso Antônio. *Curso de Direito Administrativo*. 17ª ed. São Paulo, Malheiros Editores, 2004.

BANDEIRA DE MELLO, Oswaldo Aranha. *Princípios Gerais de Direito Administrativo*. vol. I. Rio de Janeiro, Forense, 1969.

CANOTILHO, José Joaquim Gomes. *Direito Constitucional*. 6ª ed. Coimbra, Livraria Almedina, 1993.

CAVALCANTI, Themístocles Brandão. *Princípios Gerais de Direito Público*. 2ª ed. Rio de Janeiro, Borsói, 1964.

DALLARI, Dalmo de Abreu. *Elementos de Teoria Geral do Estado*. 24ª ed. São Paulo, Saraiva, 2003.

————. *O Poder dos Juízes*. São Paulo, Saraiva, 1996.

FIGUEIREDO, Marcelo. *Teoria Geral do Estado*. 2ª ed. São Paulo, Atlas, 2001.

GORDILLO, Agustín. *Tratado de Derecho Administrativo*. 5ª ed., t. I. Buenos Aires, Fundación de Derecho Administrativo, 2000.

JELLINEK, Giorgio. *La Dottrina Generale del Diritto dello Stato*. 3ª ed., trad. para o italiano de Modestino Petrozziello. Milão, Giuffrè Editore, 1949.

MAXIMILIANO, Carlos. *Hermenêutica e Aplicação do Direito*. 18ª ed. Rio de Janeiro, Forense, 2000.

MAYER, Otto. *Derecho Administrativo Alemán*. t. I, 2ª ed., trad. de Horacio H. Heredía e Ernesto Krotoschin. Buenos Aires, Depalma, 1982.

MONTESQUIEU, Charles de Secondat (Barão de). *De l'Esprit des Lois*. t. I. Paris, Jean de Bonnot, 1999.

SOUZA JR., Cézar Saldanha. *O Tribunal Constitucional como Poder*. São Paulo, Memória Jurídica, 2002.

VITTA, Heraldo Garcia. *A Sanção no Direito Administrativo*. São Paulo, Malheiros Editores, 2003.

IMPROBIDADE ADMINISTRATIVA, AGENTE POLÍTICOS E FORO PRIVILEGIADO

WALLACE PAIVA MARTINS JUNIOR

Mestre e Doutor em Direito do Estado (Faculdade de Direito da USP).
4º Promotor de Justiça da Cidadania da Capital (SP).
Professor de Direito Administrativo (Faculdade de Direito da Universidade Santa Cecília
e na Escola Superior do Ministério Público do Estado de São Paulo)

1. Três temas despertam atenção no atual debate da repressão da improbidade administrativa: a inconstitucionalidade de previsão em lei ordinária de foro privilegiado para o processamento e julgamento de agentes políticos por ato de improbidade, a inconsistência de entendimento acerca da inaplicabilidade da Lei 8.429/1992 a agentes políticos e, por último, a necessidade da imposição de uma interpretação restrita da Lei 10.628/2002.

2. A respeito da inexistência de privilégio de foro, acentua-se que a postura declinada perante o Supremo Tribunal Federal (Reclamação 2.138-6-DF) diverge frontalmente do entendimento pretoriano e doutrinário constantes da respeitável decisão da lavra do eminente Ministro Celso de Mello (Agravo Regimental em Reclamação 1.110-DF, *DJU* 7.12.1999, p. 58).

E não bastasse, o próprio Supremo Tribunal Federal, outrora e recentemente, julgou inconstitucional lei estadual (Lei Complementar Paulista 734/1993, art. 224, parágrafo único, *in fine*) que estendia o foro por prerrogativa de função a membros do Ministério Público aposentados, se o fato ocorreu no exercício da função, e afastados da carreira, assinalando o venerando acórdão que "tendo a Constituição atribuído competência expressa aos Tribunais de Justiça para julgar os Juízes e os membros do Ministério Público do Estado (art. 96, III) e reservado à Constituição estadual a definição da competência das referidas Cortes (art. 125, § 1º), não deixou espaço ao legislador ordinário para legislar sobre o assunto, ainda que mediante iniciativa do Tribunal, que, no caso, nem sequer se verificou".[1]

Tramitou no Congresso Nacional o Projeto de Lei 6.905/2002, cuja proposta de alteração do art. 84 do Código de Processo Penal, mais precisamente no parágrafo único acrescido, ressuscita a Súmula 394 do Supremo Tribunal Federal,[2] que havia sido cancelada pela própria Suprema Corte. Também, o ilustre relator da Comissão de Constituição, Justiça e Redação da Câ-

1. STF, ADI 2.084-6-SP, Tribunal Pleno, Rel. Ministro Ilmar Galvão, v.u., 2.8.2001, *DJU* 14.9.2001.

2. "Praticado o ato no exercício do cargo ou a pretexto de exercê-lo, prevalece a competência por prerrogativa de função, ainda que o inquérito ou ação penal sejam iniciados após a cessação daquele exercício funcional."

mara dos Deputados, Deputado Federal André Benassi, apresentou substitutivo ao projeto de lei, acrescentando um § 2º, para estender o foro por prerrogativa de função às ações de improbidade administrativa. O substitutivo foi aprovado, tendo a seguinte redação:

> Art. 84. A competência pela prerrogativa de função é do Supremo Tribunal Federal, do Superior Tribunal de Justiça, dos Tribunais Regionais Federais e Tribunais de Justiça dos Estados e do Distrito Federal, relativamente às pessoas que devam responder perante eles por crimes comuns e de responsabilidade.
>
> § 1º. A competência especial por prerrogativa de função, relativa a atos administrativos do agente, prevalece ainda que o inquérito ou ação judicial sejam iniciados após a cessação do exercício da função pública.
>
> § 2º. A ação de improbidade, de que trata a Lei 8.429, de 2 de junho de 1992, será proposta perante o tribunal competente para processar e julgar criminalmente o funcionário ou autoridade na hipótese de prerrogativa de foro em razão de função pública, observado o disposto no § 1º.

Esse projeto de lei foi aprovado e, em conseqüência, sancionada a Lei 10.628/2002, objeto de análise na terceira parte deste estudo. A linha de entendimento aí esposada é idêntica a sufragada pela respeitável decisão monocrática da lavra do eminente Ministro Nelson Jobim na reclamação acima referida.

Embora ponderáveis os argumentos expendidos, a interpretação dedicada à Constituição Federal para justificar a reclamação não merece amparo conforme demonstram doutrina e jurisprudência.

Com efeito, a doutrina resume a questão da seguinte maneira:

"71. *Competência jurisdicional.* A competência jurisdicional é a do local do dano (art. 2º da Lei Federal 7.347/1985), prevenindo todas as outras posteriormente intentadas com a mesma causa de pedir ou o mesmo objeto (art. 7º da Medida Provisória 1.984-17/2000, que acrescentou o § 5º ao art. 17 da Lei Federal 8.429/1992 neste sentido). Igualmente ao que ocorre com a ação popular, conforme explica a doutrina e a jurisprudência, não existe foro por prerrogativa de função para deslocamento da competência, como decidiu o Supremo Tribunal Federal, muito embora haja quem defenda em sentido contrário.

"Pela mesma razão, a regra do art. 29, inciso X, da Constituição Federal, amiúde argüida para justificá-lo não procede, pois está restrito ao julgamento de processos criminais. Fábio Medina Osório assim manifesta e, com razão, porque se tratando de exceção à regra constitucional do juiz natural, não vinga a extensão dada ao art. 29, inc. X, da Constituição Federal, pois toda e qualquer exceção deve ser interpretada restritivamente. Carlos Maximiliano sublinha que as normas que estabelecem foro especial são exceções, influenciadas pela parêmia *exceptiones sunt strictissimoe interptetationis* e nessa conformidade é a jurisprudência. Entretanto, em se tratando de agentes públicos federais ou de lesão à interesse da União, de autarquias e empresas públicas federais, sobre a norma reguladora da competência no plano infraconstitucional incide a regra do art. 109, inc. I, da Constituição Federal."[3]

Este entendimento é ainda vigente.

Esta lição amolda-se a iterativa compreensão dedicada pelo Supremo Tribunal Federal, assim expressa:

> O fato de a ação popular envolver o Presidente da República não atrai a competência do Supremo Tribunal Federal. É que no rol do art. 102 da Constituição Federal não tem enquadramento a espécie. Daí os reiterados pronunciamentos desta Corte no sentido da respectiva incompetência: agravo regimental em petição n. 194, relatado perante

3. Wallace Paiva Martins Junior, *Probidade Administrativa*, São Paulo, Saraiva, pp. 318-321, n. 71.

o Pleno pelo Ministro Moreira Alves, cujo acórdão, prolatado à unanimidade, foi publicado no *Diário da Justiça* de 20 de março de 1987 e agravo regimental em petição n. 96, relatado pelo Ministro Firmino Paz em sessão plenária, com acórdão veiculado no *Diário da Justiça* de 21 de maio de 1982.[4]

Inclusive, com referência a ação civil pública, a excelsa Suprema Corte já havia assentado que:

> a competência do Supremo Tribunal Federal é de direito estrito e decorre da Constituição, que a restringe aos casos enumerados no art. 102 e incisos. A circunstância de o Presidente da República estar sujeito à jurisdição da Corte, para os feitos criminais e mandados de segurança, não desloca para esta o exercício da competência originária em relação às demais ações propostas contra ato da referida autoridade.[5]

Alinhado com esses e outros precedentes,[6] o Supremo Tribunal Federal determinou o arquivamento de inquérito policial contra Deputado Federal por prática de improbidade administrativa no exercício do cargo de Prefeito Municipal, tendo explicitado a promoção acolhida da Procuradoria-Geral da República que:

> competente para propor a ação de improbidade administrativa é o Representante do Ministério Público Estadual, com atribuição específica, ou a Prefeitura de Acaraú (art. 17 da Lei 8.429). Obviamente, o Supremo Tribunal Federal não é o órgão competente para conhecer, inicialmente, de ação de improbidade administrativa, ainda que proposta contra quem detenha atualmente o mandato de Deputado Federal.[7]

Ponto culminante do reconhecimento da inexistência de foro por prerrogativa de função foi, além dos pronunciamentos do Supremo Tribunal Federal, o entendimento consagrado pelo Superior Tribunal de Justiça, afinado com iterativa jurisprudência dos tribunais estaduais,[8] comprimindo a exceção *ratione numeris* no processo penal.

Assim pontificou o Superior Tribunal de Justiça:

> *Improbidade administrativa (Constituição, art. 37, § 4º, Cód. Civil, arts. 159 e 1.518, Leis 7.347/1985 e 8.429/1992). Inquérito civil, ação cautelar inominada e ação civil pública. Foro por prerrogativa de função (membro de TRT). Competência. Reclamação.*
>
> 1. Segundo disposições constitucional, legal e regimental, cabe a reclamação da parte interessada para preservar a competência do STJ.
>
> 2. Competência não se presume (Maximiliano, *Hermenêutica*, 265), é indisponível e típica (Canotilho, in REsp 28.848, *DJ* 2.8.1993) admite-se, porém, competência por força de compreensão, ou por interpretação lógico-extensiva.

4. STF, Petição 1.073-6-SP, Rel. Ministro Marco Aurélio, 11.10.1995, *DJU* 24.11.1995.

5. STF, Tribunal Pleno, Agravo Regimental em Petição 693-4-SP, Rel. Ministro Ilmar Galvão, 12.8.1993, *DJU* 1.3.1996, p. 5.013; com diversos precedentes (*Habeas Corpus* 68.967-1-PR, *RT* 704/421-432; Agravo Regimental em Petição 240, Pleno, Rel. Ministro Néri da Silveira, 10.2.1988, v.u., *DJU* 25.3.1988, p. 6.370; Petição 194-0-SP, Rel. Ministro Moreira Alves, 18.2.1987, *RTJ* 121/17-18).

6. *Habeas corpus* 68.967-1-PR, *RT* 704/421-432; Agravo Regimental em Petição 240, Pleno, Rel. Ministro Néri da Silveira, 10.2.1988, v.u., *DJU* 25.3.1988, p. 6.370; Petição 194-0-SP, Rel. Ministro Moreira Alves, 18.2.1987, *RTJ* 121/17-18.

7. Inquérito 1.202-5-CE, Rel. Ministro Carlos Velloso, 21.2.1997, *DJU* 4.3.1997, pp. 4.800-4.801.

8. No TJSP, v.: Mandado de Segurança 234.243-1/4-Guarujá, 3ª Câmara Civil, Rel. Desembargador Alfredo Migliore, 7.3.1995, v.u.; Apelação Cível 219.809-1-Lucélia, 2ª Câmara Civil, Rel. Desembargador Vasconcellos Pereira, 28.3.1995, v.u., *Jurisprudência do Tribunal de Justiça* 170/20; Agravo de Instrumento 11.064-5/5-Leme, 4ª Câmara de Direito Público, Rel. Desembargador Soares Lima, 8.8.1996, v.u.; Agravo de Instrumento 14.237-5/7-Guarujá, 8ª Câmara de Direito Público, Rel. Desembargador Toledo Silva, 25.9.1996, v.u.; Apelação Cível 278.064-1/9-SP, 2ª Câmara de Direito Público, Rel. Desembargador Corrêa Viana, m.v., 27.5.1997; Apelação Cível 102.626.5/9-SP, 4ª Câmara de Direito

3. Conquanto caiba ao STJ processar e julgar, nos crimes comuns e nos de responsabilidade, os membros dos Tribunais Regionais do Trabalho (Constituição, art. 105, I, *a*), não lhe compete, porém, explicitamente, processá-los e julgá-los por atos de improbidade administrativa. Implicitamente, sequer, admite-se tal competência, porquanto, aqui, trata-se de ação civil, em virtude de investigação de natureza civil. Competência, portanto, de juiz de primeiro grau.

4. De *lege ferenda*, impõe-se a urgente revisão das competências jurisdicionais.

5. À míngua de competência explícita e expressa do STJ, a Corte Especial, por maioria de votos, julgou improcedente a reclamação.[9]

A matéria não pode ser regulada por lei. É da sistemática constitucional que as normas instituidoras de foro por prerrogativa de função devem ter respaldo constitucional, isto é, devem estar contidas na própria Constituição Federal.

Tampouco podem resultar de interpretação judiciária. Em se tratando de privilégio, prevalece a premissa de exegese restritiva, pois só pode resultar de norma constitucional explícita e expressa.

Deste exato teor é respeitável decisão do Supremo Tribunal Federal, cuja lucidez e excelência de fundamentos impõe a transcrição:

Ementa: *Senador da República. Inquérito civil. Ação Civil Pública. Medida processual a ser eventualmente adotada contra empresas que estiveram sujeitas ao poder de controle e gestão do parlamentar, até a sua investidura no mandado legislativo. Alegada usurpação da competência originária do Supremo Tribunal Federal. Ausência de plausibilidade jurídica. Medida liminar cassada.*

— O Supremo Tribunal Federal — mesmo tratando-se de pessoas ou autoridades que dispõem, em razão do ofício, de prerrogativa de foro, nos casos estritos de crimes comuns — não tem competência originária para processar e julgar ações civis públicas que contra elas possam ser ajuizadas. Precedentes.

A competência originária do Supremo Tribunal Federal, por qualificar-se como um complexo de atribuições jurisdicionais de extração essencialmente constitucional — e ante o regime de direito estrito a que se acha submetida — não comporta a possibilidade de ser estendida a situações que extravasem os rígidos limites fixados, em *numerus clausus*, pelo rol exaustivo inscrito no art. 102, I, da Constituição da República. Precedentes.

Decisão: O ora reclamante, que é Senador da República, sustenta que a resolução do Ministério Público Federal no Estado de São Paulo, consubstanciada na Portaria n. 4/99 (fls. 15/17) — de que resultou a instauração de inquérito civil destinado a ministrar, ao *Parquet*, subsídios que o habilitem a promover, perante magistrado federal de primeira instância, a pertinente ação civil pública — caracterizaria ato de usurpação da competência penal originária do Supremo Tribunal Federal, a quem incumbe, por efeito de expressa determinação constitucional (CF, art. 102, I, *b*), processar e julgar, nas infrações penais comuns, membros do Congresso Nacional.

(...).

Com efeito, não se pode perder de perspectiva, neste ponto, que a competência originária do Supremo Tribunal Federal, por qualificar-se como um complexo de atribuições jurisdicionais de extração essencialmente constitucional — e ante o regime de direito estrito a que se acha submetida — não comporta a possibilidade de ser estendida a situações que extravasem os rígidos limites fixados, em *numerus clausus*, pelo

Público, Rel. Desembargador Aldemar Silva, v.u., 16.3.2000; Agravo de Instrumento 132.528.5/6-SP, 7ª Câmara de Direito Público, Rel. Desembargador Sérgio Pitombo, m.v., 28.2.2000; Apelação Cível 114.999-5/2-Garça, 3ª Câmara de Direito Público, Rel. Desembargador Rui Stoco, 30.5.2000, v.u., *RT* 781/218.

9. STJ, Recl. 591-SP, Corte Especial, Rel. Ministro Nilson Naves, m.v., 1.12.1999.

rol exaustivo inscrito no art. 102, I, da Carta Política, consoante adverte a doutrina (Manoel Gonçalves Ferreira Filho, *Comentários à Constituição Brasileira de 1988*, v. 2/217, Saraiva, 1992) e proclama a jurisprudência desta própria Corte (*RTJ* 43/129, 44/563, 50/72, 53/776):

"A competência do Supremo Tribunal Federal — cujos fundamentos repousam na Constituição da República — submete-se a regime de direito estrito.

"(...).

"O regime de direito estrito, a que se submete a definição dessa competência institucional, tem levado o Supremo Tribunal Federal, por efeito da taxatividade do rol constante da Carta Política, a afastar, do âmbito de suas atribuições jurisdicionais originárias, o processo e o julgamento de causas de natureza civil que não se acham inscritas no texto constitucional (ações populares, ações civis públicas, ações cautelares, ações ordinárias, ações declaratórias e medidas cautelares), mesmo que instauradas contra o Presidente da República ou contra qualquer das autoridades, que, em matéria penal (CF, art. 102, I, *b* e *c*), dispõem de prerrogativa de foro perante a Corte Suprema ou que, em sede de mandado de segurança, estão sujeitas à jurisdição imediata do Tribunal (CF, art. 102, I, *d*). Precedentes" (Pet 1.738-MG (AgRg), Rel. Ministro Celso de Mello, Pleno).

É por essa razão que o Supremo Tribunal Federal, em sucessivas decisões, firmou entendimento jurisprudencial no sentido de que não possui competência originária para processar e julgar determinadas causas — tais como ações populares (*RTJ* 121/17, Rel. Ministro Moreira Alves; *RTJ* 141/344, Rel. Ministro Celso de Mello; Pet. 352-DF, Rel. Ministro Sydney Sanches; Pet. 431-SP, Rel. Ministro Néri da Silveira; Pet. 487-DF, Rel. Ministro Marco Aurélio; Pet. 1.641-DF, Rel. Ministro Celso de Mello), ações civis públicas (*RTJ* 159/28, Rel. Ministro Ilmar Galvão; Pet. 240-DF, Rel. Ministro Néri da Silveira) ou ações cautelares, ações ordinárias, ações declaratórias e medidas cautelares (*RTJ* 94/471, Rel. Ministro Djaci Falcão; Pet. 240-DF, Rel. Ministro Néri da Silveira) — não obstante promovidas contra o Presidente da República, ou contra o Presidente da Câmara dos Deputados, ou, ainda, contra qualquer dos agentes políticos ou autoridades, que, em matéria penal (CF, art. 102, I, *b* e *c*), dispõem de prerrogativa de foro perante esta Corte ou que, em sede de mandado de segurança, estão sujeitos à jurisdição imediata deste Tribunal.

Essa orientação jurisprudencial reflete-se na opinião de autorizados doutrinadores (Alexandre de Moraes, *Direito Constitucional*, 6ª ed., Atlas, 1999, p. 180, item n. 7.8; Rodolfo de Camargo Mancuso, *Ação Popular*, Ed. RT, 1994, pp. 129-130; Hely Lopes Meirelles, *Mandado de Segurança, Ação Civil Pública, Mandado de Injunção, "Habeas Data"*, 19ª ed., atualizada por Arnoldo Wald, Malheiros Editores, 1998, p. 122; Hugo Nigro Mazzilli, *O Inquérito Civil*, Saraiva, 1999, pp. 83-84; Marcelo Figueiredo, *Probidade Administrativa*, 3ª ed., Malheiros Editores, 1998, p. 91, *v.g.*), cujo magistério também assinala não se incluir, na esfera de competência originária do Supremo Tribunal Federal, o poder de processar e julgar causas de natureza civil não referidas no texto da Constituição, ainda que promovidas contra agentes estatais a quem se outorgou, *ratione muneris*, prerrogativa de foro em sede de persecução penal, ou ajuizadas contra autoridades públicas, que, em sede de mandado de segurança, estão sujeitas à jurisdição imediata do Supremo Tribunal Federal.

A *ratio* subjacente a esse entendimento, que acentua o caráter absolutamente estrito da competência constitucional do Supremo Tribunal Federal, vincula-se à necessidade de inibir indevidas ampliações descaracterizadoras da esfera de atribuições institucionais desta Suprema Corte, conforme ressaltou, a propósito do tema em questão, em voto vencedor, o saudoso Ministro Adalício Nogueira (*RTJ* 39/56-59, 57).

Na verdade, inexistindo — como ocorre no presente caso — qualquer indicação de ato suscetível de definir, para os fins a que se refere a Constituição, e dentro dos limites por esta taxativamente previstos, a competência originária da Suprema Corte, torna-se inviável pretender que se instaure, perante o Supremo Tribunal Federal, inquérito civil destinado a aparelhar futuro ajuizamento de ação civil pública, ainda quando referente a membros do Congresso Nacional ou, até mesmo, ao próprio Presidente da República (*RTJ* 94/471, Rel. Ministro Djaci Falcão; Pet. 240-DF (AgRg), Rel. Ministro Néri da Silveira, *v.g.*).

(...).

Vê-se, portanto, que o procedimento administrativo instaurado pelos Procuradores da República, em São Paulo, além de não se referir à pessoa do ora reclamante — mas, sim, à necessidade ético-jurídica de apurar o dano ao patrimônio público federal, decorrente de "vultosos repasses de verbas, possivelmente oriundas do TRT, patrocinadas pela INCAL e sua subsidiária IKAL, ao Grupo OK, este participante da licitação que deu origem à contratação da primeira empresa" (fls. 16) — acha-se instrumentalmente vinculado ao ulterior ajuizamento, contra as empresas supostamente envolvidas nos atos lesivos aos interesses patrimoniais da União, da pertinente ação civil pública.

Mesmo, porém, que a ação civil pública em questão devesse ser ajuizada contra o ora reclamante — o que se alega por mero favor dialético —, ainda assim não vislumbraria, no caso presente, a alegada usurpação da competência originária do Supremo Tribunal Federal, eis que — insista-se — não se inclui na esfera de atribuições constitucionais da Suprema Corte o poder de processar e julgar, originariamente, a ação civil pública (é o caso destes autos) que venha a ser ajuizada contra determinados agentes políticos, sujeitos, em sede penal ou em sede de mandado de segurança, à jurisdição imediata deste Tribunal.

Como pude precedentemente enfatizar, esse entendimento, desde o regime constitucional anterior, tem sido proclamado pelo Supremo Tribunal Federal, como ocorreu, por exemplo, quando do julgamento plenário da Pet. 240-DF (AgRg), Rel. Ministro Néri da Silveira (*DJU* 25.3.1988), cujo acórdão — no ponto que interessa à presente causa — está assim ementado:

"Supremo Tribunal Federal. Competência originária (...). De acordo com o art. 119, I, letra *i*, da Constituição Federal, compete, ao Supremo Tribunal Federal, processar e julgar, originariamente, os mandados de segurança contra atos do Presidente da República, das Mesas da Câmara e do Senado Federal, dentre outras autoridades ou órgãos. No âmbito desse dispositivo, quanto ao mandado de segurança, não se compreende, desde logo, competência originária do STF, para processar e julgar, contra as mencionadas autoridades ou órgãos nele referidos, outras medidas, de natureza cível, não previstas, expressamente, na Constituição, como ação popular, ação cautelar preparatória de ação ordinária, ação declaratória, ação civil pública (...)"

Cabe relembrar, ainda, o julgamento efetuado pelo Plenário do Supremo Tribunal Federal, no qual esta Corte, agora sob a égide da vigente Constituição, enfatizou não lhe assistir competência originária para processar e julgar ação civil pública promovida contra o Presidente da República, sob a alegação de dano ao patrimônio público e de ofensa à probidade, decoro e moralidade na Administração Pública:

"Competência do Supremo Tribunal Federal. Ação Civil Pública contra Presidente da República. Lei 7.347/1985.

"A competência do Supremo Tribunal Federal é de direito estrito e decorre da Constituição, que a restringe aos casos enumerados no art. 102 e incisos.

"A circunstância de o Presidente da República estar sujeito à jurisdição da Corte, para os feitos criminais e mandados de segurança, não desloca para esta o exercício da competência originária em relação às demais ações propostas contra ato da referida autoridade.

"Agravo improvido" (*RTJ* 159/28, Rel. Ministro Ilmar Galvão).

Torna-se conveniente rememorar, neste ponto, com apoio no magistério da doutrina (Rodolfo de Camargo Mancuso, *Ação Civil Pública*, Ed. RT, 1989;

Édis Milaré, *A Ação Civil Pública na Nova Ordem Constitucional*, Saraiva, 1990; Ada Pellegrini Grinover, "A Tutela Jurisdicional dos Interesses Difusos", in *Revista Forense* 268/67), que a natureza da ação civil pública, que constitui instrumento de tutela jurisdicional dos direitos e interesses metaindividuais, não permite venha ela a ser confundida, em seus objetivos (Lei 7.347/1985, arts. 1º, 3º, 11 e 13), com a ação penal condenatória, que se destina — considerada a finalidade que lhe é exclusivamente peculiar — a promover a responsabilidade criminal do infrator pela prática de fatos delituosos, sendo inquestionável, sob tal aspecto, a absoluta autonomia que existe entre as ações judiciais em causa, razão pela qual cumpre ter presente, ante a evidente inocorrência de qualquer situação de litispendência ou de prejudicialidade, o preciso magistério sobre o tema de Hugo Nigro Mazzilli (*A Defesa dos Interesses Difusos em Juízo*, 6ª ed., Ed. RT, 1994, pp. 137-143).

Daí a decisão proferida pelo Supremo Tribunal Federal a propósito dessa específica questão:

"Ação civil pública e ação penal condenatória — Inexistência de litispendência — Possibilidade de simultânea tramitação.

"A natureza da ação civil pública — que constitui instrumento de tutela jurisdicional dos direitos e interesses metaindividuais — não permite seja ela confundida, em seus objetivos (Lei 7.347/1985), com a ação penal condenatória, que se destina, considerada a finalidade que lhe é exclusivamente peculiar, a promover a responsabilidade criminal do infrator pela prática de fatos delituosos, inexistindo, sob tal aspecto, qualquer situação de litispendência ou de prejudicialidade entre as ações judiciais em causa" (*RTJ* 167/166-167, Rel. Ministro Celso de Mello).

Se é certo, portanto que o Supremo Tribunal Federal qualifica-se como juiz natural dos membros do Congresso Nacional nas estritas hipóteses de infrações penais que sejam imputadas aos parlamentares (*RTJ* 137/570, 151/402, 166/785-786) — e assim tenho reconhecido em decisões por mim proferidas nesta Corte (Inq. 1.504-DF, Rel. Ministro Celso de Mello, *v.g.*) —, mostra-se irrecusável, ante a existência dos precedentes mencionados, que falece competência originária a este Tribunal para processar e julgar ações civis públicas eventualmente ajuizadas contra agentes públicos, como os Deputados Federais e os Senadores da República, que, em sede penal, possuem prerrogativa de foro perante a Suprema Corte.

Sendo assim, tendo presentes as razões expostas, reconsidero a decisão de fls. 36/39, que foi proferida pelo ilustre Presidente, em exercício, do Supremo Tribunal Federal, restaurando, em conseqüência, até final julgamento desta reclamação, a eficácia da Portaria MPF/PR/SP 04/99 (*DJU* 28.6.1999, Seção 1, p. 323), em ordem a permitir a apuração, pelos Procuradores da República, em São Paulo/SP, dos atos danosos ao patrimônio público federal, no contexto dos "vultosos repasses de verbas, possivelmente oriundas do TRT, patrocinados pela INCAL e sua subsidiária IKAL, ao Grupo OK, este participante da licitação que deu origem à contratação da primeira empresa" (fls. 16).[10]

Em suma, não há possibilidade de, sob o pálio do vigente texto constitucional: a) dedicar interpretação ampliativa do foro por prerrogativa de função, de maneira a incluir ações civis públicas por improbidade administrativa e ações populares; b) tramitar e aprovar-se projeto de lei com idêntico corolário.

Tampouco de ressuscitar a Súmula 394. De fato, como espelha decisão do colendo Supremo Tribunal Federal da lavra do eminente Ministro Celso de Mello seguida à revogação do verbete (Inquérito — Questão de Ordem 687-4, relatado pelo eminente Ministro Sydney Sanches, em 25.8.1999), a questão ficou assim equacionada:

10. STF, Agravo Regimental em Reclamação 1.110-1-DF, Rel. Ministro Celso de Mello, 25.11.1999, *DJU* 7.12.1999, p. 58.

Ementa: *Prerrogativa de foro. Competência penal originária do Supremo Tribunal Federal (CF, art. 102, I, "b" e "c"). Fato delituoso supostamente cometido durante o exercício funcional. Cessação superveniente da investidura "in officio". Deslocamento da competência penal para o juízo de primeiro grau. Cancelamento da Súmula 394/STF.*

— Não mais subsiste a competência penal originária do Supremo Tribunal Federal, ainda que com fundamento na regra da *perpetuatio jurisdictionis*, se, cometido o crime durante o exercício funcional, sobrevém a cessação da investidura do indiciado, denunciado ou réu no cargo, função ou mandato cuja titularidade justificava a outorga da prerrogativa de foro *ratione muneris*, prevista no texto constitucional (CF, art. 102, I, *b* e *c*).

— A prerrogativa de foro perde a sua razão de ser, deixando de incidir e de prevalecer, se aquele contra quem foi instaurada a persecução penal não mais detém o ofício público cujo exercício representava o único fator de legitimação constitucional da competência penal originária do Supremo Tribunal, mesmo que a prática delituosa tenha ocorrido durante o período de atividade funcional.

Decisão: o Plenário desta Corte — ao julgar questão de ordem suscitada pelo eminente Ministro Sydney Sanches, Relator, no Inq. 687-SP — acolheu proposta de cancelamento da Súmula 394/STF, deixando assentado, em conseqüência, que não mais prevalece a competência penal originária do Supremo Tribunal Federal, nas hipóteses de infrações penais cometidas durante o exercício funcional, se, por qualquer motivo, ocorrer a cessação da investidura do indiciado ou réu no cargo, ofício, mandato ou função, cuja titularidade justifica o reconhecimento da prerrogativa de foro *ratione muneris* (CF, art. 102, I, *b* e *c*).

Essa decisão plenária do Supremo Tribunal Federal representa expressiva tendência manifestada pela Corte no sentido de tornar clara a sua opção pelo princípio republicano, segundo o qual todos, independentemente da posição funcional que ocupem na hierarquia político-administrativa do Estado, devem submeter-se ao mesmo juiz, nos processos penais instaurados por suposta prática delituosa.

É certo que a supressão de todas as hipóteses de prerrogativa de foro perante os Tribunais da República — quer no âmbito da Justiça da União, quer na esfera da Justiça dos Estados-membros —, embora desejável, depende, necessariamente, *de jure constituendo*, da reformulação da Carta Política, em cujo texto encontra assento a previsão dessa competência penal originária estabelecida *ratione officii.*

O Supremo Tribunal Federal, no julgamento de que resultou o cancelamento da Súmula 394, fez consignar, a propósito da competência penal originária de que dispõe, que esta — precisamente porque definida em razão da "importância ou relevância do cargo ou função" exercidos pelo réu (Fernando da Costa Tourinho Filho, *Código de Processo Penal Comentado*, 4ª ed., Saraiva, 1999, v. 1/215; José Frederico Marques, *Elementos de Direito Processual Penal*, Bookseller, 1997, v. I/194, item 109) — não deve subsistir, se aquele contra quem foi instaurada a *persecutio criminis* já não mais se encontra *in officio.*

É que — não custa enfatizar — "Foro por prerrogativa de função", consoante advertiu o Supremo Tribunal Federal, "não é foro privilegiado (...)" (*RTJ* 90/950), pois o modelo republicano de governo repele a existência de privilégios cuja outorga constitui inqualificável transgressão ao valor essencial da igualdade. Nesse sentido — cabe referir — orienta-se o magistério da doutrina (Cármen Lúcia Antunes Rocha, *República e Federação no Brasil*, Del Rey, 1997, pp. 100-101; Geraldo Ataliba, *República e Constituição*, Ed. RT, 1977, p. 134; João Barbalho, *Constituição Federal Brasileira — Comentários*, 2ª ed., Briguiet, 1924, pp. 407-409, *v.g.*).

Com o cancelamento da Súmula 394, não mais há que se cogitar do postulado da *perpetuatio jurisdictionis*, cuja aplicação, nos casos de cessação superveniente do exercício funcional, preservava, residualmente, a competência penal originária do Tribunal, desde que o delito imputado aos agentes públicos investidos da prerrogativa de foro houvesse sido praticado durante o desempenho do cargo, função ou mandato referidos no art. 102, I, *b* e *c*, da Constituição.

No caso presente, a prática delituosa descrita na peça acusatória teria ocorrido durante o período em que o ora indiciado exerceu o mandato de Deputado Federal. Cessou, no entanto, consoante informa a douta Procuradoria-Geral da República (fls. 1.005), a investidura do indiciado no ofício cuja titularidade, nos termos do estatuto constitucional, legitimava a prerrogativa de foro perante o Supremo Tribunal Federal.

Desse modo, tendo em consideração o cancelamento da Súmula 394/STF, e sem prejuízo da validade de todos os atos até aqui praticados — consoante consignou a decisão plenária do Supremo Tribunal Federal, no julgamento da questão de ordem suscitada no Inq. 687-SP, Rel. Ministro Sydney Sanches —, determino sejam os presentes autos encaminhados, por intermédio do E. Tribunal Regional Federal da 1ª Região, ao Juízo Federal competente de primeira instância, na Seção Judiciária do Amazonas (Manaus/AM).[11]

Com efeito, se o foro por prerrogativa de função (exemplos: arts. 29, X; 96, III; 102, I, *b* e *c*; 105, I, *a*; 108, I, *a*) é compatível com o princípio do juiz natural previsto no art. 5º, LIII, da Constituição Federal, pretendendo a proteção especial da função pública,[12] ele é taxativamente estabelecido na Constituição Federal e, por isso mesmo, sua interpretação é restrita como exceção constitucional à regra constitucional do juiz natural.

Prevalece a exegese restritiva dos privilégios, como as que fixam competência excepcional,[13] medida que inspira o juiz natural e também o princípio do promotor natural, ressaltado pelo Supremo Tribunal Federal.[14]

A decisão do Supremo Tribunal Federal tem como sustentáculo o entendimento de que o privilégio contido na Súmula 394 não condiz com o regime democrático porque a prerrogativa de função não é de caráter pessoal, mas sim em razão do cargo exercido. Uma vez cessada a função pública exercida na qual o ato impugnado foi praticado, cessa a competência originária dos Tribunais. Tal construção tem como base o prestígio ao princípio da igualdade que não comporta discriminações odiosas, notadamente as que dispensam tratamento mais vantajoso à pessoa em detrimento de outrem quando a condição ou situação especial que a justificava não mais subsiste, falecendo razoabilidade à permanência do elemento diferencial.

O princípio do juiz natural é caro à democracia.

O direito brasileiro em função dos princípios do juiz natural e do devido processo legal não admite foro privilegiado, "que seria algum juízo instituído para julgamento de processos cuja competência seria definida por razões personalíssimas, como raça, religião, riqueza, etc." anota Vicente Greco Filho,[15] equiparando o foro privilegiado aos tribunais de exceção.

Mas, José Afonso da Silva registra que embora a cláusula constasse das Constituições anteriores, elas — e também a atual — "o estabelecesse, em alguns casos, em razão da qualidade dos imputados",[16] dando como exemplos os previstos nos arts. 102, I, *b* (Presidente e Vice-Presidente da República, Ministros de Estado e do Supremo Tribunal Federal, Procurador-Geral da

11. Inquérito — Questão de Ordem 862-DF, 27.10.1999, *DJU* 8.11.1999, p. 4.

12. Vicente Greco Filho, *Tutela Constitucional das Liberdades*, São Paulo, Saraiva, 1989, p. 109.

13. Carlos Maximiliano, *Hermenêutica e Aplicação do Direito*, Rio de Janeiro, Forense, 1990, pp. 225-230, ns. 270-275.

14. STF, ADI 2.180-SP, Rel. Ministro Moreira Alves.

15. Vicente Greco Filho, *Tutela Constitucional das Liberdades*, cit., p. 108.

16. *Curso de Direito Constitucional Positivo*, São Paulo, Ed. RT, 1990, p. 194.

República, Senadores e Deputados Federais), 105, I, *a* (Governadores de Estado, Desembargadores e Ministros dos Tribunais de Justiça, Conselheiros dos Tribunais de Contas), e 29, VIII (Prefeitos dos Municípios), da Constituição Federal, e asseverando que outros, além dos expressamente previstos na Constituição e na situação correspondente nas Constituições Estaduais, serão inconstitucionais.

Tal competência originária por prerrogativa da função é excepcional e restrita às expressas ressalvas constitucionais ao princípio do juiz natural, sendo defeso à lei estendê-las. E da lista de exemplos constitucionais, percebe-se a razoabilidade da providência, instituindo a prerrogativa em face da responsabilidade civil dos atos do governo, não dos atos de seus governantes.

Tendências dirigidas à ampliação de privilégios instituem nichos de imunidade do poder, uma vez que subverte o princípio do juiz natural além das exceções constitucionais tencionando claramente a impunidade, em razão da excessiva sobrecarga de serviço que será cometida aos tribunais.

Note-se que o regime republicano é o da responsabilidade dos temporários exercentes do poder. Por isso mesmo, soa incompossível que a respeitável decisão monocrática lançada na Reclamação 2.138-6-DF, alie como fundamentos hábeis dois argumentos assaz contraditórios: o primeiro — já analisado —, referente a existência de foro por prerrogativa de função; o segundo, atinente à imunidade dos agentes políticos investidos em mandatos populares às sanções da Lei 8.429/1992.

A incompossibilidade dos dois argumentos é cristalina. Pois, se afirmado que os agentes políticos acima nomeados não se sujeitam ao regime da Lei 8.429/1992 é totalmente despicienda discussão sobre o foro por prerrogativa de função.

Não obstante, não se furta ao registro nesta oportunidade que se agravam os nocivos efeitos tributados ao foro por prerrogativa de função na propalada inaplicabilidade da Lei 8.429/1992 aos agentes políticos, pois, de maneira explícita, a tese implanta expressamente nicho de imunidade de poder, como se fosse possível extrair da Constituição essa tendência à impunidade e implantar uma ética diferenciada entre agentes políticos e os demais agentes públicos.

3. Mister, ainda, algumas ponderações sobre a aplicabilidade da Lei 8.429/1992 a qualquer agente público.

Não bastassem os entendimentos sufragados na respeitável decisão, da lavra do eminente Ministro Nelson Jobim, outros há sustentando a inaplicabilidade da Lei 8.429/1992 aos agentes políticos.[17]

Mas, as premissas condutoras da decisão do eminente Ministro Nelson Jobim não encontram repouso seguro no ordenamento jurídico brasileiro.

Prevalece, no direito brasileiro, a concorrência de instâncias para repressão da improbidade administrativa, viabilizada não só pela Constituição Federal, bem como pela expressa previsão do art. 21, II, da Lei 8.429/1992, sem que se possa, à míngua de determinação legal explícita, suscitar comunicação obrigatória de efeitos.

Tal sistema de concorrência de instâncias não é novidade, e já existe no ordenamento jurídico, mesmo envolvendo agentes políticos, porque a responsabilidade é apurada por diferentes naturezas jurídicas. Como exemplo, a repressão penal de prefeitos e a ação popular contra atos dos mesmos. Neste sentido, expressa a doutrina:

"*62. Outras vias de repressão da improbidade administrativa.* A regra inserida no art. 12, *caput*, é a independência da ins-

17. A respeito, v. Sérgio Sérvulo da Cunha ("Responsabilidade do administrador público", in *RTDP* 31/88-89, São Paulo, Malheiros Editores, 2000) e Marino Pazzaglini Filho, Márcio Fernando Elias Rosa e Waldo Fazzio Júnior excluindo algumas sanções (*Improbidade Administrativa*, São Paulo, Atlas, 1998, pp. 134-135).

tância da improbidade administrativa, perfilhando a orientação centrada no art. 1.525 do Código Civil, alimentada pela diversidade da natureza jurídica da improbidade administrativa, que se irradia sobre suas sanções.[18] Outros diplomas legais também reprimem a improbidade administrativa com sanções diferenciadas e sob natureza jurídica distinta no âmbito administrativo, civil, eleitoral e penal. As sanções de cada uma dessas instâncias podem ser aplicadas também cumulativamente às sanções da Lei Federal 8.429/1992, sem receio de *bis in idem*, face à diversidade da natureza jurídica e à independência da instância da improbidade administrativa regulada pela Lei Federal 8.429/1992. De regra, não há comunicabilidade entre elas, pois são construídas sobre requisitos diferenciados, de modo que o resultado em cada uma delas não influi ordinariamente na outra. Da mesma maneira, deflui do art. 12 da lei comentada, a inexistência de via exclusiva ou privativa de sanções da improbidade administrativa, mesmo considerada a natureza do cargo ocupado pelo agente público. Ainda que algumas sanções sejam equivalentes, porém com natureza jurídica diferenciada, nos vários âmbitos de repressão à improbidade administrativa, todas podem ser aplicadas na via jurisdicional-civil prevista na Lei Federal 8.429/1992, qualquer que seja o agente público.[19]

"O art. 85 da Constituição Federal sujeita o Presidente da República à responsabilidade político-administrativa, inclusive por improbidade administrativa (inc. V), regulada na Lei Federal 1.079/1990, aplicável a outros agentes políticos ali discriminados (Governadores de Estado, Ministros de Estado, Ministros do Supremo Tribunal Federal, Procurador-Geral da República), com as sanções de perda do cargo e inabilitação para o exercício de qualquer função pública por prazo determinado,[20] punições bem assemelhadas às previstas no art. 12 da Lei Federal 8.429/1992 (perda da função pública e suspensão dos direitos políticos). Da mesma forma, os Prefeitos e Vice-Prefeitos estão sujeitos à responsabilidade por infração político-administrativa (art. 4º, Decreto-lei Federal 201/1967), que implica a cassação do mandato pela Câmara Municipal, sem prejuízo da responsabilidade criminal específica (art. 1º), bem como os Vereadores pelo uso do cargo para a prática de atos de corrupção ou de improbidade administrativa (art. 7º, I). Quanto aos membros do Congresso Nacional, estão sujeitos à perda do mandato, dentre outras situações cogitadas no texto constitucional, quando mantiverem procedimento incompatível com o decoro parlamentar, como na hipótese de recebimento de vantagens indevidas (art. 55, II, § 1º da Constituição Federal).

"A aplicação das penalidades da Lei Federal 8.429/1992 não é consumida pela aplicação das sanções político-administrati-

18. "Os atos de improbidade administrativa nos arts. 9º, 10 e 11, da Lei 8.429/1992 acarretam a imposição de sanções previstas no art. 12, do mesmo diploma legal, às quais são aplicadas independentemente das sanções penais, civis e administrativas" (STJ, REsp 150.329-RS, 6ª T., Rel. Ministro Vicente Leal, v.u., 2.2.1999, *DJU* 5.4.1999, p. 156).

19. O STF reconheceu a independência das instâncias infirmado a existência de *bis in idem* em razão de ter sido aplicada pena de multa pelo Tribunal de Contas da União e pena de cassação de aposentadoria pela Administração Pública em face do mesmo fato, considerado de improbidade administrativa (Mandado de Segurança 22.728-PR, Tribunal Pleno, Rel. Ministro Moreira Alves, v.u., 22.1.1998, *DJU* 13.11.1998, p. 5).

20. A lei considera crimes de responsabilidade atentados contra a probidade administrativa, a lei orçamentária, a guarda e o legal empenho dos dinheiros públicos, e o cumprimento das decisões judiciais (art. 4º, V a VIII). Os crimes que atentam contra a probidade na administração (art. 9º), a lei orçamentária (art. 10), a guarda e o legal empenho dos dinheiros públicos (art. 11), e o cumprimento das decisões judiciais (art. 12) são, evidentemente, atos de improbidade administrativa para os efeitos da Lei Federal 8.429/1992, se amoldando nas espécies dos arts. 9º a 11.

vas, em razão da diversidade da natureza jurídica de cada uma delas. Na suspensão dos direitos políticos, em razão da diversidade de prazos unitariamente adotados nas infrações político-administrativas (com variações individualizadas de cada diploma legal) e diferencialmente previstos para cada uma das espécies de improbidade administrativa, a cumulação é lícita não só pela natureza jurídica distinta, mas também em razão da eficácia inicial das sanções.

"A extinção do mandato (renúncia, término, etc.) não tolhe a possibilidade da aplicação das demais sanções radicadas na Lei Federal 8.429/1992, nem mesmo a rejeição do processo político-administrativo, como deflui do art. 21, II, da Lei Federal 8.429/1992. Por fim, não há se cogitar, em razão da natureza jurídica diferenciada, da subordinação entre uma ou outra instância. Nem mesmo a aposentadoria ou desligamento do servidor público inibe a aplicação da Lei Federal 8.429/1992.[21]

"Os atos de improbidade administrativa de todas as espécies guardam estreita relação com os crimes contra a Administração Pública, não sendo ocioso recordar que a tutela repressiva da improbidade administrativa começou na legislação penal e, atualmente, concorre com a delineada na Lei Federal 8.429/1992, embora cada uma tenha requisitos próprios e, geralmente, incomunicáveis. Sujeitam seus autores às penas privativas de liberdade previstas e a perda do cargo, nos termos do art. 92 do Código Penal. No caso dos crimes regulados pelo Decreto-lei Federal 201/1967 (art. 1º), típicos dos Prefeitos, cuja prática implica imposição de pena privativa de liberdade e, como efeitos secundários da sentença condenatória, a perda do cargo, a inabilitação para o exercício de função pública por prazo determinado e a reparação do dano (art. 1º, § 2º).[22] Outras leis penais extravagantes também tipificam figuras que caracterizam ato de improbidade administrativa.[23]

"Nenhum problema existe na aplicação concomitante das sanções penais e das sanções da improbidade administrativa, manifestadas por juízos distintos, uma vez que têm natureza jurídica diversa, não havendo subordinação entre uma e outra instância. A multa pela prática dos crimes aqui referidos é de caráter penal, enquanto a Lei Federal 8.429/1992 cogita de multa civil, revertida em favor da entidade lesada e cuja quantificação econômica é superior à multa penal. A perda da função pública é efeito secundário da condenação criminal. Na improbidade administrativa, diferentemente, ela é sanção principal e não efeito secundário da condenação. A sentença penal condenatória torna certa a obrigação de repa-

21. TJSP, 9ª Câmara de Direito Privado, Rel. Desembargador Ruiter Oliva, v.u., 25.8.1998, *RT* 759/215.

22. Os crimes previstos no art. 1º, I e II, caracterizam enriquecimento ilícito; os do art. 1º, III a V, VIII a XI, atos lesivos ao patrimônio público; e os do art. 1º, VI, VI, XII a XV, atentados contra os princípios da administração pública.

23. A Lei Federal 4.898/1965 no art. 4º, alínea *f*, o abuso de autoridade previsto é evidente enriquecimento ilícito, sujeitando o infrator a sanções administrativas, penais e civis, inclusive perda do cargo e inabilitação para o exercício de função pública por prazo determinado (art. 6º, §§ 1º a 4º). Para os fins da Lei Federal 8.080/1990 o emprego irregular de recursos do SUS é considerado crime (art. 52), em figura assemelhada a do art. 315 do Código Penal. A Lei Federal 8.137/1990, que define crimes contra a ordem tributária, inclusive os praticados por funcionário público, estabelece duas condutas no art. 3º, II, que caracterizam enriquecimento ilícito, e outra no mesmo art. 3º, III, que consubstancia atentado contra os princípios da administração pública. Na Lei Federal 8.666/1993, que regula as licitações e contratos administrativos, a prática dos crimes especiais nela previstos, sujeita os infratores, quando servidores públicos, à perda do cargo, emprego, função ou mandato eletivo (art. 83), consistindo enriquecimento ilícito os crimes previstos nos arts. 90, 92, parágrafo único, e 95, prejuízo ao erário os previstos nos arts. 89, 92 a 94, 96 a 98, e atentado aos princípios da administração pública o crime do art. 91.

rar o dano (art. 91, inc. I, Código Penal) e acarreta a perda do produto do crime ou de qualquer bem ou valor que constitua proveito auferido com a prática do fato criminoso, em favor da União (art. 91, inc. II, *b* do Código Penal). Quanto ao primeiro efeito, possibilita a execução da sentença penal condenatória, mas a Lei Federal 8.429/1992 cogita de outras sanções cumulativamente aplicáveis, de modo que esse efeito permitirá a execução apartada do ressarcimento do dano, sem obstar a promoção da ação civil pública visando às outras sanções ou a todos os provimentos previstos. Quanto ao segundo, entende-se que prevalece a lei especial (a Lei Federal 8.429/1992) no tocante à perda do acréscimo patrimonial, legitimando a esfera civil, porque indica a pessoa jurídica em cujo favor reverterá o proveito, especificamente a pessoa jurídica lesada que, nem sempre, pode ser a União Federal. A suspensão dos direitos políticos em razão de condenação criminal estabelece-se pelo prazo da condenação, enquanto que por ato de improbidade administrativa tem prazo que segue o prescrito no art. 12 e que, não raro, é maior.

"A absolvição na instância criminal, de regra, não projeta efeitos na esfera civil da improbidade administrativa, em razão da incomunicabilidade das instâncias, conforme se infere do art. 12 e do art. 1.525 do Código Civil, salvo as exceções dos arts. 65 a 67 do Código de Processo Penal, ou seja, quando há prova da inexistência do fato ou da autoria.[24] A jurisprudência observa que 'não importa o fato de o agravante não haver sido condenado, quando da decretação da medida de indisponibilidade civil. Não há na lei nada que condicione esta à condenação criminal transitada em julgado',[25] infirmando a existência de litispendência ou prejudicialidade.[26]

"No âmbito civil, exsurge como principal via concomitante de defesa da moralidade administrativa (aí incluída a espécie probidade administrativa) a ação popular, em cuja sede pode redundar a anulação do ato administrativo e o ressarcimento do dano (Lei Federal 4.717/1965). Evidentemente, por coerência temática, as hipóteses de nulidade e lesividade de atos administrativos previstas na Lei Federal 4.717/1965 caracterizam improbidade administrativa e, assim sendo, podem tramitar concomitantemente ou não.[27] Em razão da independên-

24. Decisão do STF fixa os limites da comunicabilidade das instâncias, cujos fundamentos servem para a hipótese em razão da identidade de situações: "*Responsabilidades administrativa e penal — Independência*. A jurisprudência sedimentada do Supremo Tribunal Federal é no sentido da independência das responsabilidades administrativa e penal. A exceção corre à conta de situação concreta em que, no campo penal, hajam ficado patenteadas a inexistência da materialidade ou a negativa de autoria" (Mandado de Segurança 22.476-2-AL, Plenário, Rel. Ministro Marco Aurélio, 20.8.1997, v.u., *DJU* 3.10.1997, p. 49.230).

25. TJSP, Agravo de Instrumento 123.192-5/0-SP, 9º Câmara de Direito Publico, Rel. Desembargador Sidnei Beneti, v.u., 10.11.1999.

26. "*Ação civil pública e ação penal condenatória — Inexistência de litispendência — Possibilidade de simultânea tramitação*. A natureza da ação civil pública — que constitui instrumento de tutela jurisdicional dos direitos e interesses metaindividuais — não permite seja ela confundida, em seus objetivos (Lei 7.347/1985), com a ação penal condenatória, que se destina, considerada a finalidade que lhe é exclusivamente peculiar, a promover a responsabilidade criminal do infrator pela prática de fatos delituosos, inexistindo, sob tal aspecto, qualquer situação de litispendência ou de prejudicialidade entre as ações judiciais em causa" (STF, Rel. Ministro Celso de Mello, *RTJ* 167/166-167).

27. "A Lei Federal 8.429/1992 inexige que a improbidade administrativa tipificada em seu art. 10º advenha de sentença transitada em julgado, nem tampouco o dispositivo em seu art. 17, torna obrigatória precedente ação cautelar, impondo-se reconhecer que o Ministério Público detém legitimidade para propor ação pelo rito ordinário de perda de função pública contra o prefeito acusado de contratação irregular de servidores" (STJ, Recurso em Mandado de Segurança 6.208-SP, 6ª T., Rel. Ministro Anselmo Santiago, v.u., 10.11.1998, *DJU* 15.3.1999, p. 287).

cia jurisdicional da repressão da improbidade administrativa, a improcedência da ação popular (por falta de provas) ou a sua extinção sem exame do mérito não provocará nenhum efeito nesta instância. Por outro lado, a ação civil para perda de cargo vitalício não inibe o exercício do direito de ação visando a incidência da Lei Federal 8.429/1992."[28]

Até porque a responsabilidade político-administrativa tem como sanções a perda do cargo e a inabilitação temporária para o exercício de qualquer função pública e as sanções decorrentes da Lei 8.429/1992 abrangem a perda de bens ou valores ilicitamente acrescidos, o ressarcimento do dano, a proibição de contratar com o poder público ou dele receber benefícios ou incentivos fiscais ou creditícios e o pagamento de multa civil, além da perda da função pública e a suspensão temporária dos direitos políticos (art. 37, § 4º, da Constituição Federal; art. 12, Lei 8.429/1992). A fixação da tese de uma imunidade, portanto, corre o risco de preservar no patrimônio privado do agente político bens adquiridos ilicitamente por enriquecimento ilícito e alforriar esse mesmo patrimônio de responder pelo ressarcimento de dano causado ao erário, por exemplo.

Por isso, a doutrina adverte: "Não se confunde a perda da função pública com a cassação de mandato, da competência do processo por infração político-administrativa reservado ao Poder Legislativo. Aquela, qualquer que seja o cargo ou função desempenhada, é da competência jurisdicional, mas os pressupostos e requisitos de ambas são diferentes (...). Ainda sobre o tema, devota parcela da doutrina a tese da impossibilidade de sua aplicação ao Presidente da República, argumentando que essa sanção é da competência exclusiva da instância político-administrativa. A exceção obrada, entretanto, não tem sustentáculo, pois a Constituição Federal não atribui exclusividade ou privatividade à instância político-administrativa, nem excepciona aquele das sanções da improbidade administrativa, nem mesmo os parlamentares dotados de imunidade, conforme acenado pela jurisprudência ao negar foro por prerrogativa de função".[29]

Como o regime republicano é o da responsabilidade sem comportar a abertura de nichos de imunidade do poder. Neste sentido: "Com o conceito amplo do art. 2º, a lei atinge todo aquele que se vincula à Administração Pública, com ou sem remuneração, definitiva ou transitoriamente, abrangendo servidores e funcionários públicos, civis e militares, agentes políticos, administrativos, honoríficos, delegados e credenciados, quer sejam pessoas físicas, quer jurídicas, ou seja, todo aquele que exerce função pública (mandato, cargo, emprego ou função pública), independentemente do modo de investidura (nomeação, designação, eleição, contratação, credenciamento, delegação de serviço público, convocação, requisição, parcerias e contrato de gestão, nos termos do art. 70, parágrafo único, da CF e das Leis Federais 9.637/1998 e 9.790/1999, etc.)".[30]

E com maior ênfase foi dito:

"*42. Agentes públicos parlamentares e judiciais*. A Lei Federal 8.429/1992 aplica-se contra qualquer ato de improbidade administrativa de qualquer dos Poderes, abrangendo, pois, a improbidade em atos não somente do Executivo, mas também do Legislativo e do Judiciário, sejam atos administrativos, legislativos ou jurisdicionais.[31] Nesse mesmo sentido, dispunha o art.

28. Wallace Paiva Martins Junior, *Probidade Administrativa*, São Paulo, Saraiva, 2001, pp. 292-297, n. 62.

29. Idem, pp. 322-323, n. 56.

30. Idem, p. 242, n. 41.

31. Cláudio Ari Mello manifesta que "a lei atinge apenas os atos de natureza administrativa, pelo que não estão sob a sua incidência os atos legislativos e jurisdicionais típicos" ("Improbidade administrativa — Considerações sobre a Lei 8.429/

1º, § 1º da Lei Federal 3.502/1958. José Celso de Mello Filho observa que 'o conceito de função pública é amplo, abrangendo, também, os próprios membros dos três Poderes do Estado',[32] apontando Fábio Medina Osório o equívoco de excluir de seu âmbito de incidência os atos jurisdicionais e parlamentares,[33] pois os atos jurisdicionais, legislativos e ministeriais atípicos são atos administrativos e os atos jurisdicionais, legislativos e ministeriais típicos, praticados com dolo, para fins ilícitos, traduz o uso indevido da função. Assim, por culpa grave, causando lesão ao erário, o ato implicará improbidade administrativa.[34]

"No conceito de improbidade administrativa está inserido qualquer desvio ético de conduta do agente público, qualquer que seja a função exercida, afrontoso à moralidade no desempenho de função pública em qualquer dos Poderes da República (como estabelece o art. 1º) e que envolva enriquecimento ilícito, prejuízo ao erário e atentado aos princípios da administração pública. Assim sendo, o juiz que recebe quantia para julgar lide em favor de uma pessoa ou o deputado que recebe bem imóvel para votar favoravelmente a um certo projeto de lei de interesse de um determinado grupo de interesse, cometem improbidade administrativa, da modalidade enriquecimento ilícito, no exercício de suas funções constitucionais típicas e, portanto, estão sujeitos às sanções legais, tal e qual estivessem como agentes públicos, exercendo função atípica (administrativa), como, por exemplo, a contratação de empreiteira para realização de obra com preço superfaturado ou com licitação indevidamente dispensada (improbidade administrativa da modalidade prejuízo ao erário). A doutrina destaca o desvio de poder nos atos legislativos (inconstitucionais, inclusive os desvinculados da observância da finalidade contida na norma constitucional que fundamenta o poder de legislar) e jurisdicionais (deferimento imoderado de decisões liminares para alcance de alvo diverso do conteúdo da competência; mudança proposital de voto em órgão colegiado para impedir a interposição de embargos infringentes).[35] Todavia, é o móvel do agente que deve ser avaliado para revelar a grave falta de ética no uso do poder, que denote a inabilitação moral do agente no exercício da função pública. Se é fácil caracterizar atos ímprobos do art. 9º da Lei Federal 8.429/1992 nos atos legislativos e parlamentares típicos (e dos membros do Ministério Público) e do art. 10 nos atos atípicos, na modalidade do art. 11 a falta de ética deve sobressair, restringindo-se sua incidência em homenagem à independência constitucional do parlamentar, do magistrado ou do membro do Ministério Público e exemplos neste sentido não faltam: edição de lei para burla de específica decisão judicial, benefício ou prejuízo de certo grupo social ou interesses determinados; uso indevido pelo membro do Ministério Público das informações e documentos requisitados inclusive nas hipóteses de sigilo legal (art. 26, § 2º, Lei Federal 8.625/1993); prevaricação; prática pelo magistrado de atos geradores de sua responsabilidade civil pessoal (art. 133, Código de Processo Civil); enfim, hipóteses especiais de manifesto desvio de poder, examinadas caso a caso, para permitir inserção no art. 11 e seus incs. I, II e III.

"*43. A questão da imunidade parlamentar*. É de importância, nesta quadra, focalizar o instituto da imunidade parlamen-

1992", in *Cadernos de Direito Constitucional e Ciência Política*, São Paulo, Ed. RT, p. 53, n. 11).

32. Cf. *Constituição Federal Anotada*, São Paulo, Saraiva, 1986, p. 445.

33. Cf. *Improbidade Administrativa*, Porto Alegre, Síntese, 1997, pp. 67-69.

34. Cf. "Observações acerca dos sujeitos do ato de improbidade administrativa", in *RT* 750/71-74.

35. Caio Tácito, "Desvio de poder no controle dos atos administrativos, legislativos e jurisdicionais", in *RTDP* 4/33-39.

tar material no confronto da improbidade administrativa. Segundo Alexandre de Moraes, 'a imunidade material significa subtração da responsabilidade penal, civil, disciplinar ou política do parlamentar por suas opiniões, palavras e votos', constituindo cláusula de irresponsabilidade geral, incluindo 'qualquer responsabilização por perdas e danos'.[36] Entretanto, deve-se ponderar que nem mesmo o instituto salutar da imunidade parlamentar pode extrair os parlamentares da responsabilidade civil por ato de improbidade administrativa. Desta forma, admite mitigação a cláusula diante de atos de enriquecimento ilícito no exercício da função pública, de desvio de finalidade no cumprimento do mandato e, principalmente, na edição das denominadas leis de efeitos concretos (em verdade, atos administrativos com forma de lei), onde a responsabilidade é inafastável e coerente com a interpretação constitucional sistemática.

"A lei visa ao resgate da moralidade no exercício de toda e qualquer função pública, de qualquer poder exercido, não fazendo nenhuma restrição em sua aplicabilidade, sem prejuízo das sanções disciplinares específicas dispostas no estatuto próprio dessas carreiras."[37]

Ora, claro parece que o ordenamento jurídico nacional pretendesse reservar à punição da improbidade administrativa dos agentes políticos à esfera do regime jurídico da responsabilidade político, instituiria a cláusula de exceção expressamente e não conferiria a possibilidade de sua censura em diferentes instâncias, animadas por matizes e naturezas jurídicas distintas, como feito nos arts. 14, § 9º, 15, V, 37, § 4º e 85, da Constituição Federal, sem qualquer exceção — que, aliás, pecaria por falta de razoabilidade na adoção da discriminação face ao pilar da responsabilidade ampla que predica o regime republicano-constitucional na melhor tradição do direito brasileiro.

Por isso, contundente até o questionamento de uma tendência contrária, para justificar não somente o foro privilegiado, mas para excluir de responsabilidade judicial por improbidade administrativa agentes políticos. Não foi esse o tratamento dispensado nos quarenta anos de vigência da Lei 4.717/1965, convivente com a Lei 1.079/1950 recepcionada pelo art. 85 da Carta Magna. Neste aspecto, o regime jurídico diferenciado não derrogou a jurisdição originária e nem suprimiu a responsabilidade.

Poder-se-ia argumentar que a potencialidade mais contundente das sanções da Lei 8.429/1992 a incompatibilizam com o regime jurídico dos agentes políticos. Todavia, a assertiva não é verdadeira, já que normas outras cumpriam igual função, sob natureza jurídica distinta, sancionando com a perda da função pública, por exemplo, como no julgamento dos alcaides com base no Decreto-lei 201/1967. De qualquer modo, da Constituição Federal não se extrai que a perda da função pública e a suspensão dos direitos políticos só podem ser impostas por determinada via exclusiva; ao contrário, dos citados arts. 14, § 9º, 15, V, 37, § 4º e 85, essas sanções podem ser aplicadas em diferentes instâncias, sem imunidades.

Neste sentido, esclarece a doutrina que, em torno dos arts. 52, I e II, parágrafo único e 102, I, *b* e *c*, da Constituição Federal, que na instância político-administrativa (crime de responsabilidade) a previsão da sanção de perda do cargo com inabilitação temporária para o exercício de função pública:

"não quer dizer, entretanto, nem que outras sanções não possam ser aplicadas, desde que o sejam em outras esferas, e nem que a imposição dessa sanção de perda do cargo com inabilitação para o exercício de função pública só possa se dar nessa esfera de responsabilização político-administrativa. Repita-se: a única conclusão autoriza-

36. Cf. *Direito Constitucional*, São Paulo, Atlas, 1997, pp. 296-297.

37. Wallace Paiva Martins Junior, *Probidade Administrativa*, cit., pp. 249-251, ns. 42-43.

da pelo texto constitucional é a de que por crime de responsabilidade o agente político só pode ser condenado à perda do cargo e à inabilitação para o exercício de função pública por oito anos. Nada mais.

"Não se pretenda introduzir no texto constitucional disposição que ele não contém. Está dito que o crime de responsabilidade só implicará na perda do cargo e na inabilitação para o exercício de função pública por oito anos. Não está dito que só o crime de responsabilidade implicará na perda do cargo e na inabilitação para o exercício de função pública por oito anos. O local da colocação do advérbio, no caso, é absolutamente decisivo e revelador da vontade do legislador constitucional.

"Não está dito, por outro lado, que agente político só responde por crime de responsabilidade. Se assim fosse, e considerando a ordem de raciocínio até agora exposta, a única sanção que poderia sofrer um agente político, seria a perda do cargo, livrando-se, assim, de uma eventual condenação criminal e de uma condenação ao ressarcimento dos danos que eventualmente tiver causado (relembre-se que por crime de responsabilidade o agente político não pode ser condenado a recompor os cofres públicos, por exemplo). Mas assim não é.

"O agente político poderá ser condenado a outras sanções, em outras esferas, se o mesmo ato, caracterizador de crime de responsabilidade, constituir outro ilícito — crime comum ou ato de improbidade. Tanto assim que o próprio parágrafo único do artigo 52 deixa expresso que não haverá prejuízo das demais sanções judiciais cabíveis."[38]

Ora, está bem clara a ressalva do parágrafo único do art. 52 da Carta Magna, fulminando vigorosamente qualquer tentativa de instituição de privatividade da instância político-administrativo (crime de responsabilidade) para o sancionamento dos agentes políticos. Pois, as sanções ali previstas são aplicadas privativamente para os fins da instância político-administrativa "sem prejuízo das demais sanções judiciais cabíveis", indicando que essa instância só pode impor tais sanções e não outras e que nas instâncias judiciais (civis ou penais) outras sanções podem ser aplicadas — conduzindo ou não ao mesmo resultado.

Essas razões demonstram a inconsistência das tentativas de instituição de foro privilegiado e de exclusão ou imunidades em relação à Lei 8.429/1992 para os agentes políticos.

Além disso, é preciso atentar para a nocividade das conseqüências da afirmação das teses propaladas na reclamação em curso. Com efeito, alguns de seus efeitos são adiante arrolados: inaplicabilidade da Lei de Improbidade Administrativa para Presidente da República, Ministros de Estado, Deputados Federais e Estaduais, Governadores de Estado, Secretários de Estado, Senadores da República, Magistrados, membros do Ministério Público, Prefeitos Municipais e Vereadores; possível surgimento de precedente que determine a extinção em massa de ações de improbidade em trâmite nos Tribunais e Varas Federais e Estaduais, quando envolverem os agentes políticos acima citados; contrariedade aos conceitos fixados no Decreto Legislativo que aprovou os termos da Convenção Interamericana contra a Corrupção (Decreto 4.410 de 7.10.2002); contrariedade ao art. 52 do Estatuto da Cidade, tornando improvável a eficácia desta lei; contrariedade ao art. 73 da Lei de Responsabilidade Fiscal, tornando improvável a eficácia desta lei; reconhecimento da natureza penal das sanções de improbidade administrativa, contrariando anteriores precedentes de julgados no Supremo Tribunal Federal e no Superior Tribunal de Justiça; os atos de improbidade cometidos por agentes políticos somente poderão ser investigados quando correlacionados a crimes contra a adminis-

38. Mônica Nicida Garcia, "Agente político, crime de responsabilidade e ato de improbidade", in *Boletim dos Procuradores da República* 56/15-18, ano V, dez. 2002.

tração pública ou de responsabilidade, através de investigação criminal, retornando à situação anterior à da aprovação da lei de improbidade; os Tribunais Superiores e Tribunais de Justiça, caso seja reconhecido o foro privilegiado, não têm estrutura para processar e julgar as ações de improbidade existentes; paralisação dos inquéritos civis, em matéria de improbidade administrativa, que envolva os agentes políticos mencionados, que estão em trâmite perante o Ministério Público; contrariedade às mais recentes mudanças legislativas com vistas ao combate à corrupção, dentre elas, o fim da imunidade formal, aplicação da lei de improbidade administrativa em várias áreas de direitos sociais, convenções internacionais onde o Brasil é signatário; retorno a velhas práticas políticas de corrupção que não poderão ser inibidos pelas investigações e ações de improbidade; institucionalização de um tribunal de exceção para os agentes políticos etc.

4. Por fim, compete a análise da Lei 10.628/2002, a qual se devota interpretação restritiva.

Obviamente, essa lei (fruto da proposta legislativa acima indicada) é inconstitucional, pelos motivos já expostos e aos quais se reporta para evitar ociosas repetições.[39] Mas, sendo uma lei que institui privilégio, como tal merece aplicação e interpretação restritiva, como, aliás, também, já assinalado.

O § 1º implantado ao art. 84 do Código de Processo Penal pela Lei 10.628/2002 preceitua que "a competência especial por prerrogativa de função, relativa a atos administrativos do agente, prevalece ainda que o inquérito ou ação judicial sejam iniciados após a cessação do exercício da função pública", enquanto o § 2º reza que "a ação de improbidade, de que trata a Lei 8.429/1992, de 2 de junho de 1992, será proposta perante o tribunal competente para processar e julgar criminalmente o funcionário ou autoridade na hipótese de prerrogativa de foro em razão do exercício de função pública, observado o disposto no § 1º".

A inovação legislativa pode assim ser resumida: continuidade do foro por prerrogativa de função após a cessação da investidura em função pública nos inquéritos policiais e processos criminais de agentes públicos que, na atividade, têm o foro por prerrogativa de função (restaurando a Súmula 394); extensão do foro por prerrogativa de função dos inquéritos policiais e processos criminais (e inclusive sua prorrogação após a cessação da função pública) às ações civis públicas de responsabilidade por atos de improbidade administrativa.

No que interessa à responsabilidade por atos de improbidade administrativa (Lei 8.429/1992), é de bom grado observar que o § 2º tem uma condicionante na sua parte final ao aludir ao "observado no § 1º". O § 1º, de sua parte, subordina a competência especial por prerrogativa de função, "relativa a atos administrativos do agente".

Daí é possível apontar que não sendo a imputação de ato de improbidade administrativa conectada a prática de "atos administrativos do agente", não prevalece o "foro ajustado". Com efeito, o agente público é também responsabilizado na Lei 8.429/1992 por omissão (arts. 10 e 11) e nesta situação não há, obviamente, prática de ato administrativo.

Por outra, pela mesma Lei 8.429/1992, o agente público pode ser responsabilizado por enriquecimento ilícito no exercício da função pública (art. 9º) e em algumas das situações exemplificadas na lei ele não pratica nenhum ato administrativo (art. 9º, I, V, VII, VIII, X) — em especial, a do inciso VII do art. 9º (desproporção na evolução do patrimônio ou renda, que não se vincula a qualquer ação ou omissão do agente público e não tem nexo com ato de sua atribuição).

39. Não obstante, o Ministro Ilmar Galvão negou pedido liminar em Ação Direta de Inconstitucionalidade (Medida Cautelar em ADI 2.787-2-DF, 7.1.2003).

Também o agente público pode ser beneficiário do ato de improbidade administrativa (aliás, como qualquer pessoa, *ex vi* do art. 3º da Lei 8.429/1992) — ou ter sido beneficiário antes da investidura em função pública (v. Lei 9.504/1997, art. 73) — praticado por outro agente público não detentor do privilégio (v. art. 10, XIII, Lei 8.429/1992) e, nestes casos, não se aplicam os §§ 1º e 2º do art. 84 do Código de Processo Penal na redação dada pela Lei 10.628/2002.

O PROCESSO ADMINISTRATIVO NO ROL DOS DIREITOS E GARANTIAS INDIVIDUAIS*

EGON BOCKMANN MOREIRA

Mestre e Doutor em Direito do Estado pela Faculdade de Direito da UFPR.
Pós-Graduado em Regulação Pública pelo CEDIPRE,
da Faculdade de Direito da Universidade de Coimbra. Advogado e Consultor em Curitiba

1. Introdução. 2. Direitos e garantias individuais: uma breve compreensão do tema. 3. O Direito Administrativo contemporâneo e a natureza jurídica do processo administrativo: 3.1 O ato como ator principal e o processo como figurante; 3.2 O giro de Copérnico: do ato para o processo; 3.3 A natureza jurídica do processo administrativo contemporâneo. 4. Conclusões.

1. Introdução

1. O Direito Administrativo contemporâneo vem passando por uma nova série de mutações estruturais e substanciais. O seu arcabouço orgânico-funcional experimenta a instalação de entidades algo discrepante do modelo anterior, ao mesmo tempo em que surgem "atos" e "contratos" os quais não se parecem nem um pouco com os clássicos atos e contratos administrativos. Apesar disso, não seria adequado usar a imagem recorrente de um "Direito em crise" — o que implicaria um momento decisivo na evolução de um mal a ele interno, para a cura ou para a morte. Não se trata desse exagero: nem ele está doente, muito menos às vésperas da extinção.

Ao contrário: o Direito Administrativo é um Direito ainda jovem (em termos normativos e científicos). É um moço saudável e inspirador de respeito, porém atormentado pelos conflitos inerentes à sua própria juventude. Depois de um nascimento revolucionário violento (lembre-se do conceito marxista da violência como a "parteira da História"), de uma infância traumática (em que tentava se descobrir em meio a um mundo oriundo do *Ancien Régime*, não sendo acolhido nem amado pelos ancestrais) e de uma adolescência

* Texto-base da comunicação apresentada ao *XVIII Congresso Brasileiro de Direito Administrativo*, realizado em Salvador (BA), de 15 a 17.9.2004 — na mesa cujo tema central era "processo administrativo", a qual contava com a elevada participação dos Professores Doutores Romeu Felipe Bacellar Filho e Carlos Ari Sundfeld. Manifesto minha honra e satisfação por participar deste Congresso ao lado dos eminentes mestres, para o qual fui gentilmente convidado pelo ilustre Presidente do Instituto Brasileiro de Direito Administrativo — IBDA, Professor Doutor Pedro Paulo de Almeida Dutra.

conturbada (quando, através da jurisprudência francesa, promoveu a sua auto-afirmação rejeitando os atos dos soberanos que o criaram), o Direito Administrativo ainda não chegou à maturidade. Ao que tudo indica, ele agora enfrenta uma crise de identidade e parece estar à procura de arquétipos de um inconsciente coletivo global, que estabilizem a sua cognição e evoquem uma solução universal.[1]

2. O Direito Administrativo é uma parcela eloqüente do Direito Público, o qual só pode ser compreendido como um Direito em constante transformação. As respectivas alterações são ínsitas a essa disciplina (respeitado, é claro, o seu núcleo duro), como o são as novidades normativas dela oriundas (Direito Urbanístico, Direito Ambiental, Direito Econômico etc.). O Direito Administrativo não seria inteligível caso investigado pressupondo-se um caráter estático que ele não possui. Afinal, como ao início do século passado Léon Duguit questionou de forma sagaz: "Étudier les transformations du droit public, n'est-ce pas étudier tout simplement le droit public?".[2]

Constatação da qual advêm duas conseqüências: por um lado, as normas de Direito Público devem ser compreendidas em seu contexto (e assim interpretadas) e, por outro, o resultado da atividade hermenêutica não tem valor ou efeitos perenes. Apenas em casos de uma *hermenêutica histórica* estaria o intérprete adstrito às circunstâncias de um passado em que foi positivada a norma. Mas, mesmo nesses casos, cabe a advertência de Emilio Betti: "É, pois, um absurdo impor ao historiador que se limite a usar a dogmática embrionária elaborada pelos juristas da época estudada".[3] Ainda na hipótese de uma investigação dessa ordem há de se levar em conta a evolução do pensamento acerca da norma em análise (e de suas repercussões fáticas).

3. Tanto é verdade que o Direito Administrativo não está num momento crítico que muitas de suas metamorfoses retratam uma evolução claramente positiva. Não há dúvidas sobre melhoras ocorridas nos últimos anos e talvez o exemplo mais nítido disso seja o aumento de prestígio ao processo administrativo, numa nova visão e com uma aplicação multifacetada.

Essa valorização do processo administrativo vem se intensificando a partir dos últimos anos da década de 1990. Por exemplo, no Brasil, em 1999, foi promulgada a Lei 9.784 — a qual "regula o processo administrativo no âmbito da Administração Pública Federal".

Indo avante, as leis das agências reguladoras estabelecem a consulta e audiências públicas, com os respectivos processos, para a emanação de "atos normativos" (*e.g.*, ANEEL, Lei 9.427/1996, art. 4º, § 3º, e ANATEL, Lei 9.472/1997, art. 42), enquanto que a própria Lei 9.784/1999 amplia o rol de interessados no processo administrativo (art. 9º) e fixa a consulta nos processos que envolvam "assuntos de interesse geral" (art. 31). Ou seja, o processo presta-se à participação popular na elaboração de regulamentos administrativos.[4]

1. A metonímia é inspirada em Vasco Pereira da Silva que, com amparo em Cassese, define o nascimento do Direito Administrativo no *arrêt Blanco*, de 1873: "Não se pode dizer que este 'episódio triste' (...) tenha sido uma 'boa estreia' para o nosso ramo de direito. Criado mais com o objectivo de assegurar a primazia da Administração do que preocupado com a protecção dos particulares, o Direito Administrativo só paulatinamente é que se vai libertando dos traumas provocados por uma 'infância difícil'" (*Em Busca do Acto Administrativo Perdido*, Coimbra, Almedina, 1998, p. 36 — obra cujo pensamento central irradia-se neste ensaio).

2. *Les Transformations du Droit Public*, Paris, La Mémoire du Droit, 1999 (ed. original de 1913).

3. *Interpretazione della Legge e degli Atti Giuridici*, Milão, Giuffrè, 1971, p. 69.

4. Aprofundar no nosso "Agências reguladoras independentes, *déficit* democrático e a 'elaboração processual de normas'", in Leila Cuéllar

Também é de se destacar a redação do § 3º do art. 37 da Constituição, acrescentado pela EC 19/1998, o qual dispõe que: "A lei disciplinará as formas de participação do usuário na administração pública direta e indireta". Isso sem olvidar das cláusulas do art. 5º, incisos XXXIV, al. *a*, LIV e LV, da Constituição de 1988, as quais, respectivamente, asseguram "o direito de petição aos Poderes Públicos em defesa de direitos ou contra ilegalidade ou abuso de poder" e prevêem que "ninguém será privado da liberdade ou de seus bens sem o devido processo legal" e que "aos litigantes, em processo judicial ou administrativo, e aos acusados em geral são assegurados o contraditório e ampla defesa, com os meios e recursos a ela inerentes".

Enfim, os diplomas legislativos vêm atribuindo uma dignidade ímpar ao processo administrativo — reconhecendo o seu papel sobranceiro frente a um Estado Democrático de Direito.

4. Em vista dessas transformações positivas, não mais é possível entender o processo administrativo como há tempos atrás se dava: somente uma figura secundária, um singelo "direito adjetivo" do Direito Administrativo material. Ou como o "meio de defesa" do particular contra os excessos administrativos do Estado. Essa compreensão reflete o contexto histórico anterior, no qual a Administração emanava uma tempestade de atos unilaterais e, quando admissível, o particular deles se defendia.

A relação jurídico-administrativa não deve ser percebida apenas sob esse ângulo (nem mesmo quando da leitura das normas pretéritas às mudanças). Num Estado Democrático de Direito, os provimentos administrativos exigem a participação dos particulares que por eles serão atingidos — quer positiva quer negativamente. A relação administrativa deve ser vislumbrada como uma convivência harmoniosa e participativa, na qual as pessoas privadas interagem e colaboram na produção dos atos — sobretudo através do processo administrativo.

A primorosa lição de Romeu Felipe Bacellar Filho bem destaca esse vínculo inerente ao processo administrativo e o princípio do Estado Democrático de Direito: "A procedimentalização do agir administrativo, a fixação de regras para o modo como a Administração deve atuar na sociedade e resolver os conflitos configura, assim, condição indispensável para a concretização da democracia. Sem fixação do procedimento administrativo, impossibilita-se qualquer relação estável entre Administração e cidadãos, onde cada um saiba até onde vai o poder do outro e como este poder será exercido".[5]

5. Portanto, o processo administrativo deve ser alçado a uma dignidade superior. Trata-se de uma realidade normativa positivada constitucionalmente, declarada não só com a finalidade de assegurar os demais direitos celebrados naquele foro, mas também visando a celebrar a participação democrática das pessoas privadas quando da formação dos atos administrativos.

Disso humildemente tratará o presente ensaio. Em primeiro lugar, será trazido um rascunho do que se pode entender por direitos e garantias individuais, com especial enfoque para o processo administrativo. Depois, uma breve evolução histórica do Direito Administrativo e o lugar atualmente ocupado pelo processo administrativo. Isso para alinhavar algumas considerações pertinentes à visão do processo administrativo como *garantia* e *direito* previstos no Texto Maior.

2. *Direitos e garantias individuais: uma breve compreensão do tema*

6. A doutrina de Direito Constitucional costuma dissociar analiticamente os

e Egon Bockmann Moreira, *Estudos de Direito Econômico*, Belo Horizonte, Fórum, 2004.

5. *Processo Administrativo Disciplinar*, 2ª ed., São Paulo, Max Limonad, 2003, p. 130.

direitos das garantias individuais positivadas na Constituição. Todavia, não é homogênea: há visões integradoras ao lado de outras que pretendem decompor e afastar peremptoriamente os conceitos, passando por aquelas que negam importância à desagregação.[6]

À parte das considerações doutrinárias quanto aos respectivos efeitos e conseqüências, é possível uma formulação diferenciada dos dois termos em sede constitucional — não dirigida pelo intuito supérfluo de traçar limites rígidos ou intransponíveis entre um e outro, mas sim com a intenção de acentuar a distinção funcional entre os direitos e as garantias. Isso fiel ao escopo primário de enaltecer os atributos alcançados pelo processo administrativo nos dias de hoje.

7. No caso brasileiro, as dificuldades se acentuam. A Constituição não separa topograficamente os direitos das garantias, nem tampouco provê o leitor de qualquer uniformidade lingüística (há direitos que são "assegurados" e garantias que são "declaradas").

Constatação essa que dá consistência a uma importante premissa cognitiva: ambos, direitos e garantias, são direitos fundamentais. Não se pode excluí-los desse grupo maior, no qual sentem-se muito confortáveis. Esse deve ser o norte de toda investigação sobre o assunto.

A rigor, a única "classificação" que o Texto Maior faz é quanto à "qualidade" ou "tipo" dos direitos em jogo: o Título II da Carta (Dos Direitos e Garantias Fundamentais) é dividido em cinco Capítulos: I — Dos Direitos e Deveres Individuais e Coletivos; II — Dos Direitos Sociais; III — Da Nacionalidade; IV — Dos Direitos Políticos, e V — Dos Partidos Políticos. Mas, ainda assim, dentro de cada Capítulo convivem harmoniosamente os direitos e as garantias.

8. Logo, é tarefa do intérprete elaborar uma classificação adequada ao texto constitucional. Na medida em que a Carta dispõe genericamente sobre os direitos e as garantias, é viável a proposta de divisão analítica do tema. Tome-se como ponto de partida a perfeita síntese elaborada por Jorge Miranda: "Os direitos representam só por si certos bens, as garantias destinam-se a assegurar a fruição desses bens; os direitos são principais, as garantias são acessórias e, muitas delas, adjectivas (ainda que possam ser objecto de um regime constitucional substantivo); os direitos permitem a realização das pessoas e inserem-se, directa e imediatamente, por isso, nas respectivas esferas jurídicas, as garantias, só nelas se projectam pelo nexo que possuem com os direitos; na acepção jusracionalista inicial, os direitos *declaram-se*, as garantias *estabelecem-se*".[7]

Enquanto os direitos individuais integram-se na pessoa, formando um rol inviolável de possibilidades de ação e de omissão atribuído ao Homem porque pessoa humana (dignidade, igualdade, liberdade, inviolabilidade da vida privada, locomoção, propriedade, informação etc.), as garantias

6. Para uma visão geral da relação entre os conceitos de garantias e direitos, v. Paulo Bonavides, *Curso de Direito Constitucional*, 8ª ed., São Paulo, Malheiros Editores, 1999, pp. 481 ss., e José Afonso da Silva, *Curso de Direito Constitucional Positivo*, 19ª ed., São Paulo, Malheiros Editores, 2001, pp. 189-192 e 415-421. Gomes Canotilho leciona que, a rigor, "as clássicas garantias são também direitos, embora muitas vezes se salientasse nelas o *carácter instrumental* de protecção dos direitos" (*Direito Constitucional e Teoria da Constituição*, 5ª ed., Coimbra, Coimbra Ed., 2002, p. 394). Mais incisiva é a assertiva desse autor lavrada ao lado de Vital Moreira nas anotações à Constituição portuguesa: "A distinção entre cada uma das categorias que compõem a trilogia dos 'direitos, liberdades e garantias' é, para além de pouco precisa, verdadeiramente *irrelevante*, visto que, qualquer que seja a categoria a que pertençam, todos os direitos fundamentais que a integram gozam do mesmo regime jurídico" (*Constituição da República Portuguesa anotada*, 3ª ed., Coimbra, Coimbra Ed., 1993, p. 112).

7. *Manual de Direito Constitucional*, t. IV, Coimbra, Coimbra Ed., 1988, pp. 88-89.

são institucionalizadas como o meio através do qual são assegurados esses direitos. Não há garantias sem direitos, como reflexo da compreensão de que aquelas não existem por si sós, mas afirmam a certeza e a segurança dos direitos individuais.

Luís Roberto Barroso bem firmou que os *direitos constitucionais* impõem, "em essência, deveres de abstenção aos órgãos públicos, preservando a iniciativa e a autonomia dos particulares".[8] Em contrapartida, as *garantias* em sentido estrito "correspondem aos meios processuais de proteção dos direitos, vale dizer, às ações — e respectivos procedimentos — dedutíveis perante o Poder Judiciário".[9]

9. Isto posto, pode-se avançar no exame do processo administrativo no rol de direitos e garantias individuais. O que exige um leve rascunho do que se possa entender por processo administrativo nos dias de hoje, em vista a configuração inicial do Direito Administrativo, sua evolução e transmutações.

3. O Direito Administrativo contemporâneo e a natureza jurídica do processo administrativo

10. Como se sabe, o Direito Administrativo surgiu oriundo da Revolução Francesa e se consolidou ao final do século XIX. A sua criação, celebração e desenvolvimento deram-se no seio do Conselho de Estado e da doutrina, tendo como protagonista o ato administrativo (e respectivo controle). Para o entendimento dessa criação é importante contextualizá-la, investigando o estrato sócio-político que estava ao seu derredor.

3.1 O ato como ator principal e o processo como figurante

11. O que então se desenvolvia era um Estado com funcionamento baseado no tripé jurídico do liberalismo (Constituição, Código Civil e Estado de Polícia). Às pessoas privadas era garantida a plenitude da liberdade: indivíduos autônomos, livres e iguais, aos quais se permitia tudo o que não fosse proibido por lei. Ao seu tempo, os diplomas normativos asseguravam a propriedade, os contratos e a responsabilização por eventuais desvios.

Ao Estado inicialmente cabia o papel de guarda-noturno das relações sócio-econômicas: fiscalizava, reprimia e punia os desvios. Isso fundamentalmente através do ato administrativo.

Obediente ao princípio da legalidade, o ato foi concebido como a emanação concreta da lei através do Poder Executivo. Ao mesmo tempo em que limitava a ação da Administração, o ato complementava o universo da legalidade, dando-lhe individualidade e aplicação. Era compreendido como *executivo* porque, além de dar cumprimento à lei, continha qualidades executórias: o poder de valer por si só.

Assim, o ato emanado unilateralmente pela Administração era resplandecente de validade, eficácia e executoriedade. O conceito que o clássico Maurice Hauriou lavrou para o ato como "decisão executória" esclarece a compreensão do tema: "c'est *toute décision en vue de produire un effet de droit prise par une autorité administrative dans une forme exécutoire* ou, plus briè-

8. *O Direito Constitucional e a Efetividade de suas Normas*, 7ª ed., Rio de Janeiro, Renovar, 2003, p. 101 — texto escrito a propósito das "normas constitucionais definidoras de direitos", em especial dos "direitos individuais". Claro que a discussão não se encerra nesse plano, pois, como aponta Mireille Delmas-Marty, com o passar do tempo tais direitos assumiram uma dimensão superior: "C'est ainsi que les libertés et droits fondamentaux vont prendre valeur supralégislative et supranationale, leur effectivité étant garantie par divers mécanismes de recours nationaux et internationaux, sans qu'il soit néanmoins possible, à la seule lecture des textes, d'avoir une vue claire de l'ensemble" (in Mireille Delmas-Marty e Claude Lucas de Leyssac, *Libertés et Droits Fondamentaux*, 2ª ed., Paris, Ed. du Seuil, 2002, p. 10).

9. Luís Roberto Barroso, *O Direito Constitucional e a Efetividade de suas Normas*, cit., p. 125.

vement, c'est toute *décision exécutoire*".[10] Essa era a sua principal virtude, exercitada num contexto de Estado *gendarme*.

12. Posteriormente, e em decorrência da sua inserção na economia no período da Primeira Guerra (e acentuadamente no pós-Guerra), o Estado passou a se comprometer com a promoção de benefícios sociais. Também através de atos (quando menos inaugurais), deu-se a concretização estatal de atividades geradoras de desenvolvimento coletivo.

O ato administrativo não mais se prestava apenas a vigiar e punir, mas de igual forma a favorecer os particulares. Estes passaram a não apenas evitar e se defender dos atos de polícia, mas a buscar ativamente o resguardo e os favores oriundos do ato. Tornou-se usual que os particulares pleiteassem a produção de atos administrativos.

Realidade que implicou a manutenção do Estado num nível superior, a impor benefícios e ônus (sempre em cumprimento à lei e submetido ao controle externo). Mesmo ao interior dessa tensão (não violar a liberdade dos particulares e só fazer o que a lei determina *versus* prover ativamente de benefícios toda a sociedade, atuando economicamente), o que se tinha era uma Administração unilateral, desconhecedora da participação popular quando do momento formador de seus atos. Em todos os momentos o que se dava era a definição autônoma dos atos administrativos.

Ainda nesse momento o princípio da legalidade era a chave-mestra dos atos administrativos. Uma vez respeitada, estes surgiam repletos de qualidades extravagantes: presunção de legitimidade, imperatividade, exigibilidade e executoriedade. Não se fazia necessário cogitar da participação dos particulares na formação dos atos, firmes que eram as premissas quanto à emanação da lei pelos representantes do povo e à segurança do controle *a posteriori* dos eventuais desvios.

13. Nesta toada, o ato foi se consolidando como uma das idéias centrais da construção do Direito Administrativo (senão *a idéia central*), gerando sérios efeitos centrífugos: a concepção básica de que a Administração praticava atos unilaterais em cumprimento à lei estava no centro e irradiava-se para toda a compreensão da disciplina (e do relacionamento da Administração com os particulares). A inteligência e a contextualização desse fenômeno explica como se cristalizou a percepção de um Direito Administrativo regido pela noção de ato (e a idealização a ele ínsita ou dele derivada).

3.2 O giro de Copérnico: do ato para o processo

14. A compreensão contemporânea do Direito Administrativo exige uma radical mudança de ângulo em sua abordagem científica.

Isso porque não se pode defender uma postura que prestigie um só dos lados na relação jurídico-administrativa, a ponto de celebrar a possibilidade de uma só das personagens nela envolvidas (a Administração) impor as soluções. Por mais adequados que possam ser os atos assim emanados e por mais obedientes ao princípio da legalidade que eles sejam, não se pode permanecer insistindo na lógica da "declaração unilateral de vontade administrativa, visando a produzir efeitos de direito". A *décision exécutoire* de Hauriou não é mais o eixo em torno do qual gira o Direito Administrativo contemporâneo.

Ao contrário: o Direito Administrativo evoluiu para um momento no qual se exige um prestígio não só à lei que outorga competência à Administração, mas também

10. *Précis de Droit Administratif et de Droit Public Général*, 5ª ed., Paris, Librairie de La Société du Recueil G^al des Lois et des Arrêts, 1903, p. 258. Aprofundar em Marcel Waline, *Manuel Élémentaire de Droit Administratif*, Paris, Recuel Sirey, 1936, pp. 439 ss.

à consensualidade na produção dos atos administrativos. Em vista a celebração, tanto na Constituição como nas leis ordinárias, de preceitos que asseguram a participação democrática das pessoas privadas quando da elaboração dos provimentos administrativos (tanto aqueles que as beneficiem diretamente como aqueles nos quais elas sejam apenas interessadas), exige-se que se abra mão do culto (ou mito) ao ato unilateral.

15. Inverteu-se a óptica primordial: de provimentos emanados unicamente das entranhas da Administração Pública, tornaram-se os atos administrativos (individuais e concretos; gerais e abstratos) decisões oriundas da cooperação entre as pessoas privadas e a Administração. Aos particulares se firmou o direito e a garantia de participar da elaboração dos atos administrativos a ser futuramente emanados pelo Estado-Administração.

O processo não é mais um ingênuo acessório do Direito Administrativo, a existir apenas como meio de defesa contra os desvios e excessos administrativos. A participação exigida nessa configuração contemporânea do Estado Democrático de Direito, instruído por uma Administração participativa, exige a realização do processo como *direito* e *garantia* das pessoas privadas. O que tem reflexos primários na natureza jurídica do processo administrativo.

3.3 A natureza jurídica do processo administrativo contemporâneo

16. Essa constatação faz com que o processo administrativo deva ser compreendido sob três ângulos, todos eles imanentes à condição de *direito* e *garantia constitucionais* estabelecidos em favor das pessoas privadas, impondo deveres de abstenção e de ação ao Estado.

16.1 Por um lado, é nítido que aos *direitos* celebrados constitucional e legalmente corresponde a *garantia* do devido processo legal, ampla defesa e contraditório. O processo desapropriatório, o processo fiscal, o processo disciplinar etc. são exemplos flagrantes dessa concepção do processo como meio de defesa das pessoas privadas em relação aos atos administrativos que ingressem na esfera de seus direitos individuais.

Com lastro nessa hermenêutica de proteção aos direitos fundamentais do Homem, Romeu Felipe Bacellar Filho firmou com perfeição a característica de *garantia fundamental* para o processo administrativo, bem como os seus vários desdobramentos: "O processo administrativo — enquanto garantia constitucional — possibilita a regulação do exercício da competência (garantia geral de estrutura do ordenamento jurídico) e age como instrumento de proteção do indivíduo perante a ação daquela competência. Na relação entre Administração e cidadãos, técnicas processuais tutelam competências para aquela e direitos e liberdades para estes".[11]

16.2 Por outro lado, os particulares têm o *direito* de instalar os seus próprios processos administrativos, visando à consagração de seus direitos e interesses frente à Administração. Já não se trata da defesa contra abusos cometidos pelo Estado ou de responsabilização dele pelos desvios porventura ocorridos. Trata-se da possibilidade de dar início a processos administrativos que resultem em resultados positivos para as pessoas privadas. Não há um litígio, não há um conflito: o que se dá é a formulação de um pleito que gere vantagens que o ordenamento jurídico legitimamente outorga às pessoas privadas. A Administração tem o dever de bem receber, processar, instruir e decidir tais pedidos.

11. *Processo Administrativo Disciplinar*, cit., p. 62. O STF tem inúmeros julgados em que consigna a ampla defesa, devido processo legal e contraditório como *garantias constitucionais* (*v.g.*, RE 285.571-PR, Min. Sepúlveda Pertence, *RTJ* 177/470; RE 163.301-AM, Min. Sepúlveda Pertence, *DJ* 28.11.1997; ADI 1.517, Min. Maurício Corrêa, *DJ* 22.11.2002), inclusive quanto ao processo administrativo (AgRg/RE 342.593-SP, Min. Maurício Corrêa, *DJ* 14.11.2002).

16.3 Por fim, as pessoas privadas têm o direito de participar da elaboração de normas que digam respeito aos seus direitos e aos seus interesses (pessoais, coletivos ou cívicos). Mais do que isso: têm o direito de inaugurar processos administrativos nesse sentido e deles participar mesmo sem deter um vínculo de legitimidade imediato — exercitando direitos de participação.

Se os dois primeiros ângulos sob os quais se pode examinar o processo administrativo trazem consigo uma essencial subjetividade nos pleitos das pessoas privadas, este terceiro caracteriza-se precipuamente pela respectiva objetividade. Não é imprescindível um vínculo pessoal a legitimar a instalação do processo como meio de produção normativa (participação e controle).[12]

O que assume uma dimensão ainda mais relevante em razão do surgimento das novas autoridades administrativas independentes, as quais regulam alguns dos setores mais importantes da economia nacional e contam com a participação popular na formação de seus atos (a maior parte deles com efeitos normativos). Isso ao lado de interações constantes na própria atividade administrativa das agências.

Como argutamente detectou Romeu Felipe Bacellar Filho, muitas são as formas de participação das pessoas privadas na atividade regulatória da Administraçao, em especial no que diz respeito ao contexto recentemente instalado pelas agências reguladoras independentes: "No plano da legislação ordinária, existe previsão de controle social como meio de garantir a participação popular na Administração Pública. Várias são as formas de participação popular nas agências reguladoras, sendo imperioso referir: a) a criação de Ouvidorias, para receber e analisar as reclamações e sugestões formuladas por agentes regulados e usuários e consumidores, bem como propor medidas para atendê-las; b) a previsão de audiências públicas que, ao mesmo tempo em que concretizam o princípio da publicidade, viabilizam a participação dos indivíduos ou grupos determinados, expondo suas idéias, preferências e sugestões que propiciem à Administração Pública decidir com maior probabilidade de acerto; c) a previsão de contrato de gestão, a possibilitar o controle da ação administrativa da agência, bem como da avaliação de seu desempenho junto à comunidade destinatária de sua atuação; d) finalmente, a previsão da existência de um Conselho Consultivo, com função opinativa, onde se denota a representação e participação da sociedade.[13]

17. Não será demais afirmar, portanto, que estamos diante de um *novo processo administrativo*, de uma *novel configuração jurídica* do processo — o que tem firmes repercussões igualmente quanto ao cerne de todo o Direito Administrativo contemporâneo.

O processo administrativo hodierno assume o feitio de um *direito-garantia*, uma realidade jurídica a integrar a esfera individual dos particulares, que podem dele dispor sem ser necessariamente na defesa de algum direito ofendido. Não se depende da prévia agressão e da respectiva defesa para que se compreenda qual é a natureza jurídica do processo.

Essa confluência de direitos e garantias ínsitas ao processo administrativo, essa

12. Claro que há exceções: no caso dos processos instalados para gerar benefícios, pode-se cogitar de pedidos que digam respeito a interesses (coletivos ou individuais) — e não a direito subjetivo — do requerente (*e.g.*, em questões de Direito Urbanístico); ao passo que nesta classe de processos normativos pode se dar que aqueles diretamente afetados pela norma regulamentar a ser emanada ajam em defesa de seus direitos subjetivos (p. ex., a empresa que terá seus lucros afetados em razão direta do processo administrativo).

13. "O poder normativo dos entes reguladores e a participação dos cidadãos nesta atividade. Serviços públicos e direitos fundamentais: os desafios da regulação na experiência brasileira", *Revista Interesse Público* 16/13-22, São Paulo, Notadez, out.-dez. 2002, p. 22.

união de instrumentos processuais de tutela à liberdade e bens (entendidos em sentido amplo: *e.g.*, liberdade de empresa, liberdade de expressão, bens morais[14]) passam a integrar a esfera subjetiva da pessoa. Por isso que ele se aproxima dos *direitos individuais*, configurando um *direito-garantia*.

18. Enfim, o processo não é apenas um instrumento de defesa dos direitos da pessoa privada; uma garantia a que esses direitos sejam protegidos devido à reação de seu titular. Trata-se de algo mais significativo do que o encarnado na concepção exclusivista de uma garantia acessória ou adjetiva. O processo administrativo tem dignidade toda própria, constituindo um direito individual do qual todos os particulares dispõem.

Proposta que traz à lembrança a classificação descrita por José Carlos Vieira de Andrade entre os *direitos de defesa, direitos de participação* e *direitos a prestações*. Os primeiros "caracterizam-se por implicarem, da parte do Estado, um *dever de abstenção*: abstenção de agir e, por isso, dever de não-interferência ou de não-intromissão, no que toca às liberdades propriamente ditas, em que se resguarda um espaço de autodeterminação individual". Já os segundos impõem ao Estado "o *dever de agir*, quer seja para protecção dos bens jurídicos protegidos pelos direitos fundamentais contra a actividade (excepcionalmente, a omissão) de terceiros, quer seja para promover ou garantir as condições materiais ou jurídicas de gozo efectivo desses bens jurídicos fundamentais". Ao seu tempo, os "direitos de participação são, nesta perspectiva, *mistos* de direito de defesa e de direito a prestações, mas que são atomizados em virtude da sua função de garantia da participação individual na vida política, mais concretamente, na formação da vontade política da comunidade".[15]

O processo administrativo é simultaneamente um *direito de defesa*, um *direito de participação* e um *direito a prestações*. A riqueza desse caleidoscópio permite ao intérprete avançar na investigação da natureza jurídica do processo administrativo.

19. A investigação acerca da natureza jurídica do processo administrativo procura perquirir se há uma lógica ínsita a ele, que lhe dê substância jurídica autônoma — de molde a, ao mesmo tempo em que o diferencia quer do processo jurisdicional quer dos atos administrativos, consagra-o como um *direito-garantia* em sede constitucional. A pergunta é: se existe, onde está esse traço definidor essencial?

Em vista do acima exposto, não nos parece haver dúvidas de que é a idéia de participação privada na elaboração dos atos administrativos o verdadeiro elemento que dá consistência à aplicação do conceito de direito-garantia ao processo administrativo. É a interação das pessoas privadas na intimidade da atividade administrativa do Estado, prévia ou simultânea à própria criação do ato administrativo, que explica e determina o processo administrativo como direito-garantia.[16]

14. Ampliar no nosso *Processo Administrativo: Princípios Constitucionais e a Lei 9.784/1999*, 2ª ed., São Paulo, Malheiros Editores, 2003, pp. 309 ss. (interessado, direitos e interesses) e pp. 268-273 (liberdade, bens e *due process*).

15. *Os Direitos Fundamentais na Constituição Portuguesa de 1976*, Coimbra, Almedina, 1987, pp. 192-193. Anote-se que o autor atribui a tal classificação a condição de não "muito rigorosa, pois que mistura dois critérios - o do tipo do dever estatal e o do fim, quanto aos direitos de participação política" (ob. cit., p. 193).

16. Frases colhidas em Celso Antônio Bandeira de Mello — que, a propósito da natureza jurídica das autarquias, de há muito consagrou que "É a noção de personalidade pública o verdadeiro elemento que dá consistência à aplicação do conceito de descentralização às autarquias" (...) "É a personalidade jurídica que explica e determina esta situação de se auto-administrar" (*Natureza e Regime Jurídico das Autarquias*, São Paulo, Ed. RT, 1967, pp. 205 e 206, respectivamente).

20. O processo administrativo não é caracterizado apenas pelo direito à ampla defesa e contraditório (pois podem existir processos administrativos nos quais não se cogite dessas garantias); nem é caracterizado somente pela perseguição de direitos e interesses (pessoais e/ou coletivos) e tampouco tem como único tom marcante a instalação de atos de produção normativa. Cada um desses característicos reporta-se a um momento cognitivo do processo administrativo ou a alguns de seus efeitos, não à sua unidade lógica ou à sua essência normativa.

Em verdade, o processo administrativo destina-se a trazer os particulares ao momento (lógico e jurídico) mais próximo possível da condição de co-autores do ato a ser proferido pela Administração — seja ele favorável ou contrário aos interesses deles. Quando menos, participam dialeticamente na sua produção e colaboram na formação da "vontade administrativa" transformada em ato. Pouco importa se essa atuação dá-se na defesa de seus direitos individuais, na defesa de interesses pessoais ou coletivos, na promoção e instalação de prestações públicas ou na participação cívica na produção de atos administrativos (gerais e abstratos ou individuais e concretos).

Pouco importa também o resultado de tal interação público-privada. Caso violadora de direitos, existirá sempre o recurso ao Judiciário (este sim, uma garantia constitucional — art. 5º, XXXV).

4. Conclusões

21. Tal como em todas as demais ciências humanas e sociais, é tormentoso ao estudioso viver e simultaneamente examinar as mudanças pelas quais vêm passando a sua disciplina. A imparcialidade e objetividade na pesquisa exigem esforços elevados. O intérprete das mutações legislativas torna-se sujeito e objeto de sua pesquisa, afetado que será pela nova onda de metamorfoses. Logo, as constatações e primeiras conclusões têm que ser vistas com cautela e sem excessos.

Mas não será demais reafirmar que hoje vivemos uma virada de Copérnico no Direito Público contemporâneo. Algo de extremamente positivo se passa no Direito Administrativo: as alterações normativas podem ser interpretadas de molde a conduzir o hermeneuta e a Administração a uma alteração no centro de atenções da disciplina, que passa a ser a pessoa humana e a sua dignidade enquanto Homem.

O Direito Administrativo não gira mais em torno do ato, que diminuiu a projeção dos efeitos centrífugos de sua *rationale*. O processo, visto como direito e garantia de participação dos particulares junto à Administração, assumiu uma magnitude superior.

A elevação do processo é apenas uma peça desse mosaico normativo cujas peças se renovam dia após dia. Por isso que se exige do intérprete um norte firme, de molde não perder de vista o prestígio à dignidade do homem e do cidadão, bem como aos direitos e garantias a ela inerentes.

SANÇÃO ADMINISTRATIVA E O PRINCÍPIO DA CULPABILIDADE

RAFAEL MUNHOZ DE MELLO

Mestre em Direito Administrativo pela PUC/SP. Advogado em Curitiba

Introdução. 1. Sanção administrativa: 1.1 Conceito; 1.2 Sanção administrativa retributiva e sanção administrativa ressarcitória. 2. O princípio da proporcionalidade e o direito administrativo sancionador: 2.1 Estado de Direito e proporcionalidade; 2.2 Proporcionalidade em sentido estrito e sanção administrativa; 2.3 Vedação às sanções permanentes. 3. O princípio da culpabilidade: 3.1 Proporcionalidade e culpabilidade: exigência de dolo ou culpa; 3.2 Insuficiência da mera voluntariedade; 3.3 Pessoalidade e intransmissibilidade da sanção administrativa; 3.4 O erro no direito administrativo sancionador. O erro de tipo; 3.5 O erro de proibição. Conclusão. Referências bibliográficas.

Introdução

Muito embora seja também uma manifestação do poder punitivo estatal, ao lado da sanção penal, a sanção administrativa é tratada no direito brasileiro como se fosse medida punitiva de importância secundária, incapaz de atingir de modo grave a esfera jurídica dos particulares. Com efeito, nota-se na doutrina e na jurisprudência pátria certa resistência à aplicação, no direito administrativo sancionador, de princípios que há mais de dois séculos são utilizados no direito penal. Em certos aspectos, revela-se muito atual no Brasil a expressão que García de Enterría utilizou para qualificar o direito administrativo sancionador espanhol na década de 1970: pré-beccariano.[1]

Não se trata de aplicar acriteriosamente os princípios do direito penal no campo do direito administrativo sancionador, mas sim de reconhecer que ambos os ramos jurídicos têm um núcleo comum, formado por princípios que derivam diretamente da opção constitucional por um Estado de Direito.[2] Tais princípios devem ser observados

1. "El problema jurídico de las sanciones administrativas", p. 10.

2. "Cuando se declara que las mismas garantías observables en la aplicación de las penas se han de respetar cuando se trata de imponer una sanción administrativa, no sé hace en realidad referencia a todos y cada un de los principios o reglas reunidos en la Parte General (del Derecho Penal), sino a aquellos a los que el derecho penal debe sometерse para satisfacer los postulados del Estado de Derecho, que son principios derivados de los declarados en la Constitución como fundamentales" (Quintero Olivares, "La autotutela, los limites al poder sancionador de la Administración Pública y los principios inspiradores del derecho penal", p. 262).

em qualquer manifestação do poder punitivo estatal, seja ele exercido pelo Poder Judiciário, através da imposição de sanções penais, seja ele exercido pela Administração Pública, através da imposição de sanções administrativas. Afinal, nas palavras de Alberto Xavier, "o mesmo Estado não pode aceitar respeitáveis princípios de civilização moderna, comportar-se como Estado civilizado num determinado capítulo e rasgar os valores da civilização noutro capítulo".[3]

Dito em outras palavras, é o mesmo Estado que impõe a sanção administrativa e a sanção penal, muito embora no exercício de funções estatais distintas, o que confere regimes jurídicos diversos a um caso e ao outro. Mas a diversidade de regime jurídico não significa que as garantias dos particulares possam ser ignoradas nos casos em que é a Administração Pública e não o Judiciário que impõe a sanção.

Enfim, há um regime jurídico punitivo que deve ser observado em toda manifestação do poder punitivo estatal.[4] Pretende-se demonstrar no presente estudo que o princípio da culpabilidade integra tal regime jurídico, ao contrário do que sustentam autorizadas vozes da doutrina pátria.

I. *Sanção administrativa*

1.1 Conceito

Pode-se definir sanção jurídica como a conseqüência negativa atribuída à inobservância de um comportamento prescrito pela norma jurídica, que deve ser imposta pelos órgãos competentes, se necessário com a utilização de meios coercitivos. Ao estabelecer a sanção jurídica, atribui o legislador uma conseqüência negativa à prática do comportamento ilícito, pretendendo com isto incentivar a observância das condutas prescritas. Em tal sentido, pode-se afirmar que a sanção é "una misura indiretta di cui il legislatore si avvale per ottenere l'osservanza della legge", na lição de Giuseppe Berliri.[5]

A sanção administrativa é uma sanção jurídica. Como tal, a ela se aplica o conceito acima. Mas há peculiaridades que identificam a sanção administrativa entre as demais sanções jurídicas. A principal peculiaridade diz respeito ao sujeito competente para sua imposição, a saber, a própria Administração Pública. Trata-se de elemento decisivo para identificá-la. Se a medida puniti-

3. *VI Curso de Especialização em Direito Tributário*, p. 736.

4. "Constitui exigência constitucional que toda vez que se configure situação em que o particular esteja diante do estado no exercício do seu direito de punir (castigar), incide automática e imediatamente o chamado regime jurídico punitivo, assim designado o conjunto de preceitos constitucionais e legais que estabelece limites procedimentais, processuais e substanciais à ação do Estado, nesta matéria (exercício do *jus puniendi*)" (Geraldo Ataliba, "Imposto de renda — Multa punitiva", p. 550).

5. "Sanzioni amministrative e principi costituzionali della potestà punitiva penale", p. 285. Note-se que em sentido lato sanção pode ser entendida não só como conseqüência negativa atribuída ao descumprimento de um comportamento prescrito por norma, mas também como conseqüência positiva atribuída pelo cumprimento de tal comportamento. Tanto num caso como noutro há uma medida cujo objetivo é "ottenere l'osservanza della legge". Mas a expressão é usualmente utilizada para se referir à primeira hipótese, não à segunda, e em tal sentido é empregada no presente trabalho. Sobre o tema, veja-se o seguinte trecho de Kelsen: "A ordem social (...) pode estatuir uma determinada conduta humana e, simultaneamente, ligar a esta conduta a concessão de uma vantagem, de um prémio, ou ligar à conduta oposta uma desvantagem, uma pena (no sentido mais amplo da palavra). O princípio, que conduz a reagir a uma determinada conduta com um prémio ou uma pena é o princípio retributivo. O prémio e o castigo podem compreender-se no conceito de sanção. No entanto, usualmente, designa-se por sanção somente a pena, isto é, um mal — a privação de certos bens como a vida, a saúde, a liberdade, a honra, valores económicos — a aplicar como conseqüência de uma determinada conduta, mas já não o prémio ou a recompensa" (*Teoria Pura do Direito*, p. 49).

va não é imposta pela Administração Pública de sanção administrativa não se trata. Logo, é o elemento subjetivo que permite diferenciar a sanção administrativa da sanção penal: "o que as aparta", ensina Celso Antônio Bandeira de Mello, "é única e exclusivamente a autoridade competente para impor a sanção".[6]

Trata-se de posição pacífica na doutrina nacional e estrangeira. Para Eduardo García de Enterría e Tomás-Ramón Fernándes, a sanção administrativa distingue-se da penal "por un dato formal, la autoridad que las impone: aquéllas, la Administración, éstas, los Tribunales penales".[7] Na Itália, Guido Zanobini foi o precursor da idéia de que "sono pene amministrative e non sanzioni penali tutte quelle la cui applicazione è dalla legge riservata all'autorità amministrativa".[8] No mesmo sentido, Mireille Delmas-Marty e Catherine Teitgen-Colly ensinam, a respeito do direito administrativo francês, que "la sanction administrative s'identifie d'abord par son auteur: elle émane d'une autorité administrative".[9] E no Brasil Régis Fernandes de Oliveira, em sua pioneira obra a respeito das sanções administrativas, anota que "crime e contravenção são julgados por órgão jurisdicionai, enquanto a infração *[administrativa]* por órgão administrativo".[10]

Portanto, o traço que identifica a sanção administrativa é formal, já que leva em conta o regime jurídico da atividade sancionadora. É que ao atribuir à Administração Pública competência para impor a sanção administrativa, a lei determina que tal atividade sancionadora seja praticada no exercício da função administrativa, que se diferencia das demais funções estatais, inclusive da jurisdicional, por força do seu regime jurídico. Os atos praticados no exercício da função administrativa têm um regime jurídico próprio, distinto dos atos praticados no exercício das funções jurisdicional e legislativa.[11] Ainda que materialmente sejam idênticas as atividades — o julgamento proferido num processo judicial e o proferido num processo administrativo, p.ex. —, do ponto de vista jurídico há diferença entre a manifestação da função administrativa e a manifestação das demais funções estatais.

De conseqüência, sanção administrativa pode ser conceituada como a medida aflitiva imposta pela Administração Pública em função da prática de um comportamento ilícito.[12]

6. *Curso de Direito Administrativo*, p. 743.

7. *Curso de Derecho Administrativo*, v. II, p. 159. Ver ainda, no direito espanhol, Alejandro Nieto, *Derecho Administrativo Sancionador*, p. 182; José Suay Rincón, *Sanciones Administrativas*, p. 55; Adolfo Carretero Pérez e Adolfo Carretero Sanchez, *Derecho Administrativo Sancionador*, p. 101; Lorenzo Martín-Retortillo Baquer, *Multas Administrativas*, pp. 11-12; Fernando Garrido Falla, *Tratado de Derecho Administrativo*, v. II, p. 162.

8. *Le Sanzioni Amministrative*, p. 40. No direito italiano, ver Renato Alessi, *Responsabilità Amministrativa*, p. 618, bem como *Principi di Diritto Amministrativo*, v. I, p. 283; Marco Siniscalco, *Depenalizzazione e Garanzia*, pp. 140-141; Emilio Rosini, *Le Sanzioni Amministrative*, p. 26.

9. *Punir Sans Juger?*, p. 38. No mesmo sentido, na França: Franck Moderne, *Sanctions Administratives et Justice Constitutionnelle*, p. 133; André de Laubadère, Jean-Claude Venezia e Yves Gaudemet, *Traité de Droit Administratif*, p. 708; *Les Pouvoirs de l'Administration dans le Domaine des Sanctions*, p. 35.

10. *Infrações e Sanções Administrativas*, p. 32. No mesmo sentido, Hugo de Brito Machado ensina: "o único critério válido, em nosso Direito positivo, para distinguirmos as sanções penais das sanções administrativas, é o da competência para a correspondente aplicação" ("Teoria das sanções tributárias", p. 164). Em sentido contrário, ver Fábio Medina Osório, *Direito Administrativo Sancionador*, p. 62.

11. "Une fonction est alors un ensemble de missions exercées selon un même régime" (Francis-Paul Bénoit, *Droit Administratif Français*, p. 40).

12. O conceito proposto segue a linha adotada por Eduardo García de Enterría e Tomás-Ramón Fernández, que conceituam sanção administrativa como "un mal infligido por la Administración

1.2 Sanção administrativa retributiva e sanção administrativa ressarcitória

As sanções administrativas podem ser classificadas de acordo com os mais variados critérios.[13] Parece relevante destacar a classificação que separa as sanções administrativas em duas categorias: (i) sanções que consistem em medidas aflitivas de caráter retributivo e (ii) sanções que consistem em medidas aflitivas de caráter ressarcitório. Tanto num caso como noutro há uma sanção jurídica imposta pela Administração Pública, no exercício da função administrativa. Portanto, ambas são sanção administrativa. Contudo, o regime de uma espécie e outra é distinto, como será visto logo adiante.

A sanção administrativa retributiva esgota-se na aplicação de um mal ao infrator. Trata-se de medida de simples retribuição pela prática da infração, sem qualquer pretensão de ressarcimento do dano causado pela conduta delituosa ou de restauração do *status quo ante*. A sanção administrativa assim entendida, nas palavras de Rebollo Puig, "no sirve para restablecer la realidad física alterada o los bienes jurídicos lesionados ni para compensar el daño que haya causado".[14] É dizer, a imposição da sanção retributiva não gera, do ponto de vista jurídico, qualquer benefício à vítima da conduta delituosa, pois "materialmente non restaura l'offesa recata dal delinquente alla vittima e, traverso questa, alla societá", na lição de Zanobini.[15]

Reconhecer que a sanção administrativa retributiva esgota-se na imposição de um mal ao infrator não significa aceitar que a finalidade de tal medida saia a de punir. A finalidade da sanção retributiva, penal ou administrativa, é preventiva:[16] pune-se para prevenir a ocorrência de novas infrações, desestimulando a prática de comportamentos tipificados como ilícitos.[17]

a un administrado como consecuencia de una conducta ilegal" (*Curso de Derecho Administrativo*, v. II, p. 159). Em sentido semelhante é o conceito de Suay Rincón, para quem sanção administrativa é "cualquier mal inflingido por la Administración a un administrado como consecuencia de una conducta ilegal a resultas de un procedimiento administrativo con una finalidad puramente represora" (*Sanciones Administrativas*, p. 55). No conceito ora proposto não se faz referência à necessidade de prévio processo administrativo, como o faz Suay Rincón, em função de não se tratar de característica própria das sanções administrativas, já que por força do princípio constitucional do devido processo legal todo ato estatal que atinja a esfera jurídica dos particulares deve ser precedido de processo, como já afirmamos em outro local: "reza o *due process of law* que sem prévio processo não é possível a edição de qualquer ato estatal que atinja, ainda que minimamente, o patrimônio dos particulares, entendido aqui em acepção latíssima" (Rafael Munhoz de Mello, "Processo administrativo, devido processo legal e a Lei n. 9.784/1999", p. 90).

13. Ver, p.ex., as classificações propostas por Daniel Ferreira, *Sanções Administrativas*, pp. 44-48.

14. *El Derecho Administrativo Sancionador*, pp. 267-268.

15. *Le Sanzioni Amministrative*, p. 6.

16. Daniel Ferreira entende ser "difícil negar que as penas não tenham a finalidade de punir (...) Diferentemente, as sanções administrativas têm por especial objetivo desestimular condutas administrativas reprováveis" (*Sanções Administrativas*, p. 90). Não parece correto, contudo, diferenciar sob tal aspecto sanção penal e sanção administrativa retributiva. Ambas consistem em medida sancionadora retributiva, cuja finalidade é "desestimular condutas reprováveis". A finalidade da sanção penal não é punir, assim como não é esta a finalidade da sanção administrativa. Pune-se para prevenir, em ambos os casos.

17. "Quando uma sanção é aplicada, o que se pretende com isto é tanto despertar em quem a sofreu um estímulo para que não reincida, quanto cumprir uma função exemplar para a sociedade. Não se trata, portanto, de causar uma aflição, um 'mal', objetivando castigar o sujeito, levá-lo à expiação pela nocividade de sua conduta. O Direito tem como finalidade unicamente a disciplina da vida social, a conveniente organização dela, para o bom convívio de todos e bom sucesso do todo social, nisto se esgotando seu objeto. Donde, não entram em pauta intentos de represália, de casti-

Já a sanção administrativa ressarcitória não se esgota na imposição de um mal ao infrator, mas vai além: a medida aflitiva imposta pela Administração Pública altera a situação de fato existente, reparando o dano causado à vítima da infração. O ilícito consiste, aqui, na violação do dever geral de não causar danos a terceiros.

Exemplo típico de sanção ressarcitória imposta pela Administração Pública é a cobrança de juros moratórios pelo atraso no recolhimento de tributos, sanção prevista no art. 161 do Código Tributário Nacional. Como ensina Paulo de Barros Carvalho, "sua cobrança não tem fins punitivos", tendo por característica "um traço remuneratório do capital que permanece em mãos do administrado por tempo excedente ao permitido".[18] A mesma opinião é compartilhada por Sacha Calmon Navarro Coêlho, que sustenta que a cobrança de juros moratórios pela Administração Pública "visa a indenizar o credor pela indisponibilidade do dinheiro na data fixada em lei para o pagamento da prestação".[19]

Pode-se afirmar que a sanção administrativa retributiva é instituída tendo em vista a pessoa do infrator, infligindo-lhe um mal pela prática do ilícito, com finalidade preventiva. Já a sanção ressarcitória tem como referência a pessoa que sofreu o dano, obrigando o infrator a repará-lo. No primeiro caso a preocupação maior é punir o infrator, aplicando uma medida que sirva de "estímulo para que não reincida" e, ademais, cumpra "uma função exemplar para a sociedade";[20] no segundo caso, a preocupação é ressarcir o dano causado ao ofendido.

Tanto a sanção ressarcitória como a retributiva têm a mesma natureza: trata-se de conseqüência negativa que decorre da inobservância de um dever jurídico.[21] Mas num caso a conseqüência negativa consiste na reparação do dano, restabelecendo-se o *status quo ante* ou indenizando-se pelo equivalente patrimonial; no outro, a conseqüência negativa é um mal imposto ao infrator, medida que não tem o condão de modificar a situação danosa causada pela conduta ilícita. Daí afirmar Battaglini que "la pena, invece di guarire una ferita, come avviene nel caso di rissarcimento, produce una ferita nuova".[22]

A sanção retributiva é a típica sanção estatal. Há autores que consideram que só é sanção administrativa a medida aflitiva retributiva, sendo a sanção ressarcitória imposta pela Administração Pública estranha ao campo da sanção administrativa. Guido Zanobini defendia tal posição, sustentando que a pena — medida retributiva — seria a sanção típica do direito público (penal ou administrativo), enquanto o ressarcimento do dano — medida ressarcitória — seria a sanção típica do direito privado.[23] A mes-

go, de purgação moral a quem agiu indevidamente" (Celso Antônio Bandeira de Mello, *Curso de Direito Administrativo*, p. 745).

18. *Curso de Direito Tributário*, p. 353.

19. *Teoria e Prática das Multas Tributárias*, p. 77.

20. Celso Antônio Bandeira de Mello, ob. cit., p. 745.

21. Nas palavras de Giulio Battaglini, "ambedue le sanzione sono mali sensibili, sofferenze a cui si va incontro per causa dell'atto illecito" ("La pena in raporto alle sanzioni civili ed amministrative", pp. 400-401).

22. Ob. e loc. cits. Transcreva-se ainda a seguinte passagem da obra de Giuseppe Bettiol, aplicável não só às sanções penais, mas, também, às sanções administrativas com caráter retributivo: "o direito penal reage sempre com uma sanção à violação do preceito. A sanção, que é a conseqüência jurídica do inadimplemento de um dever, assume no direito penal o nome de pena. Tem ela caráter aflitivo no sentido de que se traduz, do ponto de vista substancial, um mal infligido ao autor de um malefício *propter maleficium*. Não se trata, na verdade, de reconstituir o *status quo ante*, a situação de fato que se desenhava antes que o réu, com o seu delito, viesse a alterar; não se trata de proceder ao ressarcimento de um dano e, dessa forma, de retornar a uma posição de equilíbrio entre interesses antagônicos, fim a que tende a sanção civil" (*Direito Penal*, p. 99).

23. *Le Sanzioni Amministrative*, pp. 4-5.

ma posição é defendida, no direito espanhol, por Angel Blasco Pellicer, que entende que o traço característico da sanção administrativa é "el carácter estrictamente punitivo". E completa: "No existe finalidad reparadora como en las sanciones propias del derecho privado, sino finalidad puramente aflictiva".[24] No Brasil, o entendimento é adotado por Fábio Medina Osório.[25]

Parece exagerado retirar as medidas sancionadoras com caráter ressarcitório da categoria das sanções administrativas, pois tais medidas são também sanções jurídicas impostas pela Administração Pública, no exercício de função administrativa, em face da ocorrência de um ilícito. Trata-se de uma espécie de sanção administrativa, caio regime jurídico é distinto do das sanções administrativas que consistem em medidas aflitivas retributivas.

De fato, se a sanção retributiva é um mal imposto a quem age em desconformidade com determinados comandos legais, medida aflitiva que não representa nenhum benefício à vítima, tendo apenas finalidade preventiva, é necessário e natural que alguns princípios sejam observados em sua aplicação: (i) a conduta proibida deve ser detalhadamente descrita em lei prévia, para que os particulares saibam exatamente o comportamento indesejado que pode sujeitá-los à imposição da sanção; (ii) a sanção somente pode ser imposta a quem agiu de modo voluntário e culposo, pois a finalidade preventiva que justifica a imposição da medida não será atingida se o infrator agiu de modo involuntário ou sem culpa; (iii) a sanção deve ser imposta apenas ao sujeito que agiu de modo ilícito, sendo vedada sua transmissão a terceiros que não praticaram o comportamento proibido.

Tais princípios integram o núcleo do regime jurídico punitivo, aplicável a toda manifestação do *ius puniendi* estatal, seja ele exercido pela aplicação de sanções penais, seja exercido pela imposição de sanções administrativas retributivas.

A situação é distinta nas hipóteses em que a sanção administrativa consiste em medida com caráter ressarcitório. Não se trata, aqui, de infligir um mal ao particular pela prática de uma conduta indesejada, tendo por finalidade prevenir futuras infrações. Trata-se, isso sim, de reparar um dano causado a terceiro. Não se trata de medida que tenha em mira a pessoa do infrator que age de modo ilícito e reprovável, mas sim a pessoa da vítima que sofre danos pela atuação de outrem.

Tendo tais características, à sanção administrativa com caráter ressarcitório não se aplicam os princípios acima referidos, integrantes do regime jurídico punitivo. Não é exigida para a imposição de sanção ressarcitória a descrição detalhada da conduta proibida para que os particulares saibam exatamente o comportamento que é considerado reprovável e que os sujeita à sanção. O comportamento proibido é "causar dano". É admissível a responsabilidade objetiva, indenizando-se a vítima mesmo que o dano tenha sido causado de modo involuntário e sem culpa. E tampouco é vedada a transmissão da sanção ressarcitória, tratando-se de medida que tem por escopo proteger a pessoa que sofreu danos.

O regime jurídico aplicado às sanções administrativas retributivas é assim distinto do que disciplina a imposição de sanções administrativas ressarcitórias. Apenas no primeiro caso tem-se a incidência do regime jurídico punitivo, integrada por princípios usualmente vinculados ao direito penal e desenvolvidos ao longo dos últimos dois séculos. Tal regime não se aplica às sanções administrativas ressarcitórias, cuja função no ordenamento jurídico é outra. O

24. *Sanciones Administrativas en el Orden Social*, p. 14.

25. "O que importa ressaltar é que as medidas de cunho ressarcitório não se integram no conceito de sanção administrativa, pois não assumem efeito aflitivo ou disciplinar, mas sim restituitório, reparatório" (*Direito Administrativo Sancionador*, pp. 94-95).

objeto de estudo no presente trabalho são os princípios que se aplicam às sanções administrativas retributivas, impostas no exercício do poder punitivo estatal.

Diga-se por fim que a distinção entre o regime jurídico das sanções retributivas e o das sanções ressarcitórias foi expressamente adotada pela Constituição Federal de 1988, que no inciso XLV do art. 5º veda a transmissão da sanção retributiva ("nenhuma pena passará da pessoa do condenado"), mas não a transmissão da sanção ressarcitória ("podendo a obrigação de reparar o dano e a decretação de perdimento de bens ser, nos termos da lei, estendida aos sucessores e contra eles executadas").[26] É dizer, a distinção aqui propugnada encontra guarida no próprio texto constitucional.

2. *O princípio da proporcionalidade e o direito administrativo sancionador*

2.1 Estado de Direito e proporcionalidade

O princípio da proibição do excesso ou da proporcionalidade é um dos corolários do Estado de Direito.[27] Trata-se, como ensina Frank Moderne, de um "principe propre à l'État de droit contemporain",[28] que impõe ao ente estatal moderação no seu agir, mormente em situações em que a esfera jurídica dos particulares seja atingida.[29]

Num Estado de Direito a atuação dos agentes estatais deve ser moderada, jamais excessiva. Ser moderada significa estar adstrita a limites estabelecidos no ordenamento jurídico.[30] Se é excessiva ou desproporcional, a atuação do Estado ultrapassa os limites que lhe foram impostos, sendo portanto ilegítima e arbitrária. O princípio da proporcionalidade tem no sistema jurídico, assim, o papel de "cláusula geral anti-arbítrio", na feliz expressão de Helenilson Cunha Pontes.[31]

Vale lembrar que o Estado de Direito surge justamente como resposta à arbitrariedade vigente no Estado de Polícia, no qual a atuação dos entes estatais não enfrentava limites jurídicos. O Estado de Direito submete-se ao ordenamento jurídico, encontrando nas normas jurídicas limites à sua ação. Num Estado de Direito os entes estatais agem no exercício de competências previstas no ordenamento, que lhes são outorgadas para o atendimento do interesse público. O princípio da proporcionalidade exige que tais competências sejam exercidas na medida estritamente necessária ao atendimento do interesse público a elas relacionado.[32]

26. Na vigência da Constituição Federal de 1967, que continha dispositivo semelhante, ensinava Régis Fernandes de Oliveira o seguinte: "Parece-nos deva ter aplicação o princípio da pessoalidade das sanções, como prevê o § 13 do art. 153 da CF. (...) Transmitem-se apenas as sanções reparatórias. Já as punitivas, como objetivam apenas castigar o infrator, para que não torne a descumprir o comando normativo, aplicam-se apenas ao próprio infrator, em obediência ao princípio mencionado" (*Infrações e Sanções Administrativas*, p. 15).

27. José Joaquim Gomes Canotilho, *Direito Constitucional*, p. 261; Konrad Hesse, *Elementos de Direito Constitucional da República Federal da Alemanha*, pp. 158-159; Michel Fromont, "République Fédéral d'Allemagne: l'État de Droit", pp. 1.212-1.214.

28. *Sanctions Administrative et Justice Constitutionnelle*, p. 263.

29. "L'autre grand principe non écrit est celui de la proportionnalité qui prohibe toute atteinte excessive aux droits ou à la situation d'un individu et qui impose donc à l'État une obligation de modération" (Michel Fromont, ob. cit., p. 1.213).

30. Por essa razão, Paulo Bonavides considera que o princípio da proporcionalidade, "cânone do Estado de Direito", "tolhe toda a ação ilimitada do poder do Estado" (*Curso de Direito Constitucional*, p. 397).

31. *O Princípio da Proporcionalidade e o Direito Tributário*, p. 57.

32. Ao analisar o princípio da proporcionalidade, ensina Celso Antônio Bandeira de Mello que "as competências administrativas só podem ser validamente exercidas na extensão e intensidade proporcionais ao que seja realmente demandado para cumprimento da finalidade de interesse

O princípio da proibição do excesso ou da proporcionalidade tem como corolários os sub-princípios (i) da adequação, (ii) da necessidade e (iii) da proporcionalidade em sentido estrito.[33-34]

O princípio da adequação exige que os atos estatais tenham aptidão para atingir o resultado que se pretende. Ao exercer uma competência, o ente estatal tem em mira uma específica finalidade, devendo a medida adotada ser adequada ao seu alcance. Nas palavras de Michel Fromont, o Estado "doit s'assurer que la mesure prise est susceptible d'atteindre l'objectif choisi".[35] É dizer, o meio utilizado pelo agente estatal deve ser idôneo para atingir o fim que se deseja.[36] Sendo necessariamente um interesse público o fim do agir estatal, o ato deve ser adequado para a sua satisfação.

Por força do princípio da necessidade, o Estado deve adotar, ao buscar seus objetivos, a medida menos gravosa aos particulares. Se há dois meios adequados para atingir um mesmo fim, deve ser adotado pelo Estado o que represente menor sacrifício dos interesses privados.[37] Trata-se de um limite quantitativo imposto ao Estado, que impõe a escolha da medida que assegure a satisfação do interesse público com o menor prejuízo aos demais interesses envolvidos.

O princípio da proporcionalidade em sentido estrito veda a utilização excessiva ou desproporcional da competência outorgada ao agente estatal. Uma vez definida a medida adequada e necessária ao atendimento do fim desejado, deve ainda o Estado praticá-la na exata proporção exigida pela situação. Em outras palavras, o meio empregado deve ser proporcional ao fim dese-

público a que estão atreladas. Segue-se que os atos cujos conteúdos ultrapassem o necessário para alcançar o objetivo que justifica o uso da competência ficam maculados de ilegitimidade, porquanto desbordam do âmbito de competência" (*Curso de Direito Administrativo*, p. 101).

33. A origem de tal entendimento está no direito alemão, como explica Aldo Sandulli: "il principio di proporzionalità ha vissuto, a partir dagli anni cinquanta, una vera e propria espansione. (...) Questa espansione ha condotto ad una sensibile evoluzione del principio, non priva de conseguenze, come vedremo, per quegli ordinamenti dell'Europa continentale che ne hanno subito l'influenza. La caratteristica fondamentale della proporzionalità nel sistema tedesco, difatti, è rinvenibile nella duplicità del principio, il quale può essere inteso sia 'in senso lato', sia, nell'ambito di esso, 'in senso stretto'". No sentido lato, continua Sandulli, o principio da proporcionalidade possui "tre distinti elementi, ciascuno dei quali dotato di peculiari ed autonome caractteristiche. (...) Il primo è quello di idoneità, (...), il secondo è quello di necessarietà, (...), il terzo è quello di *Abwägung* o di *Proportionalität* (proporzionalità in senso stretto)" (*La Proporzionalità dell'Azione Amministrativa*, pp. 63-66). No mesmo sentido, veja-se a lição de Helenilson Cunha Pontes: "A jurisprudência do Tribunal Constitucional Federal *[alemão]*, não obstante tenha albergado no passado uma certa variação terminológica, definiu, a partir dos anos sessenta, uma concepção metodologicamente estável do conteúdo normativo do princípio da proporcionalidade, e dos três aspectos que o compõem: adequação, necessidade e proporcionalidade em sentido estrito" (ob. cit., p. 62).

34. Gomes Canotilho, ob. cit., pp. 264-265; Michel Fromont, ob. cit., p. 1.214; Paulo Bonavides, ob. cit., pp. 360-366; Willis Santiago Guerra Filho, *Processo Constitucional e Direitos Fundamentais*, pp. 66-68.

35. Ob. cit., p. 1.214.

36. "La valutazione di idoneità attiene, pertanto, alla coerenza del mezzo impiegato, cioè se, data la situazione di fatto, il mezzo utilizzato dall'amministrazione sia idoneo a produrre apprezzabili risultati. Si opera, dunque, un accertamento dell'idoneità del mezzo impiegato dall'autorità amministrativa" (Aldo Sandulli, ob. cit., p. 368).

37. "O princípio da exigibilidade, também conhecido como 'princípio da necessidade' ou da 'menor ingerência possível', coloca a tónica na ideia de que o cidadão tem direito à menor desvantagem possível. Assim, exigir-se-ia sempre a prova de que, para a obtenção de determinados fins, não era possível adoptar outro meio menos oneroso para o cidadão" (Gomes Canotilho, ob. cit., p. 264).

jado.[38] Há aqui também um limite quantitativo ao exercício do poder estatal: a competência deve ser exercida na "justa medida" para atingir o objetivo a ela relacionado.[39]

Enfim, o princípio da proibição do excesso ou proporcionalidade exige que o ato estatal seja adequado ao alcance do fim pretendido e cause o menor gravame possível aos particulares. Reza ainda o princípio que o ato adequado e necessário seja praticado na medida exata para o alcance do seu fim.

2.2 Proporcionalidade em sentido estrito e sanção administrativa

O princípio da proporcionalidade ocupa papel relevante no direito administrativo sancionador, cujas normas disciplinam atuação estatal das mais agressivas aos particulares. As sanções administrativas são um mal imposto pela Administração Pública aos indivíduos que praticam infração administrativa. Trata-se de medida que atinge de modo negativo a esfera jurídica dos particulares, razão pela qual deve ser aplicada com observância do princípio da proibição do excesso e seus corolários: adequação, necessidade e proporcionalidade em sentido estrito.[40] Para que seja válida, a sanção administrativa deve ser adequada, necessária e proporcional.

O princípio da proporcionalidade tem destaque no campo punitivo desde os primórdios da evolução do Estado de Direito. De fato, já em 1789 a Declaração dos Direitos do Homem e do Cidadão estabelecia que "la loi ne doit établir que des peines strictement et évidemment nécessaire" (art. 8º), dispositivo que pode ser considerado como a origem do princípio da proporcionalidade no domínio do poder punitivo estatal.[41]

Em seu sentido estrito, o princípio da proporcionalidade veda a imposição de sanções administrativas excessivas e desproporcionais à situação fática que serve de motivo para a imposição da punição. A intensidade da sanção administrativa deve corresponder à gravidade da conduta ilícita praticada pelo infrator: quanto mais grave a conduta, mais intensa deve ser a sanção. "Adapter la sanction à la gravité de l'infraction, éviter les punitions excessives au regard des faits qui la motivent":[42] eis aí a faceta mais visível do princípio da proporcionalidade no direito administrativo sancionador.

Para definir a "justa medida" da sanção administrativa é preciso sopesar as circunstâncias fáticas de cada infração. É arbitrária a sanção aplicada sem consideração às peculiaridades do caso concreto, essenciais à definição da intensidade da medida sancionadora a ser aplicada e, de conseqüência, à observância do princípio da proporcionalidade.[43]

A importância da avaliação das particularidades da situação fática aumenta na

38. "Il doit censurer une mesure qui, tout en étant adéquate et nécessaire, est d'une sévérité exagérée eu égard au but poursuivi, c'est-à-dire lorsqui'il y a disproportion entre le moyen et le but" (Michel Fromont, ob. cit., p. 1.214).

39. Gomes Canotilho, ob. cit., p. 265.

40. "El principio de proporcionalidad (con sus tres escalones — idoneidad, necesidad y proporcionalidad en sentido estricto) es un principio de tradicional aplicación a todas las medidas públicas restrictivas de derechos o libertades de los ciudadanos y particularmente a las de contenido sancionador, tanto en el plano normativo como en el aplicativo, exigiendo una correlación entre la gravedad de la infracción y la sanción" (Germán Valencia Mattín, *Derecho Administrativo Sancionador y Principio de Legalidad*, p. 158).

41. *Les Pouvoirs de l'Administration dans le Domaine des Sanctions*, p. 58; Franck Moderne, *Sanctions Administratives et Justice Constitutionnelle*, p. 263.

42. Franck Moderne, ob. cit., p. 263.

43. "A aplicação genérica e indiscriminada da sanção máxima aos servidores envolvidos em processo administrativo, sem que observada a diversidade das condutas praticadas, fere os princípios da individualização e da proporcionalidade da reprimenda" (STJ, MS 7.077-DF, *DJU* 11.6.2001, p. 90).

mesma proporção que a discricionariedade do agente administrativo na definição da sanção. Não é raro que a lei arrole diversas espécies de sanção e atribua à Administração Pública a definição da medida a ser aplicada no caso concreto. Ou ainda, pode o legislador estabelecer limites mínimo e máximo à sanção administrativa, cabendo ao agente administrativo definir a sanção dentro do espaço delimitado pela lei. Em casos tais, o exercício da competência discricionária deve atentar para a gravidade da conduta praticada e suas particularidades.

Ocorre que o legislador não define de modo absoluto e vinculado a intensidade da sanção justamente por considerar que as peculiaridades de cada caso concreto têm relevância na definição da punição administrativa justa.[44-45] Tais peculiaridades podem ser analisadas somente pelo agente competente para impor a sanção, devendo necessariamente ser utilizadas como parâmetro para a definição da intensidade da medida sancionadora, sob pena de violação ao princípio da proporcionalidade.

Serve também o princípio da proporcionalidade em sentido estrito para evitar que o legislador crie sanções administrativas excessivamente graves. Tendo força constitucional, o princípio da proporcionalidade impõe limites à criação legislativa de sanções administrativas. O Supremo Tribunal Federal, p.ex., considerou inconstitucional sanção tributária com caráter confiscatório, em face da "desproporção entre o desrespeito à norma tributária e sua conseqüência jurídica, a multa".[46]

2.3 Vedação às sanções permanentes

Cabe aqui mencionar que é vedada a criação de sanção administrativa permanen-

44. "A regra de direito, como é óbvio, pretende sempre e sempre a medida capaz de atender excelentemente ao interesse público. Ora, dadas a multiplicidade e variedade de situações fáticas passíveis de ocorrerem — as quais serão distintas entre si pelas circunstâncias que as envolvem e pela coloração que tenham —, é preciso que o agente possa, em consideração à fisionomia própria de cada qual, proceder à eleição da medida idônea para atingir de modo perfeito o objetivo da regra aplicanda. Se a lei todas as vezes regulasse vinculadamente a conduta do administrador, padronizaria sempre a solução, tornando-a invariável mesmo perante situações que precisariam ser distinguidas e que não se poderia antecipadamente catalogar com segurança, justamente porque a realidade do mundo empírico é polifacética e comporta inumeráveis variantes. Donde, em muitos casos, uma predefinição normativa estanque levaria a que a providência por ela imposta conduzisse a resultados indesejáveis" (Celso Antônio Bandeira de Mello, *Curso de Direito Administrativo*, p. 845).

45. "Frente a la tesis de la pretendida pluralidad de soluciones justas que se cree hallar en la escala establecida por la ley, lo que determina una potestad discrecional de la Administración, creo que es preciso recurrir a una interpretación diversa y preguntarse, en primer lugar, cuál será la *ratio legis* de una norma que, por ejemplo, a la falta muy grave le señala cuatro posibles sanciones de muy diversa gravedad A este respecto, no parece que la norma pretenda dar un derecho de libre opción a la Administración, sino que más bien es la imposibilidad material de tipificar todas las infracciones, con sus circunstancias objetivas y subjetivas, lo que obliga a establecer estos criterios generales que, frente al caso concreto, exigirán, en primer lugar, buscar los principios generales para interpretar la norma y completarla, y de esta forma aplicar luego la única solución adecuada y que se ajusta a la voluntad del ordenamiento. Es decir, al establecerse diversos tipos de sanciones para una infracción, no se pretende por la norma remitiese al criterio opcional del órgano sancionador, sino a los principios generales" (Joaquín Tornos Mas, "Infracción y sanción administrativa: el tema de su proporcionalidad en la jurisprudencia contencioso-administrativa", p. 6). O princípio que cumpre tal papel, segundo Tornos Mas, é o da proporcionalidade (idem, p. 7).

46. ADI 551-1-RJ, *DJU* 14.2.2003. No caso analisado pelo STF, os dispositivos considerados inconstitucionais integravam o Ato das Disposições Constitucionais Transitórias da Constituição do Estado do Rio de Janeiro e estabeleciam que "as multas conseqüentes do não recolhimento dos impostos e taxas estaduais aos cofres do Estado

te, que por sua exagerada gravidade vai de encontro ao princípio da proporcionalidade em sentido estrito. Sanção administrativa permanente representa punição excessiva, restringindo o exercício de certo direito por toda a vida do indivíduo.

É a própria Constituição Federal de 1988 que considera excessiva a sanção permanente, ao proibir a imposição de medidas sancionadoras com caráter perpétuo (art. 5º, inciso XLVII, *b*). Sendo assim, pode-se afirmar, como Geraldo Ataliba, que "repugna ao espírito do nosso sistema jurídico e agride a letra das normas maiores nele inscritas, a perpetuidade das punições".[47] O entendimento é adotado tanto pelo Supremo Tribunal Federal como pelo Superior Tribunal de Justiça, que,já reconheceram, p.ex., a inconstitucionalidade da sanção administrativa prevista no inciso IV do art. 44 da Lei n. 4.595/1964 (inabilitação permanente para o exercício de cargos de direção ou gerência em instituição financeira).[48]

3. *O princípio da culpabilidade*

3.1 Proporcionalidade e culpabilidade: exigência de dolo ou culpa

O princípio da proporcionalidade tem ainda outra importante conseqüência no campo do direito administrativo sancionador: exige que a sanção administrativa retributiva seja aplicada apenas à ação que, além de típica e ilícita, seja também culpável. A imposição de sanção administrativa retributiva depende da culpa do infrator, em função do subprincípio da adequação, corolário do princípio da proibição do excesso ou da proporcionalidade, que por sua vez decorre do princípio fundamental do Estado de Direito, previsto no art. 1º da Constituição Federal de 1988.

Com efeito, não é adequada a medida sancionadora aplicada a sujeito que não agiu de modo doloso ou ao menos com culpa *stricto sensu* (negligência, imperícia ou imprudência). Para além de tais hipóteses, o sujeito que praticou a conduta típica agiu licitamente e com a diligência exigida pelas circunstâncias. Ou seja, não obstante a diligência, perícia e prudência no agir, voltado a resultado lícito, ocorreu comportamento típico.

Ora, a finalidade da sanção administrativa é a prevenção da ocorrência de novas infrações administrativas. Como já ressaltado, a punição em que consiste a sanção administrativa tem finalidade preventiva: aplica-se uma medida negativa ao infrator para prevenir a ocorrência de futuras infrações. A finalidade preventiva tem em mira a pessoa do infrator (prevenção especial) e os demais membros da sociedade (prevenção geral): o infrator não mais praticará o ilícito por receio de receber nova sanção, além

não poderão ser inferiores a duas vezes o seu valor", bem como que "as multas conseqüentes da sonegação dos impostos ou taxas estaduais não poderão ser inferiores a cinco vezes o seu valor".

47. "Inconstitucionalidade de sanções permanentes", p. 23. No mesmo sentido, Daniel Ferreira, *Sanções Administrativas*, p. 135; Nelson Eizirik, *Reforma das S/A e do Mercado de Capitais*, p. 252.

48. "Apesar de não existir previsão legal possibilitando a revisão ou reabilitação da pena de inabilitação permanente para o exercício de cargos de direção na administração ou gerência em instituições financeiras, prevista no art. 44, § 4º, IV da Lei 4.595/64, é inadmissível que se fale na inocorrência de tais procedimentos, pois, conforme interpretação do art. 5º, XLVI e XLVII, *b* e seu § 2º, da CF, é vedada a aplicação de qualquer pena de caráter perpétuo" (STF, RE 154.134-2-SP, *RT* 773/155). E ainda: "I — Os direitos e garantias expressamente previstos na Constituição Federal não excluem outros tantos decorrentes do regime e dos princípios nela adotados (art. 5º, LXXVI, § 2º). II — A vedação às penas de caráter perpétuo não pode ser interpretada restritivamente, estendendo-se às penalidades de suspensão e interdição de direitos capitulados no inciso LXVI, letra *e*, do mesmo artigo. III — Segurança concedida" (STJ, MS 1.119-DF, *RSTJ* 28/279).

de servir como exemplo para os demais potenciais infratores.[49] Ou ainda, como ensina Ángeles de Palma Del Teso, "la necesidad de la sanción administrativa deriva de fines preventivos, al objeto de evitar que el autor cometa en el futuro nuevas infracciones y confirmar a los ojos de la generalidad la vigencia de la norma jurídica".[50]

Pois bem. A sanção administrativa retributiva só cumpre sua finalidade preventiva se aplicada a quem age de modo doloso ou culposo. É dizer, se aplicada a quem pratica de modo consciente e voluntário a conduta típica (dolo), ou a quem pratica voluntariamente um comportamento lícito, mas age com negligência, imperícia ou imprudência, causando resultado tipificado como infração administrativa (culpa *stricto sensu*).[51]

Ocorre que a finalidade preventiva só é atingida se do sujeito que sofre os efeitos da sanção fosse possível exigir conduta distinta da que foi praticada, evitando assim o resultado típico alcançado.[52] Agindo com dolo, o indivíduo decide conscientemente praticar a conduta típica. Se escolhe agir dessa forma, pode também escolher agir de outra, servindo a sanção como estímulo à escolha que trilhe os caminhos da legalidade. No caso da conduta meramente culposa, em que o sujeito age com negligência, imperícia ou imprudência, também pode ser adotado modo de agir diverso, diligente e prudente, evitando-se assim a configuração do comportamento proibido. A sanção administrativa aplicada ao sujeito que age com dolo ou culpa serve como estímulo à mudança: se praticou deliberadamente a conduta típica, a sanção o estimula a não reincidir; se a praticou por negligência, imperícia ou imprudência, a sanção o incentiva a ser mais diligente e cuidadoso no seu agir. Previne-se, de tal maneira, a prática de novas infrações administrativas.

49. "Caracteriza-se a chamada prevenção geral da pena pelo efeito de intimidação que a ameaça de sua imposição ou a sua aplicação ou execução concretas possam produzir no seio da comunidade. (...) Por prevenção especial entende-se o objetivo de evitar que o sujeito cometa novas infrações. Trata-se de proporcionar ao condenado, através da execução da pena, caminhos opostos à resistência" (René Ariel Dotti, *Curso de Direito Penal — Parte Geral*, p. 434).

50. *El Principio de Culpabilidad en el Derecho Administrativo Sancionador*, p. 44. Transcreva-se ainda a lição de Celso Antônio Bandeira de Mello: "A razão pela qual a lei qualifica certos comportamentos como infrações administrativas, e prevê sanções para quem nelas incorra, é a de desestimular a prática daquelas condutas censuradas ou constranger ao cumprimento das obrigações. Assim, o objetivo da composição das figuras infracionais e da correlata penalização é intimidar eventuais infratores, para que não pratiquem os comportamentos proibidos ou para induzir os administrados a atuarem na conformidade de regra que lhes demanda comportamento positivo. Logo, quando uma sanção é aplicada, o que se pretende com isto é tanto despertar em quem a sofreu um estímulo para que não reincida, quanto cumprir uma função exemplar para a sociedade" (ob. cit., pp. 744-745).

51. Para Heleno Cláudio Fragoso, "o dolo é vontade de realização da conduta típica" (*Lições de Direito Penal — A Nova Parte Geral*, p. 172). E completa: "no caso da culpa, no entanto, a vontade é dirigida a outros fins. Não obstante, o agente causa o resultado por que atuou sem observar as normas de atenção, cuidado ou diligência impostas pela vida de relação, tendo-se em vista as circunstâncias do fato concreto" (idem, p. 220). Assim, a conduta meramente culposa "é a que se realiza com negligência, imprudência ou imperícia, ou seja, violando um dever objetivo de cuidado, atenção ou diligência" (ibidem, p. 219).

52. "A pena criminal assim entendida como instrumento de intimidação, isto é, como medida de prevenção geral, só adquire algum sentido se a correlacionarmos com a noção de evitabilidade do fato praticado. Vale dizer: só se pode intimidar o homem, com algum proveito, com a ameaça da pena, de dor ou de sofrimento, para que deixe de praticar fatos indesejáveis, nocivos ao semelhante, à tribo, à comunidade, à sociedade, quando tais fatos indesejáveis são evitáveis, ou, por outras palavras, quando esteja na esfera do individuo membro fazer ou não fazer o que se quer evitar por meio da ameaça referida" (Francisco de Assis Toledo, *Princípios Básicos de Direito Penal*, p. 28).

A situação é diferente se não há dolo ou culpa na ação do indivíduo. Ele não pratica a conduta típica de modo voluntário e consciente (dolo). Tampouco deixa de observar o dever de diligência que a todos é atribuído numa sociedade (culpa *stricto sensu*). Seu agir voluntário e consciente é voltado à prática de conduta lícita, e ele age com diligência em tal intento. Sendo assim, o comportamento exigido pelo ordenamento jurídico é atendido: o particular não pratica de modo voluntário e consciente a conduta típica e não age com negligência, imperícia ou imprudência. Mas não obstante a correção do seu agir, o resultado de sua ação é evento tipificado corria infração administrativa. Pergunta-se: que função preventiva exerce a sanção administrativa em casos tais? Estimular o sujeito a não mais agir de modo diligente?

Se não há dolo ou culpa, a aplicação da sanção administrativa retributiva não previne a ocorrência futura de comportamentos tipificados como infrações administrativas. O indivíduo que sem culpa praticou o comportamento típico não mudará seu modo de agir em face da imposição da sanção. E nem é possível exigir a mudança, pois nada de ilegal havia em sua conduta: ele não desejou a conduta típica e tampouco agiu com negligência, imperícia ou imprudência. De conseqüência, não há razão que justifique a imposição de uma medida sancionadora cujo propósito é estimular a mudança de comportamento do infrator (prevenção especial).

Utilize-se exemplo singelo para ilustrar o que foi afirmado. Dispõe o Código de Trânsito Brasileiro que é infração administrativa entregar a direção de veículo a pessoa que não possua Carteira Nacional de Habilitação — CNH (Lei n. 9.503/1997, arts. 162, inciso I, e 163). Se o infrator sabe que a pessoa a quem entrega a direção não é portadora de CNH e ainda assim pratica a conduta de modo voluntário, age com dolo. Se o infrator entrega a direção a outra pessoa e não se preocupa em verificar se ela possui CNH, age com culpa *stricto sensu*. Em tal caso, a vontade não é dirigida à prática da conduta típica (entregar a direção de veículo a pessoa que não possua CNH), mas sim a outro fim, lícito: entregar a direção de veículo a outrem. Por negligência e imprudência, contudo, o resultado acaba sendo o evento descrito no citado diploma legal.

Em ambos os casos a sanção administrativa vai cumprir sua finalidade preventiva, sendo medida apta e adequada a estimular a mudança de comportamento do infrator: não mais entregar direção a quem não é portador de CNH; verificar, antes de entregar a direção de veículo a outrem, se a pessoa possui CNH.

Imagine-se, porém, a seguinte situação: Fulano entrega a Beltrano a direção de veículo, tendo antes tomado o cuidado de verificar que este último era portador de CNH. Sob a fiscalização de agentes administrativos, descobre-se que Beltrano na realidade não possuía CNH, e que apresentara a Fulano uma via falsificada. Note-se que a conduta típica foi praticada: Fulano voluntariamente entregou a direção de veículo a pessoa que não possuía CNH. Não agiu com dolo, pois não desejava praticar a conduta típica. Tampouco agiu com culpa, pois observou o dever de diligência ao verificar se Beltrano era portador de CNH.

Seria adequada a imposição de sanção administrativa em caso semelhante? A finalidade preventiva da sanção administrativa seria atingida? Faria sentido aplicar a Fulano uma medida que tivesse por fim estimulá-lo a não mais agir da mesma forma? Parece claro que a resposta a tais questões é negativa.

E nem se argumente que a imposição da sanção administrativa, mesmo sem que tenha havido atuação culposa, pode servir ao propósito de prevenção geral. De início, note-se que o entendimento vai de encontro ao princípio constitucional da dignidade da pessoa humana (CF, art. 1º, inciso III), eis que um indivíduo seria injustamente submetido à sanção administrativa, já que não agiu de modo ilícito, com o único propósito de servir de exemplo aos demais integrantes da coletividade.[53] Em tal situação ocorreria a "instrumentalización de la persona al imponer una pena", como afirma Günther Jakobs, situação obviamente contrária ao princípio da dignidade da pessoa humana.[54]

Ademais, a imposição de sanção administrativa retributiva a indivíduo que não agiu com dolo ou culpa nem mesmo serve ao propósito de prevenção geral. O objeto da prevenção é a conduta típica praticada com voluntariedade e consciência (dolo) ou a negligência, imprudência ou imperícia que conduzem a resultado ilícito, ainda que não desejado pelo infrator (culpa *stricto sensu*). Não há razão para prevenir a ocorrência de conduta que não foi dolosa e nem mesmo culposa.

Se não alcança sua finalidade preventiva, especial e geral, a sanção administrativa retributiva é medida inadequada nos casos em que não há dolo ou culpa *stricto sensu*. É inadequada em face da inaptidão para atingir seu fim, que é prevenir a ocorrência da conduta típica. Trata-se de medida inútil, portanto, como bem nota Ángeles de Palma Del Teso: "la pena proporcional a la culpabilidad es la única pena útil".[55] E complementa: "sólo la sanción sentida como adecuada, tanto por el que la soporta como por la sociedad, cumple su finalidad de prevención especial y general".[56]

Sendo medida inapta a atingir sua finalidade, a sanção administrativa retributiva imposta a quem age sem dolo ou culpa fere o princípio da adequação, corolário do princípio da proporcionalidade que exige que o meio utilizado pelo agente estatal seja idôneo para atingir o fim previsto na lei. De conseqüência, o princípio da proporcionalidade tem como corolário, no direito administrativo sancionador, o princípio da culpabilidade.[57]

Tratando-se de princípio constitucional, como defendido no presente trabalho, o legislador infraconstitucional não pode afastar a culpabilidade do campo do direito administrativo sancionador, outorgando à Administração Pública competência para impor sanções administrativas retributivas independentemente da culpa do particular. Adota-se aqui tese encampada por parte da doutrina pátria, como se vê nas obras de Fábio Medina Osório,[58] Heraldo Garcia Vit-

53. "En un Estado Democrático es fundamental el derecho a la dignidad de la persona, que se lesionaría al sancionar a un ciudadano que no ha trasgredido voluntariamente la norma o ha actuado con la diligencia debida. El Derecho punitivo no puede entrar en juego cuando las personas se conducen con respeto al Ordenamiento, pues ello sería contrario a la seguridad jurídica que nuestra Constitución garantiza. Si se castiga a alguien por un hecho no querido ni imprudente o por un hecho ajeno se vulneran principios básicos en un Estado Democrático" (Ángeles de Palma Del Teso, ob. cit., p. 54).

54. *Culpabilidad en Derecho Penal*, pp. 11-12.

55. Ob. cit., p. 45.

56. Idem, p. 148.

57. Da mesma forma, ensina Fábio Medina Osório: "Culpabilidade é uma exigência inarredável, para as pessoas físicas, decorrente da fórmula substancial do devido processo legal e da necessária proporcionalidade das infrações e das sanções, sendo imprescindível uma análise da subjetividade do autor do fato ilícito, quando se trate de pessoa humana" (ob. cit., p. 315). Em sentido semelhante, reconhecendo a origem da culpabilidade no princípio da proporcionalidade, afirma Angel Blasco Pellicer que "el principio de culpabilidad puede inferirse de los principios de legalidad y prohibición del exceso (artículo 25.1 CE) o de las exigencias inherentes al Estado de Derecho" (*Sanciones Administrativas en el Orden Social*, p. 34).

58. "Ficaria o princípio da culpabilidade adstrito, na produção de seus efeitos e reflexos, ao campo penal? Parece-me evidente que não. E isso porque tal princípio não tem natureza essencialmente penal, mas sim constitucional. É um princípio constitucional genérico, que limita o poder punitivo do Estado. Trata-se, nesse passo, de garantia individual contra o arbítrio, garantia que se corporifica em direitos fundamentais da pessoa humana" (*Direito Administrativo Sancionador*, pp. 314-315).

ta[59] e Edilson Pereira Nobre Júnior.[60-61] O mesmo entendimento é compartilhado por diversos doutrinadores que analisaram o tema à luz da dúbia redação do art. 136 do Código Tributário Nacional.[62-63]

3.2 *Insuficiência da mera voluntariedade*

Há, todavia, autorizadas vozes que sustentam entendimento diverso, reconhecendo que a imposição de sanção administrativa não depende de dolo ou culpa do infrator, bastando a voluntariedade da conduta. É a posição defendida por Régis Fernandes de Oliveira,[64] Daniel Ferreira[65] e Celso Antônio Bandeira de Mello.[66]

59. "No regime jurídico-constitucional desse porte, no qual se acentuam a República, a Democracia e o Estado de Direito, não podemos conceber haja infrações administrativas, diante de mera voluntariedade, sem qualquer análise da culpa ou do dolo do infrator" (*A Sanção no Direito Administrativo*, p. 43).

60. "Somos pela impossibilidade de responsabilidade objetiva nas infrações administrativas. Há necessidade de se demonstrar que a ação antijurídica adveio de culpabilidade. O que se faculta ao legislador e, mesmo assim, desde que seja expresso, é dispensar o dolo, contentando-se com a culpa em sentido estrito" (*Sanções Administrativas e Princípios de Direito Penal*, p. 141).

61. Mencione-se ainda a opinião de Modesto Carvalhosa (*A Nova Lei das S/A*, p. 500), Nelson Eizirik (*Reforma das S/A e Mercados de Capitais*, pp. 194-195) e José Alexandre Tavares Guerreiro ("Sobre o poder disciplinar da CVM", pp. 75-76), autores que defendem a vigência do princípio da culpabilidade no âmbito da atuação punitiva exercida pela Comissão de Valores Mobiliários.

62. Veja-se a lição de Alberto Xavier: "A primeira conclusão é, portanto, de que o art. 136, ao invés do que certas posições preconizaram, não consagra a responsabilidade objetiva, mas se trata ainda de expressão da responsabilidade subjetiva, embora o legislador tenha declarado a irrelevância do dolo. A minha seguida observação vai no sentido de que me parece que, em qualquer caso, a responsabilidade penal objetiva seria inconstitucional, e isto por invocação do § 13º do art. 153, que estabelece o princípio da pessoalidade da pena e da individualização da pena" (*VI Curso de Especialização em Direito Tributário*, p. 729). Na mesma ocasião, o entendimento foi também compartilhado por Geraldo Ataliba e Hector Villegas, como se vê na mesma obra (pp. 731-733). Ver ainda Ruy Barbosa Nogueira, *Curso de Direito Tributário*, p. 199; Eduardo Fortunato Bim, "A inconstitucionalidade da responsabilidade objetiva no direito tributário sancionador", pp. 153 e ss.; Carlos César Sousa Cintra, "Reflexões em torno das sanções administrativas tributárias", p. 85. Em sentido contrário, admitindo que a lei possa estabelecer sanção tributária sem observância do princípio da culpabilidade, ver Paulo de Barros Carvalho, *Curso de Direito Tributário*, p. 348; Sacha Calmon Navarra Coêlho, *Manual de Direito Tributário*, pp. 407-408; Ives Gandra da Silva Martins, *Da Sanção Tributária*, p. 70; Ricardo Lobo Torres, *Curso de Direito Financeiro e Tributário*, pp. 238-239.

63. A jurisprudência do STJ firmou o entendimento de que é subjetiva a responsabilidade nas infrações tributárias, como se vê da ementa do seguinte julgado: "O art. 136 do Código Tributário Nacional, no que toca à infração da lei tributária, deve ser examinado em harmonia com o art. 137, também do CTN, que consagra a responsabilidade subjetiva" (REsp 68.089-SP, *DJU* 16.8.2004). Em sentido semelhante: "A pena de perdimento não alcança quem adquiriu a mercadoria estrangeira, no mercado interno, de comerciante estabelecido, mediante nota fiscal. O comprador de mercadoria exposta em loja sujeita a fiscalização, não pode ser obrigado a investigar o modo como ela entrou no país. A pena de perdimento — até por ser pena — não pode abstrair do elemento subjetivo nem desprezar a boa-fé" (REsp 79.764-DF, *DJU* 17.6.1996). No corpo deste último acórdão há referência a outros julgados que trilharam o mesmo caminho (REsp 11.137-PE, *DJU* 6.11.1995; REsp 23.513-RJ, *DJU* 8.11.1993; REsp 15.073-DF, *DJU* 15.8.1994). Em sentido contrário, ver REsp 51.267-0-SP, *RSTJ* 69/475.

64. "Exclui-se como requisito necessário a culpabilidade para integração do tipo punível de caráter administrativo. (...) Basta para tipificação de certas infrações a voluntariedade (entendida aqui não como mero ânimo — e, pois, etapa pré-jurídica do comportamento — mas o impulso anímico gerador de efeitos jurídicos); basta o comportamento desconforme ao comportamento exigido" (*Infrações e Sanções Administrativas*, p. 8).

65. "Concluindo, ao menos em termos de ilícito administrativo, diferentemente do que ocorre

A voluntariedade diz respeito à ação praticada pelo particular. Para que se configure infração administrativa é necessário que o agente tenha praticado uma conduta de modo voluntário, movido por "impulso anímico", nas palavras de Régis Fernandes de Oliveira.[67] Ao exigir voluntariedade, os referidos autores afastam a possibilidade de sanção administrativa ser imposta a quem age de modo autômato, sem desejar, sem que seja o agir conseqüência de um comando de vontade, tal qual ocorre com atos reflexos, em situações de coação absoluta irresistível ou de caso fortuito.[68] O entendimento é correto, pois sem voluntariedade não há ação imputável ao intelecto do homem, mas sim mero movimento material decorrente de impulsos involuntários. Não há decisão: o evento ocorre a despeito da vontade humana.

Todavia, com o respeito devido aos autores que entendem de modo distinto, apenas a voluntariedade não é suficiente para a configuração de ilícito administrativo. É certo que a voluntariedade é indispensável, pois sem ela não há que se falar sequer em ação.[69] Mas uma conduta humana pode ser voluntariamente voltada a um resultado lícito e atingir, não obstante, resultado ilícito, mesmo com a adoção de todas as precauções para que não ocorra esse desvio. Em outras palavras: agindo voluntariamente, com toda diligência exigida de um homem comum e desejando atingir resultado lícito, um indivíduo pode acabar produzindo como resultado um evento tipificado como infração administrativa. Não parece adequada a imposição de sanção nesta última hipótese.

Só a característica da voluntariedade indica muito pouco sobre a conduta humana, sendo acenada a opinião de Rebollo Puig, para quem a mera voluntariedade "poco interés práctico tiene para las infracciones administrativa".[70] Com voluntariedade, um sujeito pode: (i) praticar um ilícito administrativo porque assim desejou (dolo); (ii) praticá-lo não por tê-lo desejado mas sim por não ter tomado as precauções exigidas pela situação (culpa *stricto sensu*); (iii) praticar uma infração sem desejá-la e a despeito de ter agido com a diligência necessária para evitá-la (apenas voluntariedade). São três comportamentos muito distintos, que bem por isso não podem receber do ordenamento jurídico o mesmo tratamento.[71]

com o direito penal, não há que se reportar a culpabilidade e, como conseqüência disso, a punibilidade. Ou há ilícito (e nele pode estar o elemento subjetivo como necessário, como *conditio sine qua non*) e deve-ser a sanção —, ou não há: *tertium nor datur*" (*Sanções Administrativas*, p. 66).

66. "É de meridiana evidência que descaberia qualificar alguém como incurso em infração quando inexista a possibilidade de prévia ciência e prévia eleição, *in concreto*, do comportamento que o livraria da incidência na infração e, pois, na sujeição às sanções para tal caso previstas. Note-se que aqui não se está a falar de culpa ou dolo, mas de coisa diversa: meramente do *animus* de praticar dada conduta" (*Curso de Direito Administrativo*, p. 751).

67. Ob. e loc. cits.

68. Como ensina Manuel Rebollo Puig, entendida em sentido estrito a voluntariedade só falta "cuando el sujeto queda paralizado, en los estados de inconsciencia, cuando concurre fuerza irrestible o se obra por movimientos reflejos" (*El Derecho Administrativo Sancionador*, p. 287). Luiz Regis Prado cita como exemplos de ausência de ação a convulsão epilética (ato reflexo), a *vis absoluta* ("obrigar fisicamente o coagido a golpear") e morte causada por atropelamento em virtude de defeito mecânico do veículo (caso fortuito). Em todos os exemplos, a ação ocorre independentemente da vontade do agente (*Curso de Direito Penal Brasileiro*, pp. 265-266).

69. "Para la existencia de acción es necesario que el origen de la conducta externa, activa u omisiva, sea resultado de una previa decisión" (Ángeles de Palma Del Teso, *El Principio de Culpabilidad en el Derecho Administrativo Sancionador*, p. 122).

70. Oh. cit., p. 287.

71. Daí afirmar Luiz Regis Prado que o princípio da culpabilidade tem também por fundamento o princípio da isonomia, "que veda o mesmo tratamento ao culpável e inculpável" (oh. cit., p. 117).

Ademais, é a ocorrência das duas primeiras condutas acima referidas que o ordenamento jurídico pretende prevenir ao criar infrações e sanções administrativas. A terceira não, pois nela nada há de inadequado: o particular não quis praticar a infração, tendo voluntariamente agido para atingir fim lícito; o particular tampouco deixou de observar a diligência exigida, atuando com cuidado e precaução. Nada há a prevenir em caso semelhante.

Retome-se ao exemplo ao início utilizado. Combinados, os arts. 162, inciso I, e 163 do Código Brasileiro de Trânsito (Lei n. 9.503/1997) tipificam como infração administrativa a conduta "entregar a direção de veículo a pessoa sem habilitação". Pretende o diploma legal evitar duas condutas: (i) alguém entregar, com consciência e vontade, a direção de veículo a quem não seja portador de CNH, ou (ii) alguém entregar, por negligência, a direção de veículo a pessoa sem habilitação. No primeiro caso há dolo, no segundo culpa *stricto sensu*. Se o evento típico "entregar a direção de veículo a pessoa sem habilitação" foi alcançado sem dolo ou culpa, mas apenas com voluntariedade — no caso de apresentação de CNH falsificada, conforme exemplo antes utilizado —, razão alguma há para a imposição da sanção administrativa, pois não foram praticadas as condutas cuja observância o legislador deseja prevenir. É dizer, o comportamento adotado pelo particular não é o que se pretende prevenir com a sanção. Em suma, a sanção administrativa retributiva aplicada a sujeito que agiu sem dolo ou culpa, mas apenas com voluntariedade, não vai atingir seu fim preventivo, mostrando-se inadequada e, portanto, ofensiva ao princípio constitucional da proporcionalidade.

3.3 Pessoalidade e intransmissibilidade da sanção administrativa

Decorrência lógica e necessária da culpabilidade, o princípio da pessoalidade da sanção administrativa veda a imposição ou transmissão da medida sancionadora a terceiros que não participaram da conduta típica.[72] Em poucas palavras: a sanção deve ser imposta tão-somente a quem, com dolo ou culpa *stricto sensu*, realiza a infração administrativa, sendo vedada a punição por fato de outrem.

O princípio da pessoalidade está expressamente previsto na Constituição Federal de 1988, que em seu art. 5º, inciso XLV assegura que "nenhuma pena passará da pessoa do condenado". Não há no referido dispositivo constitucional qualquer elemento que indique estar sua aplicação limitada à esfera do direito penal, cabendo lembrar ainda que se trata de garantia constitucional individual, cuja interpretação deve ser a mais abrangente possível, por força do princípio da máxima efetividade.[73] Vale mencionar que sob a égide da Constituição Federal de 1967, Régis Fernandes de Oliveira sustentava que dispositivo semelhante ao acima referido (art. 153, § 13) tinha aplicação no direito administrativo sancionador, de modo que as sanções administrativas retributivas "aplicam-se apenas ao próprio infrator, em obediência ao princípio mencionado".[74]

72. Ressaltando a ligação entre culpabilidade, pessoalidade e intransmissibilidade da sanção administrativa, Pasquale Cerbo ensina: "il principio di intrasmissibilità opera pienamente: l'obbligazione pecuniaria non si trasmette agli eredi. In tal modo il principio di intrasmissibilità diviene un corollario del principio della personalità dell'obbligazione susseguente ad irrogazione di sanzione amministrativa, che trova, del resto, conferma anche nel nesso di colpevolezza (nella forma del dolo o della colpa) che debe unire il fatto al suo autore nell'illecito amministrativo, salvo alcune eccezioni" (*Le Sanzioni Amministrative*, p. 39).

73. José Joaquim Gomes Canotilho, *Direito Constitucional*, p. 1.149.

74. *Infrações e Sanções Administrativas*, p. 15. Já sob a vigência do atual texto constitucional, ensina Fábio Medina Osório: "A pena criminal somente pode atingir o sentenciado (art. 5º, XL, CF), exigência que me parece incidente no

Mas mesmo que nada dispusesse o texto constitucional, ainda assim teria aplicação no direito administrativo sancionador o princípio da pessoalidade da sanção, que nada mais é do que um corolário lógico do princípio da culpabilidade. De fato, sendo aceito o princípio da culpabilidade em seu sentido mais evidente, que exige a atuação dolosa ou culposa como condição à imposição de sanção administrativa retributiva, não há como não aceitar a incidência do princípio da pessoalidade da sanção no direito administrativo sancionador. Se a sanção somente pode ser aplicada ao indivíduo que age com dolo ou culpa, a terceiro que não contribuiu para a ocorrência da infração, e, portanto, não agiu com dolo ou culpa, não pode ser imposta medida sancionadora.

Ademais, a imposição ou transmissão de sanção administrativa retributiva a terceiro que não praticou a conduta típica é medida manifestamente inadequada ao atendimento da finalidade preventiva vinculada à competência punitiva da Administração Pública. Foi já afirmado e repetido: a sanção administrativa tem por escopo prevenir a ocorrência de futuras infrações. Tal finalidade não é atingida se a sanção é imposta a pessoa que não praticou a conduta típica.[75] Bem pelo contrário, a possibilidade de que a medida sancionadora seja imposta ou transmitida a terceiros serve como estímulo à prática da conduta, já que o infrator não estará sujeito às conseqüências negativas que advém da aplicação da sanção.

Sendo inadequada ao atendimento de sua finalidade preventiva, a sanção administrativa retributiva não pode ser imposta ou transmitida a terceiro que não praticou a conduta típica.[76]

3.4 O erro no direito administrativo sancionador. O erro de tipo

A adoção do princípio da culpabilidade no âmbito do direito administrativo sancionador torna relevante a figura do erro. Afinal, como bem lembra Régis Fernandes de Oliveira, "o erro pode eliminar o elemento subjetivo e excluir a culpa".[77] Em certas circunstâncias o erro afasta o dolo ou mesmo a culpa *stricto sensu* do agir do particular, tornando descabida a imposição da sanção administrativa.

Para Luiz Regis Prado, erro é "uma falsa noção ou um falso conhecimento de

campo do Direito Administrativo Sancionador. A pena administrativa somente pode atingir a pessoa sancionada, o agente efetivamente punido, não podendo ultrapassar de sua pessoa" (ob. cit., p. 340). Em sentido contrário, ver Daniel Ferreira, ob. cit., pp. 71-76; Heraldo Garcia Vitta, pp. 119-122.

75. "La inaplicación del principio de personalidad de las sanciones conduce a desvirtuar la finalidad de prevención que el Derecho Sancionador Administrativo está llamado a cumplir. La sanción debe recaer sobre aquellos que hayan tenido alguna participación en los hechos constitutivos de infracción, de otro modo no sería posible adaptarla a las circunstancias objetivas y subjetivas que rodean el hecho, y dar así cabal cumplimiento a la finalidad de prevención general y especial" (Ángeles de Palma Del Teso, ob. cit., p. 78).

76. Tal posição já foi adotada pelo STF, que entendeu não serem as multas fiscais punitivas transmissíveis aos sucessores do infrator, ao contrário do que ocorre com os tributos. É o que consta do seguinte julgado, da lavra de Aliomar Baleeiro: "O art. 133 do CTN responsabiliza solidariamente o sucessor do sujeito passivo pelos tributos que este não pagou, mas não autoriza a exigência de multas punitivas, que são de responsabilidade pessoal do antecessor" (RE 76.153-SP, *RTJ* 69/211). No mesmo sentido, ver *RT* 74/139, 74/748, 77/457, 82/544, 87/230, 94/758 e 98/733.

77. Ob. cit., p. 48. Ressalte-se que o referido autor não entende que a culpabilidade seja sempre relevante no campo do direito administrativo sancionador, contentando-se com a mera voluntariedade, como visto acima. A relevância do erro, para Régis Fernandes de Oliveira, ocorre apenas "nas infrações que são praticadas com a consideração do elemento subjetivo (culpabilidade)" (idem, ibidem). Ainda sobre a relação entre erro e culpabilidade, transcreva-se a lição de Ángeles de Palma Del Teso: "La absoluta erradicación de la responsabilidad objetiva y la consiguiente exigencia de

um fato ou de uma regra jurídica".[78] Trata-se de percepção equivocada sobre algo. O indivíduo que incide em erro tem uma percepção distorcida da realidade: considera que conhece ou compreende determinado objeto, mas não o conhece nem compreende de modo correto. A noção que tem o indivíduo de certo objeto não corresponde à realidade. Por força de sua percepção distorcida, o particular pode praticar uma conduta típica. Resta saber se o erro que motivou o particular a adotar comportamento proibido é ou não relevante para o ordenamento jurídico. Para tanto, convém que se diferenciem duas situações: o erro de tipo e o erro de proibição.

O erro de tipo consiste em falsa percepção sobre algum elemento da conduta típica praticada pelo agente: "tem-se um erro sobre elementos ou circunstâncias do tipo", explica Assis Toledo.[79] O indivíduo pratica uma conduta mas imagina estar praticando outra, sendo o erro essencial para o desvio entre o comportamento praticado e o desejado. Em poucas palavras: ocorrendo erro de tipo, "o agente não sabe o que está fazendo", na sucinta e clara lição de Luiz Regis Prado.[80]

Cite-se o exemplo clássico do direito penal: alguém subtrai coisa alheia (furto) imaginando ser dela proprietário. Em tal situação o erro recai sobre elemento do tipo: ser alheia a coisa. Foi praticada a conduta típica (subtrair coisa alheia), mas em função de falsa percepção do agente sobre elemento essencial do tipo, a propriedade do bem, já que imaginava ser sua a coisa subtraída. Ou ainda: determinada pessoa utiliza produto agrotóxico imaginando que em sua composição não há a substância proibida X, cujo uso constitui infração administrativa. A conduta típica (utilizar a substância X) foi praticada em virtude do erro acerca da composição do produto empregado.

O erro de tipo afasta o dolo, já que o agente pratica a conduta típica sem desejá-la. Mas nem sempre o erro de tipo afasta a culpa *stricto sensu*, pois a falsa percepção sobre elemento da conduta pode ter sido causada por negligência, imperícia ou imprudência do agente.[81] Todavia, sendo o erro inevitável, considerando-se o dever de diligência exigido na situação concreta, não há que se falar sequer em culpa. Em tal hipótese, não há infração administrativa e não pode ser imposta a sanção.[82]

Retome-se o exemplo acima utilizado. Uma pessoa não sabia que o produto agrotóxico utilizado continha a substância proibida X, cujo uso constituía infração administrativa. Se não sabia porque não lera a embalagem da qual constava expressamente a informação, o erro era evitável e ocorreu em virtude de negligência. Em tal hipótese há infração administrativa e deve ser imposta a respectiva sanção. Se não sabia porque a substância X não constava do rol de elementos mencionados na embalagem do agrotóxico utilizado, o erro era inevitável. Não há nem mesmo culpa *stricto sensu*, pois o dever de diligência exigido em situação semelhante foi cumprido: verificar a composição do produto antes de utilizá-lo.[83]

culpa o dolo conllevan la relevancia del error" (ob. cit., p. 159).

78. *Curso de Direito Penal Brasileiro*, p. 358.

79. *Princípios Básicos de Direito Penal*, p. 267.

80. Ob. cit., p. 361.

81. Daí a disposição do art. 20 do Código Penal: "o erro sobre elemento constitutivo do tipo legal de crime exclui o dolo, mas permite a punição por crime culposo, se previsto em lei".

82. "Si el error en que se ha incurrido fuera vencible, esto es, hubiera podido evitarse observando el debido cuidado, estaríamos ante un error imprudente, que excluiría el dolo pero no la imprudencia. Sin embargo, si el error fue invencible, esto es, no hubiera podido evitarse aun con una conducta diligente, excluiría tanto el dolo como la imprudencia" (Ángeles de Palma Del Teso, *El Principio de Culpabilidad en el Derecho Administrativo Sancionador*, p. 158).

83. Veja-se o seguinte julgado do TRF da 4ª Região, que reconhece erro de tipo praticado pelo

3.5 O erro de proibição

A outra espécie de erro não diz respeito aos elementos da figura típica, tal qual ocorre com o erro de tipo, mas sim à licitude da conduta. A pessoa tem plena consciência da conduta que adota, mas erroneamente considera que sua prática é permitida pelo ordenamento jurídico. A falsa percepção tem por objeto a proibição, que o agente considera não existir. Supõe o indivíduo estar praticando conduta lícita, quando na realidade está adotando comportamento tipificado como infração administrativa. Em tal situação há erro de proibição.[84]

O erro de proibição incide sobre o ordenamento jurídico. Por força de um conhecimento errôneo das normas jurídicas, o agente pratica a infração imaginando que não está atuando de modo ilícito. Há uma falsa percepção acerca da permissão para a adoção de certo comportamento: age o particular com a errônea convicção de estar praticando conduta permitida pelo ordenamento jurídico.

É certo que "ninguém se escusa de cumprir a lei, alegando que não a conhece",[85] mas é preciso admitir que há situações em que é inevitável o erro acerca do tratamento jurídico que certa conduta recebe no âmbito do sistema normativo. O problema é especialmente tormentoso no direito administrativo sancionador, em que, ao contrário do que usualmente ocorre no direito penal, as condutas típicas não são comportamentos tidos como imorais e reprováveis pela sociedade, tendo isso sim relação com a inobservância de deveres dos particulares em face da própria Administração Pública ou com o exercício de certas atividades disciplinadas pelo Estado. Cabe aqui a advertência de Quintero Olivares, para quem "respecto de las infracciones administrativas no es razonable suponer un conocimiento 'profano' o 'intuitivo'".[86] De modo mais ilustrativo: saber que matar alguém é conduta ilícita não depende de conhecimentos técnicos, sendo intuitiva a compreensão da ilicitude de tal conduta. Mas saber que a utilização do produto agrotóxico X ou Y é proibida já demanda outro tipo de conhecimento, técnico e não intuitivo.

O excesso de leis e regulamentos que disciplinam a atuação da Administração Pública dificulta ainda mais o conhecimento dos diversos deveres e obrigações que são impostos pelos entes estatais, cuja inobservância pode conduzir à imposição de sanção administrativa. Tal situação pode levar o particular a agir com erro acerca da licitude de sua conduta, já que "en la actualidad resulta materialmente imposible que el ciudadano conozca todos los mandatos y prohibiciones que le rodean y que le convierten en un infractor no sólo potencial sino real", como afirma Alejandro Nieto.[87]

agente: "Tributário. Retirada de container carregado e tido como vazio. Apreensão. Pena de perdimento. A responsabilidade objetiva a que se refere o art. 136 do CTN/66 não tem o alcance de enquadrar situações em que a conduta do agente desvia-se do padrão por equivocada percepção da realidade, de modo involuntário, pois nesse caso não se cogita da intenção" (REO 96.04.60806-1-RS, *DJU* 1.10.1997, p. 80.644).

84. "Há erro de proibição quando o agente supõe, por erro, ser licito o seu comportamento" (Heleno Cláudio Fragoso, ob. cit., p. 205). Ou ainda: "trata-se de erro que tem por objeto a proibição jurídica do fato. É dizer, o agente perde, em decorrência do erro de proibição, a compreensão da ilicitude do fato. Constitui o lado oposto da consciência do injusto: supõe erroneamente que atua de forma lícita, conforme a norma" (Luiz Regis Prado, ob. cit., p. 363).

85. Lei de Introdução ao Código Civil Brasileiro (Decreto-lei 4.657/1942), art. 3º. Disposição semelhante consta do art. 21 do Código Penal: "o desconhecimento da lei é inescusável".

86. "La autotutela, los límites al poder sancionador de la Administración Pública y los principios inspiradores del derecho penal", p. 269.

87. Para Nieto, "no existe ni un solo individuo que pueda alardear de no estar infringiendo un deber administrativo, basta tal punto que el ser sancionado, o no, depende del azar y de la diligencia de los funcionarios. En estas circunstancias,

O erro de proibição, se inevitável, afasta a culpabilidade do agente e torna incabível a imposição da sanção administrativa. Para tanto, é preciso que o erro de proibição tenha ocorrido apesar do atuar diligente do indivíduo na busca da correta compreensão das normas jurídicas. Não basta o particular invocar o desconhecimento da lei para que o erro de proibição seja considerado como causa de isenção de culpa. É preciso mais: deve o particular demonstrar que tentou, com a diligência exigida pela situação, conhecer o tratamento jurídico atribuído à conduta que pretendia praticar. No dizer de Ignacio Pemán Gavín, "el error únicamente podrá concurrir cuando haya existido una actuación diligente por parte del autor a fin de conocer la situación antijurídica". Dito de outro modo: para a configuração de erro de proibição apto a isentar de culpa o agente, é necessário que este tenha "los conocimientos que le son exigibles".[88]

Cabe notar que o grau de diligência exigido varia conforme a atividade desenvolvida pelo particular que pratica a infração administrativa, se profissional ou não.[89] Sendo a norma dirigida à generalidade das pessoas, a todos os integrantes do grupo social, a diligência que se pode exigir é a adotada pelo homem comum, prudente e normal. A situação é distinta se a norma jurídica impõe obrigação ou proibição no âmbito de certa atividade profissional, sendo plenamente exigível dos profissionais que a exercem o pleno conhecimento da sua disciplina jurídica. Uma pessoa que atue profissionalmente em certa área não pode invocar desconhecimento das normas que a disciplinam, pois a diligência dela exigível é a de conhecer todas as normas que se aplicam à sua atividade profissional.

Assim, se um profissional, no âmbito de sua atividade, pratica infração administrativa por erro de proibição, em regra terá agido com culpa.[90] Se a pessoa age com culpa, descumprindo o dever de diligência que lhe foi imposto ao ingressar em determinado campo profissional, deve sofrer os efeitos negativos da sanção administrativa.

O erro de proibição pode ser causado pela obscuridade ou contradição das normas jurídicas. A segurança jurídica é um dos corolários do princípio fundamental do Estado de Direito, exigindo que as normas jurídicas sejam claras e precisas, de modo que os particulares saibam exatamente o comportamento que lhes é imposto ou proibido pelo ordenamento jurídico.[91]

exigir el conocimiento de las leyes (en sentido amplio) no es un formalismo: es un escarnio" (*Derecho Administrativo Sancionador*, p. 370).

88. *El Sistema Sancionador Español*, p. 317.

89. Para Alejandro Nieto, "En el campo del Derecho Administrativo Sancionador resulta de ordinario trascendental el hecho de que el infractor sea un profesional o un lego" (ob. cit., p. 364). Em sentido semelhante, Fábio Medina Osório ensina: "Diga-se que somente o erro inevitável, invencível, há de ser eficaz no Direito Administrativo Sancionador, sendo que o grau de exigência — para o reconhecimento dessa modalidade exculpatória — é tanto maior quanto o sejam as qualidades profissionais do agente, o qual passa a ter um dever de conhecimento de determinadas circunstâncias normativas" (ob. cit., p. 338).

90. É a opinião de Emilio Rosini, para quem um individuo "professionalmente inserito in un determinato campo di attività, non può ignorarne senza colpa le regole peculiari" (*Le Sanzioni Amministrative*, p. 65). Ver ainda a lição de Alejandro Nieto: "cuando la infracción ha sido cometida en el ejercicio de una profesión o actividad especializada se esfuma la posibilidad de error porque — por así decirlo — la norma ha impuesto la obligación de no equivocarse y opera, en consecuencia, la presunción de que no se ha equivocado. El profesional ha adquirido — a través de los estudios que preceden a su título oficial — una formación técnica que le preserva (formalmente) contra el error, y quien ejerce una actividad especializada está obligado a adoptar precauciones especiales para evitarlo y hasta es frecuente que la norma le exija que con él colaboren profesionales y expertos" (ob. cit., p. 364). No mesmo sentido, Ángeles de Palma Del Teso, *El Principio de Culpabilidad en el Derecho Administrativo Sancionador*, pp. 172-173.

91. "L'esigenza di certezza delle norme, e attraverso di essa, del diritto, è fatto essenziale

Se a norma jurídica é obscura ou contraditória, permitindo mais de uma interpretação razoável, o erro de proibição é inevitável.[92] O particular, atuando de modo diligente, procura saber se a conduta que deseja praticar é ou não permitida pelo ordenamento jurídico, mas encontra resposta obscura e dúbia. Em tal situação, o erro de proibição não decorre de culpa do agente, não sendo cabível a imposição da sanção administrativa.

Pode ainda o erro de proibição ser causado pela atuação da própria Administração Pública. O agir dos entes administrativos pode contribuir para tornar obscura e contraditória a interpretação das normas jurídicas. Imagine-se regulamento administrativo que contradiga o disposto em lei formal. Parece óbvio que não se pode impor sanção administrativa a particular que, por seguir fielmente disposição regulamentar, pratica conduta tipificada por lei formal. O erro de proibição aqui é plenamente justificável, não se podendo falar em culpa do indivíduo.[93]

O erro de proibição pode ainda ser derivado de informações equivocadas prestadas pela Administração Pública, que indiquem ao particular um modo de agir que se revele ilícito. O particular, em dúvida acerca da licitude de certa conduta, formula consulta ou pede informações à Administração Pública, recebendo resposta errada. O dever de diligência exigido do particular foi cumprido, na medida em que foram adotadas providências para afastar a dúvida acerca do tratamento jurídico que determinado comportamento recebe no sistema. Se a resposta da Administração Pública leva o particular a incidir em erro, praticando conduta típica em face da equivocada informação prestada pelo agente administrativo, não há espaço para a imposição de sanção, já que não há culpa em situação semelhante. O Supremo Tribunal Federal já acolheu tal entendimento, afastando multa fiscal por considerar que a contribuinte "em erro fora induzida pela resposta da autoridade fiscal à sua consulta".[94]

As práticas reiteradas da Administração Pública também podem induzir em erro de proibição o particular. Decisões administrativas reiteradamente adotadas pelos órgãos administrativos geram nos particulares a convicção de que representam entendimento conforme o direito positivo, não sendo culpável o agir do indivíduo que segue

per una convivenza ordinata: sulla certezza si fonda la sicurezza dell'individuo. Ciascuno deve poter sapere, concepita un'azione, come l'azione stessa è qualificata dall'ordinamento. L'approfondimento di questa esigenza ha portato ad enucleare i caratteri, il contenuto; e su questo piano si è detto che la certezza si concreta nella precisione, nella fissità della norma" (Marco Siniscalco, *Depenalizzazione e Garanzia*, p. 158).

92. "A obscuridade, confusão ou complexidade das leis tributárias são circunstâncias que a jurisprudência vem contemplando como justificadoras de erro no devido cumprimento das obrigações fiscais. Assim, tem-se decidido que 'se a obscuridade da lei tributária houve de induzir em erro o contribuinte, justifica-se exonerá-lo de responsabilidades'. Em outro caso admitiu-se o erro quando o texto da lei tornava possível equívocos interpretativos. Igualmente, tem-se afirmado que quando a lei, ou as normas de aplicação, vêm sofrendo uma série de variações suscetíveis de produzir dúvidas, é admissível o erro escusável, assim como pode dar-lhe lugar, o fato de que a lei possa ser objeto de interpretações contraditórias na doutrina e na jurisprudência" (Hector Villegas, *Direito Penal Tributário*, pp. 269-270).

93. "También se considera error inducido por la Administración aquél provocado por disposiciones administrativas de carácter general. Cuando un Reglamento dictado para la interpretación de una norma con rango de ley contradiga a ésta, si el ciudadano se conduce conforme a lo dispuesto en la norma interpretativa no es posible considerar antijurídica su conducta y sancionarla" (Ángeles de Palma Del Teso, ob. cit., p. 168).

94. RE 62.782-SP, *RTJ* 46/202. Ruy Barbosa Nogueira segue a mesma linha, como se lê: "não pode o contribuinte ser punido quando agiu baseado em instrução ou informação da autoridade competente" (*Curso de Direito Tributário*, p. 199).

a orientação nelas adotada. Bem por isso, a mudança de orientação consolidada por seguidas decisões da Administração não pode se voltar para o passado, mas apenas para o futuro. Se a Administração muda seu entendimento acerca da legalidade de certa conduta, não pode impor sanção administrativa aos particulares que se pautaram pelo entendimento anterior, pois agiram sem culpa alguma.[95]

E mesmo a omissão da Administração pode conduzir à errônea impressão de ser lícita determinada conduta típica. É que os agentes administrativos, ao tolerarem a prática de certo comportamento por período de tempo prolongado, geram a impressão de se tratar de comportamento permitido pelo ordenamento jurídico. Nas palavras de Jesús Gonzáles Pérez, tal tolerância pode levar à idéia de consentimento, idéia que "puede aminorar, incluso eventualmente excluir, la entrada en juego del elemento básico de la infracción que es la imputabilidad y dolo o culpa".[96]

Enfim, (i) a edição de regulamentos obscuros e contraditórios, (ii) a prestação de informações equivocadas, (iii) a prática reiterada de decisões e atos, mesmo omissivos, (iv) a tolerância com certos comportamentos, são atividades da Administração Pública que podem gerar erro de proibição invencível, tornando incabível a imposição de sanção administrativa.

No âmbito tributário, convém salientar, os fatos acima arrolados são reconhecidos como causadores de erro de proibição, tornando o particular isento de culpa pela prática do ilícito tributário. De fato, o Código Tributário Nacional dispõe em seu art. 100 que "exclui a imposição de penalidades" a observância, pelo contribuinte, (i) de "atos normativos expedidos pelas autoridades administrativas", (ii) de "decisões dos órgãos singulares ou coletivos de jurisdição administrativa", bem como (iii) de "práticas reiteradamente observadas pelas autoridades administrativas".[97]

Conclusão

No direito administrativo sancionador deve ser observado o princípio da culpabili-

95. O mesmo entendimento pode ser aplicado à hipótese em que se altera jurisprudência consolidada em tribunais, mormente quando se tratem de tribunais superiores. Em parecer que analisa o tema, Clèmerson Merlin Clève, reconhecendo que "a jurisprudência presta-se a orientar a conduta do Poder Público (aqui, inclusive, do Judiciário) e dos particulares", conclui: "se a administração tributária, com base em jurisprudência, costumava considerar reiteradamente certa subvenção fiscal lícita e legítima (caso de crédito-prêmio do IPI), reconhecendo-a de forma estável, não pode, em face de alteração jurisprudencial que a considere ilegítima, pretender buscar ressarcimento de montantes já utilizados ou liberados aos contribuintes. A modificação da jurisprudência, assim, poderá orientar a sua atuação futura, diante da demanda de calculabilidade e previsibilidade, mas jamais alcançar o passado" ("Crédito-prêmio do IPI. Eventual mudança de orientação jurisprudencial e princípio constitucional da segurança jurídica", pp. 178-179).

96. *El Principio General de la Buena Fe en el Derecho Administrativo*, p. 163. No mesmo sentido, Carlo Enrico Paliero e Aldo Travi sustentam que não é culpável o agir ilícito adotado "in conformità di una prassi costante suggeritta o tollerata dalle autorità preposte alla disciplina o al controllo di certe attività" (*La Sanzione Amministrativa*, p. 202).

97. Fortunato Bim, em defesa da tese da subjetividade da responsabilidade no direito tributário sancionador, questiona com propriedade acerca do art. 100 do CTN: "se o fisco pode errar por que não o pode também o contribuinte? E mais, em que ponto a ilegal aplicação da legislação tributária pelo Fisco se diferencia da sua não-aplicação por ignorância ou outro motivo qualquer pelo contribuinte? Se na aplicação da norma tributária (já que todas as situações tratadas no art. 100 são aplicações, mesmo abstratas, como são os atos normativos, da lei tributária) é reconhecida ao fisco a possibilidade de errar, também deve-se reconhecer tal direito ao contribuinte, desde que não esteja presente a má-fé. O imperativo constitucional da isonomia impõe tal exegese" ("A inconstitucionalidade da responsabilidade objetiva no direito tributário sancionador", p. 161).

dade, que veda a imposição de sanção administrativa retributiva a sujeito que agiu sem dolo ou culpa *stricto sensu*. É que em tais casos a medida sancionadora não é idônea à satisfação de sua finalidade preventiva, ferindo o princípio da proporcionalidade.

O princípio da culpabilidade tem como corolário o princípio da pessoalidade da sanção administrativa retributiva, que veda a imposição ou transmissão da medida sancionadora a terceiros que não participaram da conduta típica. A sanção administrativa retributiva deve ser imposta tão-somente a quem, com dolo ou culpa *stricto sensu*, realiza a infração administrativa, sendo vedada a punição por fato de outrem.

A adoção do princípio da culpabilidade no direito administrativo sancionador torna relevante a figura do erro, que sendo invencível afasta a culpa do agente e torna descabida a sanção administrativa.

Referências bibliográficas

ALESSI, Renato. "Responsabilità amministrativa", in *Novissimo Digesto Italiano*. v. XV, s.l., Torinese, 1957.

______. *Principi di Diritto Ammnistrativo*. v. I, 3ª ed., Milão, Giuffrè, 1974.

ATALIBA, Geraldo. "Imposto de renda — Multa punitiva", in *Revista de Direito Administrativo* 126/547-557. Rio de Janeiro, Renovar, out./dez. 1976.

______. "Inconstitucionalidade de sanções permanentes", in *Revista de Direito Mercantil, Industrial, Econômico e Financeiro* 95/15-25. São Paulo, Ed. RT, jul./set. 1994.

BANDEIRA DE MELLO, Celso Antônio. *Curso de Direito Administrativo*. 17ª ed., São Paulo, Malheiros Editores, 2004.

BAQUER, Lorenzo Martín-Retortillo. "Multas administrativas", in *Revista de Administración Pública* 79/9-65. Madri, Instituto de Estudios Políticos, jan./abr. 1976.

BATTAGLINI, Giulio. "La pena in raporto alle sanzioni civili ed amministrative", in *Rivista di Diritto Pubblico*. Roma, Società per la Rivista di Diritto Pubblico e La Giustizia Amministrativa, 1924, pp. 394-412.

BÉNOIT, Francis-Paul. *Le Droit Administratif Français*. Paris, Dalloz, 1968.

BERLIRI, Giuseppe. "Sanzioni amministrative e principi costituzionali della potestà punitiva penale", in *Le Sanzioni Amministrative: Atti del XXVIº Convegno di Studi di Scienza dell'Amministrazione*. Milão, Giuffrè, 1982, pp. 285-303.

BETTIOL, Giuseppe. *Direito Penal*. v. I. Trad. Paulo José da Costa Jr. e Alberto Silva Franco. São Paulo, Ed. RT, 1966.

BIM, Eduardo Fortunato. "A inconstitucionalidade da responsabilidade objetiva no direito tributário sancionador", in *RT* 788/143-169, São Paulo, Ed. RT, jun. 2001.

BONAVIDES, Paulo. *Curso de Direito Constitucional*. 5ª ed., São Paulo, Malheiros Editores, 1994.

CANOTILHO, José Joaquim Gomes. *Direito Constitucional*. 3ª ed., Coimbra, Almedina, 1999.

CARVALHO, Paulo de Barros. *Curso de Direito Tributário*. 10ª ed., São Paulo, Saraiva, 1998.

CARVALHOSA, Modesto; EIZIRIK, Nelson. *A Nova Lei das S/A*. São Paulo, Saraiva, 2002.

CERBO, Pasquale. *Le Sanzioni Amministrative*. Milão, Giuffrè, 1999.

CINTRA, Carlos César Sousa. "Reflexões em torno das sanções administrativas tributárias", in MACHADO, Hugo de Brito (coord.). *Sanções Administrativas Tributárias*. São Paulo, Dialética, 2004, pp. 54-98.

CLÈVE, Clèmerson Merlin. "Crédito-prêmio do IPI. Eventual mudança de orientação jurisprudencial e princípio constitucional da segurança jurídica", in *RT* 831/165-184, São Paulo, Ed. RT, jan. 2005.

COÊLHO, Sacha Calmon Navarra. *Teoria e Prática das Multas Tributárias*. 2ª ed., Rio de Janeiro, Forense, 1998.

______. *Manual de Direito Tributário*. Rio de Janeiro, Forense, 2000.

DEL TESO, Ángeles de Palma. *El Principio de Culpabilidad en el Derecho Administrativo Sancionador*. Madri, Tecnos, 1996.

DELMAS-MARTY, Mireille; TEITGEN-COLLY, Catherine. *Punir Sans Juger? De la Répression Administrative au Droit Administratif Pénal*. Paris, Economica, 1992.

DOTTI, René Ariel. *Curso de Direito Penal — Parte Geral*. Rio de Janeiro, Forense, 2001.

EIZIRIK, Nelson. *Reforma das S/A e do Mercado de Capitais*. 2ª ed., Rio de Janeiro, Renovar, 1998.

ENTERRÍA, Eduardo García de. "El problema jurídico de las sanciones administrativas", in *Revista Española de Derecho Administrativo* 10/399-430, Madri, Civitas, jul./set. 1976 (no texto, a referência de páginas é da versão eletrônica editada pela Civitas).

______. *Curso de Derecho Administrativo*. v. II, 5ª ed., Madri, Civitas, 1998.

FALLA, Fernando Garrido. *Tratado de Derecho Administrativo*. v. II, 2ª ed., Madri, Instituto de Estudios Políticos, 1962.

FERREIRA, Daniel. *Sanções Administrativas*. São Paulo, Malheiros Editores, 2001.

FRAGOSO, Heleno Cláudio. *Lições de Direito Penal — A Nova Parte Geral*. 4ª ed. (atual. Fernando Fragoso). Rio de Janeiro, Forense, 1994.

FROMONT, Michel. "République Fédérale d'Allemagne: l'État de Droit", in *Revue du Droit Public et de la Science Politique en France et a l'Étranger*, v. I, Paris, 1984, pp. 1.204-1.226.

GAVÍN, Ignacio Pemán. *El Sistema Sancionador Español — Hacia una Teoría General de las Infracciones y Sanciones Administrativas*. Barcelona, Cedecs, 2000.

GUERRA FILHO, Willis Santiago. *Processo Constitucional e Direitos Fundamentais*. Celso Bastos Editor, São Paulo, 1999.

GUERREIRO, José Alexandre Tavares. "Sobre o poder disciplinar da CVM", in *Revista de Direito Mercantil, Industrial, Econômico e Financeiro* 43/64-77, São Paulo, Ed. RT, jul./set. 1981.

HESSE, Konrad. *Elementos de Direito Constitucional da República Federal da Alemanha*. Trad. Luís Afonso Heck. Porto Alegre, Sérgio Antônio Fabris, 1998.

JAKOBS, Günther. *Culpabilidad en Derecho Penal*. Trad. Manuel Cancio Meliá e Marcelo A. Sancinetti. Bogotá, Universidad Externado de Colombia, 2003.

KELSEN, Hans. *Teoria Pura do Direito*. Trad. João Baptista Machado. 4ª ed., Coimbra, Armênio Amado, 1979.

LAUBADÈRE, André de; VENEZIA, Jean-Claude; GAUDEMET, Yves. *Traité de Droit Administratif*. t. I. 14ª ed., Paris, LGDJ, 1996.

MACHADO, Hugo de Brito. "Teoria das sanções tributárias", in MACHADO, Hugo de Brito (coord.). *Sanções Administrativas Tributárias*. São Paulo, Dialética, 2004, pp. 159-191.

MARTINS, Ives Gandra da Silva. *Da Sanção Tributária*. São Paulo, Saraiva, 1980.

MAS, Joaquín Tornos. "Infracción y sanción administrativa: el tema de su proporcionalidad en la jurisprudencia contencioso-administrativa", in *Revista Española de Derecho Administrativo* 7/607-624, Madri, Civitas, out./dez. 1975 (no texto, a referência de páginas é da versão eletrônica editada pela Civitas).

MATTÍN, Germán Valencia. "Derecho administrativo sancionador y principio de legalidad", in *El Principio de Legalidad — Actas de las V Jornadas de la Asociación de Letrados del Tribunal Constitucional*. Madri, Centro de Estudios Políticos y Constitucionales, 2000, pp. 77-184.

MODERNE, Franck. *Sanctions Administratives et Justice Constitutionnelle*. Paris, Economica, 1993.

MUNHOZ DE MELLO, Rafael. "Processo administrativo, devido processo legal e a Lei n. 9.784/99", in *Revista de Direito Administrativo* 227/83-104. Rio de Janeiro, Renovar, jan./mar. 2002.

NIETO, Alejandro. *Derecho Administrativo Sancionador*. 2ª ed., Madri, Tecnos, 1993.

NOBRE JÚNIOR, Edilson Pereira. "Sanções administrativas e princípios de direito penal", in *Revista de Direito Administrativo* 219/127-151, Rio de Janeiro, Renovar, jan./mar. 2000.

NOGUEIRA, Ruy Barbosa. *Curso de Direito Tributário*. 10ª ed., São Paulo, Saraiva, 1990.

OLIVARES, Gonzalo Quintero. "La autotutela, los límites al poder sancionador de la Administración Pública y los principios inspiradores del derecho penal", in *Revista de Administración Pública* 126/253-293, Madri, Rumagraf, set./dez. 1991.

OLIVEIRA, Régis Fernandes de. *Infrações e Sanções Administrativas*. São Paulo, Ed. RT, 1985.

OSÓRIO, Fábio Medina. *Direito Administrativo Sancionador*. São Paulo, Ed. RT, 2000.

PALIERO, Carlo Enrico; TRAVI, Aldo. *La Sanzione Amministrativa: Profili Sistematici*. Milão, Giuffrè, 1988.

PELLICER, Angel Blasco. *Sanciones Administrativas en el Orden Social*. Valência, Tirant lo Blanch, 1998.

PÉREZ, Adolfo Carretero; SANCHES, Adolfo Carretero. *Derecho Administrativo Sancionador*. Madri, Edersa, 1992.

PÉREZ, Jesús González. *El Principio General de la Buena Fe en el Derecho Administrativo*. 3ª ed., Madri, Civitas, 1999.

PONTES, Helenilson Cunha. *O Princípio da Proporcionalidade e o Direito Tributário*. São Paulo, Dialética, 2000.

PRADO. Luiz Regis. *Curso de Direito Penal Brasileiro*. v. I, 3ª ed., São Paulo, Ed. RT, 2002.

PUIG, Manuel Rebollo. "El derecho administrativo sancionador", in MOREIRA NETO, Diogo de Figueiredo. *Uma Avaliação das Tendências Contemporâneas do Direito Administrativo: Obra em Homenagem a Eduardo García de Enterría*. Rio de Janeiro, Renovar, 2003, pp. 263-313.

RINCÓN, José Suay. *Sanciones Administrativas*. Bolonha, Real Colegio de España, 1989.

ROSINI, Emilio. *Le Sanzioni Amministrative*. Milão, Giuffrè, 1991.

SANDULLI, Aldo. *La Proporzionalità dell'Azione Ammninistrativa*. Pádua, Cedam, 1998.

SINISCALCO, Marco. *Depenalizzazione e Garanzia. Dall'Illecito Penale all'Illecito Ammininistrativo: un Riesame Critico alla Luce del Rapporto fra Potere e Cittadini*. Bolonha, Mulino, 1995.

TOLEDO, Francisco de Assis. *Princípios Básicos de Direito Penal*. 5ª ed., São Paulo, Saraiva, 2001.

TORRES, Ricardo Lobo. *Curso de Direito Financeiro e Tributário*. 9ª ed., São Paulo, Renovar, 2002.

VILLEGAS, Hector. *Direito Penal Tributário*. São Paulo, EDUC/Resenha Tributária, 1974.

VITTA, Heraldo Garcia. *A Sanção no Direito Administrativo*. São Paulo, Malheiros Editores, 2003.

XAVIER, Alberto. *VI Curso de Especialização em Direito Tributário (notas taquigráficas das aulas e debates)*. v. II. São Paulo, Resenha Tributária, 1978.

ZANOBINI, Guido. *Le Sanzioni Amministrative*. Turim, Fratelli Bocca, 1924.

Les Pouvoirs de l'Administration dans le Domain des Sanctions (Étude Adoptée par l'Assemblée Générale du Conseil d'État le 8 décembre 1994). Paris, La Documentation Française, 1995.

O CAMPO DE INCIDÊNCIA DO DEVER DE LICITAR — ENTIDADE FECHADA DE PREVIDÊNCIA COMPLEMENTAR PATROCINADA PELO PODER PÚBLICO E ENTIDADES AUXILIARES SUAS: DESCABIMENTO DE LICITAÇÃO PARA CONTRATÁ-LA — CONSTITUCIONALIDADE DO DECRETO FEDERAL 4.978, DE 3.2.2004 — OFENSA AO PRINCÍPIO DA MORALIDADE ADMINISTRATIVA NA CONTRATAÇÃO DE UM TERCEIRO

CELSO ANTÔNIO BANDEIRA DE MELLO

Professor Titular da Faculdade de Direito da PUC/SP

A GEAP — Fundação de Seguridade Social, acosta farta documentação e formula-nos a seguinte

CONSULTA

"I — Para a realização de convênios com a Fundação GEAP destinados à obtenção dos serviços de saúde que esta promove no âmbito do serviço público federal, a União e suas pessoas auxiliares acaso estão adstritas à realização de prévio procedimento licitatório?

"II — O Decreto Federal n. 4.978, de 3.2.2004, notadamente com a redação original de seu art. 1º, padecia de vício de inconstitucionalidade?"

Às indagações respondo nos termos que seguem.

PARECER

I — O campo de incidência do dever de licitar

1. Quando o Estado e suas entidades auxiliares necessitam travar certas relações *com terceiros*, quais, *exempli gratia*, as de alienação, locação ou aquisição de bens, realização de obras ou serviços, geralmente terão, como é sabido e ressabido, de efetuar preliminarmente uma licitação para firmar estes pretendidos vínculos.

Isto evidentemente ocorre quando, conforme se vem de dizer — e é até mesmo intuitivo — os sujeitos governamentais necessitam constituir vínculos com terceiros, é dizer, *com pessoas alheias a seu próprio universo*, caso em que deverão oferecer a estes terceiros iguais oportunidades, tratamento isonômico e forcejar por obter o negócio mais vantajoso.

De resto, é isto o que diz o art. 2º da Lei n. 8.666, de 21.6.1993, veiculadora das normas gerais de licitação e contratos:

> As obras, serviços, inclusive de publicidade, compras, alienações, concessões, permissões e locação da Administração Pública, *quando contratadas com terceiros*, serão necessariamente precedidas de licitação, ressalvadas as hipóteses previstas nesta lei.

A expressão Administração Pública utilizada no preceptivo em causa tem a abrangência que decorre do parágrafo único do art. 1º, segundo o qual:

> Subordinam-se ao regime desta Lei, além dos órgãos da administração direta, os fundos especiais, as autarquias, as fundações públicas, as empresas públicas, as sociedades de economia mista e as demais entidades controladas diretamente pela União, Estados, Distrito Federal e Municípios.

2. Em suma: licitação só é cogitável quando os sujeitos governamentais estejam a necessitar de bens ou *serviços não proporcionados por eles próprios*, diretamente ou mediante organizações que eles mesmos mantenham.

Deveras, se o Estado ou entidade que lhe integra o aparelhamento administrativo pretende bem ou serviço encontradiço em sua intimidade organizacional, ofertado por sujeito com personalidade de direito público ou de direito privado, seria simplesmente um sem-sentido que fosse buscar externamente aquilo que está a seu alcance e que pode obter sem precisão de relacionar-se com entidades estranhas a seu universo orgânico.

Esta conclusão óbvia poderia ser excepcionada nos casos em que o bem ou serviço fosse ofertado por entidade governamental que estivesse a atuar em setor *que não lhe fosse em princípio pertinente*; isto é, quando estivesse a ocupar esfera que a Constituição atribuiu, preferencialmente, à livre iniciativa, na forma do art. 173, de acordo com cujos dizeres: "Ressalvados os casos previstos nesta Constituição, a exploração direta de atividade econômica pelo Estado só será permitida quando necessária aos imperativos da segurança nacional ou a relevante interesse coletivo, conforme definidos em lei".

Neste caso, estando a concorrer com a iniciativa privada, o Estado não poderia deixar de oferecer iguais oportunidades de negócio para os particulares que nele atuassem, sob pena de ofensa ao princípio da isonomia. Daí que, salvo por alguma razão legitimamente excludente, o Poder Público e suas pessoas auxiliares teriam de abrir certame licitatório para que empresas privadas e as organizações governamentais do ramo concorressem na disputa do negócio a ser efetuado.

3. Com a ressalva que se acaba de fazer, a compreensão de que o âmbito de incidência do instituto da licitação está restrito aos casos em que o Estado e seus sujeitos auxiliares não produzem ou ofertam o bem ou serviço necessários é particularmente evidente perante atividades de interesse *interna corporis*, ou seja, respeitantes aos próprios agentes do Estado, *qua tale*.

Com efeito, assim como o Estado se propõe a desenvolver ele próprio, por si ou por entidades que cria, atividades que interessam aos membros da Sociedade como um todo (quais, a construção de obras e o desempenho de serviços públicos), também se propõe a efetuar *atividades que interessam circunscritamente ao universo dos su-*

jeitos que lhe integram a intimidade organizacional. A outorga, por ele próprio, de aposentadoria e pensões a seus servidores e dependentes é um bom exemplo disto.

Ou seja: há empreendimentos estatais concernentes à vida social, procedidos em vista do cumprimento de suas atividades voltadas para o bem-estar geral e há, de par com isto, atividades que o Estado promove em vista, tão-só, dos integrantes de seu aparelhamento governamental.

Nestes últimos casos é mais do que evidente que o que entra em pauta é um assunto de "economia interna", uma questão atinente à vida intestina das entidades governamentais; logo, objeto estranho à arena onde os particulares normalmente competem à busca de seus lucros, de seus proveitos econômicos; é dizer: segmento alheio ao campo negocial natural das empresas privadas. Donde, jamais se poderia pretender que o Poder Público esteja obrigado a franqueá-lo para que empreendedores privados, lobrigando a possibilidade de captar lucros, busquem capturar proveitos econômicos nesta esfera.

4. Eis, pois, que o Estado pode — e ninguém, nem mesmo o mais paroxístico neoliberal, jamais cometeu a insensatez de contestá-lo — promover ele próprio, *seja por sua administração direta,* ***seja por entidade que patrocine***, o atendimento de interesses legalmente encartados unicamente na esfera de seu aparelhamento administrativo.

É claro também, conseqüentemente, que nesta hipótese deverá relacionar-se diretamente com tal entidade, não estando por nada obrigado a abrir licitação para que empresas privadas, farejando a possibilidade de ganhos, venham a disputar a prestação da atividade conducente à satisfação destes interesses com pessoa constituída sob o patrocínio do Poder Público para atendê-los. *Mais ainda, sequer seria permitido ao Estado contratar com terceiro aquilo que pode obter de uma organização por ele patrocinada, pois fazê-lo seria desperdiçar recursos públicos* e proporcionar indevido favorecimento a particulares, comprometendo o princípio da moralidade administrativa e o da eficiência.

II — O caso "sub consulta"

5. A Consulente, Fundação GEAP, formula duas indagações: uma, se os serviços de assistência médica a servidores públicos que ela presta podem lhe ser atribuídos por entidades governamentais independentemente de licitação ou se haveria necessidade de efetuá-la e outra, se o Decreto Federal n. 4.978, de 3.2.2004, que regulamentou o art. 230, da Lei 8.112/1990, padece de alguma inconstitucionalidade.

6. A GEAP — Fundação de Seguridade Social é uma "entidade fechada de previdência complementar" — EFPC, *sem fins lucrativos*, conforme reconhecido pela Secretaria de Previdência Complementar do Ministério de Previdência Social, ***patrocinada por entidades e órgãos federais*** e que opera programas de seguridade social, exclusivamente para os servidores públicos da União, ativos, inativos e seus familiares, proporcionando, de par com outros programas, o de assistência à saúde, no qual se compreende assistência médica, hospitalar, odontológica, psicológica e farmacêutica.

O regime de custeio é o que resulta de uma contribuição participativa, partilhada entre o servidor e o órgão ou instituição a que pertence que haja firmado o convênio de adesão.

O órgão supremo da GEAP, a quem cabe escolher o diretor executivo, é seu Conselho Deliberativo, cuja composição é paritária, com três membros representantes das patrocinadoras e três membros representantes dos assistidos, isto é dos servidores. O Conselho Fiscal da GEAP, segue o mesmo modelo paritário.

Vale dizer: são os próprios conveniados e assistidos que, por seus representantes, decidem sobre os valores das contribuições, sobre o credenciamento dos profissionais e instituições da área da saúde que atenderão os assistidos, assim como os valores que lhes serão pagos pelos serviços prestados, tanto como sobre os vários assuntos concernentes à entidade.

O sistema, portanto, é de autogestão. Assim, a própria União, por via de seus órgãos ou entidades (patrocinadoras) tem participação ativa na gestão da GEAP.

7. Anote-se, por último, que a atividade desenvolvida pela sobredita pessoa corresponde, nos termos dos arts. 183, 184, III, 185, I, *d*, da Lei n. 8.112, de 11.12.1990, que é o "Estatuto dos Servidores Públicos Civis da União, das autarquias e das fundações públicas federais", ao cumprimento de atividade que o Poder Público está *obrigado* a promover em favor de seus servidores, seja por via do SUS, seja diretamente pelo órgão ou entidade a que estiver vinculado o servidor, seja mediante convênio ou contrato, alternativas estas abertas no art. 230 da mesma Lei. Demais disto, a atividade em questão está expressamente prevista como exercitável pelo Estado ou suas entidades auxiliares no art. 1º da Lei Complementar n. 108, de 29.5.2001, sendo, de resto, caracterizável como nitidamente estatal, *ex vi* do art. 202, §§ 3º e 4º, da Constituição Federal.

Aliás, os dispositivos mencionados trazem consigo a evidência de que a atividade da Fundação Consulente se enquadra no âmbito típico de atividades pertinentes ao Estado; logo, não enquadráveis entre as que o texto constitucional designa como exploração de atividade econômica, setor reservado em princípio aos particulares e no qual o Estado só atuará como protagonista quando acicatado por imperativos da segurança nacional ou relevante interesse coletivo (art. 173 da CF).

8. A origem histórica remota da GEAP é o IAPI, Instituto de Aposentadorias e Pensões dos Industriários, cuja Resolução 185, de 29.9.1945, autorizou a instituição da Assistência Patronal aos seus servidores. Em 21.11.1966, o Decreto-lei n. 72, unificou os vários Institutos de Previdência (IAP's), dando origem ao INPS, Instituto Nacional de Previdência Social, para quem foi passada a Assistência Patronal, que, de resto, pela Lei n. 5.890, de 8.6.1973, deixaria de ser exclusivamente patronal, tornando-se contributiva, com a fixação de 2% dos vencimentos dos servidores estatutários do INPS. Em 1977, a partir da Lei n. 6.439, de 1º de setembro, a Assistência Patronal é estendida a todos os servidores das demais entidades do SINPAS — Sistema Nacional de Previdência e Assistência Social. Em 1979, pelo Decreto n. 83.266, de 13 de março, a Assistência Patronal é constituída em forma de sistema sob a supervisão do Departamento de Pessoal do Ministério da Previdência e Assistência Social. Em 1983, pela Portaria n. 3.167, de 10 de junho, foi criada a Comissão Diretora de Assistência Patronal (CODAP), aprovando-se seu Regimento Interno em outubro deste mesmo ano. Em 15.3.1989, foi instituído o Grupo Executivo de Assistência Patronal — GEAP, permanecendo a Assistência Patronal sem personalidade jurídica, como instituição encartada no âmbito da União, até que este Grupo Executivo, em 28.4.1990, instituiu a Fundação GEAP, mediante escritura pública lavrada no 3º Cartório de Notas de Brasília. O antigo Ministério da Previdência e Assistência Social, em 13.3.1990, por ato do Ministro publicado aos 14 do mesmo mês, aprova os Estatutos da Fundação GEAP e a reconhece como entidade de previdência fechada, com sede e foro em Brasília. Conquanto a transformação do GEAP em Fundação-GEAP houvesse padecido de vício, por carência de autorização legislativa, a situação se convalidou juridicamente com a sobrevinda da lei que extinguiu o INAMPS e deu outras providências, isto é, a Lei n. 8.689, de 27.7.1993, cujo art. 5º, § 1º, deu explícito reconhecimento à transformação do GEAP em fundação e manteve em prol dela a contribuição prevista no inciso II do art. 69 da

Lei n. 3.807, de 26.8.1960, com a redação dada pela Lei n. 5.890, de 8.6.1973, e no art. 22 da Lei n. 6.439, de 1º.9.1977.

A compostura da referida fundação, assim como seu histórico exibem de maneira clara e inconfutável tratar-se de entidade originada no Poder Público, sem fins lucrativos, mantida desde sempre sob sua permanente ingerência, alimentada por recursos provenientes dos cofres governamentais, de par com a contribuição dos assistidos, que tem finalidade de assistência à saúde e cuja atuação é restrita ao universo dos servidores públicos federais. É impossível, portanto, mesmo ao mais distraído ou, inversamente, ao mais preconcebido dos intérpretes deixar de notar que se trata de pessoa jurídica diversa, por completo, de uma entidade particular e que, pelo contrário, sua fisionomia revela, para além de qualquer dúvida ou entredúvida, tratar-se de sujeito encarregado de atividade instrumental do Estado e que lhe compõe o universo organizacional.

9. Eis, pois, que, na conformidade do que se averbou ao longo dos itens 1 a 4 deste parecer, trata-se inequivocamente de entidade que, por se sediar em campo interno ao aparelho administrativo público e por operar tão-somente na órbita intestina do Poder Público, não necessita submeter-se a processo licitatório para travar convênio com o Estado ou pessoa auxiliar dele (ou para ser por ele contratado), pois tal instituto, como visto, não existe senão para o travamento de negócios com *terceiros*. Ora, seja qual for a qualificação que se pretenda dar à Fundação GEAP, ao menos uma coisa é certa e de certeza irrefragável. Jamais poderia ser considerada um "terceiro" em relação ao Poder Público, no sentido em que a palavra foi utilizada no art. 2º da Lei n. 8.666, de 21.6.1993, isto é, a de um estranho ao mundo estatal, por integrar o universo dos particulares ou da pluralidade de pessoas exteriores à ordem jurídica brasileira.

10. O quanto se disse até aqui já seria suficiente para ter-se como respondida de sobejo a primeira indagação da Consulta. Sem embargo, à mesma conclusão indicada se aportaria por outras vias; isto é, de todo modo haver-se-ia de abicar no entendimento de que *in casu* não caberia demandar licitação ainda que tal instituto, em tese, fosse aplicável ao travamento de vínculo com a Fundação GEAP. E isto por duas razões.

A primeira delas é que, se cabível fosse a realização de certame licitatório, sua obrigação estaria arredada por se configurar, ao menos por extremada similitude, uma das hipóteses de *dispensa* do dever de licitar: a hipótese contemplada no art. 24, VIII, de acordo com o qual é dispensável licitação:

> para a aquisição, por pessoa jurídica de direito público interno, de bens produzidos ou serviços prestados por órgão ou entidade que integre a Administração Pública e que tenha sido criado para esse fim específico em data anterior à vigência desta Lei, desde que o preço contratado seja compatível com o praticado no mercado.

Diga-se de passo que, se as pessoas de direito público estão eximidas da obrigação de licitar na hipótese cogitada no preceptivo em causa, *a fortiori* estarão as entidades auxiliares do Estado revestidas de personalidade de direito privado.

11. Foi dito "ao menos por extrema similitude", pois, no caso concreto, não se trata propriamente de "preço contratado", uma vez que, na relação com a Consulente, jamais se proporá tal tema, só podendo estar em causa "convênios" e sem que, em rigor, exista um "preço" no sentido comum da expressão. Deveras, tratando-se de uma auto-gestão e promovida sem fins lucrativos, os conveniados resolvem sobre o valor a ser pago em função unicamente do indispensável para atender o serviço e na medida de suas próprias conveniências, nunca de um intento de captar ganhos como seria próprio das empresas privadas.

Dessarte, se o instituto da licitação houvesse sido concebido — e não o foi como se viu — para abranger relações do gênero das que a Consulente trava, o preceptivo citado o afastaria na situação vertente. Deveras, esta causa excludente de licitação pretendeu, de um lado, amparar a situação de entidades estatais que explorassem atividade econômica, isto é, reservada em princípio aos particulares, permitindo que fossem contratadas sem licitação, mas, de outro, impedir que no futuro novas entidades estatais viessem a se beneficiar deste favor.

Assim, a licitação seria dispensável, com base no referido art. 24, VIII, pois foi criada anteriormente à Lei n. 8.666, mesmo se — o que não é o caso, como visto — a Fundação GEAP fosse exploradora de atividade reservada à iniciativa privada e só explorável pelo Estado por imperativos da segurança nacional ou relevante interesse público, a teor do art. 173 da Constituição.

12. De fora parte esta razão a que se vem de aludir e que poderia ser aduzida *ex abundantia*, também não seria cogitável licitação porque, se acaso a Fundação GEAP fosse um "terceiro", isto é alguém a cujos serviços o Poder Público só poderia recorrer na conformidade da legislação sobre licitações, o que, já se viu, não ocorre, estar-se-ia, no caso vertente, perante hipótese de "inexigibilidade de licitação", figura contemplada no art. 25 da Lei n. 8.666, de acordo com o qual:

> É inexigível a licitação quando houver inviabilidade de competição, *em especial*:
>
> I — para aquisição de materiais, equipamentos, ou gêneros que só possam ser fornecidos por produtor, empresa ou representante comercial exclusivo, vedada a preferência de marca, devendo a comprovação de exclusividade ser feita através de atestado fornecido pelo órgão de registro do comércio do local em que se realizaria a licitação ou a obra ou o serviço, pelo Sindicato, Federação ou Confederação Patronal, ou, ainda, pelas entidades equivalentes;
>
> II — para a contratação de serviços técnicos enumerados no art. 13 desta Lei, de natureza singular, com profissionais ou empresas de notória especialização, vedada a inexigibilidade para serviços de publicidade e divulgação;
>
> III — para contratação de profissional de qualquer setor artístico, diretamente ou através de empresário exclusivo, desde que consagrado pela crítica especializada ou pela opinião pública.

O artigo está reportado a situações em que, segundo sua expressão, haveria "inviabilidade de competição". Nele se encontra, em seus três incisos, um arrolamento apenas exemplificativo disto. Precatadamente a lei abriu um indispensável espaço para postergação da licitação em quaisquer outros casos nos quais sua instauração careceria de sentido ou implicaria verdadeiro contra-senso. Foi o que de outra feita deixamos averbado:

"Cumpre salientar que a relação dos casos de inexigibilidade *não é exaustiva*. Com efeito, o art. 25 refere que a licitação é inexigível *quando inviável* a competição. E apenas destaca algumas hipóteses. Por isto disse em seguida: '*especialmente quando...*'. Em suma: o que os incisos I a III do art. 25 estabelecem é, simplesmente, uma prévia e já resoluta indicação de hipóteses nas quais ficam antecipadas situações características de inviabilidade, nos termos ali enumerados, *sem exclusão de casos não catalogados, mas igualmente possíveis*.

"Outras hipóteses de exclusão do certame licitatório existirão, ainda que não arroladas nos incisos I a III, quando se proponham situações nas quais estejam ausentes pressupostos jurídicos ou fáticos condicionadores dos certames licitatórios. Vale dizer: naquelas hipóteses em que ou (a) o uso da licitação significaria simplesmente inviabilizar o cumprimento de um interesse jurídico prestigiado no sistema normativo e ao qual a Administração deva dar provimento ou (b) os prestadores do serviço almejado simplesmente não se engajariam na disputa dele em certame licitatório, inexistindo, pois, quem, com as aptidões necessárias, se dispusesse a disputar o objeto do certame que se armasse a tal propósito.

"Tais casos, como se exemplifica, têm que ser excludentes de licitação e, então, devem, conforme se disse, ser havidos como abrigados no *caput* do art. 25, ainda que a ele se tenha que conferir algum elastério, se por outra razão não fosse, sê-lo-ia, ao menos, para atender a incontendível e sempre lembrada advertência de Carlos Maximiliano: 'Deve o Direito ser interpretado inteligentemente, não de modo a que a ordem legal envolva um absurdo, prescreva inconveniências, vá ter a conclusões inconsistentes ou impossíveis'" (*Curso de Direito Administrativo*, 17ª ed., São Paulo, Malheiros Editores, 2004, pp. 503-504).

13. Pois bem, no caso vertente, mesmo que não se pudesse dizer que o objeto necessariamente será singular, nem se pudesse afirmar de modo absoluto que só um dado sujeito o forneceria, ter-se-ia de reconhecer-lhe uma singularidade relevante que torna literalmente impossível o cotejo entre a Consulente e as empresas privadas que promovem a prestação de serviços de saúde, de tal maneira que seria um verdadeiro contra-senso pretender que seja promovida uma licitação.

Esta singularidade relevante reside *nas condições profundamente diversas* em que uma e outras prestam a atividade pretendida, por força de seus respectivos atributos subjetivos, os quais as fazem visceralmente distintas no *modus operandi*.

Com efeito, a Consulente, por sua compostura jurídica, oferece um serviço cuja promoção é autogerida pelos patrocinadores e pelos assistidos, de tal sorte que a direção suprema do empreendimento fica a cargo dos próprios interessados. Por isto mesmo, o próprio valor correspondente aos serviços é, a final, decidido pelos interessados, os quais também decidem quem serão os credenciados a prestá-los e que valores lhes serão pagos. Demais disto, a Consulente é entidade sem fins lucrativos, ou seja, não pretende lucrar nada das entidades governamentais que com ela se conveniam.

É óbvio, é evidente e da mais solar evidência, que as empresas que oferecem planos de assistência médica ou seguro saúde não oferecem nem podem oferecer nada disto. Não estão no mundo negocial para isto, mas para captarem lucros, para obterem ganhos a serem sacados das pessoas com quem contratem.

Acresce que a atividade da GEAP na área da saúde cobre saúde e assistência, pois oferece auxílio financeiro para aquisição de órtese e prótese não-cirúrgicas, auxílio financeiro para aquisição de medicamentos especiais e auxílio financeiro para educação de menor deficiente, além de cobrir na área de saúde transplantes, o que não é oferecido de modo generalizado, isto é, no Plano Básico, pelas empresas privadas. Nos serviços de saúde promovidos pela GEAP também não há um diferencial de pagamento por faixa etária, ao contrário do que ocorre com as empresas privadas.

14. Eis, pois, que as condições ofertáveis por uma e por outra são rigorosamente heterogêneas; donde, em nada e por nada suscetíveis de serem cotejadas, tornando literalmente incabível a competição, de maneira a compor hipótese de sua "inviabilidade", pois é sabido e ressabido que só se licitam coisas homogêneas, intercambiáveis.

Ante todo o exposto, pelas diversas ordens de razões jurídicas mencionadas resulta claro a todas as luzes que a União pode conveniar-se diretamente com a Consulente, tanto mais porque, como de início foi acentuado, nem ao menos caberia pertinentemente propor-se, *in casu*, o tema da licitação.

15. Respondida a primeira indagação estão colhidos todos os subsídios necessários para a consideração da segunda delas, isto é, sobre a existência ou não de eventual inconstitucionalidade no Decreto Federal n. 4.978, de 23.2.2004, que regulamentou o art. 230, da Lei 8.112/1990.

O referido decreto foi alvo de questionamento centrado em seu art. 1º, cuja redação, ao depois modificada pelo Decreto n. 5.010, de 9.3.2004, originariamente dispunha que:

> A assistência à saúde do servidor ativo ou inativo e de sua família, de res-

ponsabilidade da União, de suas autarquias e fundações, será prestada por intermédio de convênios a serem firmados com entidades fechadas de autogestão, sem fins lucrativos, assegurando-se a gestão participativa.

Este dispositivo conjugado com o art. 4º foi tido como gerador de situação inconstitucional, favorecedora da GEAP e excludente das empresas que oferecem planos de saúde ou seguro saúde, porquanto este último preceptivo estabelece:

> Os atuais contratos e convênios de assistência à saúde que não se encontrem amparados pelas disposições deste Decreto não serão renovados.

Em rigor, não há mais espaço para questionamento algum visto que, a alteração do art. 1º, promovida pelo referido Decreto n. 5.010, de 9.3.2004, arredou de vez as objeções argüidas, pois sua nova redação deixa claríssimo que foi feita precisamente para dar amparo às possibilidades de negócio a serem travados com o Poder Público almejados por empresas privadas que exercem lucrativamente a oferta de planos de assistência à saúde ou seguro saúde.

Donde, nada mais haveria a impugnar no decreto em causa se, deveras, existisse razão jurídica prestante para objetar-lhe a forma original. Ocorre que não existia. Com efeito, nada mais natural do que o Poder Público reservar a prestação dos serviços em causa a entidade por ele patrocinada, obsequiosa ao princípio da autogestão e sem fins lucrativos. Surpreendente por todos os títulos é que abra ou mantenha aberto este campo para empresas que pretendam lucrar com a prestação de atividade que é ofertada no interior do próprio aparelhamento governamental, pois assim deve ser considerada entidade patrocinada pelo próprio Estado e pessoas auxiliares suas. Sobre surpreendente, ao nosso ver, é injurídica tal solução, pois traz consigo dispêndios externos rigorosamente desnecessários, com o que atenta contra o princípio da moralidade administrativa.

16. Ante todo o exposto e considerado, às indagações da Consulta respondo:

I — Para a realização de convênios com a Fundação GEAP destinados à obtenção dos serviços de saúde que esta promove no âmbito do serviço público federal, a União e suas pessoas auxiliares não estão adstritas a procedimento licitatório prévio algum, o qual seria manifestamente impróprio e descabido ante a natureza da sobredita fundação e a especificidade de sua estrutura e *modus operandi.*

II — O Decreto Federal n. 4.978, de 3.2.2004, com a redação original de seu art. 1º, não padecia de vício jurídico algum; antes, perfilhava orientação juridicamente aplausível. Com a nova redação de seu art. 1º, deixa de se expor às críticas que se lhe imputava, as quais, aliás, eram, de direito, improcedentes. Com a nova redação do sobredito artigo, resultante do Decreto Federal n. 5.010, de 9.3.2004, agora sim, se expõe à censura de propiciar despesas descabidas, contravindo o princípio constitucional da moralidade.

É o meu parecer.

São Paulo, 15 de março de 2004.

FAIXAS DE DOMÍNIO DE RODOVIAS ESTADUAIS CONCEDIDAS – USO DO SOLO E DO ESPAÇO AÉREO POR CONCESSIONÁRIA DE SERVIÇO PÚBLICO FEDERAL

ADÍLSON ABREU DALLARI

Professor Titular de Direito Administrativo da PUC/SP

Consulta

A Eletropaulo Metropolitana Eletricidade de São PAULO S/A, empresa concessionária de serviços públicos de distribuição de energia elétrica, ora Consulente, em cumprimento às determinações constantes de seu contrato de concessão firmado com a União, por intermédio da Agência Nacional de Energia Elétrica – ANEEL, é obrigada a cumprir um sério plano de ampliação e remodelação da rede de distribuição de energia elétrica em toda sua área de concessão, que abrange a Capital do Estado e alguns Municípios que integram a Grande São Paulo.

Dentro deste plano de ampliação e remodelação, invariavelmente, a ora Consulente necessita utilizar as faixas de domínio das rodovias públicas estaduais de São Paulo, para a instalação de postes e/ou lançamento de linhas aéreas de distribuição.

Para a utilização das faixas de domínio, a Consulente é obrigada, pelas concessionárias que controlam os sistemas rodoviários, a apresentar um projeto técnico de ampliação de rede de distribuição de energia elétrica, para análise e aprovação destas concessionárias, a fim de concretizar sua implementação.

Todavia, as empresas que detêm a concessão das rodovias no Estado de São Paulo estão a exigir (i) "taxa" no valor de R$ 800,00 (oitocentos Reais) para análise de cada projeto técnico de ampliação da rede de distribuição de energia elétrica e (ii) uma "remuneração" mensal para utilização das faixas de domínio público cuja composição dos valores mensais leva em consideração o diâmetro dos postes instalados nas faixas de domínio, multiplicado pela quantidade de postes efetivamente instalados e a extensão, em quilômetros, dos fios lançados sobre os postes, inclusive as linhas que porventura possam cruzar as "pistas" destas rodovias, o que representa R$ 40,00 (quarenta Reais) por mês por poste instalado.

Por se tratar a Consulente de empresa concessionária de serviços públicos de distribuição de energia elétrica, que necessita das faixas de domínio das rodovias públicas estaduais para a expansão e remodelação de sua rede de distribuição de energia (*in casu*, rodovias Anchieta e Imigrantes) e, assim, cumprir o que determina seu contrato de concessão, considerando-se o ônus financeiro que lhe está sendo imputado pelas concessionárias de rodovias estaduais para a autorização do uso desta faixa de domínio, indaga-se:

(a) A "exploração" das faixas de domínio pelas concessionárias de rodovias do Estado de São Paulo depende de expressa autorização do Poder concedente?

(b) As receitas advindas dessa exploração das faixas de domínio constituem receitas alternativas que devem propiciar a modicidade das tarifas de pedágio, a exemplo do que ocorre com as concessionárias de serviço público de distribuição de energia elétrica, que são obrigadas, pelos seus contratos de concessão, a aplicar o resultado advindo da obtenção das receitas alternativas na modicidade das tarifas de energia?

(c) A reversão da receita alternativa (advinda da cobrança de valores mensais pela utilização das faixas de domínio) em benefício dos usuários das rodovias não seria condição inafastável de existência desta exigência?

(d) Qual o supedâneo legal que suporta a cobrança pelas concessionárias de rodovias de valores relativos (i) à "taxa" para exame de projeto técnico de expansão da rede de distribuição da Consulente e (ii) à "remuneração" mensal da utilização das faixas de domínio?

(e) Existe limitação para as cobranças acima elencadas? Ou fica ao alvitre das concessionárias de rodovias estaduais exigir o quanto entenderem devido, ainda que referidas cobranças, especialmente em função dos valores impostos – R$ 800,00 (oitocentos Reais) para análise de cada projeto e R$ 40,00 (quarenta Reais) por mês para cada poste instalado ao longo das rodovias ou cabo lançado "sobre" as rodovias –, possam obstar à prestação de serviço público essencial de distribuição de energia elétrica?

(f) É lícita a retirada pelas concessionárias de rodovias do Estado de São Paulo, sem qualquer aviso, de equipamentos ou cabos lançados sobre a faixa de domínio público de propriedade das concessionárias de distribuição de energia elétrica (*e.g.*, postes, transformadores, fios elétricos) sob a alegação de haver suposta ocupação irregular da faixa de domínio?

(g) Sendo ilegal a cobrança da taxa para aprovação do projeto técnico para expansão da rede de distribuição da Consulente, bem como da taxa de utilização da faixa de domínio das rodovias, qual a medida judicial que poderá ser proposta para afastar a exigência das mesmas pelas concessionárias de rodovias públicas estaduais?

(h) Existem precedentes jurisprudenciais a respeito?

Parecer

1. Considerações preliminares

O assunto objeto do presente estudo tem servido a uma pluralidade de confusões e conclusões indevidas.

Junto com a documentação oferecida pela Consulente para exame dos problemas suscitados figura um parecer jurídico, emitido pela Procuradoria-Geral da Agência Nacional de Energia Elétrica – ANEEL, no qual se sustenta a competência exclusiva da União para legislar sobre energia elétrica, a existência de decreto assegurando o uso gratuito de faixas de domínio de rodovias, a imunidade tributária dos serviços de energia elétrica e, finalmente, que "é da tradição brasileira impedir que Estados e Municípios alterem a equação financeira dos contratos federais de concessão" – tudo isso para sustentar a impossibilidade legal de que Estados e Municípios (e, implicitamente, concessionários de serviços públicos estaduais e municipais) cobrem alguma remuneração pelo uso de seus bens pelos concessionários de serviços de energia elétrica.

Em primeiro lugar, cabe anotar que a "tradição" não mais pode ser invocada, dado que os serviços públicos de energia elétrica eram prestados por empresas estatais, sem os rigores do regime jurídico fixado pela legislação atualmente em vigor para as concessões a empresas privadas. Em tempos de estatização não havia, de fato, preocupação maior com a política tarifária, o equilíbrio contratual e a devida apuração de custos. O fato de que, no passado, efetivamente, Estados e Municípios não cobravam pelo uso de seus bens por parte de empresas estatais prestadoras de serviços de energia elétrica deve ser entendido como mera liberalidade, atualmente inviável, em face da privatização dos mesmos serviços.

Em segundo lugar, é essencial separar serviços públicos prestados por diferentes concessionários de diferentes esferas de governo, em razão da autonomia administrativa dos entes que integram a Federação. Não se pode confundir o serviço concedido com os imóveis necessários à prestação dos serviços. Não é possível confundir "remuneração" com "tributo".

Em síntese, é essencial analisar todos os dados componentes do problema em exame, para que se possa chegar a conclusões consistentes.

Tudo isso será feito, da maneira mais didática possível, a partir de algo sobre o qual não existe controvérsia.

É mansamente pacífico o entendimento no sentido de que a passagem de dutos e fiação por imóveis privados depende, normalmente, conforme as circunstâncias, ou de desapropriação da faixa correspondente, ou da instituição de servidão. Em qualquer caso, sempre haverá necessidade de indenizar o particular proprietário da área afetada, em razão dos danos que lhe forem acarretados pelo sacrifício parcial de seu direito de propriedade.

Questiona-se, porém, a licitude ou a viabilidade da exigência de pagamento pela passagem de dutos ou fiação, feita por concessionário de serviço público, sobre ou sob área pública pertencente a pessoa jurídica distinta daquela outorgante da concessão.

Na mais resumida síntese, em tais situações, o que se alega, equivocadamente, é uma espécie de vocação natural das áreas públicas para a realização de serviços públicos, motivo pelo qual não se haveria de falar em pagamento pelo uso, mesmo que tais serviços sejam realizados por empresas privadas concessionárias, pois o serviço por elas explorado, em si mesmo, não deixa de ser serviço público, que acaba sendo remunerado mediante o pagamento de tarifas pelos consumidores, que outra coisa não são senão a mesma coletividade "dona" dos imóveis públicos afetados pelas redes.

Entretanto, é forçoso considerar que não há um serviço público universal; uma universalidade chamada "serviço público". Existem diferentes serviços públicos, prestados sob diferentes regimes, por diferentes prestadores.

No caso brasileiro, dada a estrutura federativa do Estado Nacional, cada serviço público será necessariamente jungido a uma específica entidade componente da Federação, podendo afetar (e este é o ponto nodal da questão) direitos e interesses de outras entidades federadas.

Além disso, como no caso em exame, serviços públicos podem ser prestados por empresas privadas, sob a forma de concessão, afetando direitos e interesses de diferentes grupos de usuários, nos termos e condições estabelecidos pela Constituição Federal:

> Art. 175. Incumbe ao Poder Público, na forma da lei, diretamente ou sob regime de concessão ou permissão, sempre através de licitação, a prestação de serviços públicos.
>
> Parágrafo único. A lei disporá sobre: I – o regime das empresas concessionárias e permissionárias de serviços públicos, o caráter especial de seu contrato e de sua prorrogação, bem como as condições de caducidade, fiscalização e rescisão da concessão ou permissão; II – os direitos dos usuários; III –

política tarifária; IV – a obrigação de manter serviço adequado.

Cada serviço concedido deve ser objeto de um específico contrato. O concessionário não adquire a titularidade nem do serviço público, nem dos bens públicos necessários à sua execução; apenas explora economicamente, nos termos contratualmente estabelecidos, a prestação do serviço concedido, que continua sendo público – e, como tal, sujeito a condicionamentos especiais e dotado de prerrogativas também especiais.

Para cumprir seu dever de prestar o serviço do qual é delegado, o concessionário necessita utilizar ou ocupar espaços físicos. Tal ocupação, em algumas situações, é excludente de qualquer outra, obrigando a que a empresa concessionária adquira tais espaços, por qualquer das formas civis ou por meio de desapropriação, pagando a justa indenização, seja lá quem for o proprietário do imóvel desapropriado.

Em outras situações o uso feito pelo concessionário não é excludente; ou seja, pode conviver com outros usos. Ou, mais exatamente, o uso feito pelo concessionário não acarreta a necessidade de adquirir o imóvel, mas, sim, de apenas utilizá-lo. Quando a empresa concessionária necessita usar um imóvel alheio, ela pode obter o direito de fazê-lo tanto pelas formas civis quanto por meio da instituição de servidão administrativa, pagando o valor correspondente aos danos materiais que o uso do imóvel alheio acarretar ao proprietário.

Quando esse direito de uso incide sobre imóvel particular, não há problema algum. O problema está no uso, pela empresa privada concessionária, para a prestação do serviço público a ela concedido, de imóvel qualificado como bem público ou, como no caso em exame, afetado a um outro serviço público concedido a outro concessionário . Convém, portanto, agora, discorrer sobre o uso de bens públicos por pessoa física ou jurídica que não seja o titular de seu domínio.

2. *Formas de uso de bens públicos*

Os bens públicos são normalmente utilizados pela Administração Pública, detentora de sua titularidade, para a execução de seus serviços, ou são utilizados, de maneira geral, impessoal e indistinta, pela coletividade em geral, por todas as pessoas, em caráter não-exclusivo, para fins de locomoção e recreação.

Quando determinada pessoa, física ou jurídica, necessita usar um bem público em caráter exclusivo, configura-se aquilo que a doutrina denomina de "uso especial de bem público", cujo regime jurídico é assim descrito por Hely Lopes Meirelles (*Direito Administrativo Brasileiro*, 25ª ed., São Paulo, Malheiros Editores, 2000, pp. 474 e ss.):

"*Uso especial – Uso especial* é todo aquele que, por um título individual, a Administração atribui a determinada pessoa para fruir de um bem público com exclusividade, nas condições convencionadas.

"Ninguém tem direito natural a uso especial de bem público, mas qualquer indivíduo ou empresa pode obtê-lo mediante contrato ou ato unilateral da Administração, na forma autorizada por lei ou regulamento ou simplesmente consentida pela autoridade competente. Assim sendo, o uso especial do bem público será sempre uma utilização individual – *uti singuli* – a ser exercida privativamente pelo adquirente desse direito. O que tipifica o uso especial é a privatividade da utilização de um bem público, ou de parcela desse bem, pelo beneficiário do ato ou contrato, afastando a fruição geral e indiscriminada da coletividade ou do próprio Poder Público. Esse uso pode ser consentido gratuita ou remuneradamente, por tempo certo ou indeterminado, consoante o ato ou contrato administrativo que o autorizar, permitir ou conceder.

"Uma vez titulado regularmente o uso especial, o particular passa a ter um direito subjetivo público ao seu exercício, oponível a terceiros e à própria Administração, nas condições estabelecidas ou convencionadas. A estabilidade ou precariedade desse uso assim como a retomada do bem público, com ou sem indenização ao particular, dependerão do título atributivo que o legitimar."

Os bens públicos podem ser utilizados por terceiros, em caráter especial, sob diversas formas já consagradas na legislação e na doutrina. Cada uma dessas formas tem características, condições e finalidades distintas. Hely Lopes Meirelles (ob. e loc. cits.) fornece uma visão panorâmica e sintética, contendo apenas os elementos essenciais de cada uma dessa formas, que são os seguintes: *autorização de uso*, *permissão de uso*, *cessão de uso*, *concessão de uso*, *concessão de direito real de uso* e *enfiteuse* ou *aforamento*.

Se a Consulente necessitar do uso de algum bem público para desenvolver as atividades inerentes ao serviço do qual é concessionária, poderá solicitar à entidade pública detentora do bem a ser afetado que lhe faça a outorga dessa prerrogativa, sob a modalidade que se afigurar como a mais adequada ao caso específico.

Já tem entendido a jurisprudência (cf. STJ, REsp 55.275, rel. Min. Demócrito Reinaldo, *RDA* 202/242) que, não obstante a Administração Pública possa ser locatária de imóvel particular, quando ela, Administração, outorga contratualmente o direito de uso remunerado e temporário de um imóvel público a pessoa privada não se configura uma relação locatícia, regida pela legislação civil, mas, sim, uma concessão de uso, regida pelo direito administrativo.

De qualquer maneira – e isto é o que se quer destacar –, em todos esses casos há uma relação negocial; não há compulsoriedade. Todas essas formas de uso especial de bem público pressupõem um acordo de vontades, inclusive quanto ao preço a ser pago pelo uso.

Tanto faz que o outorgado seja pessoa física ou jurídica, de direito privado ou de *direito público*. Qualquer dessas formas pode servir para viabilizar o uso, por uma empresa concessionária de serviço público, de imóvel público necessário ao desenvolvimento dos serviços concedidos.

No caso especificamente em exame, da prestação de serviços de distribuição de energia elétrica, os problemas que estão surgindo e que suscitaram a formulação da consulta referem-se ao uso, por ela, Consulente, do solo e do espaço aéreo das faixas de domínio de rodovias estaduais concedidas a empresas privadas.

Tais faixas de domínio podem ter duas origens: ou foram entregues pelo Poder Público concedente ao concessionário da rodovia por ocasião da outorga; ou foram adquiridas pela concessionária da rodovia como parte de seus encargos previstos no contrato de concessão. Em qualquer caso, tais bens são afetados ao serviço especificamente concedido e, ao final da concessão, devem ou retornar ou ser repassados (pela figura jurídica da reversão) ao Poder Público concedente.

De qualquer modo, portanto, tais bens estão afetados pelo regime jurídico de direito público, não podendo, em hipótese alguma, ser considerados como bens privados, integrantes do patrimônio disponível da empresa privada concessionária da rodovia.

Todos os bens aplicados a um serviço público concedido desfrutam da proteção que a ordem jurídica confere aos bens públicos. Por exemplo, não podem ser objeto de penhora. Tal proteção não abrange bens disponíveis (dominiais ou dominicais) pertencentes ao patrimônio das empresas concessionárias mas não aplicados ao serviço concedido.

Em princípio, as faixas de domínio somente existem e se justificam em função de necessidades inerentes à operação da rodovia. Em princípio, o concessionário da rodovia não pode fazer qualquer uso dessas faixas sem expressa autorização do Poder Público concedente – autorização, essa, que, entretanto, tanto pode ser outorgada em cada caso concreto como pode estar contida no próprio texto do contrato de concessão ou em alguma norma regulamentar expedida pelo concedente.

Dizendo mais claramente: o uso dessas faixas de domínio para qualquer atividade diversa daquilo que for inerente ao serviço rodoviário concedido não faz parte da concessão, não fica ao inteiro e exclusivo critério do concessionário da rodovia. Este tem o poder-dever de zelar por esse patrimônio, nos termos do que houver sido estabelecido entre ele e a Administração outorgante.

Tendo personalidade jurídica de direito privado, o concessionário da rodovia poderá ajustar com a outra empresa privada, concessionária do serviço de distribuição de energia elétrica, de maneira negocial, por meio de simples contrato, o uso, por esta última, das mencionadas faixas de domínio, mas sempre com observância do regime jurídico inerente ao uso de bens públicos por particulares, cujos traços principais são apontados por Odete Medauar, em seu *Direito Administrativo Moderno* (4ª ed., São Paulo, Ed. RT, 2000, p. 292): *consentimento da Administração*, *compatibilidade com o interesse público*, *observância das condições fixadas pela Administração*, *pagamento do preço* e *precariedade*.

Ou seja, não poderá haver outorga voluntária, negocial, contratual, do uso a terceiro (seja lá quem for) se o concessionário da rodovia não estiver autorizado pelo outorgante da concessão rodoviária ou se, no caso concreto, o uso pretendido for incompatível com o serviço rodoviário concedido. A outorga será feita nos termos, limites e condições da autorização concedida, compreendendo o caráter oneroso, ou não, da outorga e sua repercussão no valor da tarifa. A outorga sempre será precária, pois o Poder Público concedente da rodovia sempre poderá, por razões de interesse público devidamente explicitadas, retomar a posse plena e desimpedida das faixas de domínio.

Num primeiro momento, portanto, parece não haver grandes dificuldades na outorga do uso do solo e do espaço aéreo das faixas de domínio das rodovias estaduais concedidas ao concessionário do serviço público federal de distribuição de energia elétrica, para que ele assim possa atender aos seus usuários, desde que se chegue a um acordo no tocante ao preço. Mas é exatamente aqui que está o problema, dado que, tradicionalmente (conforme já foi inicialmente salientado), esse uso nunca foi devidamente formalizado e nunca foi feito em caráter oneroso.

Agora, em face das circunstâncias vigentes, imediatamente aflora a pergunta: caso não se chegue a um acordo, o titular da concessão rodoviária estadual pode recusar-se a outorgar o direito de uso das faixas de domínio ao concessionário do serviço público federal? E a resposta é positiva: sim, pode, se não houver entendimento quanto às condições do ajuste, inclusive quanto ao preço.

Tal resposta deflagra imediatamente uma perplexidade: isso poderia inviabilizar a prestação de um serviço público federal concedido! Tal perplexidade, entretanto, não existe, pois, sendo público o serviço concedido, a empresa privada concessionária pode compelir o detentor da propriedade (o Estado) ou da posse (o concessionário estadual) do bem púbico a possibilitar seu uso para viabilizar o regular funcionamento do serviço público federal, pela forma prevista na legislação brasileira exatamente para isso, qual seja, a *servidão administrativa* – assunto sobre o qual se passa a discorrer.

3. Servidões administrativas

Existe uma forma de utilização compulsória de bem público (municipal ou estadual) por terceiro, desde que esse terceiro seja uma entidade federal ou empresa privada prestadora de serviço público, mediante outorga da União. Trata-se da *servidão administrativa*, cuja instituição está prevista no art. 40 do Decreto-lei 3.365, de 21.6.1941, que dispõe sobre o processo da desapropriação, o qual diz, em síntese, que os dispositivos dessa lei são aplicáveis, no que couber, à instituição de servidões administrativas.

Já tivemos ocasião de publicar estudo sobre o tema, no qual estabelecemos as diferenças entre a servidão administrativa e outros meios de intervenção estatal na propriedade alheia (as limitações administrativas e as desapropriações) e delineamos seus traços principais – estudo, esse, do qual nos permitimos transcrever o essencial:

"As limitações administrativas, enquanto tais, são sempre gratuitas. Representam a forma mais branda de atuação estatal no tocante à propriedade privada, pois nada retiram do proprietário.

"No extremo oposto temos o instituto da desapropriação, definido no Código Civil Brasileiro como forma de extinção da propriedade privada. Com efeito, por meio da desapropriação o Estado faz desaparecer uma determinada propriedade privada, que é substituída por seu equivalente em dinheiro, e faz surgir, ao mesmo tempo, mas originariamente (sem que haja transferência), a propriedade pública.

"A desapropriação é sempre onerosa. É a forma mais intensa de intervenção estatal na propriedade, pois retira totalmente o conteúdo do direito de propriedade.

"Entre esses dois extremos estão as servidões administrativas, por meio das quais o Estado obtém o uso da propriedade privada sem retirá-la de seu proprietário, e se apresentam como medidas ora genéricas, ora específicas; ora gratuitas, ora onerosas.

"Enquanto a desapropriação configura claramente uma obrigação de dar, inexistente nos outros meios de atuação estatal aqui referidos, o tipo de obrigação decorrente das limitações administrativas e das servidões administrativas não é tão evidente.

"De maneira geral, pode-se dizer que das limitações decorre uma obrigação de não-fazer, de abster-se, um *non facere*; enquanto das servidões deriva um dever de suportar que se faça, deixar fazer, um *pati*.

"Cabe, por último, apenas registrar que *as servidões administrativas admitem também uma separação entre indenizáveis e não-indenizáveis. Ou seja, algumas são instituídas a título gratuito e outras a título oneroso*, mas essa separação decorre não da essência ou da natureza de determinados tipos de servidão, mas, sim, das circunstâncias inerentes a cada caso concreto.

"Em princípio, como ensina Bielsa, a servidão administrativa é indenizável, pois a proteção à propriedade alcança sua privação total ou parcial. A servidão, embora afete apenas o atributo da exclusividade, que deixa de existir, é uma privação parcial, e, assim, em princípio, indenizável.

"Mas – intervém com rara argúcia Hely Lopes Meirelles – o que se indeniza não é a propriedade, mas o prejuízo eventualmente causado pelo uso público.

"*Em resumo, remanesce para o Estado o dever de indenizar somente quando e na medida em que a instituição de uma servidão administrativa causar um prejuízo ao titular da propriedade privada. Isto, entretanto, somente pode ser verificado em cada caso concreto*" (Adílson Abreu Dallari, "Servidões administrativas", *RDP* 59-60/90-91 e 95-96, São Paulo, Ed. RT).

Nada existe de novo ou inusitado na utilização do instituto jurídico da servidão administrativa como forma de obtenção do uso de imóveis alheios. O vetusto Código de Águas (Decreto 24.643, de 10.4.1934) já estabelecia, em seu art. 151, que o concessionário, para a exploração do serviço, tinha o direito de: "c) estabelecer as servidões permanentes ou temporárias exigidas para as obras hidráulicas e para o transporte e distribuição de energia elétrica".

Esse direito foi regulamentado pelo Decreto 35.851, de 16.7.1954, que, ao dispor especificamente sobre transmissão e distribuição de energia elétrica, fornece um excelente quadro dos ônus e prerrogativas, de ambas as partes envolvidas, no tocante à instituição de servidão administrativa:

Art. 1º. As concessões para o aproveitamento industrial das quedas d'água, ou, de modo geral, para produção, transmissão e distribuição de energia elétrica, conferem aos seus titulares o direito de constituir as servidões administrativas permanentes ou temporárias, exigidas para o estabelecimento das respectivas linhas de transmissão e de distribuição.

Art. 2º. A constituição da servidão a que se refere o artigo anterior depende da expedição, pelo Poder Executivo, de decreto em que, para esse efeito, se reconheça a conveniência de estabelecê-la e se declarem de utilidade pública as áreas destinadas à passagem da linha.

§ 1º. Para a fixação das áreas sujeitas ao ônus da servidão, a Administração terá em vista, entre outros característicos, a tensão da linha, o número de circuitos e o tipo da construção.

§ 2º. A servidão compreende o direito, atribuído ao concessionário, de praticar, na área por ela abrangida, todos os atos de construção, manutenção, conservação e inspeção das linhas de transmissão de energia elétrica e das linhas telegráficas e telefônicas auxiliares, sendo-lhe assegurado ainda o acesso à área da servidão, através do prédio serviente, desde que não haja outra via praticável.

Art. 3º. Os proprietários das áreas atingidas pelo ônus limitarão o uso e gozo das mesmas ao que for compatível com a existência da servidão, abstendo-se, em conseqüência, de praticar, dentro delas, quaisquer atos que a embaracem ou lhe causem dano, incluídos entre eles os de erguerem construções ou fazerem plantações de elevado porte.

§ 1º. A Administração, ao expedir o decreto de servidão, poderá vedar que tais construções ou plantações se façam em uma faixa paralela à área da servidão, estabelecendo-lhe os respectivos limites.

§ 2º. Aos concessionários é assegurado o direito de mandar podar ou cortar quaisquer árvores que, dentro da área da servidão ou na faixa paralela à mesma, ameacem as linhas de transmissão ou distribuição.

Art. 4º. Uma vez expedido o decreto de que trata o art. 2º, a constituição da servidão se realizará mediante escritura pública, em que o concessionário e os proprietários interessados estipulem, nos termos do mesmo decreto, a extensão e limites do ônus e os direitos e obrigações de ambas as partes.

Art. 5º. Os proprietários das áreas sujeitas à servidão têm direito à indenização correspondente à justa reparação dos prejuízos a eles causados pelo uso público das mesmas e pelas restrições estabelecidas ao seu gozo.

Art. 6º. Os concessionários poderão promover, no caso de embaraço oposto pelos proprietários à constituição da servidão, ou ao respectivo exercício, as medidas judiciais necessárias ao seu reconhecimento, cabendo-lhes também a faculdade de utilizar-se do processo da desapropriação, nos termos do art. 40 do Decreto-lei n. 3.365, de 21 de junho de 1941.

Conforme já foi acima referido, aplicam-se ao processo judicial de instituição de servidão, no que couber, as mesmas normas que disciplinam o processo da desapropriação. Em um e outro desses institutos jurídicos sempre é possível atingir o resultado almejado de maneira amigável, desde que exista acordo quanto ao valor da indenização. Mas, da mesma forma que acontece na desapropriação, o cerne da maioria das ações judiciais versa sobre a fixação do valor da indenização.

Alguns excertos da jurisprudência são bastante ilustrativos. No primeiro deles, relatado pelo eminente Des. Moraes Salles, são enfocadas as diferenças fundamentais entre a desapropriação e a servidão:

"Como se sabe, a servidão administrativa distingue-se, nitidamente, da desapropriação (*RTJ* 67/294 e 52/284 e *RDP* 12/184).

"Com efeito, a desapropriação retira a propriedade de alguém (particular ou entidade política menor), transferindo-a para o expropriante. Na servidão administrativa não se verifica a transmissão da propriedade, porque o ônus imposto pela Administração ao particular é meramente de uso público. Porque na desapropriação o particular é despojado do domínio, compensa-se o vazio econômico por ele sofrido mediante o pagamento de uma indenização. Recompõe-se seu patrimônio com a soma correspondente ao desfalque gerado pela desapropriação. *Na servidão pública, entretanto, porque a propriedade permanece com o particular cujo bem foi afetado pela serventia, só serão indenizáveis os prejuízos acarretados pelo ônus.*

"Observa-se, portanto, que na desapropriação haverá sempre indenização; *na servidão administrativa só se verificará ressarcimento quando houver prejuízo para o particular. Não havendo prejuízo, não terá lugar a indenização. Note-se, entretanto, que as restrições ao gozo do imóvel, impostas pela servidão ao proprietário, constituem prejuízos ao seu patrimônio, pelo quê devem ser também indenizadas*" (TJSP, 9ª C., Ap. 113.013-2, j. 11.12.1986, rel. Des. Moraes Salles, *RT* 616/86-87).

Em outro acórdão decidiu-se pela invalidação do laudo pericial exatamente porque o perito estimou o valor da indenização devida pela instituição da servidão administrativa como se se tratasse de uma desapropriação: "De se concluir que o laudo pericial não agiu com acerto em fixar a indenização da faixa sob servidão como se a terra fosse desapropriada. Cumpria-lhe avaliar o prejuízo, a desvalorização (se houve) da construção do caminho que se sobrepõe aos dutos subterrâneos. O *expert* não ofereceu elementos via dos quais se possa fixar a indenização. Desaceita a quantia que se encontrou como indenização a um terreno desapropriado, impende encontrar o justo valor, a critério pericial" (TJMG, 1ª C., Ap. 74.279-1, j. 12.4.1988, rel. Des. Paulo Tinôco, *RT* 633/157).

Num terceiro acórdão o foco da controvérsia sobre a indenização devida incidia apenas sobre a área ocupada pelas torres de transmissão (não havendo questionamento quanto ao valor fixado para a faixa de passagem das linhas). Considerando que havia ocupação completa do terreno onde se situavam as torres, o perito estabeleceu a indenização pela instituição da servidão no valor correspondente ao da desapropriação. Tal valor foi reduzido pelo acórdão: "A restrição sofrida pelos apelados quanto à área em que instaladas as torres de transmissão de energia elétrica não corresponde à perda total dos direitos de propriedade, uma vez que de desapropriação não se cuida. Bem por isso, com razão a apelante, a sugerir o alto percentual, bem próximo do máximo, de 95% daquele fixado no laudo aceito. Esse valor é o que servirá de fundamento para o ressarcimento devido exclusivamente quanto às áreas das torres, como destacadas no laudo do assistente técnico (fls. 144), mantido, embora, o valor básico do laudo do perito judicial" (TJSP, 13ª C., Ap. 199.280-2/2, j. 10.11.1992, rel. Des. Wanderley Racy, *RT* 692/88).

Conforme se pode notar, costuma-se estabelecer o valor da indenização pela servidão em um percentual aplicado sobre o valor do imóvel. Esse percentual é bastante variável, conforme demonstra Ronaldo de Albuquerque (*Desapropriação e Constituição de Servidão Administrativa*, São Paulo, Atlas, 1987, pp. 132 e ss.), mediante a transcrição parcial de vários acórdãos.

O primeiro deles (TFR, Ap. cível 36.949), relatado pelo Min. Carlos Velloso, fixa o percentual em 50%. Mas esse mesmo eminente Ministro, quando ainda no mesmo TFR, em outro caso, na Ap. cível 68.077, considerando que se tratava de terrenos rurais distantes das zonas urbanas, fixou o percentual em 10%.

Outro acórdão (TFR, Ap. cível 73.655, rel. Min. Armando Rolemberg), por se tratar de área bastante acidentada, utilizada para descanso e lazer, considera razoável o percentual de 20%. Em outro acórdão (TFR, Ap. cível 82.333, rel. Min. Sebastião Alves dos Reis) a onerosidade trazida ao imóvel pela servidão justifica a aplicação do índice de 40%.

Como se nota, em diversos casos mais ou menos contemporâneos, e até em acórdãos proferidos pelo mesmo Relator, há uma grande diversidade de percentuais, determinados pelas circunstâncias do caso concreto e fixados por critério de razoabilidade.

Em face da proteção dada pela Constituição Federal à propriedade privada e diante da disciplina dada à fixação do valor da indenização pela legislação federal, cabe apenas dizer que, se não houver acordo entre as partes, caberá ao juiz estabelecer o valor da justa indenização.

"Indenizar", etimologicamente, significa "tornar indene", "sem dano". "Indenizar" significa "compor o dano", "reparar integralmente o dano", na exata medida em que este se verificar e, obviamente, *se* houver dano material, dado que lesão de direito sempre haverá, consistente na perda do direito de exclusividade sobre o imóvel afetado.

E quando será "justa" a indenização? Sérgio Ferraz (*A Justa Indenização na Desapropriação*, São Paulo, Ed. RT, 1978, p. 11) oferece alguns parâmetros: "A idéia de *justo*, por mais variáveis que sejam as acepções de cunho filosófico incidentes sobre a construção desse conceito, necessariamente é informada de uma tônica de conformidade, congruência, proporção, equilíbrio, equivalência, correspondência ou paridade".

Não há, portanto, como se estabelecer, de maneira universal e segura, os critérios para a fixação da indenização devida pela instituição da servidão. No caso concreto sempre se haverá de considerar a efetiva restrição acarretada ao imóvel, podendo ocorrer que isso até mesmo não aconteça (ou aconteça em grau mínimo), sendo também relevantes os proveitos que poderão advir da execução do serviço para o próprio titular do bem afetado, inclusive a utilização que ele possa vir a fazer dos dutos e postes instalados.

Seja permitido abrir um parêntesis para acrescentar que esta mesma idéia de "justo" deve presidir a fixação do valor a ser pago em um acordo, em um contrato, entre os diferentes concessionários envolvidos, no caso de uma solução amigável. Convém lembrar que o custo da outorga do uso, de uma forma ou de outra, sempre recairá sobre o usuário do serviço, que tem direito à observância do princípio da modicidade da tarifa. Na fixação desse valor deve ser levado em conta que não se trata de exploração comercial do espaço ocupado, mas, sim, de compartilhamento da infra-estrutura física de diferentes serviços públicos.

Em síntese, não existe possibilidade jurídica de o Estado (ou qualquer outra entidade pública estadual, ou qualquer delegatário de serviço público estadual) impedir a instalação e funcionamento de um serviço público federal concedido negando autorização para a instalação de dutos, postes e fiação. Se não se chegar a um entendimento quanto ao uso do solo e do espaço aéreo das faixas de domínio das rodovias estaduais, sempre haverá possibilidade de se recorrer à via judicial para que isso seja feito de maneira coercitiva.

4. A legislação sobre concessões de serviços públicos

Para os fins do presente estudo, cabe, agora, examinar a questão da repercussão dos ônus e encargos econômicos e financeiros decorrentes do uso remunerado de imóveis de terceiros para a instalação de postes e fiação.

A concessão de serviço público é um contrato administrativo e, como tal, está sujeita à aplicação subsidiária dos princípios e das normas previstas na Lei 8.666/1993, que (além das licitações) cuida dos contratos administrativos em geral, estabelecendo o direito à manutenção do *equilíbrio econômico-financeiro do contrato.*

A expressão define a necessária relação de igualdade entre as partes celebrantes de um contrato administrativo no que tange especificamente às cláusulas econômicas. *A remuneração originalmente projetada para o negócio até seu término deve se manter*, ainda que a Administração, ao influxo da necessidade pública, promova alterações nas prestações avençadas.

Ou seja, cada parte há de se responsabilizar por aquilo a que se obrigou. Se o particular assumiu o encargo de executar o contrato por determinado preço, salvo situações excepcionais previstas na lei, deve honrar esse preço. Nesse preço estão seus custos e seus lucros. Mas ele não pode ser obrigado a honrar esse preço por algo diferente daquilo que ele se comprometeu a executar ou se, no curso da vigência do contrato, surgirem fatores imprevistos e imprevisíveis que venham a onerar significativamente os custos.

A Lei 8.987, de 13.2.1995, que disciplina as concessões de serviços públicos, cuida da manutenção do equilíbrio econômico-financeiro do contrato ao dispor sobre as tarifas, em seu art. 9º:

> Art. 9º. A tarifa do serviço público concedido será fixada pelo preço da proposta vencedora da licitação e preservada pelas regras de revisão previstas nesta Lei, no edital e no contrato.
>
> § 1º. A tarifa não será subordinada à legislação específica anterior e somente nos casos expressamente previstos em lei sua cobrança poderá ser condicionada à existência de serviço público alternativo e gratuito para o usuário *[Redação dada pela Lei 9.648, de 27.5.1998]*
>
> § 2º. Os contratos poderão prever mecanismos de revisão das tarifas, a fim de manter-se o equilíbrio econômico-financeiro.
>
> § 3º. Ressalvados os impostos sobre a renda, a criação, alteração ou extinção de quaisquer tributos ou encargos legais, após a apresentação da proposta, quando comprovado seu impacto, implicará a revisão da tarifa, para mais ou para menos, conforme o caso.
>
> § 4º. Em havendo alteração unilateral do contrato que afete o seu inicial equilíbrio econômico-financeiro, o Poder concedente deverá restabelecê-lo, concomitantemente à alteração.

A criação de encargos legais (que não se confundem com tributos) após a apresentação da proposta, mencionada no § 3º, pode determinar a correção da tarifa, para a manutenção do equilíbrio contratual.

A alteração unilateral do contrato, mencionada no § 4º, tanto pode decorrer de uma específica alteração das cláusulas de serviço, promovida pelo concedente, como pode, também, ser decorrente de alterações das condições de execução do serviço acarretadas por fatos da Natureza ou decisões governamentais estranhas ao contrato de concessão, adotadas pela mesma ou por outras esferas de governo, mas com impacto sobre o equilíbrio contratual.

Essa questão foi objeto de percuciente observação feita por Marçal Justen Filho (*Concessões de Serviços Públicos*, São Paulo, Dialética, 1997, pp. 145-146), que merece transcrição: "Reconhece-se que a equação econômico-financeira é intangível, na acepção de que, uma vez aperfeiçoada, não pode ser infringida. A manutenção do equilíbrio econômico-financeiro consiste na impossibilidade de alterar apenas um dos ângulos da equação. Não é possível alterar, quantitativa ou qualitativamente, apenas o âmbito dos encargos ou tão-somente o ângulo das retribuições. *Se forem adicionados encargos, rompe-se o equilíbrio, a não ser que também se ampliem as retribuições. Idêntico raciocínio se aplica em caso de redução dos encargos, o que acarretará a necessidade de redução das retribuições.* Em síntese, a manutenção do equilíbrio econômico-financeiro corresponde a uma espécie de magnetização dos ângulos ativo e passivo do conteúdo da relação jurídica: *à alteração de um ângulo deve corresponder uma alteração equivalente e correspondente no outro ângulo*".

Disso se infere que tanto o aumento de encargos quanto o aumento de receita podem acarretar a necessidade de recomposição do equilíbrio contratual.

No tocante à concessão de serviços públicos de distribuição de energia elétrica, se ficar comprovado que o ônus decorrente da remuneração pelo uso das faixas de domínio das rodovias estaduais não estava inserido na composição inicial dos custos, configurando-se como um ônus adicional imprevisível e inevitável, certamente haverá necessidade de recompor o equilíbrio contratual, inclusive por meio de compensação no valor da tarifa.

Mas, por ser ponto de destaque na formulação da consulta, há uma outra faceta desse princípio da correção do valor da tarifa para a manutenção do equilíbrio contratual que merece especial atenção.

A exigência de remuneração pelo uso da faixa de domínio das rodovias estaduais concedidas, ao mesmo tempo em que representa um encargo para o concessionário do serviço federal, gera, para o concessionário do serviço estadual, uma receita adicional, diversa da tarifa cobrada pela execução do serviço, que, em princípio, precisa ser compensada, conforme previsto no art. 11 da Lei 8.987/1995:

> Art. 11. No atendimento às peculiaridades de cada serviço público, poderá o Poder concedente prever, em favor da concessionária, no edital de licitação, a possibilidade de outras fontes provenientes de receitas alternativas, complementares, acessórias ou de projetos associados, com ou sem exclusividade, com vistas a favorecer a modicidade das tarifas, observado o disposto no art. 17 desta Lei.
>
> Parágrafo único. As fontes de receita previstas neste artigo serão obrigatoriamente consideradas para a aferição do inicial equilíbrio econômico-financeiro do contrato.

Tal compensação, entretanto, não é automática, no sentido de que o valor cobrado pelo uso das faixas de domínio deve ser automaticamente deduzido da tarifa. Pode acontecer que essa receita não seja exatamente "adicional", mas, sim, tenha sido prevista e tenha sito computada para a formulação do equilíbrio inicial do contrato. É também preciso considerar que o uso das faixas de domínio pelo concessionário de outro serviço público acarreta encargos adicionais para o concessionário da rodovia.

Esta última circunstância é salientada por Antônio Carlos Cintra do Amaral ("Utilização de faixas de domínio, em rodovias concedidas, por outras concessionárias de serviço público", *Revista Interesse Público* 9/107, janeiro-março/2001) para refutar a idéia de uma "natural" gratuidade dos uso das faixas de domínio: "A utilização gratuita das faixas de domínio pelas outras concessionárias não apenas deixaria de contribuir para a modicidade do pedágio como também importaria custo adicional para a concessionária da rodovia, que teria de controlar e fiscalizar essa utilização, a fim de evitar que viesse a ser prejudicada a prestação de 'serviço adequado', ou que fossem provocados fatos que causassem danos pessoais e materiais aos usuários da rodovia, acarretando responsabilidade para ela, concessionária".

Não, há portanto, problema algum no fato de que o custo adicional para um possa redundar numa receita adicional para outro. O que deve ser sempre considerado é o equilíbrio econômico-financeiro de cada contrato. Quem será onerado ou beneficiado será o usuário do específico serviço do qual se está utilizando. O que não faz sentido é imputar a repercussão econômica (positiva ou negativa) ao usuário do outro serviço.

Também se coloca essa questão da adequada compensação nos casos de compartilhamento remunerado da infra-estrutura (que será objeto de exame mais adiante), nos quais será necessário verificar qual o ônus efetivamente acarretado para cada um dos concessionários envolvidos, em função das remunerações pagas e recebidas.

5. *Legislação federal sobre energia elétrica*

Um dos principais argumentos utilizados pela Procuradoria-Geral da Agência Nacional de Energia Elétrica – ANEEL para sustentar a gratuidade do uso de bens públicos estaduais e municipais pelas concessionárias de serviços de energia elétrica (conforme mencionado no início do presente estudo) é, exatamente, a competência exclusiva da União Federal para operar tais serviços e legislar sobre essa matéria.

O ponto de partida está, indiscutivelmente, correto. Com efeito, nos termos do disposto na Constituição Federal (art. 21, XII, "b"), compete à União explorar, diretamente ou mediante concessão, permissão ou autorização, os serviços e instalações de energia elétrica, competindo-lhe, também, privativamente, legislar sobre energia (art. 22, IV).

As inferências tiradas de tais competências é que foram despropositadas, por haverem ignorado – como ensinam os clássicos da Hermenêutica – que a Constituição não pode ser interpretada em tiras, que não é possível interpretar artigos isolados, sendo essencial que se correlacione cada norma isolada com outras integrantes do contexto em que figuram, dando-se prevalência ao método interpretativo lógico-sistemático e tomando em consideração, como principais vetores interpretativos, os princípios constitucionais, especialmente o *princípio federativo*, do qual decorre, necessariamente a autonomia administrativa dos entes federados.

Não é necessária qualquer digressão ou invocação de suportes doutrinários e jurisprudenciais para sustentar o que é manso e pacífico: Estados e Municípios, por força da autonomia administrativa de que desfrutam, podem dispor livremente sobre seus bens, nos termos da respectiva legislação própria. Vale dizer: não compete à União, a pretexto de disciplinar a execução de serviços de distribuição de energia, vulnerar a autonomia dos Estados e Municípios, determinando o que cada um desses integrantes da Federação pode ou não pode fazer com seus bens.

Diga-se, a bem da verdade, que o Código de Águas (Decreto 24.643, de 10.4.1934) respeitou os limites impostos à competência da União pelo princípio federativo; cuidado, esse, também presente em seu Regulamento (Decreto 35.851, de 16.7.1954), acima transcrito.

A lesão à autonomia constitucionalmente assegurada a Estados e Municípios ocorreu mais recentemente, com a edição do Decreto federal 84.398, de 16.1.1980, que "dispõe sobre a ocupação de faixas de domínio de rodovias e de terrenos de domínio público e a travessia de hidrovias, rodovias e ferrovias, por linhas de transmissão, subtransmissão e distribuição de energia elétrica, e dá outras providências".

O art. 1º desse decreto, com a redação que lhe foi dada pelo Decreto 86.859, de 19.1.1982, assim dispõe:

> Art. 1º. A ocupação de faixas de domínio de rodovias, ferrovias e de terrenos de domínio público, e a travessia de hidrovias, rodovias, ferrovias, oleodutos e linhas de transmissão de energia elétrica de outros concessionários, por linhas de transmissão, subtransmissão e distribuição de energia elétrica de concessionários de serviços públicos de energia elétrica, serão autorizadas pelo órgão público federal, estadual ou municipal ou entidade competente, sob cuja jurisdição estiver a área a ser ocupada ou atravessada.
>
> Parágrafo único. Para os fins do disposto neste artigo, será considerada entidade competente a pessoa física ou jurídica que, em razão de concessão, autorização ou permissão, for titular dos

direitos relativos à via de transporte, duto ou linha a ser atravessada, ou a ter a respectiva faixa de domínio ocupada.

Até aqui, nada existe que mereça maiores comentários. O problema está no art. 2º, desenganadamente inconstitucional no tocante a Estados e Municípios: "Art. 2º. Atendidas as exigências legais e regulamentares referentes aos respectivos projetos, as autorizações serão por prazo indeterminado e *sem ônus* para os concessionários de serviços públicos de energia elétrica" (destacamos).

Tal preceito pode valer para os órgãos e entidades da Administração Pública Federal, que nada poderão cobrar das concessionárias de serviços de energia elétrica pelo usa das faixas de domínio das rodovias federais.

Entretanto, salta aos olhos que não cabe à União dispor sobre o uso de bens públicos estaduais e municipais, e muito menos por meio de simples decreto. Nem se diga que, no caso, a mencionada norma estaria apenas disciplinando um serviço público federal. Se assim for entendido, será forçoso concluir que a gratuidade aí afirmada poderia estender-se também sobre bens públicos de particulares, pois o serviço continuaria sendo público federal.

Para sustentar a constitucionalidade desse dispositivo, argumentou-se com o vetusto entendimento (já afastado pela melhor doutrina e jurisprudência) de que os bens públicos pertencem à coletividade, aos cidadãos, e não a esta ou àquela específica pessoa jurídica de direito público.

Obviamente, tal entendimento, já repudiado pelos tribunais, não tem como sustentar-se à luz dos mencionados princípios federativo e da autonomia administrativa dos entes federados, dele decorrente, e da legalidade.

Com efeito, a autonomia administrativa compreende a titularidade de todos os bens estaduais e municipais, e especialmente a plena liberdade, sem qualquer turbação não expressamente fundada na Constituição Federal, de sua administração. Além disso, decreto não é lei; é mero ato administrativo, de conteúdo normativo, dispondo sobre meios e modos de execução de alguma específica lei (que no caso não existe) e dirigido aos subordinados de seu signatário (coisa que tanto o Estado como o Município não são, com relação ao Presidente da República).

É indiscutível que não cabe nem ao Estado nem ao Município interferir, de qualquer forma, nas instalações e equipamentos dos serviços de transmissão e distribuição de energia elétrica, sendo, portanto, evidentemente descabida qualquer taxa pelo exercício do poder de polícia quanto a isso, mesmo que instituída com o "nome" de preço público.

Mas é também indiscutível que Estados e Municípios podem e devem zelar pela integridade de seus bens e pela boa prestação de seus respectivos serviços. Cabe ao Estado, por exemplo, cuidar para que o uso dos faixas de domínio de suas rodovias (concedidas ou não) não prejudique o uso próprio e típico da rodovia ou coloque em risco a segurança dos usuários. Cabe ao Município, sim, cuidar dos aspectos urbanísticos das instalações de serviços de energia elétrica, para que a cidade não seja desfigurada, nem haja riscos ou inconvenientes para os munícipes.

O absurdo contido no art. 2º do Decreto 84.398, de 16.1.1980, revela uma forma de pensar ainda muito ligada aos tempos da estatização, tanto assim que não foi repetido na legislação posteriormente editada, que cuida primordialmente dos serviços de energia elétrica, mas já sob o prisma da sua concessão a empresas privadas, como é o caso da Lei 9.074, de 7.7.1995, posteriormente alterada pela Lei 9.648, de 27.5.1998, para adaptar seu texto ao papel reservado para a Agência Nacional de Energia Elétrica – ANEEL, criada pela Lei 9.427, de 26.12.1996, como Agência Reguladora do sistema.

Uma das mais importantes atribuições da ANEEL é a de promover a articulação entre os diferentes atores envolvidos no processo, quais sejam, as diversas empresas concessionárias de serviços de eletricidade, os usuários dos serviços, os diferentes níveis de governo envolvidos e as concessionárias de outros serviços que tenham interfaces com os serviços de energia elétrica.

No caso em exame, evidencia-se como indispensável uma atuação, no sentido da solução das pendências por parte da ANEEL, do órgão estadual correspondente na área de transportes (que, atualmente, é a Comissão de Concessões da Secretaria dos Transportes, e no futuro deverá ser a Agência de Transportes do Estado de São Paulo, cujo projeto de criação tramita pela Assembléia Legislativa Estadual), dado que não se trata, conforme já foi dito, de mera exploração comercial do espaço, mas, sim, de compartilhamento da infra-estrutura física, transcendendo o interesse das empresas concessionária envolvidas.

Por se tratar de assunto de relevante interesse público, convém deixar claro que não podem os Estados e Municípios (nem, muito menos, empresas concessionárias de seus serviços) impedir o compartilhamento das redes de transmissão e distribuição de energia elétrica não só por outras empresas prestadoras dos mesmos serviços, como também, eventualmente, por outras empresas que explorem serviços de telecomunicações e transporte de combustíveis – evidentemente, na medida em que isso for compatível com o uso por eles autorizado, ou com os termos e limites de servidão administrativa que tenha sido instituída e com as normas federais que regem a matéria.

Sobre esse assunto, o Governo Federal editou a Resolução Conjunta 001, de 24.11.1999, firmada pela Agência Nacional de Energia Elétrica – ANEEL, pela Agência Nacional de Telecomunicações – ANATEL e pela Agência Nacional do Petróleo – ANP, que aprova o Regulamento Conjunto para Compartilhamento de Infra-Estrutura entre os Setores de Energia Elétrica, Telecomunicações e Petróleo, do qual merece destaque o art. 4º: "Art. 4º. O agente que explora serviços públicos de energia elétrica, serviços de telecomunicações de interesse coletivo ou serviços de transporte dutoviário de petróleo, seus derivados e gás natural tem direito a compartilhar infra-estrutura de outro agente de qualquer destes setores, de forma não-discriminatória e a preços e condições justos e razoáveis, na forma deste Regulamento".

O art. 7º desse regulamento conjunto, ao discriminar as infra-estruturas e os correspondentes itens passíveis de compartilhamento, menciona, expressamente, "dutos, condutos, postes e torres".

Em resumo, a matéria está exaustivamente tratada na legislação federal, cabendo ao Estado e ao Município preocupar-se exclusivamente com o que interferir na disciplina do uso dos bens de seus respectivos patrimônios, podendo, sim, condicionar o uso por parte de concessionários de serviços públicos federais ao pagamento do preço correspondente, não obstante os revezes sofridos na esfera judicial, que passam a ser examinados.

6. Comentários à jurisprudência existente

Não foi possível encontrar jurisprudência sobre o uso, por concessionários de serviços públicos federais, de bens imóveis integrantes do patrimônio estadual, de sorte que o exame dos aspectos jurisprudenciais irá se ater aos bens municipais.

Um considerável número de Municípios, por lei ou decreto, com os mais variáveis conteúdos e fundamentos, instituiu a exigência de pagamento, por parte da concessionária de serviço federal ou estadual, pelo uso do subsolo, do solo e do espaço aéreo ocupados por dutos, postes e fiação. A quase-totalidade se deu mal; quase todas as exigências municipais foram suspensas liminarmente ou anuladas por decisões judiciais.

Não é o caso de se proceder a um exame detalhado de cada um ou de alguns desses casos, dado que nenhum deles abrange os problemas especificamente suscitados no presente estudo. Para os fins deste estudo, basta destacar os aspectos mais relevantes que foram considerados nas decisões judiciais e que podem, indiretamente, trazer alguma luz para a solução das questões formuladas.

Alguns Municípios instituíram o IPTU, correspondente à área física ocupada pelos postes, ou também pela área dos dutos ou da projeção do espaço aéreo. Outros preferiram cobrar taxa pelo exercício do poder de polícia, invocando a necessidade de disciplinar o uso do espaço urbano, inclusive sob o aspecto ambiental. Enfim, muitos instituíram um tributo incidente, direta ou indiretamente, sobre os serviços concedidos.

Em tais casos a cobrança foi fulminada pelo Poder Judiciário com base no disposto no § 3º do art. 155 da CF (com a redação dada pela Emenda Constitucional 3), cuja redação é a seguinte: "§ 3º. À exceção dos impostos de que tratam o inciso II do *caput* deste artigo e o art. 153, I e II, nenhum outro tributo poderá incidir sobre operações relativas a energia elétrica, serviços de telecomunicações, derivados de petróleo, combustíveis e minerais do país".

Efetivamente, por força desse dispositivo, com exceção do ICMS e dos tributos incidentes sobre importação e exportação, nenhum outro *tributo* pode recair sobre os mencionados serviços.

Note-se, porém, que o dispositivo não tem a dimensão que lhe tem sido dada, pois ele não impede a cobrança de tarifas ou qualquer outra prestação que não seja um tributo.

Diante disso, alguns Municípios instituíram *preços públicos* pelo uso dos bens imóveis urbanos, mas, na disciplina da matéria, deram à cobrança todas as características de verdadeiro *tributo*, inclusive com alíquotas e bases de cálculo. Em tais casos, apenas o nome dado ao encargo financeiro era "preço público", mas a substância era de verdadeiro tributo – justificando-se, assim, a fulminação judicial.

Outro Municípios, entretanto, instituíram verdadeiros preços públicos, com base nas respectivas leis orgânicas, mas mesmo assim tiveram a pretensão repelida na via judicial, com fundamento no já mencionado e acima parcialmente transcrito Decreto federal 84.398, de 16.1.1980, que dispõe exatamente sobre a ocupação de faixas de domínio de rodovias e de terrenos de domínio público em geral por linhas de transmissão e distribuição de energia elétrica, afirmando a gratuidade de tal uso. Tal entendimento, em nosso entender, pelas razões acima expostas, não merece acolhida, dado que o referido decreto não pode ser aplicado a bens públicos estaduais e municipais.

É evidente que o Município não pode proibir, impedir ou prejudicar o funcionamento de um serviço público federal. Mas é também verdade que *a execução de serviço público federal não pode servir de pretexto, nem tem força suficiente, para destroçar o princípio constitucional da autonomia municipal e, por extensão, o próprio princípio federativo, que integra o chamado cerne fixo da Constituição, não podendo ser abolido nem mesmo por emenda constitucional (cf. CF, art. 60, § 4º, I).*

O Município pode ser até mesmo compelido judicialmente a ceder o domínio ou o uso de seus bens para viabilizar o funcionamento de um serviço publico federal, por meio de desapropriação ou constituição de servidão administrativa, mas não gratuitamente. O que foi dito com relação ao Município vale também, pelas mesmas razões, para o Estado.

7. Considerações doutrinárias

Hoje em dia não mais se sustenta que os bens públicos possam ser havidos como *res nullius* ("coisa de ninguém") ou *res co-*

munis omni ("coisa pertencente à coletividade"; na linguagem atual, "bem difuso").

A melhor doutrina do direito administrativo é unânime em afirmar que os bens públicos são de *propriedade* ou domínio das pessoas jurídicas de direito público interno (União, Estados, Distrito Federal e Municípios) e de suas respectivas entidades autárquicas. Sem maior detalhamento, basta citar, entre outros consagrados autores de obras gerais, Valmir Pontes, Hely Lopes Meirelles, Celso Antônio Bandeira de Mello, Lúcia Valle Figueiredo, Diógenes Gasparini, Maria Sylvia Zanella Di Pietro, Odete Medauar, Diogo de Figueiredo Moreira Neto e José dos Santos Carvalho Filho. Todos eles entendem que os bens públicos integram o patrimônio de alguma dessas mencionadas entidades dotadas de personalidade jurídica de direito público.

A jurisprudência tem uniformemente determinado o pagamento de indenização pela desapropriação de bens públicos, inclusive bens públicos de uso comum, como praças e vias públicas, conforme já por diversas vezes ocorreu quando da inundação de áreas urbanas em decorrência da construção de barragens.

Não há por que dispensar, de maneira total e absoluta, o direito à indenização quando se tratar da constituição de servidão administrativa, pois, de qualquer forma, o direito de propriedade será sacrificado, ainda que parcialmente.

Com muito maior razão, não há como sustentar que a cessão voluntária de seus bens, ou do uso deles, por parte do Estado ou do Município, ou de empresas delegatárias da exploração de serviços públicos estaduais ou municipais, tenha que ser necessariamente gratuita.

O CC, no art. 65, expressamente reconhece e afirma o domínio das entidades públicas sobre os respectivos bens. No art. 66 faz uma classificação quanto ao uso que deles se faça, sem que isso aniquile o domínio. E no art. 68 deixa bem claro que o uso deles (de quaisquer deles, inclusive os de uso comum) pode ser gratuito ou oneroso. Realmente, não há como contestar a possibilidade de que o proprietário público estabeleça um pagamento pelo uso de seus bens por outras pessoas, físicas ou jurídicas, públicas ou privadas. Se assim não fosse, a simples cobrança de pedágio pelo uso de rodovia seria inconstitucional.[1]

Com muitíssimo maior razão, é perfeitamente viável a cobrança de um preço público pelo uso especial de um bem público, especialmente quando o interessado for uma empresa privada, concessionária de um serviço público.

Diogo Freitas do Amaral, em sua notável monografia sobre *A Utilização do Domínio Público pelos Particulares* (São Paulo, Juriscredi, 1972, p. 217), chega a afirmar que o uso especial deve ser sempre remunerado: "O fundamento deste dever de pagar uma quantia em dinheiro como retribuição do direito à utilização do domínio público é simples de entender e não se afasta, no essencial, daquele que alicerça idêntica obrigação a propósito dos usos comuns extraordinários. A sua justificação encontra-se luminosamente condensada nas palavras em que Jèze, sublinhando que o particular no uso privativo não usa a coisa como todos os outros, mas para seu proveito pessoal, esclarece: seria injusto que de uma utilização privativa de certa coisa pública, construída e conservada com o dinheiro de todos os contribuintes, uma pessoa só extraísse gratuitamente vantagens exclusivas".

Essa situação não se altera absolutamente quando o uso especial é feito por uma empresa privada exploradora de serviço público. Nem mesmo haveria de ser gratuito se o serviço público fosse operado diretamente por uma pessoa jurídica de direito público diferente daquela titular do domínio, pois os patrimônios públicos são diferentes, afetando diferentemente diferentes contribuintes.

1. Nota da Redação: os arigos citados são do CC 1916, correspondendo aos atuais arts. 98 e 193.

Preços públicos não se confundem absolutamente com tributos, conforme expõe, com sua insuperável clareza, o saudoso Hely Lopes Meirelles: "Os preços – diversamente dos tributos – são remunerações facultativas e negociais, resultantes da aquisição de bens ou da utilização de serviços da Administração, ou de seus delegados, ou mesmo de particulares, em transações voluntárias com o Poder Público ou com pessoas de personalidade privada. Daí por que os preços tanto podem ser estabelecidos e cobrados pela Administração Pública como por qualquer particular que aliene ou permita a utilização de seus bens ou serviços, mediante uma contraprestação em dinheiro, fixada ou ajustada negocialmente com o interessado no bem ou no serviço. Estes preços não dependem de lei para sua cobrança e podem resultar tanto de uma fixação unilateral de quem os cobra (preço público ou tarifa), como podem ser ajustados entre o Poder Público e o particular, conciliando os respectivos interesses (preço semiprivado), como podem ser discutidos e acertados entre particulares em livre concorrência (preço privado). Os preços, quaisquer que sejam as suas espécies, nada têm que ver com os tributos. São categorias econômicas inteiramente diferentes e regidas por normas diversas" (Hely Lopes Meirelles, *Estudos e Pareceres de Direito Público*, vol. II, São Paulo, Ed. RT, 1977, p. 513).

Portanto, não faz qualquer sentido a invocação do disposto no acima transcrito § 3º do art. 155 da CF, que se refere apenas e tão-somente a tributos como fundamento da impossibilidade da cobrança de preços públicos.

8. Conclusões

Diante de tudo quanto foi acima exposto, pode-se, agora, responder sintética e objetivamente aos quesitos formulados.

(a) A "exploração" das faixas de domínio pelas concessionárias de rodovias do Estado de São Paulo depende de expressa autorização do Poder concedente?

Resposta: Sim. As faixas de domínio, enquanto um acessório ao leito da rodovia, existem como um elemento integrante do serviço especificamente concedido, qual seja, o de ampliação e operação da rodovia. A exploração comercial das faixas de domínio não faz parte do serviço concedido, dependendo, portanto, de uma autorização expressa do concedente. Tal autorização tanto pode constar do contrato de concessão quanto pode ser dada posteriormente.

(b) As receitas advindas dessa exploração das faixas de domínio constituem receitas alternativas que devem propiciar a modicidade das tarifas de pedágio, a exemplo do que ocorre com as concessionárias de serviço público de distribuição de energia elétrica, que são obrigadas, pelos seus contratos de concessão, a aplicar o resultado advindo da obtenção das receitas alternativas na modicidade das tarifas de energia?

Resposta: Sim. O serviço especificamente concedido é remunerado pela cobrança de pedágio. Entretanto, diante do caso concreto, em face do conteúdo do edital da licitação que precedeu o contrato e dos termos do próprio contrato de concessão, é preciso verificar se tais receitas já foram ou não foram consideradas para a fixação do valor do pedágio.

(c) A reversão da receita alternativa (advinda da cobrança de valores mensais pela utilização das faixas de domínio) em benefício dos usuários das rodovias não seria condição inafastável de existência desta exigência?

Resposta: Sim. A Lei 8.987/1995, em seu art. 11, expressamente exige que tais receitas sejam consideradas para efeito de redução do valor da tarifa. Todavia, conforme consta da resposta ao quesito anterior, é preciso verificar se isso já não foi feito quando da fixação da tarifa inicial. É fora de qualquer dúvida que não é dado ao Poder Público concedente contemplar o concessionário com um benefício adicional, um favor, um puro privilégio, sem qualquer repercussão no interesse público.

(d) Qual o supedâneo legal que suporta a cobrança pelas concessionárias de rodovias de valores relativos (i) à "taxa" para exame de projeto técnico de expansão da rede de distribuição da Consulente e (ii) à "remuneração" mensal da utilização das faixas de domínio?

Resposta: Na medida em que a ocupação das faixas de domínio possa acarretar um ônus, uma tarefa, um cuidado, um estudo, uma verificação etc. por parte da concessionária da rodovia, que deve zelar pela boa prestação dos serviços a ela cometidos, será devida uma compensação financeira, com base tanto na manutenção do equilíbrio contratual quanto no princípio que veda o enriquecimento sem causa.

(e) Existe limitação para as cobranças acima elencadas? Ou fica ao alvitre das concessionárias de rodovias estaduais exigir o quanto entenderem devido, ainda que referidas cobranças, especialmente em função dos valores impostos – R$ 800,00 (oitocentos Reais) para análise de cada projeto e R$ 40,00 (quarenta Reais) por mês para cada poste instalado ao longo das rodovias ou cabo lançado "sobre" as rodovias –, possam obstar à prestação de serviço público essencial de distribuição de energia elétrica?

Resposta. Não existe limitação expressa, objetivamente fixada – o que não significa inexistência de limites. O valor deve ser razoável; deve corresponder à justa compensação pelos ônus acarretados. Não deve ser fonte de lucros adicionais, pois não se trata de exploração comercial das faixas de domínio, para atividades especulativas, mas, sim, de compartilhamento da infra-estrutura física necessária à prestação dos serviços públicos concedidos, repercutindo sempre no valor das tarifas pagas pelos usuários de tais serviços.

(f) É lícita a retirada pelas concessionárias de rodovias do Estado de São Paulo, sem qualquer aviso, de equipamentos ou cabos lançados sobre a faixa de domínio público de propriedade das concessionárias de distribuição de energia elétrica (*e.g.*, postes, transformadores, fios elétricos) sob a alegação de haver suposta ocupação irregular da faixa de domínio?

Resposta: Não. A empresa concessionária do serviço público federal não pode ser tratada como uma reles invasora. Os bens afetados ao serviço público federal de distribuição de energia elétrica desfrutam das garantias que a ordem jurídica consagra aos bens públicos federais, inclusive a proteção pela Polícia Federal, nos termos do art. 144, § 1º, I, da CF.

(g) Sendo ilegal a cobrança da taxa para aprovação do projeto técnico para expansão da rede de distribuição da Consulente, bem como da taxa de utilização da faixa de domínio das rodovias, qual a medida judicial que poderá ser proposta para afastar a exigência das mesmas pelas concessionárias de rodovias públicas estaduais?

Resposta: Não obstante não haja ilegalidade na cobrança, em si mesma, de tais taxas, é preciso verificar se está, ou não, havendo exagero nos valores cobrados. Para tal verificação, é conveniente solicitar a intermediação da ANEEL. Não havendo entendimento, sempre será possível recorrer à instituição de servidão administrativa, ou na própria faixa de domínio ou nos terrenos de particulares lindeiros, sobre os quais deve pesar uma limitação administrativa de recuo, a chamada *faixa* ***non aedificandi***.

(h) Existem precedentes jurisprudenciais a respeito?

Resposta: Não foi possível encontrar jurisprudência sobre a questão especificamente em exame (cobrança pelo uso das faixas de domínio, envolvendo duas empresas concessionárias), provavelmente em função do fato de que é ainda incipiente o processo de privatização da prestação dos serviços públicos.

S.m.j., é o parecer.

São Paulo, 3 de maio de 2001

A CVM
E O DEVER DE GUARDAR SIGILO

PEDRO DUTRA
Advogado

1. Publicidade, sigilo e o Estado Democrático de Direito. 2. Publicidade de atos processuais. 3. Sigilo, inquérito administrativo e processo administrativo. 4. Sigilo e decisão em processo administrativo. 5. Sigilo e a prestação de informações a terceiros. 6. Conclusão.

A Comissão de Valores Mobiliários — CVM — por intermédio de sua ilustre Diretora, Dra. Norma Parente, consulta-nos se esse órgão pode dar "ampla e irrestrita" publicidade ao inquérito administrativo e ao processo administrativo que promove; se pode prestar "informações a terceiros" que tenha obtido em razão do exercício da sua função fiscalizatória, e "expedir certidão" tendo por objeto estas informações, em especial se requeridas por "vítimas de atos ilícitos" cometidos no mercado mobiliário; ou, ainda, mesmo sem franquear a terceiros interessados o acesso aos autos de inquérito ou processo administrativo, pode a esses "prestar informações obtidas por seus fiscais".

1. Publicidade, sigilo e o Estado Democrático de Direito

Publicidade é a qualidade do que é público, do ato ou fato tornado público.[1] Público é o que pertence ao povo,[2] em oposição ao privado, guardado do público.[3] Nos regimes democráticos, a limitação do poder do Estado apóia-se na noção de que o povo é o titular do poder estatal — ele detém o poder soberano, e não o Estado. Na ordem jurídica brasileira, a Constituição Federal de 1934 explicitou esta noção ao afirmar que *todos os poderes emanam do povo, e em nome dele são exercidos* (art. 2º), fórmula que a Carta seguinte, que estruturou o regime ditatorial de 1937, reduziu, *o poder político emana do povo e é exercido em nome dele*, mas que a Carta seguinte, de 1946, repôs, precisando-lhe a forma: *todo o poder emana do povo, e em nome dele será exercido*. Pontes de Miranda ao comentá-la registrou a titularidade do poder estatal no povo, para dizer que desse poder, assim identificado, "emanam todas as

1. Cf. "publicidade", in *Grande e Novíssimo Dicionário da Língua Portuguesa*, p. 4.194.

2. Cf. "público", in *Grande e Novíssimo Dicionário da Língua Portuguesa*, ob. cit., p. 4.086, "public", in *Oxford English Dictionary (compact edition)*, p. 720.

3. Cf. "public", in *The Oxford English Dictionary of Etymology*; "private", p. 711.

decisões que caracterizam preceitos constitucionais e de onde tiram autoridade todos os poderes de legislação, de execução e de judicatura".[4] O legislador constitucional de 1988 buscou a mesma linha de seu antecessor de 1946, tendo em conta reagir, como aquele fizera em relação ao regime de 1937, ao regime ditatorial que a Carta de 1967/1969 deu forma ao dizer, *todo poder emana do povo e em seu nome é exercido*; assim, a atual Constituição estatui: *todo o poder emana do povo, que o exerce por meio de representantes eleitos ou diretamente, nos termos desta Constituição.*

Porém, a experiência, e em especial a brasileira recorrentemente exposta a assaltos autocráticos, mostra que a identificação formal da titularidade do poder estatal no povo e o desdobramento desse poder nas funções legislativa, executiva e judiciária que devem ser exercidas em seu nome — em seu interesse —, não bastam à realização objetiva do Estado Democrático — à afirmação do Estado Democrático de Direito referido no art. 1º da atual Constituição Federal. É necessário que no Estado Democrático de Direito o poder estatal seja exercido publicamente — na plenitude do dia,[5] visível ao povo, ao seu titular, sem dele ocultar nem se fazer oculto, como lembra Bobbio.[6] Para tanto, é indispensável que os atos estatais sejam dados a conhecer ao público, sejam divulgados a eles seja dado *publicidade*. Advertido de que a tradição autoritária da política nacional projeta-se sobre a administração pública distanciando-a do público, o legislador brasileiro elevou a publicidade dos atos da administração a um de seus princípios regentes, nos termos do art. 37, da Constituição Federal:

> Art. 37. *A administração pública direta e indireta* de qualquer dos Poderes da União, dos Estados, do Distrito Federal e dos Municípios *obedecerá aos princípios* de legalidade, impessoalidade, moralidade, *publicidade* e eficiência (destaque nosso).

Contudo, a visibilidade do poder público — do poder a ser exercido em público — encontra limitação excepcional, que autoriza a não publicação de alguns dos atos estatais (e assim de dados e informações que esses atos por alguma forma refiram) — restringindo-lhes a *publicidade* — na hipótese de o interesse público, interesse do Estado ou direitos do indivíduo puderem ser vulnerados pela publicidade que se der a determinado ato, ou a dados e informações, que refira, da administração pública. Cabe à Lei — e não a órgão da administração pública — fixar esta exceção e a sua forma, indicando a qual órgão caberá a guarda do sigilo que prescreve. Assim os dispositivos do art. 5º, XXXIII e LX, da Constituição Federal.

> XXXIII — todos têm direito a receber dos órgãos públicos informações de seu interesse particular, ou de interesse coletivo ou geral, que serão prestadas no prazo de lei, sob pena de responsabilidade, *ressalvadas aquelas cujo sigilo seja imprescindível à segurança da sociedade e do Estado*;
>
> (...);
>
> LX — *a lei só poderá restringir a publicidade* dos atos processuais quando a defesa da intimidade ou o interesse social o exigirem; (destacamos).

Esta oposição entre o caráter público do poder democrático, e o sigilo que deve recobrir alguns de seus atos, não contradiz a sua natureza, antes remete o poder democrático à sua origem, qual seja, aos "*direitos à base dos quais nasceu o Estado liberal* (em oposição ao estado absolutista, note-se) *e foi construída a doutrina do Estado de Direito em sentido forte, isto é, dos limites derivados do reconhecimento constitucional dos direitos 'invioláveis' do indivíduo*". O Estado democrático deve neces-

4. In *Comentários à Constituição de 1946*, v. I, 2ª ed., p. 309.

5. "Au grand jour", na feliz expressão de Maurice Joly, citada por Norberto Bobbio: "O futuro da democracia", in *O Futuro da Democracia*, 7ª ed., p. 41, nota 15.

6. "A democracia e o poder invisível", in *O Futuro da Democracia*, ob. cit., p. 107.

sariamente abrigar essa dualidade, pôr em convívio, na ordem jurídica, a regra geral da publicidade e a exceção do sigilo; é o mesmo Bobbio que acha a confluência necessária e extraordinária desses contrários: "o caráter público é a regra, o segredo a exceção, e mesmo assim é uma exceção que não deve fazer a regra valer menos, já que o segredo é justificável apenas se limitado no tempo, não diferindo de todas as medidas de exceção".[7]

Claramente, o legislador constitucional brasileiro atendeu a esse imperativo do Estado Democrático de Direito; a ressalva do sigilo alcança informações em poder da administração pública, mesmo se eventualmente tais informações interessarem a terceiros na defesa de seus direitos — art. 5º, XXXIII, da Constituição Federal — assim como ressalva o dever, posto na regra do inciso XXXIV,[8] do mesmo artigo da Constituição, de órgão administrativo ordinariamente atender a requisição ou expedir certidão que refiram tais informações postas sob sigilo.

2. *Publicidade de atos processuais*

A publicidade dos atos processuais só poderá ser restringida — por Lei[9] — se a defesa da intimidade e o interesse social o exigirem, diz a Constituição Federal, art. 5º, LX; o Código de Processo Civil, objetivando a regra constitucional, diz:

> Art. 155. Os atos processuais são públicos. Correm, todavia, em segredo de justiça os processos: I — *em que o exigir o interesse público* (destacamos).

Em mesma linha de extração constitucional dispõe a Lei n. 9.784/1999, que disciplina o processo administrativo no âmbito da administração pública federal:

> Art. 2º. A administração pública obedecerá, dentre outros, aos princípios da legalidade, finalidade, motivação, razoabilidade, proporcionalidade, moralidade, ampla defesa, contraditório, segurança jurídica, interesse público e eficiência. (...).
>
> V — *divulgação oficial dos atos administrativos, ressalvadas as hipóteses de sigilo prevista na Constituição* (nosso destaque).

E a seguir, a mesma Lei especifica a exceção do sigilo:

> Art. 46. Os interessados têm direito à vista do processo e a obter certidões ou cópias reprográficas dos dados ou documentos que o integram, *ressalvados os dados e documentos de terceiros protegidos por sigilo* ou pelo direito à privacidade, à honra e à imagem.

No âmbito da CVM, a ressalva à regra da publicidade, determinado a este órgão a guarda do sigilo, acha-se fixada no § 2º do art. 8º da Lei n. 6.385/1976:

> Art. 8º. Compete à Comissão de Valores Mobiliários: (...).
>
> § 2º. Ressalvado o disposto no art. 28, *a Comissão de Valores Mobiliários guardará sigilo das informações que obtiver, no exercício de seus poderes de fiscalização* (destacamos).

A regra especial, a regular a ação da CVM, conforma-se ao dispositivo constitucional e à regra processual geral. Note-se, todavia, que as regras a restringir a publicidade a ser dada aos atos da administração pública, todas elas, são voltadas "*para o povo*", "*para todos*", e não para as partes

7. Respectivamente, "O futuro da democracia", p. 32, e "A democracia e o poder invisível", p. 100; ambos in *O Futuro da Democracia*, ob. cit.

8. "XXXIV — são a todos assegurados, independente-mente do pagamento de taxas: a) o direito de petição aos Poderes Públicos em defesa de direitos ou contra ilegalidade ou abuso de poder; b) a obtenção de certidões em repartições públicas, para defesa de direitos e esclarecimento de situações de interesse pessoal."

9. Cf. Caio Tácito, "Sigilo nas operações das instituições financeiras", in *Temas de Direito Público*, v. 1, p. 925.

do feito,[10] às quais, em nenhuma hipótese, pode a autoridade judiciária ou administrativa negar ou dificultar o acesso a todas as peças dos autos de processo ou de inquérito, judicial ou administrativo. E, ainda, que o sigilo que a Lei obriga à CVM guardar alcança as *informações* que esta obtiver em razão do exercício de sua função de fiscalização, e não à sua ação administrativa. Adiante voltaremos a este ponto, devendo-se, contudo, registrar esta distinção, evidente na norma especial que disciplina a ação da CVM, e que a obriga à guarda do sigilo.

3. Sigilo, inquérito administrativo e processo administrativo

A necessidade de a administração pública valer-se de instrumentos processuais preliminares para coleta de elementos factuais que lhe permita motivar ato de instauração de processo administrativo, se esses elementos não se apresentarem suficientes à imediata expedição de ato motivado de instauração de processo administrativo, historicamente tomou várias designações — inquérito, sindicância, averiguação preliminar.

A Lei n. 4.137/1962, de repressão ao abuso do poder econômico, por exemplo, disciplinava a *averiguação preliminar* para o fim de verificar "se há real motivo para instauração do respectivo processo administrativo" (art. 27). No art. 30 da Lei n. 8.884/1994, que sucedeu àquela, tem-se: "(...) quando os indícios de infração da ordem econômica não forem suficientes para instauração imediata[11] de processo administrativo", será instaurada averiguação preliminar, para permitir a verificação de indícios consistentes de ato infrativo que habilite à autoridade competente instaurar processo administrativo.

A Resolução CMN n. 454/1977, que aprovou o "regulamento disciplinar do procedimento a ser observado na instauração de inquérito administrativo e de processo administrativo pela Comissão de Valores Mobiliários", para "apurar atos ilegais ou práticas não eqüitativas por parte de administradores ou de acionistas de companhias abertas, intermediários e demais participantes do mercado de valores mobiliários", seguindo este modelo dividiu o *procedimento* em duas fases, seqüenciais: a primeira, de natureza preliminar, na qual o órgão coleta dados e informações relativas ao ato infrativo eventualmente cometido, sem formalizar acusação, e tem início com a instauração de inquérito administrativo (art. 1º[12]); a segunda inicia-se pela formalização da denúncia — isto é a imputação do cometimen-

10. Cf. Pontes de Miranda, in *Comentários ao Código de Processo Civil*, t. III, 3ª ed., p. 51.

11. O vocábulo "imediata" foi suprimido do texto da Lei n. 8.884/1994, por força da Lei n. 10.149/2000, clonada de Medida Provisória, cuja finalidade no âmbito da defesa da concorrência, ao lado de outras alterações feitas naquela lei, é dar ao órgão instrutor, à Secretaria de Direito Econômico, do Ministério da Justiça, poderes de instrução próprios dos processos administrativos já em sede de averiguação preliminar, livrando esse órgão instrutor dos incômodos do direito à ampla defesa e ao contraditório assegurados ao administrado, que, como se sabe, não têm lugar na averiguação preliminar, pois nesta não se tem formalizada acusação. Mantivemos a referência ao texto legal original, porque conforme ao Direito. Sobre as alterações promovidas nas regras processuais da Lei n. 8.884/1994, e a contrariedade delas às regras do devido processo legal e o direito à ampla defesa e ao contraditório, ver "Medida Provisória 2.055/2000", Pedro Dutra, *Revista do IBRAC — Instituto Brasileiro de Estudos das Relações de Concorrência e de Consumo*, v. 7, n. 7, p. 31.

12. "À Comissão de Valores Mobiliários, nos termos do presente Regulamento, caberá proceder a instauração de Inquérito Administrativo para apurar atos ilegais ou práticas não eqüitativas por parte de administradores ou de acionistas de companhias abertas, intermediárias e demais participantes do mercado de valores mobiliários, na forma prevista no art. 11 da Lei n. 6.385, de 7 de dezembro de 1976."

to de determinada violação à norma por determinado administrado (arts. 5º,[13] e 8º[14]).

A Resolução CMN n. 2.785/2000, que em parte alterou a Resolução CMN n. 454/1977, seguindo melhor técnica processual condicionou a abertura de inquérito administrativo à inexistência de indícios bastantes à instauração imediata de processo administrativo; isto é, presentes estes indícios, deverá a CVM instaurar processo administrativo, e não abrir inquérito (art. 4º).[15] Essas duas fases — inquérito e processo — não são mais, nos termos da norma infralegal vigente, obrigatoriamente seqüenciais: pode ser instaurado apenas o processo administrativo.

A doutrina e a jurisprudência sedimentaram o recorte preciso do processo preliminar, que precede o processo administrativo; Tito Prates da Fonseca a esse propósito observa: "(...) o direito administrativo, sob a denominação de inquérito ou de sindicância, distinguindo um de outro, ou tendo-os como sinônimos, estabelece um procedimento preliminar, para chegar à certeza suficiente da existência de faltas disciplinares, quando essa certeza ou forte probabilidade não exista" (in *Lições de Direito Administrativo*, 1943, pp. 205-206).

E Cretella Júnior: "nessa forma preliminar, não há necessariamente defesa, porque não conclui por uma decisão contra ou em favor de pessoas, mas pela instauração do processo administrativo ou pelo arquivamento da sindicância" (in *Direito Administrativo Brasileiro*, v. V, "Processo Administrativo", 1962, p. 108).

A jurisprudência administrativa definiu o propósito do processo preliminar:

> O que se busca, no curso do Processo de Averiguações Preliminares, são indícios veementes que nos levem a concluir pela existência de um motivo justo para o desencadeamento do Processo Administrativo (voto no Processo de Averiguações Preliminares n. 76, de 3.3.1978, in *Poder Econômico: Exercício e Abuso*, José Inácio Gonzaga Franceschini e José Luis Vicente de Azevedo Franceschini, São Paulo, 1985, p. 201).
>
> De outro lado, o processo de averiguações preliminares é sede de uma formação de "juízo de simples credibilidade", que eventualmente antecede um "juízo de formação de culpa", que se desenvolve no processo administrativo (voto no Processo de Averiguações Preliminares n. 34, de 7.11.1972, representantes: Aníbal dos Santos Moura e Alcy dos Santos Moura, representada: Cia. Vale do Rio Doce, in *DOU* 18.12.1972, Seção I, parte I, pp. 11.354 e ss.; ob. cit., p. 203).

O mesmo entendimento tem, hoje, a jurisprudência do Superior Tribunal de Justiça:

> A sindicância administrativa, como o inquérito policial, são meramente informativos. Realçam fatos, circunstâncias que interessam, ou possam interessar ao processo administrativo, ou ao processo penal. Dois instantes, institutos inconfundíveis, pelo conteúdo, pela teleologia (STJ, CG 12.12.9198, recurso em mandado de segurança n. 4.144-SP, voto-vista, Ministro Vicente Cernicchiaro).

Não se confundem essas duas fases, eventualmente seqüenciais. Na primeira, busca o órgão administrativo elementos que o habilitem oferecer denúncia do ato infrativo, situação que lhe impede de àquela altura formalizar a acusação de violação à Lei e conseqüentemente instaurar, por meio de ato devidamente motivado, o processo administrativo devido. Nesta fase preliminar afirma-se naturalmente a exceção ao princípio da publicidade: desce o silêncio sobre

13. "Concluído o inquérito pela responsabilidade do indiciado, será este intimado por escrito, aberto o prazo de 30 (trinta) dias, contados da data da intimação, para apresentação de defesa."

14. "A apresentação da defesa pelo indiciado instaura a fase litigiosa do procedimento, com a conseqüente formação do Processo Administrativo."

15. "Será dispensada a constituição de Comissão de Inquérito quando os elementos de autoria e materialidade da infração forem suficientes para o oferecimento de termo de acusação por um Superintendente, que deverá, de forma sumária, submetê-lo à aprovação do Colegiado."

a ação processual preliminar do órgão administrativo, silêncio parcial, contudo, a proteger exclusivamente a identidade do administrado, e não a ocultar a ação do órgão administrativo e o objeto da investigação. O interesse público pela guarda da identidade do administrado aí consubstancia-se no atendimento, pela autoridade administrativa, da presunção de inocência do administrado, em relação ao qual esta autoridade ainda não se sentiu habilitada a imputar o cometimento de infração à Lei (e sequer sabe, com certeza, se virá a fazê-lo), por lhe faltarem razões de fato e de direito bastantes a lhe permitir motivar, como lhe exige a Lei, ato instaurador de processo administrativo.

O sigilo, nesta fase na qual inexiste acusação ao administrado, não guarda apenas o seu direito inalienável à presunção de sua inocência, senão protege também a reputação funcional do órgão administrativo e de seus agentes: sem dispor de elementos factuais e jurídicos mínimos a indicar a existência de ato infrativo que autorizem a expedição de ato motivado de instauração de processo administrativo, a divulgação do nome do administrado sujeito a inquérito administrativo comprometerá a credibilidade do órgão, no caso de este concluir, ao fim do inquérito, pela não instauração do processo administrativo, ao constatar a inexistência daqueles pressupostos de fato e de direito que devem obrigatoriamente motivar os atos instauradores de processo administrativo.

A presunção constitucional de inocência do administrado está intimamente ligada ao direito à ampla defesa. A divulgação da identidade do sujeito passivo em inquérito administrativo, no qual não tem lugar o contraditório, pois não há acusação, fará pesar-lhe a inversão, perversa e inadmissível, do ônus da prova, como mostra Cassagne: "A su vez, una consecuencia trascendente de esta presunción, que viene dada por la necesidad de que se pruebe de manera efectiva la culpabilidad del particular, consiste en el desplazamiento, en materia penal, de las presunciones de legalidad de los actos administrativos, que de mantenerse conducirían a transferir la carga de la prueba al acusado, con la obligación consiguiente de acreditar su inocencia, lo que implica sumirlo en una total indefensión" (in *Estudios de Derecho Público*, Juan Carlos Cassagne, Buenos Aires, 1995, p. 91).

A experiência norte-americana, na qual regras ordinárias vêm continuamente ampliando o espectro da publicidade dos atos expedidos por órgãos administrativos e o acesso a documentos por eles gerados,[16] mostra que a publicidade indevida de atos expedidos por esses órgãos outorgar-lhes, de fato, um poder sancionador sumário e marginal, que degrada o processo administrativo. Em lugar do devido processo legal, com a publicidade indevida tem-se uma exposição, precipitada e infundada, do administrado à condenação pública: "The courts have sustained the Commission's right to investigate both privately and publicly. In practice, the Commission's investigations have almost always been conducted privately. But there have been a number of notable exceptions. These few public investigations have typically had a quasilegislative flavor. In any event, of course, [i]*t is a well recognized principle of administrative law that investigations ought to be so conducted that harmful publicity will not be used in lieu of sanctions provided by law*"[17] (in Louis Loss e Joel Seligman, *Fundamentals of Securities Regulation*, 3ª ed., USA, 1995, p. 1.213) (destacamos).

A volatibilidade dos mercados mobiliários faz com que a simples divulgação do nome do investigado, sem que contra ele tenha sido devidamente formalizada pela autoridade reguladora acusação de viola-

16. Cf. "Freedom of Information Act, Privacy Act and Sunshine Act", in *Administrative Law*, Alfred C. Aman Jr. e William T. Mayton, pp. 614-702.

17. *SEC v. Harrison*, 80 F. Supp. 226, 229 (D.D.C. 1948).

ção de norma incidente, resulte em dano à sua imagem, ao permitir crescer, à sombra dessa divulgação indevida, toda sorte de especulação. Quer dizer, a divulgação do nome do investigado, nesta fase processual, permitiria ao mercado dar a esta notícia toda sorte de qualificação, e, sobretudo, especular sobre a culpabilidade do investigado, quando a própria CVM não terá sido ainda capaz sequer de formular um juízo preliminar de culpabilidade em relação ao administrado.

Se, para fins de notificação à parte no inquérito a publicação de ato processual se fizer indispensável, apenas o número do inquérito deverá ser publicado, como, aliás, se tem na prática administrativa, haja vista as publicações nesse sentido feitas pela Secretaria de Direito Econômico, do Ministério da Justiça, relativas às averiguações preliminares, nos termos da Lei n. 8.884/1994.

O dever de a CVM guardar sigilo no inquérito administrativo já se acha há muito defendido no bem lançado Parecer de Orientação, subscrito pelo então Superintendente Jurídico da CVM, Dr. Paulo Aragão: "Em síntese, existe, no inquérito, simples investigação de fatos e da responsabilidade pela sua prática, se ilegais. Nada além disso, não cuidando ainda de acusação, que só surgirá no eventual processo administrativo posterior, sendo esta uma das razões por que a lei, sabiamente, determinou o sigilo das apurações realizadas pela CVM, que podem ao final, não resultar em processo administrativo" (in Parecer de Orientação CMN n. 6/1980).

No inquérito administrativo, o sigilo alcança a pessoa do administrado, que se acha no pólo passivo, e as informações em poder da CVM, por esta havidas à conta de sua ação fiscalizatória. Não alcança, contudo, o objeto do inquérito, o ato, supostamente infrativo que se apura. Ao contrário, está ele sujeito à publicidade; portanto, deve a CVM divulgar o objeto do inquérito, salvo se a divulgação prejudicar efetivamente o curso do inquérito, ou permitir por qualquer meio a identificação do investigado.

"Porém — e ainda que exista restrição legal à divulgação dos atos do processo e sessões de julgamento —, o fato 'existência do processo' será sempre público. A autoridade não poderá negar-se a informar se determinado processo existe ou não — quaisquer que sejam seu objeto e conteúdo, independentemente do conceito que se tenha para essa realidade administrativa" (in *Processo Administrativo*, Egon Bockmann Moreira, 2000, p. 102).

A publicidade do processo é a garantia mais eficaz do cumprimento, por parte do órgão estatal que o conduz, das normas protetoras dos direitos individuais, estendidas ao plano processual. É da essência dos regimes democráticos, em verdade uma de suas primeiras afirmações, a publicidade que afasta os julgamentos secretos, em que o objeto da investigação, os investigadores, os investigados, as provas (quando colhidas) e a decisão não vinham à luz.

Instaurado o processo administrativo, tem-se outra situação. Aí, nesta segunda fase, seqüencial ou não ao inquérito — este não é mais pressuposto necessário daquele —, já terá a CVM expedido o respectivo ato administrativo de instauração devidamente motivado, no qual as razões de fato — a descrição do suposto ato infrativo — e de direito — a norma incidente alegadamente violada — se achem claramente expostos e precisamente relacionados entre si. A este ato, que instaura o processo administrativo no qual, ao contrário do inquérito, tem lugar o contraditório e do qual poderá resultar sanção ao administrado, cabe cogitar incidir regra legal que determina a ampla publicidade dos atos da administração pública, a que refere a Consulta.

A publicidade dos atos administrativos, a divulgação deles, a divulgação a todos, foi posta pelo legislador como regra geral, a fim de que não se tenham processos secretos, incompatíveis com a ordem democrática. A publicidade dada ao ato administrativo instaurador de processo administrativo sancionador atende ao interesse público em conhecer a ação da administração pública, no caso do órgão sancionador, e permite ao cidadão — à sociedade — verificar a sua ação, conhecer os seus procedimentos internos. E atende também à proteção do próprio administrado, ao impedir que seja ele submetido à ação velada (ao público) de agentes da administração pública em processo secreto, do qual lhe possa resultar imposição de sanção.

A jurisprudência espanhola já tratou da prescrição constitucional de publicidade do processo, como mostra Llobregat, trazendo àquele renovado direito administrativo sancionador a experiência democrática afirmada primeiro no âmbito do direito penal.

"La instauración del principio de publicidad en el ámbito jurisdiccional penal constituyó una evidente conquista del pensamiento liberal que se oponía al proceso inquisitivo, cerrado, secreto y escasamente garantista para con los derechos del acusado propio del Antiguo Régimen. Tal instauración perseguía el logro de dos principales fines: por un lado, la seguridad de los ciudadanos contra la posible arbitrariedad judicial y contra eventuales manipulaciones gubernamentales en la creación, composición y funcionamiento de los órganos jurisdiccionales, y, de otro, el fortalecimiento de la confianza del pueblo en sus tribunales, en tanto que instrumento de controle popular sobre la justicia.

"(...).

"La aplicación del referido derecho constitucional a la esfera administrativa sancionadora no se presenta, en línea de principio, excesivamente dificultosa, toda vez que los arts. 60 LRJPAC (publicación de los actos administrativos) y 86 LRJPAC (información pública) aseguran la publicidad general de los actos dictados por la Administración" (in José Garberí Llobregat, El Procedimiento Administrativo Sancionador, 2ª ed., Valencia, 1996, pp. 272-273).

Entre nós, diz Pontes de Miranda com sua precisão habitual: "O princípio de publicidade para o público também não se confunde com a publicidade com as partes e demais interessados. Aquele evita — e aí está o seu fim político — que se desconfie dos julgamentos inacessíveis, isto é, às pessoas não interessadas; esse atende ao direito, que tem as partes e demais interessados, de conhecimento de atuações das pessoas interessadas e do juiz ou do tribunal" (ob. cit., p. 52).

O processo administrativo de que trata Resolução CMN n. 2.785/2000, citada, submete-se, por certo, ao princípio constitucional da publicidade, regente da administração pública, e deduzido, com a ressalva excepcionante da guarda de sigilo, em lei especial. Não pode, portanto, a CVM promover processo administrativo em segredo.

Contudo, a regra especial contida no art. 8º, § 2º, da Lei n. 6.385/1976, determina à CVM guardar sigilo em relação às informações que obtiver em razão do exercício de sua função fiscalizatória. Como apontado acima, esta regra tem por objeto a guarda de informações obtidas pela CVM no curso de sua ação fiscalizatória, e não a proibição da divulgação de seus atos administrativos. Publicidade de ato administrativo e guarda do sigilo de informação, aqui versados, são atos que não conflitam — há os atos e dados e informações que a Lei pôs sob sigilo, e os que, a grande maioria deles, não se acha sob sigilo. Todavia, a eventual publicidade de um ato administrativo expedido pela CVM e que não se ache sob sigilo pode violar o dever a ela imposto de guarda do sigilo de informações a que se refere a regra especial do citado art. 8º, § 2º.

Refere esta regra as informações colhidas pela CVM em razão do exercício da sua função fiscalizatória; vale dizer, todas as informações colhidas em razão do exercício da fiscalização: informações prestadas pelo administrado investigado e por terceiros; e, ainda, as informações geradas pela própria CVM, se essas informações deduzirem-se ou integrarem a sua ação fiscalizatória. O legislador não qualificou quais informações devem ser postas pela CVM em sigilo: refere, portanto, à totalidade delas, sem exceção; consequentemente, não caberá à CVM discernir quais informações poderá excluir ao dever de guardar de sigilo, senão guardá-lo em relação a todas as informações que obtenha no exercício de sua função fiscalizatória.

Claro está, o processo administrativo, como o inquérito administrativo, são instaurados em razão da função fiscalizatória da CVM: são desdobramentos objetivos dessa função. A fiscalização, promovida por órgãos reguladores, é meio para estes exercerem a sua função preventiva e repressiva às violações às normas, legais e infralegais, que disciplinam mercados regulados postos sob sua jurisdição. Poder-se-á argumentar que a publicidade a que se refere a citada norma especial refere-se às informações não divulgadas; porém, em certos casos, mesmo aquelas já divulgadas, inclusive pelo próprio acusado no curso ordinário de seu negócio, ou pela própria CVM, podem se achar de tal modo ligadas às informações abrigadas pelo dever de guarda do sigilo, que a separação entre essas informações de natureza distinta não seja possível ser feita sem ofender ao dispositivo legal de guarda de sigilo imposto à CVM.

Essa hipótese já foi enfrentada e resolvida na jurisprudência administrativa francesa:

"S'il arrive qu'un document n'est secret qu'en partie, celle qui ne l'est pas est communicable, lorsqu'elle est disassociable" ("Se ocorre que um documento não é secreto senão em parte, a parte que não é [secreta], é comunicável, desde que seja disassociável [daquela parte secreta]") (v. CE 30 juin 1989, Office HLM Paris, p. 688, AJ 1989, p. 603; et 16 juin 1989, Banque de France, ibid. in René Chapus, Droit Administratif Général, t. I, 13ª ed., 1999, p. 463).

Por outro lado, não se confundem, como visto, publicidade de ato administrativo — por exemplo, ato instaurador de processo administrativo sancionador, ou mesmo ato que instaura inquérito administrativo (guardado o nome do averiguado) —, com o sigilo devido guardar, pela CVM, de informação colhida em razão de ação fiscalizatória — ação essa desdobrada ou não em inquérito ou processo administrativo. Regras distintas com objetos e finalidades distintas, que têm, todavia, na hipótese da consulta, o mesmo destinatário, a CVM.

4. Sigilo e decisão em processo administrativo

A regra do § 2º, do art. 8º, da Lei n. 6.385/1976, citado, não se estende à decisão que o colegiado da CVM tomar encerrando processo administrativo, pois é esta decisão ato obrigatoriamente público. Não incide, aí, a regra excepcional da guarda do sigilo, ainda que a decisão refira informações que estiveram protegidas pelo sigilo ao longo do processo. A decisão que encerra processo administrativo, este ato administrativo esgota a prestação que a Lei cometeu à CVM. Não pode a decisão exculpatória ou inculpatória, tomada em processo sancionador, deixar de ser tornada pública, em sua integralidade; e, por conseguinte, é indispensável que a fundamentação da decisão, sua argumentação e conclusão, tirada dos elementos constantes dos autos, seja dada a conhecer com todos os seus termos expostos. Não pode haver processo público cuja decisão, trazendo todos os seus elementos, não seja dada a conhecer integralmente ao público. Como mostra Chiovenda: "De los actos del proceso, son accesibles por tanto al público las resoluciones del magistrado, que son actos públicos por su naturaleza, mas no los escritos y documentos de las partes" (in *Instituciones de Derecho Procesal Civil*, t. III, Madri, 1940, p. 202).

A exceção do sigilo quer evitar eventual agravo ao interesse público e às garantias individuais, e não negar ou reduzir a publicidade devida dos atos administrativos. E, recorde-se: nos regimes democráticos a vulneração das garantias individuais é forma primária de vulneração do interesse público.

5. *Sigilo e a prestação de informações a terceiros*

Entre as funções atribuídas em Lei à CVM está a de reprimir as infrações às normas legais e infralegais que disciplinam o mercado de valores mobiliários; para esse fim, poderá a CVM instaurar inquérito e deverá instaurar processo administrativo para apurar o cometimento da infração e sua autoria, sancionando o infrator (art. 9º, V e VI, da Lei n. 6.385/1976[18]).

A ação repressiva da CVM dá-se no plano administrativo, e dá forma à ação do Estado em sua qualidade de agente regulador e fiscalizador da atividade econômica (art. 174, da Constituição Federal), presente no mercado de valores mobiliários. Neste mercado, como nos demais mercados regulados e fiscalizados, a intervenção estatal aí verificada tem por objeto a defesa do interesse público, que, neste caso, consubstancia-se pelo estímulo à poupança e sua aplicação em valores mobiliários; pela expansão e no funcionamento regular desse mercado; e pela proteção dos titulares de tais valores e dos investidores nesse mercado contra atos ilegais que nele sejam cometidos, como diz a regra especial citada (Lei n. 6.385/1976, art. 4º).

Guarda a CVM, como os demais órgãos reguladores pelos quais se dá a intervenção do Estado no domínio econômico, o interesse público e não o interesse privado. A este atende mediatamente; a defesa do interesse privado, nos mercados regulados, deflui da defesa do interesse público. Por essa razão, dispôs o legislador que a responsabilização administrativa do infrator das normas regentes do mercado de valores mobiliários não exclui a sua responsabilização civil ou penal (art. 9º, VI[19]). Assim, entendendo o titular de interesse privado haver sofrido prejuízo em razão de ato praticado no mercado de valores mobiliários, onde o interesse público é primeiramente defendido, poderá ele, do agente infrator, buscar reparação direta, pela via processual civil.

À CVM, lei especial que lhe disciplina a atuação obriga-a guardar sigilo de informação por ela obtida no exercício de seu poder de fiscalização, e esta guarda estende-se às informações contidas em inquérito e em processo administrativo promovido por este órgão. Adicionalmente, a Lei n. 9.784/1999, que disciplina o processo administrativo no âmbito da administração pública federal, em seu art. 46, citado, mesmo dispondo que *os interessados têm direito à vista do processo e a obter certidão ou cópias reprográficas de dados e documentos que o integram*, explicitamente fixa, neste mesmo art. 46, a exceção a essa regra de natureza geral: *ressalvados os dados e documentos de terceiros protegidos por sigilo.*

A proteção "por sigilo", na hipótese, é aquela determinada na Lei especial e que incide à espécie. Ou seja, a Lei n. 6.385/1976, art. 8º, que disciplina a ação da CVM fixa a proteção "por sigilo", a que se refere a Lei n. 9.784/1999 e assim se enquadra na hipótese do art. 46 desta Lei. Note-se, ainda, que as regras desta Lei n. 9.784/1999 aplicam-se subsidiariamente às regras que

18. "A Comissão de Valores Mobiliários terá jurisdição em todo o território nacional e no exercício de suas atribuições, observado o disposto no art. 15, § 2º, poderá: (...); V — apurar, mediante inquérito administrativo, atos ilegais e práticas não eqüitativas de administradores, membros do conselho fiscal e acionistas de companhias abertas, dos intermediários e dos demais participantes do mercado; VI — aplicar aos autores das infrações indicadas no inciso anterior as penalidades previstas no art. 11, sem prejuízo da responsabilidade civil ou penal."

19. "VI — aplicar aos autores das infrações indicadas no inciso anterior as penalidades previstas no art. 11, *sem prejuízo da responsabilidade civil ou penal*" (destacamos).

disciplinam processos específicos, como são aqueles instaurados pela CVM (art. 69, da Lei n. 9.784/1999[20]).

As leis especiais, tanto a que disciplina a ação da CVM como a que disciplina o processo administrativo federal, conformam-se à regra geral do art. 5º, XXXIII, da Constituição Federal, especificando-a quanto à ressalva, que fazem, à publicidade de informações postas sob sigilo a serem prestadas a terceiro na defesa do interesse deste, por órgão da administração pública.

Em conseqüência, não pode, ao nosso juízo, a CVM, por deliberação sua, afastar a incidência da regra legal excepcional que lhe impõe o dever de guardar sigilo na hipótese que fixa, à vista de requisição de terceiro, inclusive de "vítimas de atos ilícitos" investigados por esse órgão, para a eles prestar, por qualquer forma, informação obtida no exercício de sua função fiscalizatória.

Determinado em Lei à CVM o dever de guardar sigilo das informações que obtiver em razão do exercício de sua função fiscalizatória, não lhe cabe senão cumprir a regra legal.

Somente ordem judicial poderá determinar à CVM a prestação de informações, dados e documentos obtidos em razão de sua ação fiscalizatória, ou a expedição de certidão que os refira, a terceiros, nos exatos termos em que esta ordem determinar.

A propósito, observe-se que a imputação de cometimento de infração, que tenha dado causa à instauração de processo administrativo, não significa a culpabilidade do acusado. Portanto, não se poder falar em "vítima de ato ilícito" ainda em curso processo sancionador, cuja finalidade é precisamente apurar a materialidade e a autoria do ato ilícito. E mais: proferida decisão que o encerre, dessa cabe revisão judicial; só ratificada judicialmente a decisão administrativa inculpatória, poder-se-á, a rigor, falar-se em "vítima de atos ilícitos", se estes acharem-se identificados na decisão irrecorrível.

6. Conclusão

a) subordinada ao princípio constitucional da publicidade, devem os órgãos da administração pública divulgar seus atos; esse dever comporta, todavia, exceção, disciplinada obrigatoriamente em Lei, que obrigue órgão da administração pública à guarda de sigilo de determinados atos, dados e informações;

b) a regra do art. 8º, § 2º, da Lei n. 6.385/1976, determina à CVM guardar sigilo de informações que obtiver no exercício de seu dever de fiscalizar, sem exceção: todas as informações assim obtidas, em sede ou não de inquérito administrativo e processo administrativo, irrespectivamente da sua fonte: administrado, terceiro, ou a própria CVM;

c) o dever de a CVM guardar sigilo, em inquérito administrativo, além das informações obtidas no exercício de sua função fiscalizatória, alcança a identidade do administrado que figure neste inquérito, mas não os atos nele praticados pela CVM, ou o seu objeto;

d) em sede de processo administrativo, formalizada a acusação pela CVM por meio de ato que exponha as razões de fato e de direito que o motivaram, não há o dever de guardar sigilo em relação à identidade do administrado;

e) se a divulgação de ato praticado pela CVM ainda que indiretamente puder revelar informação por ela obtida no exercício de sua função fiscalizatória, a este ato não deve ser dado divulgação;

f) a CVM só poderá prestar informações, ou expedir certidão que as refira, por ela obtidas no exercício de sua função fiscalizatória, a "vítimas de atos ilícitos" ou a

20. "Os processos administrativos específicos continuarão a reger-se por lei própria, aplicando-se-lhes apenas subsidiariamente os preceitos desta Lei."

terceiros interessados, ou a eles franquear acesso aos autos de inquérito ou processo administrativo, mediante ordem judicial específica, observados os termos desta;

g) a decisão, tomada pelo colegiado da CVM, que encerre processo administrativo, é ato de natureza pública, sujeito à publicidade integral.

Este é o nosso parecer.

São Paulo, março de 2001.

Bibliografia

AMAN JR., Alfred., MAYTON, William T. *Administrative Law.* St. Paul, West, 1993, pp. 614-702.

BOBBIO, Norberto. "O futuro da democracia", in *O Futuro da Democracia,* 7ª ed., São Paulo, Paz e Terra, 2000, p. 41, nota 15, e p. 107.

______. "A democracia e o poder invisível", in *O Futuro da Democracia,* 7ª ed., São Paulo, Paz e Terra, 2000, p. 100.

CASSAGNE, Juan Carlos. *Estudios de Derecho Público.* Buenos Aires, Depalma, 1995, p. 91.

CHAPUS, René. *Droit Administratif Général.* 13ª ed., v. 1, Paris, Montchrestien, 1999, p. 463.

CHIOVENDA, Giuseppe. *Instituciones de Derecho Procesal Civil.* v. 3, Madri, s.n., 1940, p. 202.

CRETELLA JÚNIOR, José. *Direito Administrativo do Brasil.* v. 5, São Paulo, Ed. RT, 1962, p. 108.

______. *Comentários à Constituição de 1946.* v. I, 2ª ed., São Paulo, Max Limonad, 1951, p. 309.

DUTRA, Pedro. "Medida Provisória n. 2055/2000", in *Revista do IBRAC — Instituto Brasileiro de Estudos das Relações de Concorrência e de Consumo,* São Paulo, IBRAC, v. 7, n. 7, 2000, p. 31.

FONSECA, Tito Prates da. *Lições de Direito Administrativo.* s.l., s.n., 1943, pp. 205-206.

FRANCESCHINI, José Inácio Gonzaga, FRANCESCHINI, José Luis Vicente de Azevedo. *Poder Econômico: Exercício e Abuso.* São Paulo, Ed. RT, 1985, p. 201.

FREIRE, Laudelino. *Grande e Novíssimo Dicionário da Língua Portuguesa.* s.l., s.n., 1943, pp. 4.086 e 4.194.

GARBERÍ LLOBREGAT, José. *El Procedimiento Administrativo Sancionador.* 2ª ed., Valencia, Tirant lo Blanch, 1996, pp. 272-273.

LOSS, Louis, SELIGMAN, Joel. *Fundamentals of Securities Regulation.* s.l., s.n., 1995, p. 1.213.

MIRANDA, Pontes de. *Comentários ao Código de Processo Civil.* v. 3, 3ª ed., Rio de Janeiro, Forense, 1996, pp. 51-52.

MOREIRA, Egon Bockmann. *Processo Administrativo.* São Paulo, Malheiros Editores, 2000, p. 102.

Oxford English Dictionary (compact edition). Glasgow, Oxford University, 1971, p. 720.

Oxford English Dictionary of Etymology. Ed. de C. T. Onions, Londres, Oxford/Clarendon, 1966, p. 711.

TÁCITO, Caio. "Sigilo nas operações das instituições financeiras", in *Temas de Direito Público.* v. 1, Rio de Janeiro, Renovar, 1997, p. 925.

TRIBUNAL DE CONTAS

JOÃO FEDER

Ainda que possa parecer fora de moda, tomo a liberdade de iniciar invocando o nome de uma personalidade que acaba de ser sepultada pelo capitalismo: Karl Marx.

Karl Marx era diretor do jornal *Gazeta Renana* e foi acusado de haver cometido um crime de imprensa. Chamado a julgamento, ele próprio fez sua defesa. E não negou nem o fato e nem o crime, mas fez ao Tribunal a seguinte pergunta: "Como é que uma sociedade imperfeita, se julga no direito de exigir de mim uma imprensa perfeita?".

Ao falar sobre o tema Tribunal de Contas e corrupção, ganha pertinência a indagação de Marx. Porque o tema tem dois pólos antagônicos. Primeiro a instituição: nem sempre aqueles que controlam o poder são imparciais, sérios e resistentes a todas as tentações do cargo. E teriam que ser, pois em seu livro *La Constitution de l'Anglaterre*, escrito em 1771, o escritor genebrino Jean-Baptiste Delome, afirmou que "o sistema inglês garante o cidadão contra os excessos do poder porque o povo concede a sua confiança não às pessoas que o governam, mas às que controlam os governantes".

Mas, os tribunais, todos eles, são integrados por seres imperfeitos de uma sociedade imperfeita, com uma agravante: a qualidade dos nomeados para o Tribunal de Contas não é prioridade no Brasil. Ela se submete a interesses políticos e nós sabemos que em nosso país os interesses políticos nem sempre coincidem com o interesse público. Aliás, a maior crítica que se faz ao Tribunal de Contas é quanto ao provimento dos seus membros, dos poucos em nosso país não sujeitos a concurso público. Mas, certamente que não por culpa do Tribunal. Não obstante quando se nomeia um político em fim de carreira — às vezes até algum com certo mérito — as acusações se fazem contra a instituição e não contra o sistema.

A instituição, pois, não é culpada dos defeitos que lhe atribuem, ainda que não se possa afastar por inteiro a instituição dos defeitos dos seus membros.

Como se viu não é fácil chegar ao ideal imaginado por Voltaire, que certa vez declarou: "O que todos queremos é que o príncipe, com as mãos livres para fazer o bem, tenha as mãos atadas para praticar o mal". Bonito, mas difícil.

Bem — e quanto aos mecanismos confiados à instituição para atar as mãos do príncipe?

Há algum tempo atrás, a pedido da revista chamada *Cadernos Teuto-Brasileiros* fiz um artigo publicado em alemão "Die

Kontrolle der Offentlichen Gelder in Brasilien". E mais recentemente, a pedido da revista da Eurorai, um outro artigo publicado em inglês "The Comprehensive and Imperfect Control in Brasil".

O que procurei mostrar foi que entre nós o Tribunal de Contas, essa instituição que foi fundada na França, em 1300, ao tempo de Felipe, o Belo, quando a corte tinha ao lado um pátio onde eram decapitados os defraudadores, têm amplas competências e enorme jurisdição, mas ainda assim o controle é imperfeito.

De tal modo que um forasteiro ao abrir a nossa Constituição Federal e começar a ler os artigos a partir do 70 e examinar atentamente até o 75, sem se preocupar com alguns outros distribuídos esparsamente e alguém lhe informar que além disso dispomos de outras leis, há de fazer idéia de que no Brasil a corrupção não tem lugar.

Infelizmente não é assim.

A corrupção, presente em todas as nossas esquinas, mancha grande parte dos nossos atos públicos e, incrível, mesmo privados.

Recentemente, o professor Marcos Gonçalves da Silva, da Fundação Getúlio Vargas e do grupo que instituiu no Brasil o braço da Transparência Internacional, declarou que a cada 20 anos a corrupção consome 50 bilhões de Reais no Brasil.

E também agora no 10º Congresso sobre Prevenção de Delitos, realizado em Paris, em abril, a ONU decidiu classificar a corrupção vinculada ao crime organizado e redobrar esforços para o seu combate.

Há algum tempo ouvi o professor Celso Antônio Bandeira de Mello concluir uma palestra desolado, proclamando que só nos restava uma esperança: rezar!

Meu caro mestre, antes de começar a rezar, até porque eu não acredito que esse caminho resolva muito mais do que a seca do nordeste, eu tenho uma experiência para ser tentada: vamos lutar pela inversão do ônus da prova.

É sabido que quem acusa é obrigado a provar, mas a corrupção está custando ao nosso povo um preço tão alto que já não será injustiça inverter o ônus da prova para os agentes públicos. Ou seja, o cidadão assumiu função de governo e passou a ostentar riqueza, é obrigado a provar a origem do dinheiro que está gastando. Será isso injusto? Não, porque sendo a regra anunciada previamente só aceitarão funções públicas aqueles que estiverem de acordo com a norma, aderindo a ela, portanto. Como se sabe ninguém é obrigado a exercer cargo público. E se o fizer, saberá que está sujeito a regras especiais; regras de defesa do dinheiro do povo, regras de imposição de austeridade na administração pública. E todos sabemos que qualquer um que se ocupe de aplicar bens que não são seus, fica obrigado a prestar contas não ao seu modo, mas ao desejo do legítimo possuidor de bens.

Vai daí que o mecanismo começa com a declaração de bens.

Aqui, com todo respeito, um pequeno parêntesis: tempos atrás eu fiz um comentário sobre essa idéia no Tribunal de Contas da União e não fui bem compreendido. A resposta que ouvi foi de que o Tribunal de Contas da União nem teria lugar para guardar tanto papel, em razão do grande número de declarações que teria que controlar. Ora, céus, mas nossos Tribunais existem para isso. Seria o mesmo que o Tribunal do Estado de São Paulo alegar que não pode fiscalizar porque o orçamento de São Paulo é gigantesco.

Ocorre que a nossa legislação não destina a declaração de bens ao TCU, mas ao arquivo no Serviço de Pessoal Competente. Deu para entender: no arquivo do serviço de pessoal subordinado ao chefe a quem pertence a declaração de bens. E a declaração é fundamental ponto de partida, mas que se completa com a queda do sigilo bancário e a inversão do ônus da prova.

E, por mais triste que possa parecer o círculo ainda não estaria fechado. A corrupção teria a opção de recorrer ao inconcebível mas aceito paraíso fiscal, cujo acesso a tecnologia facilita a cada dia. Paraíso fiscal é esse nefasto "bunker" do dinheiro criminoso, contra o qual ninguém reage, talvez pelo temor de vir a qualquer momento necessitar do seu refúgio. E ninguém reagiu nem mesmo após a corajosa denúncia do deputado helvético Jean Ziegler, no revelador livro em que mostra ao mundo como "A Suíça lava mais branco". E todos continuam acreditando que a Suíça é um bom exemplo... na verdade nada melhor do que ganhar muito dinheiro de mãos delituosas e ainda assim merecer a admiração geral.

Pior, esses paraísos fiscais acreditam que estão agindo corretamente.

Agora em fevereiro o Fundo Monetário Internacional realizou uma reunião com ministros de 20 países e esses ministros pediram ao FMI para criar um sistema de controle do fluxo do dinheiro do tráfico. Ocorreu que quando o representante dos EUA começou a falar dos paraísos fiscais, o representante de Barbados, em sinal de protesto, deixou a reunião.

Esse mecanismo, aliás, da inversão do ônus da prova, já foi testado em outros países com resultado eficaz e parece ser uma última chance, antes que todos comecemos a rezar.

Platão tinha uma outra fórmula. Vejamos com atenção o que ele diz em sua obra *A República*: "A fim de assegurar a honestidade dos funcionários públicos não haverá entre eles propriedade privada. Tudo possuirão em comum. Tomarão as refeições em refeitórios públicos e dormirão juntos em alojamentos. Não tendo interesses pessoais, estarão a coberto do suborno e terão a única ambição de estabelecer e perpetuar a justiça entre os homens".

Poder-se-ia até fazer um plebiscito: inversão do ônus da prova ou Platão.

Porque combater a corrupção é um trabalho que encontra não poucos obstáculos no Estado Democrático. O preço que pagamos pela democracia é na verdade uma tolerância maior com a corrupção. Parece paradoxal, mas não é.

E esse preço é absurdamente elevado.

Por que? Por que, no Brasil, a União, os Estados e os Municípios precisam gastar 320 bilhões de Reais por ano para desempenhar suas funções?

Essa importância representa 36% do Produto Interno Bruto, quando, segundo o Departamento de Assuntos Fiscais do FMI, os gastos no Chile ficam em 20% do PIB e na Argentina em 24%, 25% no Japão e 34% nos EUA.

É da democracia que todos somos inocentes até prova em contrário, que todos temos direito a ampla defesa, que todos, inclusive os analfabetos, podemos votar e que todos podemos disputar cargos políticos.

Meditemos para este exemplo. Aconteceu aqui mesmo em São Paulo, mais apropriadamente em Sertãozinho. Zezinho era um garoto que se vestia de Papai Noel ou de palhaço para animar festas infantis ou "shows" promocionais, para ganhar a vida. E resolveu entrar na política. Simpático, foi o sexto mais votado e se tornou o vereador mais importante da Câmara: é que foram eleitos oito da oposição, oito do governo e Zezinho do PTB — o fiel da balança. O voto de Minerva, Zezinho substituindo a deusa da sabedoria. Ele, aliás, não enganava ninguém: logo que assumiu declarou-se atrapalhado com algumas palavras estranhas: regimento interno, grande expediente, dotação orçamentária, ideologia e licitação. Nunca entendeu porque mandato é uma coisa e mandado outra e confessou estar confuso até com o salário que todos chamavam de subsídio.

Vamos agora imaginar que Zezinho, além de simpático fosse bom de serviço e se elegesse deputado e o teríamos pronto para ser indicado para o Tribunal de Contas, em respeito ao Estado Democrático.

Agora, a maior demonstração de como é difícil enfrentar a corrupção ocorreu, com todo respeito ao território em que falamos, também aqui em São Paulo. Em Atibaia, o vereador Pedro Yoshiro Tominaga se recusou a aprovar e receber vantagens indevidas que a Câmara Municipal votara no dia 30 de dezembro de 1985, por certo como presente de fim de ano. Quando os trabalhos foram reabertos, a Câmara puniu o vereador, afastou-o do cargo e convocou o suplente para substituí-lo. E pronto. Resolveu-se o problema.

Eu estava de férias no Rio, quando nosso líder Celso Antônio me telefonou ordenando-me esta fala. Pois no dia seguinte fui fazer um novo passeio carioca: visitar a Ilha Fiscal. Agora apanha-se um barco e as visitas ali foram liberadas como nova atração turística. De tristes recordações. Todos sabem que teve lugar ali a última festa do Império, no dia 9 de novembro de 1889, em homenagem à oficialidade do encouraçado chileno Almirante Cochrane. Foi um rega bofe que escandalizou a nação e às 6 horas da manhã quando se encerrou, revelava no salão um saldo de 13 lenços de seda, 15 de cambraia, 9 de linho, 16 chapéus, 9 dragonas, 8 raminhos de corpete, 3 coletes de senhoras e 17 ligas. E, "the last but not lhe least", detalhe que mais nos interessa: os 100 contos de Réis aplicados nessa noitada foram desviados pelo Ministro do Interior de uma verba destinada a socorrer flagelados da seca no Ceará.

Mas, ainda com todo respeito, voltemos a São Paulo e aos dias atuais.

Não sou eu quem fala. Vou apenas ler o que consta do livro *Notícias do Planalto*, *best-seller* do momento escrito por Mário Sérgio Conti, à p. 581:

"Marcaram um almoço para segunda-feira, 15 de julho, no restaurante do terraço do Clube Paulistano nos Jardins. Sandoval perguntou várias vezes ao jornalista se considerava justo o salário que recebia na *Veja*. Moreira Leite respondia que sim, mas Sandoval voltava ao tema. O assessor disse então que iria falar sobre um assunto pessoal. Pediu para que o que dissesse a partir dali não chegasse à Editora Abril nem a *Veja*, nem ao Mário Sérgio, e emendou: Recebi uma proposta de uma pessoa um político que quer proteção na revista. Podemos ganhar 200 mil Dólares. Não é tudo de uma vez, mas em três meses. Para eu aceitar esse negócio, tenho que dar uma parte do dinheiro para você. — Não quero nada com isso, cortou Paulo Moreira Leite. Ao voltar para a redação, o jornalista recebeu um telefonema de Sandoval. 'Sabe aquele negócio que te falei no almoço?', perguntou ele. 'Foi uma idéia maluca do Rayel'. Carlos Rayel havia sido assessor de imprensa do governador Orestes Quércia e estava sendo investigado pelo Ministério Público por suspeita de enriquecimento ilícito. Moreira me contou sobre o almoço e o telefonema. Pedi a ele que escrevesse um relatório detalhado a respeito da conversa do Sandoval. Encaminhei o relatório para o Roberto Civita. No dia seguinte o dono da *Veja* me chamou à sua sala. Pediu para que eu transmitisse seus cumprimentos a Moreira Leite, lamentou que ele não tivesse a oportunidade de gravar a proposta do funcionário do Palácio Bandeirantes e perguntou o que eu pretendia fazer com o caso. Respondi que iria publicar uma nota na seção Radar dizendo que Sandoval, assessor do governador Fleury, tentara corromper um jornalista de São Paulo com 200 mil Dólares e que o oferecimento fora recusado. Na nota não revelaria o nome nem de Moreira Leite nem da *Veja*. A intenção era ver se o Fleury demitiria Sandoval, para então dar a matéria sobre o caso. Roberto Civita concordou com a idéia. Saí da sala dele e desci para o andar do edifício Abril onde funcionava a redação de *Exame* dirigida por Guzzo. Contei a ele o que Sandoval fizera. Ele ficou escandalizado 'Mas que absurdo, como é que ele fez uma coisa dessas', disse Guzzo. E eu falei que daria uma nota no Radar sobre Sandoval. Guzzo se ofereceu para fazer Sandoval entrar em contato comigo. Respondi que se ele quisesse telefonar, eu atenderia. O funcionário do Palácio Bandeirantes ligou. Eu fui mal interpretado, Mário. O que eu propus foi uma sociedade com o Paulo numa assessoria de imprensa, disse ele. Não Sandoval, você está mentindo. Se você tivesse oferecido negócio lícito não teria dito ao Paulo para não me contar.

"A nota em Radar foi publicada. Passou um dia e Fleury não tomou nenhuma providência. Sandoval continuava freqüentando sua sala no Palácio Bandeirantes. Eu soube também que meses antes o assessor do governo paulista fizera uma proposta semelhante a Augusto Nunes, então diretor de redação de *O Estado de S. Paulo.* Nunes denunciara a tentativa de suborno ao governador Fleury, que prometeu tomar providências mas manteve Sandoval no cargo.

"Bem mais tarde Sandoval foi demitido."

Qual é o controle que o Tribunal pode ter sobre fatos que tais?

O que é que o Tribunal pode fazer quando a Câmara Municipal de Promissão, Município de 35 mil habitantes, autoriza o prefeito a receber R$ 22.470,00 no mês de março, R$ 1,5 por habitante da cidade?

E o controle sobre gastos em publicidade?

A aplicação desse dinheiro é duplamente imoral: imoral porque o mercado publicitário é uma área onde se podem arquitetar as maiores falcatruas com o dinheiro público e imoral porque nada mais inconcebível do que o governo usar o dinheiro do povo para tentar convencer o povo de que ele está sendo beneficiado pelo governo.

Em março último cinco promotores de Justiça e Cidadania ingressaram com uma ação contra o assessor de comunicação Osvaldo Martins, do governo paulista por autorizar o gasto de mais de dois milhões de Reais com uma campanha de publicidade da teletaxa. Eis o surrealismo: o governo quer criar um novo tributo, o povo não o aceita e o governo usa o dinheiro do povo para tentar convencê-lo.

Também no início de março um parlamentar do PFL denunciou que o governo federal gastou, no exercício de 1998, nada menos do que 470 milhões de Reais em publicidade. Façam a conta rapidamente: dá mais de um milhão de Reais por dia. Para quem possa duvidar, eu disse um milhão por dia.

Aliás, o sistema de controle está sempre atrás do prejuízo, e ninguém desconhece que se o tempo é o senhor da razão é também o maior aliado da impunidade. Na hora do julgamento — afora as prescrições — o autor já não é mais ocupante do cargo, já mudou para outra cidade, já foi eleito para outras funções, já isto, já aquilo e a justiça fica de "coração mole".

No momento, o Senado Federal está pensando em passar por uma reforma. Para conhecer como funciona o Senado nas demais nações, basta acessar a internet ou com mais algum tempo consultar as nossas representações diplomáticas. Mas, isso não serve. Os senadores estão querendo percorrer os países, para conhecer, ao vivo e a cores e, assim dar uma volta ao mundo. Quando regressarem ao Brasil seus mandatos estarão terminados. E os novos senadores terão que repetir o feito. De que vale o Tribunal nesta hora?

O governo privatizou inúmeras estradas. Ótimo. Os custos passaram para a iniciativa privada. Sim, mas, de repente, verificou-se, em dezembro, que o DNER vem gastando 17 vezes mais só para fiscalizar as estradas concedidas. Pode não ser, mas parece surrealismo. Se não doesse no bolso do povo.

E o prefeito de Coroatá, Rômulo Augusto Trovão, que é aplicado estudante de engenharia na Universidade Mackenzie? Coroatá é no Maranhão e está a 3.488 quilômetros de São Paulo.

E o prefeito de Jerumenha, no Piauí, Milton Carreiro que desviava verbas do Fundo do Magistério e do Ensino para dar ao Cel. José Viriato Correia Lima, atualmente preso por chefiar um grupo de extermínio na região. Haja Tribunal...

Do mesmo modo, como pode o Tribunal fiscalizar o malfadado suborno em que as duas partes se protegem no interesse do sigilo?

Em respeito ao nosso palco chega de falar de São Paulo. Caso contrário teríamos que contar algumas negociatas das Câmaras Municipais de Guarulhos e Osasco. Até porque o problema das regionais não é do Tribunal de Contas, mas de polícia.

E também porque um estudo do Instituto Gallup, solicitado pela Transparência Internacional, para 14 países e divulgado agora em fins de janeiro em Washington demonstra que a corrupção está presente também no comércio internacional e que as suas causas são os baixos salários, a impunidade e a deterioração das práticas de licitação de contratos de obras e compras públicas.

E o renomado escritor Paul Johnson já denunciou na imprensa mundial que a corrupção foi a primeira atividade globalizada.

E não apenas na área pública. Há pouco tempo tomamos conhecimento pelo depoimento do publicitário Carlos Ferro Vieira, que ele e amigos cansaram de fazer manobras para evitar que os exames de *doping* de Maradona evidenciassem o consumo de drogas, hábito permanente do craque argentino.

Em julho de 1998 descobriu-se que o prefeito de Teerã, Gholamhossein Karbachi vinha transferindo fundos públicos para contas de amigos seus e outras irregularidades. Mas, ali a conseqüência foi diferente: Karbachi foi condenado a 5 anos de prisão, 20 anos sem poder ocupar função pública, pagamento de uma multa e, mais, 60 chibatadas. E toda essa punição não quer dizer que a corrupção iraniana tenha sido exterminada.

Na última revista *Auditoria Pública*, editada pelos órgãos autônomos de controle externo da Espanha, há um trabalho de Jesus Muruzabal Lerga, auditor da Câmara de Contas de Navarra-Nafarroaka, com o título "Los órganos de control externo sirven para algo?", que conclui assim: "Entiendo que los tribunales, en tanto en cuanto den repuesta a los requisitos comentados en el artículo, servirán para estimular el progreso de la administración de lo público y confirmar o incrementar la confianza del ciudadano en su administración, en definitiva deben contribuir a disponer de una administración eficaz y eficiente a servicio del ciudadano".

Os requisitos comentados estão no curso do artigo e são mais de dez. Como na Espanha nós também não temos dúvida de que se o Tribunal cumprir todos os requisitos estará a serviço da vida do cidadão. Lá como cá o problema é dar as respostas que o público exige. Mas, a solução é fácil: Marx disse que a sociedade imperfeita não tem direito de exigir de nós um tribunal perfeito. Somos todos muito gratos a Karl Marx.

Até porque seria complicado exigir um Tribunal de Contas perfeito para fiscalizar um país onde a administração dos órgãos públicos se faz sem orçamento. Como ocorreu nos quatro primeiros meses deste ano no nosso Brasil.

O COMBATE À CORRUPÇÃO NO ESTADO DEMOCRÁTICO DE DIREITO: A AÇÃO POPULAR

FLAVIA PIOVESAN

Procuradora do Estado. Coordenadora do Grupo de Trabalho de Direitos Humanos da Procuradoria-Geral do Estado de São Paulo.
Professora Doutora de Direito Constitucional e de Direitos Humanos da PUC/SP

1. Introdução

O objetivo deste breve ensaio é examinar o tema "O Combate à Corrupção no Estado Democrático de Direito", com especial enfoque na ação popular, como instrumento de proteção da moralidade administrativa.

Serão enfrentadas três questões centrais a esta temática:

1) De que modo a Constituição Federal de 1988 consagra o Estado Democrático de Direito? Qual é o seu perfil constitucional? Quais são seus delineamentos básicos à luz da principiologia e da racionalidade introduzidas pela Carta de 1988?

2) Como a ordem constitucional de 1988 tutela os princípios da moralidade e da probidade administrativa? Qual é o alcance destes princípios?

3) À luz deste contexto, como compreender a ação popular como instrumento de combate à corrupção no Estado Democrático de Direito? Neste cenário, quais os limites e as possibilidades da ação popular?

Passa-se, assim, à reflexão das indagações propostas.

2. De que modo a Constituição Federal de 1988 consagra o Estado Democrático de Direito? Qual é o seu perfil constitucional? Quais são seus delineamentos básicos à luz da principiologia e da racionalidade introduzidas pela Carta de 1988?

Inicia-se com a afirmação de Jackman, para quem "a Constituição é mais que um documento legal. É um documento com intenso significado simbólico e ideológico — refletindo tanto o que nós somos enquanto sociedade, como o que nós queremos ser".[1] É com esta perspectiva que há de se compreender a Carta de 1988.

A Constituição de 1988 é o marco jurídico da transição democrática e da institucionalização dos direitos e garantias funda-

1. Jackman, "Constitutional rethoric and social justice: reflections on the justiciability debate", in Joel Balkan e David Sheneiderman (Eds.), *Social Justice and the Constitution: Perspectives on a Social Union for Canada*, Canada, Carleton University Press, 1992.

mentais. O texto demarca a ruptura com o regime autoritário militar instalado em 1964.

Introduz o texto constitucional avanço extraordinário na consolidação das garantias e direitos fundamentais, situando-se como o documento mais abrangente e pormenorizado sobre os direitos humanos jamais adotado no Brasil. Ao alargar consideravelmente o universo dos direitos fundamentais, a Carta de 1988 destaca-se como uma das Constituições mais avançadas do mundo no que diz respeito à matéria.

A Carta de 1988 objetiva ainda restaurar o equilíbrio do princípio da separação dos poderes (em reação ao legado histórico da hipertrofia do Executivo), revitalizar o equilíbrio do princípio federativo (em reação à hipertrofia da União, como ente federado) e fortalecer a tônica democrática, a partir da Democracia Participativa, mediante a instituição de mecanismos de participação direta da vontade popular (art. 1º, parágrafo único e art. 14).

Desde seu Preâmbulo, a Carta de 1988 projeta a construção de um Estado Democrático de Direito "destinado a assegurar o exercício dos direitos sociais e individuais, a liberdade, a segurança, o bem-estar, o desenvolvimento, a igualdade e a justiça como valores supremos de uma sociedade fraterna, pluralista e sem preconceitos (...)". Se no entender de José Joaquim Gomes Canotilho, a juridicidade, a constitucionalidade e os direitos fundamentais são as três dimensões e pressupostos do princípio do Estado de Direito,[2] percebe-se que o texto consagra amplamente essas dimensões, ao afirmar, em seus primeiros artigos (arts. 1º e 3º), princípios[3] que consagram os fundamentos e os objetivos do Estado Democrático de Direito brasileiro.

Dentre os fundamentos que alicerçam o Estado Democrático de Direito brasileiro destacam-se a cidadania e dignidade da pessoa humana (art. 1º, incisos II e III). Vê-se aqui o encontro do princípio do Estado Democrático de Direito e dos direitos fundamentais, fazendo-se claro que os direitos fundamentais são um elemento básico para a realização do princípio democrático, tendo em vista que exercem uma função democratizadora. Como afirma Jorge Miranda: "A Constituição confere uma unidade de sentido, de valor e de concordância prática ao sistema dos direitos fundamentais. E ela repousa na dignidade da pessoa humana, ou seja, na concepção que faz a pessoa fundamento e fim da sociedade e do Estado".[4]

Por sua vez, construir uma sociedade livre, justa e solidária, garantir o desenvolvimento nacional, erradicar a pobreza e a marginalização, reduzir as desigualdades sociais

2. Cf. José Joaquim Gomes Canotilho: "Independentemente das densificações e concretizações que o princípio do Estado de Direito encontra implícita ou explicitamente no texto constitucional, é possível sintetizar os pressupostos materiais subjacentes a este princípio da seguinte forma: 1) juridicidade; 2) constitucionalidade; 3) direitos fundamentais" (*Direito Constitucional*, 6ª ed., Coimbra, Livraria Almedina, 1993, p. 357). Para Hayek: "Estado de Direito. Despido de todas as tecnicidades, pode ser ele definido como o Governo que em todas as suas ações é orientado por regras pré-estabelecidas e pré-anunciadas — regras que fazem possível antecipar, com uma margem de certeza, como as autoridades usarão seus poderes coercitivos em dadas circunstâncias e planejar as condutas individuais com base neste conhecimento" (*The Road to Serfdom*, 1944, p. 3).

3. Observa José Afonso da Silva: "Princípio aí exprime a noção de 'mandamento nuclear de um sistema'. (...) Os princípios são ordenações que se irradiam e imantam os sistemas de normas, 'são — como observam Gomes Canotilho e Vital Moreira — 'núcleos de condensações' nos quais confluem valores e bens constitucionais'. Mas, como disseram os mesmos autores, 'os princípios que começam por ser a base de normas jurídicas, podem estar positivamente incorporados, transformando-se em normas-princípio e constituindo preceitos básicos da organização constitucional'" (*Curso de Direito Constitucional Positivo*, p. 82).

4. Jorge Miranda, *Manual de Direito Constitucional*, v. 4, Coimbra, Coimbra Editora, 1988, p. 166.

e regionais e promover o bem de todos sem preconceitos de origem, raça, sexo, cor, idade e quaisquer outras formas de discriminação, constituem os objetivos fundamentais do Estado brasileiro, consagrados no art. 3º da Carta de 1988. No entender de José Afonso da Silva: "É a primeira vez que uma Constituição assinala, especificamente, objetivos do Estado brasileiro, não todos, que seria despropositado, mas os fundamentais, e entre eles, uns que valem como base das prestações positivas que venham a concretizar a democracia econômica, social e cultural, a fim de efetivar na prática a dignidade da pessoa humana".[5]

A estes valores a ordem constitucional de 1988 adiciona o princípio da Democracia Participativa. Isto é, todo o poder emana do povo, que o exerce por meio de representantes eleitos ou diretamente nos termos da Constituição.

Atente-se que a Declaração Universal de Direitos Humanos de 1948, bem como o Pacto Internacional de Direitos Civis e Políticos (ratificado pelo Brasil em 1992) reforçam a democracia participativa como valor universal, estabelecendo que a vontade do povo é a base da autoridade do governo, tendo o cidadão o direito fundamental de participar da condução dos assuntos públicos, diretamente ou por meio de representantes livremente escolhidos. Vale dizer, trata-se de direito de alcance universal, refletindo um parâmetro internacional a ser seguido pelos Estados integrantes da ordem internacional.

O povo detém a soberania, que será exercida pela eleição de representantes, mas também por mecanismos que permitam a participação direta da vontade popular (no caso brasileiro, por exemplo, mediante plebiscito, referendo, iniciativa popular, a própria ação popular). Se, no passado, a soberania era centrada no Estado, que, a partir de uma leitura "hobbesiana", refletia um poder inquestionável e incontrastável (destaca-se aqui a fórmula "the king can do no wrong"), transita-se hoje para uma visão "kantiana", em que a soberania passa a ser centrada no exercício da cidadania, acenando à soberania popular.

Acrescente-se ainda que, na ordem contemporânea, a democracia deixa de ser avaliada pelo critério quantitativo — no caso brasileiro, por exemplo, do sufrágio restritivo das Constituições passadas, condicionado pelo critério econômico, pelo sexo ou pela instrução, transitou-se para o sufrágio universal — e passa a ser avaliada pelo critério qualitativo, mediante a ampliação das instâncias de participação popular. Isto é, a Democracia não mais se restringe à prerrogativa de depositar um voto em uma urna em intervalos temporais periódicos. A Democracia pressupõe, sim, o exercício do voto direto, secreto, universal e periódico. Contudo, a dimensão democrática não se esgota neste exercício. Hoje a capacidade cidadã se mede pela capacidade de participação efetiva do cidadão e cidadã na gestão da coisa pública. Exige uma postura e uma atitude ativa, com o aumento das instâncias de participação popular.

Infere-se destes princípios e valores quão acentuada é a preocupação da Constituição em assegurar os valores da cidadania, da dignidade e do bem-estar da pessoa humana, como um imperativo de justiça social. Na lição de Antonio Enrique Pérez Luño: "Os valores constitucionais possuem uma tripla dimensão: a) fundamentadora — núcleo básico e informador de todo o sistema jurídico-político; b) orientadora — metas ou fins pré-determinados, que fazem ilegítima qualquer disposição normativa que persiga fins distintos, ou que obstaculize a consecução daqueles fins enunciados pelo sistema axiológico constitucional; e c) crítica — para servir de critério ou parâmetro de valoração para a interpretação de atos ou condutas. (...) Os valores constitucionais compõem, portanto, o contexto axiológico fundamentador ou básico para a interpretação de todo o ordenamento jurídico; o postu-

5. José Afonso da Silva, ob. cit., p. 93.

lado-guia para orientar a hermenêutica teleológica e evolutiva da Constituição; e o critério para medir a legitimidade das diversas manifestações do sistema de legalidade".[6] Neste sentido, o valor da dignidade da pessoa humana impõe-se como núcleo básico e informador de todo ordenamento jurídico, como critério e parâmetro de valoração a orientar a interpretação e compreensão do sistema constitucional.[7]

Considerando que toda Constituição há de ser compreendida como uma unidade e como um sistema que privilegia determinados valores sociais, pode-se afirmar que a Carta de 1988 elege o valor da dignidade humana como um valor essencial que lhe doa unidade de sentido. Isto é, o valor da dignidade humana informa a ordem constitucional de 1988, imprimindo-lhe uma feição particular.

Adotando-se a concepção de Ronald Dworkin,[8] acredita-se que o ordenamento jurídico é um sistema no qual, ao lado das normas legais, existem princípios que incorporam as exigências de justiça e dos valores éticos. Estes princípios constituem o suporte axiológico que confere coerência interna e estrutura harmônica a todo sistema jurídico. O sistema jurídico define-se como uma ordem axiológica ou teleológica de princípios jurídicos, que apresentam verdadeira função ordenadora, na medida em que salvaguardam valores fundamentais. A interpretação das normas constitucionais advém, deste modo, de critério valorativo extraído do próprio sistema constitucional.

Vale dizer, a interpretação constitucional é aquela interpretação norteada por princípios fundamentais, de modo a salvaguardar, da melhor maneira, os valores protegidos pela ordem constitucional. Impõe-se a escolha da interpretação mais adequada à teleologia, à racionalidade, à principiologia e à lógica constitucional. Vislumbra-se a importância dos princípios fundamentais para a interpretação constitucional. Como leciona o professor Fábio Konder Comparato, se os princípios gerais do direito, de acordo com a Lei de Introdução ao Código Civil, constituiam uma fonte secundária, subsidiária do direito, aplicável apenas na omissão da lei, hoje os princípios fundamentais da Constituição Federal constituem a fonte primária por excelência para a tarefa interpretativa.

A luz desta concepção, infere-se que o valor da cidadania e dignidade da pessoa humana, bem como o valor dos direitos e garantias fundamentais vêm a constituir os princípios constitucionais que incorporam as exigências de justiça e dos valores éticos, conferindo suporte axiológico a todo sistema jurídico brasileiro.

O desafio do Direito Constitucional contemporâneo refere-se à concretização constitucional, tendo em vista ser a Constituição de 1988 uma Carta aberta, direcionada ao futuro e não conformadora do *status quo* do presente.

Como afirma Canotilho, a Constituição busca a "domesticação do domínio político pelo Direito". No dizer deste constitucionalista: "A Constituição tem sempre como tarefa a realidade: juridificar constitucionalmente esta tarefa ou abandoná-la à política, é o grande desafio. Todas as Constitui-

6. Cf. Antonio Enrique Pérez Luño, *Derechos Humanos, Estado de Derecho y Constitución*, 4ª ed., Madri, Tecnos, 1991, pp. 288-289.

7. A respeito, observa Antonio Enrique Pérez Luño: "A jurisprudência do Tribunal Constitucional da República Federal da Alemanha tem considerado, em inúmeras decisões, o sistema de direitos fundamentais consagrados pela *Grundgesetz* como a expressão de uma 'ordem de valores', que deve guiar a interpretação de todas as demais normas constitucionais do ordenamento jurídico em seu conjunto, tendo em vista que estes valores manifestam os 'conceitos universais de justiça'. Também na Espanha, o Tribunal Constitucional tem sustentado expressamente que 'os direitos fundamentais refletem um sistema de valores e princípios de alcance universal que hão de informar todo o ordenamento jurídico'" (ob. cit., supra, p. 292).

8. Cf. Ronald Dworkin, *Taking Rights Seriously*, Cambridge, Harvard University Press, 1977.

ções pretendem, implícita ou explicitamente, conformar o político".[9]

À luz deste contexto, indaga-se:

3. Como a ordem constitucional de 1988 tutela os princípios da moralidade e da probidade administrativa? Qual é o alcance destes princípios?

Além de afirmar as molduras do Estado Democrático de Direito, a Carta de 1988 ineditamente consagra o princípio da moralidade administrativa.

Nos termos do art. 37 da Constituição Federal, dentre os princípios a serem observados pela Administração Pública (legalidade, impessoalidade, publicidade, razoabilidade e eficiência) destaca-se o princípio da moralidade administrativa. Como afirma Marcelo Figueiredo: "A preocupação nuclear do constituinte ao contemplar o princípio da moralidade administrativa, elevando-o a *status* constitucional, foi, sem dúvida, com a lisura dos negócios públicos, com o desempenho lícito, legítimo, honesto, reto, na condução e direção da coisa pública".[10]

Ora, se há o dever jurídico-constitucional de moralidade administrativa, como princípio constitucional inédito, pode-se concluir que o ato administrativo imoral deve ser considerado tão inválido quanto o ato administrativo ilegal. Isto é, a Carta de 1988 introduz a moralidade como requisito de validade do ato administrativo. O ato imoral apresentará, assim, o vício de nulidade e inconstitucionalidade.

Há que se ressaltar que a moralidade administrativa não é a moralidade comum ou subjetiva, baseada em critérios pessoais, mas a moralidade jurídica e objetiva, pautada pelos valores do sistema jurídico.

Nos termos do § 4º do art. 37, são previstas sanções aos atos de improbidade administrativa, destacando-se: a) a suspensão dos direitos políticos; b) a perda da função pública; c) a indisponibilidade dos bens, e, d) o ressarcimento do erário, nos termos da lei.

A lei a que faz menção o § 4º do art. 37 da CF/1988 é a chamada "Lei da Improbidade Administrativa", a Lei 8.429, de 2 de junho de 1992.

Por sua vez, o art. 1º da Lei 8.429/1992 estabelece: "Os atos de improbidade praticados por qualquer agente público contra qualquer dos Poderes da União, dos Estados, do Distrito Federal e dos Municípios serão punidos na forma da lei". Logo, todo e qualquer agente público, seja ele do Poder Executivo, Legislativo ou Judiciário estará alcançado por esta lei, ou seja, deverá, no exercício funcional, observar o princípio da moralidade e probidade administrativa.

Esta conclusão vem reafirmada pelo art. 4º da Lei, ao estabelecer: "Os agentes públicos de qualquer nível ou hierarquia são obrigados a velar pela estrita observância dos princípios da legalidade, impessoalidade, moralidade e publicidade no trato dos assuntos que lhe são afetos". Deste modo, o princípio da moralidade condiciona as atividades do legislador, do administrador e do juiz.

A aludida lei prevê atos de improbidade administrativa que: a) importem em enriquecimento ilícito; b) causem prejuízo ao erário e c) atentem contra os princípios da Administração Pública. Quanto às penas, em todas estas três hipóteses é prevista a perda da função pública (art. 12), somada às demais sanções, em estrita observância ao art. 37, § 4º, da Constituição Federal.

Logo, o dever de observância do princípio da moralidade aplica-se a qualquer agente público de qualquer dos Poderes da União, dos Estados, do Distrito Federal e dos Municípios, não sendo adstrito à esfera da Administração Pública.

9. José Joaquim Gomes Canotilho, *Direito Constitucional*, ob. cit.

10. Marcelo Figueiredo, *O Controle da Moralidade na Constituição*, São Paulo, Malheiros Editores, 1999.

Passa-se, assim, à reflexão final:

4. *À luz deste contexto, como compreender a ação popular como instrumento de combate à corrupção no Estado Democrático de Direito? Neste cenário, quais os limites e as possibilidades da ação popular?*

Para que se compreenda a ação popular faz-se necessário frisar que a Constituição Federal de 1988 consagra o Estado Democrático de Direito, que tem, dentre seus valores fundamentais, a cidadania e a dignidade humana, bem como o princípio da moralidade administrativa. A estes valores a ordem constitucional de 1988 adiciona o princípio da Democracia Participativa.

Neste contexto, a ação popular reflete um instituto da Democracia Direta, na medida em que traduz mecanismo que permite a participação direta da vontade popular. Trata-se de instrumento de fiscalização do Poder Público, a fim de que sejam devidamente observados os princípios da constitucionalidade, legalidade, moralidade, probidade, bem como o princípio republicano, sob pena de responsabilização do agente público.

Prevista pela Carta de 1934, por meio da ação popular o cidadão tutela um direito difuso, um interesse de toda coletividade, ao exercer o controle jurídico-político do modo pelo qual se administra a coisa pública. Nas lições de Hely Lopes Meirelles: "O beneficiário direto e imediato desta ação não é o autor; é o povo, titular do direito subjetivo ao governo honesto". Vale dizer, mediante ação popular defende-se interesse da coletividade. Constata-se, desde logo, a natureza impessoal do interesse por meio dela defendido — o interesse público. A ação popular manifesta-se como garantia coletiva, na medida em que o autor popular invoca a atividade jurisdicional para a defesa da coisa pública, visando a tutela de interesses coletivos e não de interesse pessoal.

Desde 1934 a ação popular apresentava como maior objetivo a defesa do patrimônio público, em sua dimensão material. De acordo com a Carta de 1934: "Qualquer cidadão será parte legítima para pleitear a declaração de nulidade ou a anulação de atos lesivos do patrimônio público da União, dos Estados ou dos Municípios".

A ação popular foi suprimida da Constituição de 1937 (em face do Estado Novo), ressurgindo nas Constituições de 1946 e 1967, como instrumento de combate aos atos lesivos ao patrimônio de entidades públicas.

A Constituição Federal de 1988, ao prever a ação popular, introduz inovações extraordinárias ao instituto. A partir de 1988, alarga-se significativamente o objeto da ação popular. Com a Constituição Federal de 1988 há a ampliação do objeto da ação popular, de forma a incluir o valor da "moralidade administrativa", do "meio ambiente" e do "patrimônio histórico e cultural". Observe-se que, além desta inovação, poderia o texto de 1988 ter avançado mais (como inclusive sugere a professora Lúcia Valle Figueiredo), com a ampliação do rol dos legitimados ativos da ação popular, de forma a permitir, que além do cidadão, entes coletivos (como as associações e entidades de classe) também detivessem legitimidade ativa para propor ação popular — o que em muito contribuiria para a maior utilização do instituto.

De todo modo, houve extraordinária inovação constitucional com a ampliação do objeto da ação popular. Conforme entendimento do próprio Supremo Tribunal Federal: "A ação popular objetiva preservar a intangibilidade do patrimônio público e a integridade da moralidade administrativa". Isto é, ao lado do patrimônio material do Poder Público, surge o patrimônio moral, cultural e histórico. A inclusão do bem jurídico "moralidade administrativa", como bem tutelável pela ação popular, significa que o patrimônio moral passará a ser defendido por esta ação.

Note-se que a jurisprudência tem admitido a ação popular inclusive quando o ato é imoral, embora não materialmente lesivo. Assim, a moralidade administrativa, em si mesma, poderá ser fundamento de nulidade do ato lesivo. Logo, se a moralidade é requisito para a validade do ato praticado pelo Poder Público, o ato imoral é um ato eivado de nulidade. Deste modo, a moralidade administrativa é fundamento autônomo para a ação popular. Portanto é cabível a ação popular quando da ofensa à moralidade administrativa, independentemente de existência de lesão material ao patrimônio público. Com a Carta de 1988 há que se considerar o princípio da moralidade administrativa como fundamento autônomo bastante à invalidação do ato jurídico.

Isto simboliza que o cidadão passa a ter o direito difuso à moralidade administrativa, à moralidade na condução da coisa pública, sendo a ação popular relevante instrumento para o combate à corrupção. A corrupção é o mais flagrante rechaço ao princípio republicano, simbolizando a grave afronta a um dos mais importantes valores protegidos pela Constituição, na medida em que deturpa a própria noção de função pública, com a criminosa balcanização do que, por excelência, é da esfera pública. Daí o crucial papel do cidadão em desempenhar uma cidadania ativa, engajada e comprometida com a intangibilidade da coisa pública, com o patrimônio material e, sobretudo, moral da sociedade.

A ação popular é instrumento ético que objetiva sancionar atos contrários e desviantes da ordem constitucional, atos que implicam em grave lesão a bens constitucionalmente protegidos. Por meio da ação popular, objetiva-se tecer a separação do público e do privado, revelando o esforço do resgate da coisa pública e do combate à impunidade. Por meio dela, intenta-se separar o moral do imoral; o certo do errado; o honesto do desonesto; o lícito do ilícito, distinguindo a atividade pública por excelência, da atividade desvirtuada e usurpada.

Como já mencionado, os agentes públicos têm o dever de atuar com dignidade e respeito à coisa pública. Enfatize-se, uma vez mais, que o art. 4º da lei a respeito da improbidade administrativa prescreve que "os agentes públicos de qualquer nível ou hierarquia são obrigados a velar pela estrita observância dos princípios da legalidade, impessoalidade, moralidade e publicidade no trato dos assuntos que lhe são afetos".

Não há Estado Democrático de Direito sem que estes princípios sejam efetivamente cumpridos e estritamente observados e sem que um padrão ético seja respeitado.

Que a ação popular, com a amplitude que lhe conferiu a Carta de 1988, possa servir de efetivo instrumento de combate à corrupção, concretizando a dimensão ética capaz de assegurar o Estado Democrático de Direito no país, bem como a supremacia absoluta do interesse público.

Por fim, ficam as palavras de Bertrand Russel, para quem "Os grandes inovadores éticos não foram homens que soubessem mais que os outros; foram homens cujos desejos eram mais impessoais e de maior âmbito que os homens comuns. A maioria dos homens deseja a sua própria felicidade; considerável percentagem deseja a felicidade de seus filhos; poucos desejam a felicidade da nação e apenas alguns desejam a felicidade de toda humanidade".

NEOLIBERALISMO, JUSTIÇA E GOVERNABILIDADE*

ROGÉRIO MEDEIROS GARCIA DE LIMA

Juiz da 2ª Vara de Sucessões e Ausência de Belo Horizonte-MG.
Doutor em Direito Administrativo pela UFMG. Professor do Unicentro Newton Paiva.
Membro do Instituto dos Advogados de Minas Gerais

O chamado *Estado Liberal*, paradigma constitucional surgido no século XVIII, teve como pedra angular o *princípio da legalidade* (Paulo Lopo Saraiva, 1983:8-11). Era calcado na *teoria dos três poderes* de Montesquieu. Intentava coibir o arbítrio dos governantes e oferecer segurança jurídica aos governados. O Estado legalmente contido é denominado *Estado de Direito*.

Consolidada a Revolução Industrial, emergiram necessidades sociais expostas pelos sucessivos movimentos socialistas. Demonstravam não bastar ao ser humano o atributo da liberdade. É preciso conferir a ele condições sócio-econômicas dignificantes da pessoa humana.

Diante da crise econômica do primeiro pós-guerra, o Estado teve de assumir papel ativo. Premido pela sociedade, tornou-se agente econômico, instalou indústrias, ampliou serviços, gerou empregos e financiou diversas atividades. Intermediou a porfia entre poder econômico e miséria, assumindo a defesa dos trabalhadores, em face dos patrões, e dos consumidores, em face de empresários.

Desde as Constituições Mexicana, de 1917, e de Weimar, de 1919, os textos constitucionais incorporaram compromissos de desenvolvimento da sociedade e valorização dos indivíduos socialmente inferiorizados. O Estado abandonou o papel não intervencionista e assumiu postura de agente do desenvolvimento e da justiça social (Carlos Ari Sundfeld, 1997:50-54). É o denominado *Estado Social*.

Prosseguiu a evolução dos paradigmas até culminar no *Estado Democrático de Direito*. Superada a fase inicial, paulatinamente o Estado de Direito incorporou instrumentos democráticos e permitiu a participação do povo no exercício do poder. Manteve o projeto inicial de controlar o Estado. Dessarte, o Estado Democrático de Direito é aquele: a) criado e regulado por uma Constituição; b) onde os agentes públicos fundamentais são eleitos e renovados periodicamente pelo povo e respondem pelo cumprimento de seus deveres; c) onde o poder político é repartido entre o povo e órgãos estatais independentes e harmônicos, que se controlam uns aos outros; d) onde a lei, produzida pelo Legislativo, é necessariamente observada pelos demais Poderes; e e) onde os cidadãos, sendo titulares de direitos, inclusive políticos, podem opô-los ao próprio Estado.

* Este ensaio foi publicado à *Revista de Direito Social* 16/9-17, Porto Alegre, Ed. Notadez, out.-dez. 2004.

Paralelamente a esses paradigmas de organização política do Estado, fala-se também nos *direitos de primeira geração* (individuais), *direitos de segunda geração* (coletivos e sociais) e *direitos de terceira geração* (difusos, compreendendo os direitos ambientais, do consumidor e congêneres).

O historiador britânico Eric Hobsbawm (1995) considerou breve o século XX. Começou somente em 1914, até quando foram mantidas as mesmas características histórico-políticas dominantes no século XIX. Terminou em 1989, com a queda do Muro de Berlim. A partir de então, aceleraram-se mudanças radicais e se constituiu novo estágio na História Contemporânea.

Fala-se em *crise da pós-modernidade* (Cláudia Lima Marques, 1999:91). Operam-se mudanças legislativas, políticas e sociais. Os europeus denominam esse momento de "queda, rompimento ou ruptura". É o fim de uma era e o início de algo novo, ainda não identificado: *pós-modernidade*. Entraram em crise os ideais da Era Moderna, concretizados na Revolução Francesa. Liberdade, igualdade e fraternidade não se realizaram para todos e nem são hoje considerados realmente realizáveis. Desconfia-se da força e suficiência do Direito para servir de paradigma à organização das sociedades democráticas. Viceja o *capitalismo neoliberal*, bastante agressivo e com perversos efeitos de exclusão social.

Nos anos 1980, o chamado *Welfare State*, que combinava democracia liberal na política com dirigismo econômico estatal, cedeu espaço ao *novo liberalismo*. Foram questionadas as políticas de benefício social até então praticadas. Estados Unidos e Inglaterra, sob os governos de Ronald Reagan e Margaret Thatcher, respectivamente, lideraram a implantação de uma nova política econômica. Assentava-se precipuamente nos conceitos liberais: Estado "mínimo", desregulamentação do trabalho, privatizações, funcionamento do mercado, sem interferência estatal, e cortes nos benefícios sociais.

Norberto Bobbio, grande pensador contemporâneo, sintetizou (1995:87-89): "Por neoliberalismo se entende hoje, principalmente, uma doutrina econômica conseqüente, da qual o liberalismo político é apenas um modo de realização, nem sempre necessário; ou, em outros termos, uma defesa intransigente da liberdade econômica, da qual a liberdade política é apenas um corolário. (...) Na formulação hoje mais corrente, o liberalismo é a doutrina do 'Estado mínimo' (o *minimal state* dos anglo-saxões)".

Roberto Campos[1] foi arauto da ressurreição, no Brasil, das vetustas idéias liberais: "A esperança que nos resta é um choque de liberalismo, através de desregulamentação e de privatização. Governo pequeno, impostos baixos, liberdade empresarial, respeito aos direitos de propriedade, fidelidade aos contratos, abertura a capitais estrangeiros, prioridade para a educação básica - eis as características do Estado desejável: o Estado jardineiro".

Mudando a ideologia dominante, muda a forma de se conceber o Estado e a Administração Pública. Não se quer mais o Estado prestador de serviços, mas, segundo Maria Sylvia Zanella Di Pietro (1997:11-12): "Quer-se o Estado que estimula, que ajuda, que subsidia a iniciativa privada; quer-se a democratização da Administração Pública pela participação dos cidadãos nos órgãos de deliberação e de consulta e pela colaboração entre público e privado na realização das atividades administrativas do Estado; quer-se a diminuição do tamanho do Estado para que a atuação do particular ganhe espaço; quer-se a parceria entre o público e o privado para substituir-se a Administração Pública dos atos unilaterais, a Administração Pública autoritária, verticalizada, hierarquizada".

Nos Estados Unidos, a nova ideologia consolidou-se. Curiosamente, na pátria do *New Deal*, o conjunto de reformas econômicas e sociais implantadas pelo Presidente Franklin Delano Roosevelt, após a

1. Roberto Campos, "A reinvenção do Estado", in *Folha de S. Paulo*, 18.6.1996, pp. 1-4.

crise de 1929, abrangendo a intervenção do Estado na economia e várias medidas de cunho social, inclusive para a contenção do desemprego.

Em agosto de 1996, o Presidente norte-americano Bill Clinton[2] anunciou a reforma da assistência oficial aos pobres, pondo termo à política social implantada com o *New Deal*. Proclamou o fim do *Welfare State*, considerando-o "falido".

Ao lado do triunfo neoliberal, propaga-se a *globalização*, consistente na "mundialização da economia, mediante a internacionalização dos mercados de insumo, consumo e financeiro, rompendo com as fronteiras geográficas clássicas e limitando crescentemente a execução das políticas cambial, monetária e tributária dos Estados nacionais" (José Eduardo Faria, 1996:10).

Com invulgar franqueza, John Kenneth Galbraith[3] salientou não ser a globalização um conceito sério. Inventado pelos americanos, dissimula a sua política de entrada econômica nos outros países.

Essa "nova ordem internacional", uma ordem sobretudo econômica, mas também política, despreza os valores sociais e humanitários. Significa economia globalizada e desemprego incessantemente gerado (Moacir Werneck de Castro, 1996:134). É "um desígnio de perpetuidade do *statu quo* de dominação, como parte da estratégia mesma de formulação do futuro em proveito das hegemonias supranacionais já esboçadas no presente".[4]

A Constituição de 1988, saudada pelo Deputado Ulysses Guimarães como "cidadã", foi impiedosamente retalhada para assegurar uma controvertida "governabilidade". Celso Antônio Bandeira de Mello[5] condenou acerbamente o desmantelamento das instituições políticas estabelecidas juridicamente. Processa-se mediante o desfazimento da Constituição da República, democraticamente promulgada, o aniquilamento dos direitos fundamentais, conquistados ao longo mediante embates históricos, e o comprometimento da própria dignidade humana: "Imperialismo, hoje, chama-se globalização, queda de fronteiras, destruição da economia nacional, cujo resultado é o agravamento da miséria, em função do bem-estar de um grupo. Não se pode aceitar isso com submissão".

Alain Touraine[6] proclama já ser hora de eleger como prioridade sair do liberalismo e não entrar nele. Parece não haver mais sistema político capaz de administrar os problemas sociais. De um lado, o Estado se submete aos ditames da economia internacional; de outro, crescem os protestos por alteração de rumos. Amplia-se o vazio, preenchido pelo caos e pela violência. A prioridade é reconstruir o sistema político e abandonar a perigosa idéia de que os mercados podem regular a si mesmos. Essa idéia, do ponto de vista político, é gravemente insatisfatória. O desemprego em massa, a queda do nível de vida, para muitos, e o aumento das desigualdades, não são apenas variáveis econômicas. São, sobretudo, vidas e sofrimentos.

O Brasil é país com notória desigualdade social. Inobstante, no limiar da década 1990, o então presidente Fernando Collor de Melo aderiu incondicionalmente ao modelo neoliberal. Fernando Henrique Cardoso o consolidou em seus dois governos. Conseqüentemente, o país teve uma "década perdida", com estagnação econômica, desemprego e endividamento externo e interno. Estropiado, chegou ao século XXI.

2. *Jornal do Brasil*, 2.8.1996, p. 13.

3. Jornal *Folha de S. Paulo*, 3.11.1997, pp. 1-2 (Frases do Dia).

4. Paulo Bonavides, "A globalização que interessa", *Jornal do Brasil*, 16.1.1996, p. 9.

5. Entrevista ao *Jornal do Advogado*, OAB-MG, Belo Horizonte, janeiro de 1998, p. 20, por ocasião do I Congresso Brasileiro de Democracia e Cidadania.

6. Alain Touraine, "Um equilíbrio precário", *Folha de S. Paulo*, Caderno "Mais", 21.6.1998, p. 3.

Com a onda de insatisfação imperante na sociedade brasileira, o carismático líder popular Luiz Inácio Lula da Silva venceu as eleições presidenciais de 2002. Afloraram as esperanças da população. Quimera, assinalou o sociólogo Francisco de Oliveira,[7] segundo quem Lula foi eleito para promover mudanças, no sentido oposto à estagnação em que patinou o governo Fernando Henrique. No entanto, o programa do novo governo revelou prudência e continuidade.

Nessa quadra de insucessos, frustra verificar que o Poder Judiciário também passou a assumir compromisso com a dita "governabilidade" do país. É conceito fluido, porque sujeito a concepções subjetivas dos governantes de momento. Diversamente dessa nociva diretriz, o juiz deve estar subordinado aos princípios democráticos (Ruy Rosado de Aguiar Júnior, 1998). Responde, perante a sociedade, pelo exercício da sua função. Esta, como as demais funções do Estado, é meio de realização dos valores fundamentais socialmente consagrados. No Estado democrático, o juiz assume o compromisso de exercer o poder estatal de acordo com os princípios orientadores do ordenamento jurídico, do qual derivou sua investidura no cargo e de onde lhe advém a força da decisão.

Preocupa sobremaneira recente decisão monocrática do ilustre Ministro Edson Vidigal, presidente do Superior Tribunal de Justiça (STJ). Exaurida a febre das privatizações do último decênio, consumidores brasileiros indignaram-se com os exorbitantes valores das tarifas de serviços públicos privatizados. Premidas pelos abusivos reajustes das tarifas de telefonia, diversas pessoas físicas e jurídicas moveram ações judiciais para rever os respectivos índices. O Tribunal Regional Federal da 3ª Região suspendeu as regras de reajuste daquelas tarifas, tomando por base o IPCA como indexador das contas telefônicas. No entanto, o Ministro Vidigal suspendeu monocraticamente aquela decisão e convalidou os atos da Agência Nacional de Telecomunicações (Anatel) sobre o aumento da cesta tarifária 2003-2004. Decidiu manter o IGP-DI, da Fundação Getúlio Vargas, conforme estabelecido no item 11.1 do contrato de concessão.[8]

O eminente Ministro, durante entrevista à mídia impressa,[9] festejou a aproximação do Poder Judiciário com o governo federal. Segundo a matéria jornalística, essa harmonia ficou mais evidenciada quando o STJ decidiu pela adoção do IGP-DI, em vez do IPCA, na correção dos preços repassados ao consumidor pelas empresas de telefonia. A medida teria tranqüilizado os investidores estrangeiros e o Palácio do Planalto. Arrematou o presidente Vidigal: "Numa decisão só, as bolsas subiram, o dólar caiu, os *C-Bonds* valorizaram e o risco Brasil caiu em Nova York. Entendemos que o STJ não é um ser extraterrestre que tenha que se manter distante das realidades sociais, interpretando de modo frio e insensível as normas jurídicas. Estando nós na República, não podemos fugir dos compromissos com a governabilidade. Vamos tomar uma decisão para quebrar o país? Isso arrebentaria com a democracia. O primeiro dever do juiz é buscar a conciliação".

Inobstante o respeito devido à decisão ora comentada, considero lamentável retrocesso a interpretação adotada no festejado despacho monocrático. O notável Georges Ripert já assinalava haver a regra moral penetrado no mundo jurídico (2002:24):

"É preciso inquietarmo-nos com os sentimentos que fazem agir os assuntos de direito, proteger os que estão de boa-fé, castigar os que agem por malícia, má-fé, perse-

7. Francisco de Oliveira, "O eigma de Lula: ruptura ou continuidade?", *Folha de S.Paulo*, 18.5.2003, p. A 2.

8. Fonte: *Notícias do Superior Tribunal de Justiça*, Brasília, internet, <http://www.stj.gov.br> captado em 7.7.2004.

9. A matéria do jornal *O Globo*, 29.8.2004, seção "O País", tem o sugestivo título "Governo vive lua-de-mel com o Judiciário".

guir a fraude e mesmo o pensamento fraudulento. (...)

"O dever de não fazer mal injustamente aos outros é o fundamento do princípio da responsabilidade civil; o dever de se não enriquecer à custa dos outros, a fonte da ação do enriquecimento sem causa."

Estaremos retornando ao desalmado dogma *pacta sunt servanda*? Cláusulas contratuais devem ser cumpridas, mesmo quando propiciem enriquecimento injusto a uma das partes? O mais grave, no caso, é a absoluta ausência de participação popular no processo das privatizações, nas contratações das concessões dos serviços públicos privatizados e nas deliberações sobre índices de reajustes tarifários. O povo brasileiro paga vultosa conta em virtude de ajustes dos quais foi excluído.

Consoante Carlos Alberto Bittar (1991: 25-26), a Constituição de 1988 acompanhou a evolução processada no Direito Privado, tanto ao nível doutrinário, quanto jurisprudencial. Agasalhou soluções adotadas nacional e internacionalmente, inclusive pelos países mais desenvolvidos:

"Na tônica da prevalência dos valores morais, institutos próprios clássicos, doutrinários, ou jurisprudenciais, comandarão a resposta do ordenamento jurídico a lesões havidas nas relações privadas. Figuras como a revisão judicial dos contratos, o desfazimento de contratos face à lesão, o controle administrativo de atividades, serão utilizadas com freqüência, e conceitos como o abuso de direito, a citada lesão e o enriquecimento ilícito ganharão explicitação no novo Código, em defesa de pessoas, de categorias, de consumidores, individual ou coletivamente considerados, dentre inúmeras outras aplicações possíveis. (...).

"O destaque dos elementos sociais impregnará o Direito Privado de conotações próprias, eliminando os resquícios ainda existentes do individualismo e do formalismo jurídico, para submeter o Estado brasileiro a uma ordem baseada em valores reais e atuais, em que a justiça social é o fim último da norma, equilibrando-se mais os diferentes interesses por elas regidos, à luz de uma ação estatal efetiva, inclusive com a instituição de prestações positivas e concretas por parte do Poder Público para a fruição pela sociedade dos direitos assegurados".

Miguel Reale,[10] um dos responsáveis pela elaboração do novo Código Civil, sublinhou a diferença entre o Código de 1916, elaborado para um país predominantemente rural, e o Código de 2002, projetado para uma sociedade na qual prevalece o sentido da vida urbana. Passamos do individualismo e do formalismo do primeiro, para o sentido socializante do segundo. Ficamos mais atentos às mutações sociais, numa composição eqüitativa de liberdade e igualdade. Além disso, é superado o apego a soluções estritamente jurídicas, reconhecendo-se o papel que na sociedade contemporânea voltam a desempenhar os valores éticos, a fim de que possa haver real concreção jurídica. Socialidade e eticidade condicionam os preceitos do novo Código Civil, atendendo-se às exigências de boa-fé e probidade, em um ordenamento constituído por normas abertas, suscetíveis de permanente atualização. Reale sublinhou: "O que importa é verificar que o novo Código Civil vem atender à sociedade brasileira, no tocante às suas aspirações e necessidades essenciais. (...) É indispensável, porém, ajustar os processos hermenêuticos aos parâmetros da nova codificação. (...). Nada seria mais prejudicial do que interpretar o novo Código Civil com a mentalidade formalista e abstrata que predominou na compreensão da codificação por ele substituída".

Esperamos voltem a prevalecer célebres decisões do próprio Superior Tribunal de Justiça:

> O Código de Defesa do Consumidor veio amparar a parte mais fraca nas

10. Miguel Reale, *Sentido do Novo Código Civil*, internet, <lista@amb.com.br>, captado em 31.3.2002.

relações jurídicas. Nenhuma decisão judicial pode amparar o enriquecimento sem justa causa. Toda decisão há que ser justa.[11]

Civil. Locação. Aluguel. Revisão. A cláusula *pacta sunt servanda* não é absoluta. Cumpre considerar também a cláusula *rebus sic stantibus*. Significativa modificação fática das condições da época do contrato autoriza rever as cláusulas. Busca-se, assim, evitar o seu enriquecimento sem causa.[12]

A antiga parêmia — o contrato faz lei entre as partes — hoje, devido ao sentido social da norma jurídica, precisa ser analisada *cum granis salis*. O aresto afrontado foi sensível a esse aspecto. Tanto assim, fundamenta: "a previsão contratual não tem assim valor absoluto e nem poderes de superar o justo". "Os princípios da autonomia da vontade e da obrigatoriedade das convenções sofrem limitações impostas pela idéia de ordem pública". (...) Ou, em outras palavras, dentro da moderna tendência social do direito, aquele que se mostra fraco, ainda que por culpa própria, tem direito de ser protegido (Washington de Barros Monteiro, *Curso de Direito Civil*, 4º v., 16ª ed., pp. 204-205).[13]

A atividade do juiz não pode ser discricionária e nem neutra (Ruy Rosado de Aguiar Júnior, 1998). Deve ser exercida em consideração a regras e princípios, implícitos e explícitos, adotados pelo sistema. A decisão, ainda que inovadora, deve manter coerência com o ordenamento jurídico vigente, para que este não perca sua identidade. O sistema jurídico de um Estado Democrático permite liberdade decisória, nas condições acima referidas. Espera do juiz, a quem garante independência institucional e funcional, a utilização dessa liberdade para a realização dos seus valores. Por isso, o magistrado tem responsabilidade social.

Em voto lapidar, o Ministro Sálvio de Figueiredo Teixeira, atual vice-presidente do STJ, assinalou:

> O jurista, salientava Pontes de Miranda em escólio ao Código de 1939 XII/23, "há de interpretar as leis com o espírito ao nível do seu tempo, isto é, mergulhado na viva realidade ambiente, e não acorrentado a algo do passado, nem perdido em alguma paragem, mesmo provável, do distante futuro". "Para cada causa nova o juiz deve aplicar a lei, ensina Ripert (*Les Forces Créatives du Droit*, p. 392), considerando que ela é uma norma atual, muito embora saiba que ela muita vez tem longo passado"; "deve levar em conta o estado de coisas existentes no momento em que ela deve ser aplicada", pois somente assim assegura o progresso do Direito, um progresso razoável para uma evolução lenta.[14]

Concluo essas reflexões com a sempre atual e lúcida advertência do saudoso político, filósofo e jurista André Franco Montoro (Maria Luiza Marcílio *et al.*, 1997:14): "Quiseram construir um mundo sem ética. E a ilusão se transformou em desespero. No campo do direito, da economia, da política, da ciência e da tecnologia, as grandes expectativas de um sucesso pretensamente neutro, alheio aos valores éticos e humanos, tiveram resultado desalentador e muitas vezes trágico".

Referências bibliográficas

AGUIAR JÚNIOR, Ruy Rosado de (1998). "Responsabilidade política e social dos juízes nas democracias modernas", *RT* 751/35-50, São Paulo, Ed. RT, maio.

BELO HORIZONTE-MG. *Jornal do Advogado*. Ordem dos Advogados do Brasil-MG.

11. REsp 90.366-MG, Ministro Luiz Vicente Cernicchiaro, publicação da Escola Judicial Desembargador Edésio Fernandes, TJMG, *Diário do Judiciário — MG*, 13.6.1997.

12. REsp 35.506-0-RS, Ministro Vicente Cernicchiaro, *DJU* 28.3.1994.

13. REsp 187.492-SP, Ministro Luiz Vicente Cernicchiaro, *DJU* 8.3.1999.

14. STJ, REsp 196-RS, rel. Ministro Sálvio de Figueiredo Teixeira, in *RT* 651/170-173, jan. 1990.

BOBBIO, Norberto (1995). *Liberalismo e Democracia*. Trad. Marco Aurélio Nogueira. São Paulo, Brasiliense.

BITTAR, Carlos Alberto (1991). *O Direito Civil na Constituição de 1988*. São Paulo, Ed. RT.

BONAVIDES, Paulo (1996). "A globalização que interessa", ensaio no *Jornal do Brasil*, Rio de Janeiro, 16 de janeiro, p. 9.

BRASÍLIA. *Notícias do Superior Tribunal de Justiça*. Brasília, internet, <http://www.stj.gov.br>.

CAMPOS, Roberto (1996). "A reinvenção do Estado", artigo no jornal *Folha de S. Paulo*, 18 de junho, pp. 1-4.

CASTRO, Moacir Werneck de (1996). *A Máscara do Tempo*. Rio de Janeiro, Civilização Brasileira.

DI PIETRO, Maria Sylvia Zanella (1997). *Parcerias na Administração Pública*. São Paulo, Atlas.

FARIA, José Eduardo (1996). *Direito e Globalização Econômica — Implicações e Perspectivas*. São Paulo, Malheiros Editores.

HOBSBAWN, Eric (1995). *Era dos Extremos - O Breve Século XX*. Trad. Marcos Santarrita. 2ª ed., São Paulo, Cia. das Letras.

MARCÍLIO, Maria Luiza e RAMOS, Ernesto Lopes (coords.) (1997). *Ética na Virada do Século*. São Paulo, LTR.

MARQUES, Cláudia Lima (1999). *Contratos no Código de Defesa do Consumidor*. 3ª ed., São Paulo, Ed. RT.

OLIVEIRA, Francisco de (2003). "O enigma de Lula: ruptura ou continuidade?", jornal *Folha de S. Paulo*, 18 de maio, p. A-2.

REALE, Miguel (2002). *Sentido do Novo Código Civil*, internet, <lista@amb.com.br>, captado em 31 de março.

RIO DE JANEIRO. *Jornal do Brasil*.

______. Jornal *O Globo*.

RIPERT, Georges (2002). *A Regra Moral nas Obrigações Civis*. Trad. Osório de Oliveira. 2ª ed., Campinas, Bookseller.

SÃO PAULO. Jornal *Folha de S. Paulo*.

______. Jornal *Folha de São Paulo*, "Folha On Line".

______. *Revista dos Tribunais*, Ed. RT.

SARAIVA, Paulo Lopo (1983). *Garantia Constitucional dos Direitos Sociais no Brasil*. Rio de Janeiro, Forense.

SUNDFELD, Carlos Ari (1997). *Fundamentos de Direito Público*. São Paulo, Malheiros Editores.

TOURAINE, Alain (1998). "Um equilíbrio precário", ensaio publicado no jornal *Folha de S. Paulo*, Caderno "Mais", 21 de junho, p. 3.

O PRINCÍPIO CONSTITUCIONAL DA EFICIÊNCIA NA ADMINISTRAÇÃO PÚBLICA

JULIANO HENRIQUE DA CRUZ CEREIJIDO*

Procurador da Assembléia Legislativa de São Paulo

1. Conceito e delimitação

Embora a doutrina tenha mostrado alguma relutância em acolher a eficiência, mesmo como princípio constitucional implícito, antes da Reforma Administrativa, aparentemente sempre houve certo o consenso em incluí-la junto às diretrizes da atuação dos agentes públicos, tanto que Hely Lopes Meirelles já o fazia na qualidade de poder-dever do administrador público.

Introduzida pela Emenda Constitucional n. 19, de 4 de junho de 1998, a eficiência foi elencada ao lado da legalidade, impessoalidade, moralidade e publicidade, como um dos princípios expressos da Administração Pública, nos termos do novo *caput* do art. 37 da Constituição Federal. Podendo ser tida como parte de um esforço agressivo empreendido pelo Governo Federal para a implementação da chamada "administração gerencial", sucessora da "administração burocrática", a formalização do princípio da eficiência teria como pressupostos, como deixou patente o próprio Chefe do Executivo, a flexibilização dos padrões hierárquicos rígidos e concentração no controle dos resultados e não dos meios,[1] premissa esta relacionada de maneira equívoca, como veremos.

Cremos que o controle da eficiência, mais que o controle finalístico, está intrinsecamente relacionado com os *meios empregados*.[2] Nesse passo, conceituamos o princípio da eficiência nos seguintes termos: *trata-se de norma principiológica destinada a conferir aos agentes públicos o dever de selecionar e utilizar criteriosamente os melhores meios a serem empregados no cumprimento das atividades necessárias à boa administração, voltada ao atingimento de sua finalidade legal e, em última análise, do interesse público que lhe dá embasamento e legitimidade.*

O *controle dos meios* (e não dos fins alcançados), seria regra, o que entendemos, a propósito, mais condizente com a legalidade e especialmente moralidade administrativas.

Todavia, a aplicação do princípio da eficiência não pode ser dissociada de sua

* <jhcereijido@al.sp.gov.br>.

1. *Plano Diretor da Reforma do Aparelho do Estado*, p. 10.

2. Entendimento, por sinal, já defendido no magistério autorizado de José Eduardo Martins Cardozo, durante conferência na Escola Superior do Ministério Público de São Paulo, em 1999.

conjugação com outros princípios igualmente importantes e que acabam funcionando como uma espécie de "sistema de freios e contrapesos" da Administração Pública.

Exemplificando, a escolha dos melhores meios não pode ser de tal forma onerosa à Administração Pública que os resultados alcançados sejam suplantados pela contrapartida excessiva daí advinda. Os meios escolhidos, além de razoáveis, deverão ainda ser proporcionais. Concordando com os autores que vêem o princípio da proporcionalidade como uma decorrência da razoabilidade, entendemos que estes dois princípios deverão, juntamente com os demais, servir como parâmetro ao agente público que pretenda, atendendo aos ditames constitucionais, dar azo ao princípio da eficiência.

Não seria admissível, na hipótese aventada, a aquisição pela Administração de um equipamento de altíssimo custo para um trabalho de curta duração, que outro equipamento mais modesto faria em tempo pouco maior, sem haver sequer situação emergencial que eventualmente pudesse justificar tal atitude.

Utilizando o exemplo proposto, embora aparentemente tal aparato tecnológico fosse muito mais eficiente, a sua utilização esporádica ou sem previsão de utilização em larga escala faria com que a economia do fator tempo fosse absolutamente inviabilizada pela alta onerosidade econômica advinda com a aquisição, e que acabaria tendo de ser absorvida pelo erário, sem qualquer retorno, ainda que social.

O ato, embora se pretenda deduzir suposta eficiência da Administração na prestação de um serviço público, acaba pecando pela ausência de razoabilidade e mesmo inobservância da proporcionalidade. É óbvio, contudo, que a eficiência na Administração Pública não se resume em agir com razoabilidade ou com proporcionalidade, ou simplesmente agir tendo em mira a finalidade legal.

O administrador público, como qualquer cidadão, não podendo estar acima da Lei Maior, deve a ela conformar-se, sendo-lhe vedado, sob a alegação de estar atendendo a um princípio constitucional, violar outro. Sob uma abordagem constitucional, a aplicabilidade dos princípios jungidos à Administração Pública convergem na fusão de todas as qualidades, morais e técnicas, que se pretende existam em um administrador, cioso da imensa responsabilidade que compete àqueles que lidam com o dinheiro público e da infatigável expectativa da coletividade que lhe delegou poderes para o bom cumprimento de sua *munus*, voltada ao atingimento do interesse público.

Um administrador eficiente é, antes de tudo, um cidadão que deve estar preparado intelectualmente e em constante sintonia com as ininterruptas evoluções metodológicas e tecnológicas, típicas de um mundo extremamente complexo.

Como veremos a seguir, a eficiência na Administração Pública é matéria passível de ser abordada sob vários ângulos, espraiando-se por diversos campos do Direito Administrativo. Se a Administração Pública brasileira, com a complexidade que lhe é peculiar, desdobra-se em inúmeras e distintas entidades, pertencentes a diferentes entes da federação, ligados à administração direta ou indireta, por vezes mesmo constituídas de apêndices com natureza jurídica privada, subdivididas em órgãos com especializadas atribuições e diferentes prerrogativas de seus agentes, que os conduzem na exata medida de suas funções e posição ocupada, poderíamos, ainda que timidamente, tentar organizar, diante desse quadro, as diferentes concepções do princípio da eficiência.

Sem a pretensão de esgotar a matéria, pelo contrário, contribuir para uma melhor sistematização, já que pouco estudada, e aproveitando conceitos consagrados e extraídos da melhor doutrina, tentaremos demonstrar que o novo instituto da eficiência é passível de ser assimilado e inserido como parte componente das matérias mais tradicionalmente tratadas pelo Direito Administrativo no Brasil.

2. *Eficiência do ato administrativo*

Caberia falar em eficiência face aos atos administrativos vinculados? E em relação aos atos discricionários? Qual seria a exata delimitação do instituto em relação aos atos administrativos? A eficiência pode ser tida como elemento ou requisito do ato administrativo?

Nossas atenções serão concentradas naquelas teorias que procuram, de maneira científica, desnudar o ato administrativo, perscrutando eventuais vícios que possam se ocultar sob uma pretensa regularidade. *Decomposto o ato administrativo, em fragmentos que a doutrina denomina requisitos, elementos ou pressupostos, por vezes combinando-se as terminologias, verificaremos que a temática da eficiência pode e deve ser incluída cientificamente no âmago dessas teorias, encontrando supedâneo na própria Constituição, que acaba por irradiar seus efeitos sobre todo o Direito Administrativo.*

Hely Lopes Meirelles[3] afirmava existir nos atos administrativos a presença de cinco *requisitos*, que seriam necessários à sua formação, a saber: a) competência, ou o "poder atribuído ao agente da Administração para o desempenho específico de suas funções"; b) finalidade, caracterizada como o "objetivo de interesse público a atingir", indicado explícita ou implicitamente pela Lei; c) forma, qualificada como o "revestimento exteriorizador do ato administrativo" e que constitui "requisito vinculado e imprescindível à sua perfeição"; d) motivo, ou "situação de direito ou de fato que determina ou autoriza a realização do ato administrativo", e e) objeto, que se identificaria com o "conteúdo do ato".[4]

Para Celso Antônio Bandeira de Mello, somente seriam efetivamente *elementos* do ato administrativo o *conteúdo* e a *forma*, ao passo que existiriam ainda os seus pressupostos, de existência e de validade, com suas respectivas subdivisões.[5] O *conteúdo*, que alguns autores chamam "objeto", seria "aquilo que o ato dispõe, isto é, o que o ato decide, enuncia, certifica, opina ou modifica na ordem jurídica". Já a *forma* não se confundiria com a "formalização", um dos pressupostos, como veremos adiante. Juntos formariam os *elementos do ato administrativo*. Sem os elementos inexistiria "o próprio ser que se designa pelo nome de ato jurídico".[6]

Contudo, o grande diferencial da lição do ilustre administrativista está no que denominou *pressupostos do ato administrativo*, divididos em dois grandes blocos: os pressupostos de existência e os pressupostos de validade. O primeiro *pressuposto de existência* seria o *objeto*, ou seja, "aquilo a que o

3. *Direito Administrativo Brasileiro*, pp. 133-137.

4. O mesmo entendimento é partilhado por Maria Sylvia Zanella Di Pietro (*Direito Administrativo*, p. 187), que prefere enumerar, no que denomina *elementos* do ato administrativo, o "sujeito" em lugar da "competência": "Apenas com relação à *competência* é preferível fazer referência ao sujeito, já que a competência é apenas um dos atributos que ele deve ter para validade do ato; além de *competente* deve ser *capaz*, nos termos do Código Civil". Discordando de tais posicionamentos, que não são os únicos nesse sentido, Celso Antônio Bandeira de Mello (*Curso de Direito Administrativo*, p. 335) observa que nem todos os costumeiramente denominados "elementos" do ato administrativo teriam tal característica: "É fácil perceber-se que, dentre estes chamados 'elementos', *nem todos realmente o são*. Donde a impropriedade do uso da palavra para designar o conjunto batizado sob tal rótulo. Com efeito, o termo 'elementos' sugere a idéia de 'parte componente de um todo'. Ocorre que alguns deles, a toda evidência, não podem ser admitidos como 'partes' do ato, pois lhe são *exteriores*, conforme se verá adiante, ao tratarmos destes distintos tópicos".

5. Trata-se certamente de um dos mais analíticos estudos brasileiros sobre a natureza dos atos administrativos, dele tratando de maneira supostamente exauriente. Diante dessa condição, vamos aproveitá-lo para desenvolver a tese que nos propusemos a dissertar.

6. *Curso de Direito Administrativo*, pp. 335-353.

ato dispõe", acompanhado da *pertinência à função administrativa*, que caracterizar-se-ia pela necessidade de que o ato seja imputável ao Estado. Sem estes pressupostos, o ato não existiria ou existiria sob forma diversa do ato administrativo. Os *pressupostos de validade*, sem os quais não haverá ato administrativo válido, onde inseriremos o "agir eficientemente", seriam subdivididos em pressuposto subjetivo, pressupostos objetivos, pressuposto teleológico, pressuposto lógico e pressuposto formalístico.[7]

Assim colocada toda a teoria, com a devida vênia, tomamos a liberdade de acrescentar, face ao mais novo princípio informador da Administração Pública, mais um *pressuposto de validade objetivo* do ato administrativo, ao lado do motivo e dos requisitos procedimentais: a *eficiência*.

Se é certo que a eficiência não pode ser tida como um dos elementos do ato administrativo, já que este existirá independentemente de ser eficiente ou não, o mesmo não poderia ser dito em relação à possibilidade de produzir efeitos válidos.

Todo e qualquer ato administrativo será, portanto, inválido, nas hipóteses em que não exteriorize comando que contenha, de maneira objetiva, aptidão para produzir seus efeitos de maneira eficiente. O ato administrativo, além dos demais pressupostos de validade, deverá ainda trazer em seu bojo comandos dotados de capacidade para aferir efeitos práticos quanto à eficiência do ato.

Dessa forma, na tradicional conceituação doutrinária que elenca unicamente os assim denominados elementos do ato, a eficiência deveria estar figurando juntamente com o sujeito, a forma, a finalidade, o motivo e o conteúdo.

Contudo, como é que fica a questão do ato administrativo eficiente face às teorias da vinculação e da discricionariedade? Como propomos no início desse tópico, caberia falar em eficiência face aos atos administrativos vinculados? E em relação aos atos discricionários?

Para agirmos de maneira objetiva, e utilizando doutrina que é aceita pela maioria dos autores, a discricionariedade face aos atos administrativos estaria focalizada no motivo e no conteúdo (para alguns, objeto). Em relação ao sujeito (ou competência), à forma e à finalidade (em sentido estrito),[8] o ato administrativo seria sempre vinculado, não existindo liberdade de escolha e de agir ao administrador público. Em relação ao motivo e ao conteúdo, o ato poderá ou não ser discricionário, conforme a lei se abstenha ou não de prevê-los.

Se a lei prescrever àquele determinado ato administrativo, dentro do conceito de eficiência a que nos propomos no início deste trabalho, os meios a serem empregados para aquela determinada tarefa ou atividade, então o ato será vinculado, impondo a norma as ações que entende necessárias à plena caracterização do princípio constitucional.

De outro turno, se a lei apresenta lacuna ou se omite nesse sentido, confere-se ao administrador liberdade da escolha daqueles meios que virão a se caracterizar como garantidores da eficiência da medida, sendo o ato, nesse aspecto, discricionário.

3. *Eficiência na licitação e na celebração de contratos administrativos*

A Administração Pública, diante da especial condição que desfruta em relação aos

7. Idem, ibidem.

8. A doutrina tradicional elenca a finalidade como parte integrante do ato que é sempre vinculada. Entretanto, autores como Celso Antônio Bandeira de Mello e Maria Sylvia Zanella Di Pietro afirmam que a assertiva não é totalmente verdadeira. Para a autora, não obstante seja a finalidade do ato em sentido restrito (que "corresponde ao resultado específico que decorre, explícita ou implicita-

particulares, foi costeada de certas regras específicas que dizem respeito àqueles atos necessários ao cumprimento de suas finalidades e manutenção da máquina estatal, como por exemplo, adquirir, alienar e locar bens, contratar serviços e obras, etc. Para tanto, existe o instituto administrativo da *licitação*, que é o nome genérico conferido a todos os procedimentos que tenham por fim realizar tais atos, com as devidas ressalvas, previstas também em lei.

Cumpre asseverar, sem maiores delongas, que a eficiência, não obstante não elencada no art. 3º da lei federal de licitações e contratos administrativos, entre os seus princípios, como norma principiológica destinada a toda a Administração Pública, acaba por irradiar seus efeitos e imiscuir-se nos mais diversos campos da disciplina. *Nesse passo, se a licitação pode ser entendida como procedimento prévio às contratações pela Administração Pública, garantindo através do princípio da isonomia e demais princípios, o acesso a todos aqueles que estejam aptos a atender de maneira objetiva às suas necessidades, nos termos da lei, poderíamos afirmar que deverá ser utilizada também como forma de assegurar que o Poder Público procederá de maneira eficiente a definição do objeto e a seleção dos possíveis interessados, mesmo nas hipóteses de contratação direta, cuidando para que atuem também eficientemente.*

Como já salientado, o procedimento licitatório envolve uma série de atos administrativos que devem, para serem tidos como válidos, ser produzidos de forma a visar a eficiência. Dessa forma, qualquer que seja a modalidade licitatória, formalizada através de edital ou carta-convite, deverá ser realizada de modo a selecionar criteriosamente as características técnicas e os meios mais adequados ao atingimento dos fins a que se destina a contratação.

É sabido que a diferença entre uma boa contratação e outra sofrível, de um mesmo bem, serviço ou obra, estará lastreada fundamentalmente na sua adequada descrição, especialmente quando se tratar de licitação tipo menor preço. A necessidade do administrador público agir eficientemente, por óbvio, é regra mesmo naquelas avenças a que se prescreva ou faculte contratações diretas, ou seja, que impliquem respectivamente em inexigibilidade e dispensa de licitação.

Tendo o agente, nessas hipóteses, o dever de motivar, deverá fazê-lo de modo a deixar caracterizado não só o cumprimento ao imperativo legal, consubstanciado na subsunção fática à norma permissiva, mas também a demonstração que a escolha do fornecedor levou em conta a eleição daquele que ofereça produto ou serviço que empregue os melhores meios ou métodos disponíveis para alcançar o resultado desejado.

4. Eficiência e poder de polícia

Idéia surgida no período da democracia ateniense e lapidada através do tempo, em meio a períodos de obscurantismo, a noção de que deveria existir um interesse acima do pessoal, que abrangesse e beneficiasse toda uma coletividade, sempre habitou latente na própria razão de ser do Estado.

Vedados os abusos que excedessem os estreitos limites da legalidade e dos demais princípios, o poder de polícia firmou-se como aquela zona intermediária que atua sobre a liberdade e propriedade pessoal de forma a garantir o bem-estar social, como observa Celso Antônio Bandeira de Mello. Ressalvando que a defesa dos interesses públicos acaba por impor a utilização de meios

mente da lei, para cada ato administrativo") sempre vinculada, em sentido amplo, que deve corresponder ao interesse público, será discricionária "porque a lei se refere a ela usando noções vagas e imprecisas, como ordem pública, segurança, moral, bem-estar" (*Direito Administrativo*, p. 199). Para o autor, embora o fim seja sempre vinculante, a "qualificação do interesse público comporta certa margem, delimitada, é certo, do juízo discricionário" (*Curso de Direito Administrativo*, p. 369).

coativos, através do exercício do poder de polícia pela Administração Pública, este mesmo autor traça um interessante paralelo entre o princípio da proporcionalidade e a sua utilização como antídoto em face de eventuais abusos da Administração, alertando que a esta cumpre se comportar "com extrema cautela, nunca se servindo de meios mais enérgicos que os necessários à obtenção do resultado pretendido pela lei".[9]

Cremos que juntamente com a aplicação do critério da proporcionalidade, bem ressaltada pelo ilustre administrativista, a Emenda Constitucional n. 19/1998 consolidou a obrigatoriedade do emprego dos meios mais eficientes para a obtenção do resultado pretendido, posto que a utilização de procedimentos sem tal qualidade constituem, tanto quanto a adoção de ações desproporcionais, violência desnecessária e invasão indevida à liberdade e propriedade individuais, que a busca do atingimento do interesse público, com toda a importância que lhe é inerente, não pode desconsiderar.

Em outras palavras, o princípio da eficiência assume papel tão importante quanto os princípios da razoabilidade e da proporcionalidade, à medida que a sua não observância nos atos coercitivos decorrentes do poder de polícia podem trazer agressão tão grande aos direitos e garantias fundamentais, especialmente aos valores da liberdade e da propriedade, os mais afetados pelo exercício de tal limitação administrativa, quanto seria aquela esperada pela inaplicabilidade destes últimos e dos demais princípios da Administração Pública.

5. Eficiência dos agentes públicos

Vale ressaltar que boa parte das inovações trazidas à esfera jurídica dos agentes públicos, com a Emenda Constitucional n. 19/1998, acabam por trazer de maneira direta ou indireta conseqüências face à aplicação do princípio da *eficiência*. Como melhor exemplo do que afirmamos, o procedimento de *avaliação periódica de desempenho*, tornado obrigatório e fonte da perda do cargo ao servidor estável em caso de insuficiência, previsto na nova redação do art. 41 da Carta Magna, de certa forma institucionaliza o princípio junto aos quadros de pessoal da Administração Pública.

Na forma da Lei Complementar, o não cumprimento de níveis mínimos de desempenho acabaria por relativizar um dos "dogmas" do funcionalismo público, ou seja, a estabilidade do servidor público efetivo, até então somente excepcionável nas hipóteses de sentença judicial transitada em julgado e processo administrativo em que lhe fosse assegurado a ampla defesa.

A título ilustrativo, a Lei n. 8.112, de 11 de dezembro de 1990, que dispõe sobre o Regime Jurídico dos Servidores Públicos Civis da União, das Autarquias e das Fundações Públicas Federais, ao tratar dos casos em que seria aplicável a demissão, enumera em seu art. 132, as seguintes hipóteses: a) crime contra a Administração Pública; b) abandono do cargo; c) inassiduidade habitual; d) improbidade administrativa; e) incontinência pública e conduta escandalosa, na repartição; f) insubordinação grave em serviço; g) ofensa física, em serviço, a servidor ou a particular, salvo em legítima defesa própria ou de outrem; h) aplicação irregular de dinheiros públicos; i) revelação de segredo do qual se apropriou em razão do cargo; j) lesão aos cofres públicos e dilapidação do patrimônio nacional; l) corrupção; m) acumulação ilegal de cargos, empregos ou funções públicas; n) transgressão dos incisos IX a XVI do art. 117.

Portanto, não existe no elenco, até então *numerus clausus*, qualquer hipótese do que ora intitulamos *fator intrínseco ao desempenho funcional*, ou seja, aquele relacionado com o desempenho na própria atividade especificamente considerada, para o qual foi o servidor admitido no serviço público;

9. Celso Antônio Bandeira de Mello, *Curso de Direito Administrativo*, pp. 662 e 682.

mas sim atos praticados *quando* do desempenho funcional, que denominaremos *fator extrínseco ao desempenho funcional.*

Um servidor que atue na tesouraria de um órgão público e cause lesão ao erário de forma a desviar tais recursos em proveito próprio estará se aproveitando da situação fática, ou seja, o desempenho de uma função pública naquele local, para agir de maneira ilícita, evidenciando ato que estamos denominando *fator extrínseco de desempenho.*

Diferentemente, um servidor habilitado em ciências contábeis que atue no mesmo local e cause lesão ao erário por reiteradas falhas e omissões graves em seu trabalho usual, de modo a manifestar evidente *déficit* no desempenho que seria esperado de alguém admitido para tão importante função, estaria evidenciando hipótese em que atua o *fator intrínseco ao desempenho funcional*, que o dispositivo contido no inciso III do § 1º do art. 41 da Constituição Federal procurou abranger.

A existência do concurso, pressuposto prévio da admissão e conquista futura da estabilidade pelo servidor efetivo, era vista, aprovado o candidato, como suficiente para garantir a *contínua* habilitação do candidato para o desempenho do cargo ou função. Essa mentalidade foi exatamente o que a nova redação do art. 41 da Carta Magna procurou atacar. Buscar-se-ia o contínuo aperfeiçoamento e atualização dos servidores, de modo a adaptá-los e motivá-los a se prepararem às contínuas mudanças tecnológicas e operacionais. Isso supostamente acabaria por fazer com que o servidor atuasse de maneira necessariamente mais eficiente, na busca do aprimoramento funcional e profissional.

Cremos, contudo, que não se trata da eficiência simplesmente na acepção da maior produtividade, mas principalmente, na eficiência que diz respeito aos ganhos qualitativos de desempenho e que garantem um serviço público condizente com um cidadão mais exigente e cioso de seus direitos. Tal idéia, longe de ser original, já era ministrada por Hely Lopes Meirelles, somando-se a outros dos chamados poderes-deveres do administrador público.[10] Por certo a mesma conclusão se estende a todo agente público, não só aos "administradores", e até mesmo ao particular que preste serviços de natureza pública.

6. Eficiência na prestação de serviços públicos

Os serviços públicos, na definição de Maria Sylvia Zanella Di Pietro, corresponderiam a "toda atividade material que a lei atribui ao Estado para que a exerça diretamente ou por meio de seus delegados, com o objetivo de satisfazer concretamente às necessidades coletivas, sob regime jurídico total ou parcialmente público".[11] Seriam, por sua vez, princípios relativos à matéria o da continuidade dos serviços públicos, o da mutabilidade do regime jurídico e o da igualdade dos usuários,[12] a que acrescentaríamos a eficiência na prestação dos serviços públicos, como veremos.

A respeito, o Plano Diretor da Reforma do Aparelho do Estado, como já observamos anteriormente, liga a noção de Administração Pública Gerencial a uma maior eficiência na prestação dos serviços públicos.

10. A respeito, Hely Lopes Meirelles vaticinava que: "a eficiência funcional é, pois, considerada em sentido amplo, abrangendo não só a produtividade do exercente do cargo ou da função como a perfeição do trabalho e sua adequação técnica aos fins visados pela Administração, para o quê se avaliam os resultados, confrontam-se os desempenhos e se aperfeiçoa o pessoal através de seleção e treinamento. Assim, a verificação da eficiência atinge os aspectos quantitativo e qualitativo do serviço, para aquilatar do seu rendimento efetivo, do seu custo operacional e da sua real utilidade para os administrados e para a Administração. Tal controle desenvolve-se, portanto, na tríplice linha administrativa, econômica e técnica" (*Direito Administrativo Brasileiro*, p. 99).

11. *Direito Administrativo*, p. 98.

12. Ibid., p. 100.

Fala-se de maneira espontânea em fixação de objetivos a serem atingidos, podendo inclusive serem contratados, autonomia na gestão dos recursos e mesmo no controle *a posteriori* dos resultados, numa fórmula próxima à gestão empreendida nas empresas privadas. Além disso, o cidadão passaria a ser visto como contribuinte de impostos e "cliente", de forma que o importante passe a ser a sua plena satisfação.[13]

Daí o referido documento mencionar, de maneira equivocada, a não importância dos meios, desde que os fins sejam atingidos, consubstanciados na prestação de um serviço público de qualidade, ou seja, a chamada Administração Pública Gerencial estaria "voltada à cidadania" e devolução do Estado à sociedade, numa gestão eficiente da "res" pública.[14]

Para os idealizadores do Plano Diretor da Reforma do Aparelho do Estado, a eficiência restringir-se-ia ao binômio qualidade e baixo custo, junto aos setores de atividades exclusivas e de serviços competitivos ou não-exclusivos.[15]

Não obstante seja desejável que a prestação de serviços públicos prime pela qualidade e baixo custo, a questão, como colocada, acaba por carecer de pressupostos sólidos que lhe dêem subsídio. Em outras palavras, toda e qualquer informação pode acabar impregnada de vazio ideológico no momento em que o valor que se pretendia imprimir não venha acompanhado das bases científicas e dos mecanismos lógicos que lhe dêem fundamento. Embora o documento governamental inegavelmente busque o que poderia ser tido como o ideal na prestação dos serviços públicos, a assertiva parece desvincular-se da realidade à medida que desconsidera a importância da seleção dos meios para a obtenção dos resultados, como se um objetivo fosse algo etéreo que se persiga simplesmente com a força do pensamento.

Como procuramos demonstrar no decorrer do texto, a eficiência está necessariamente ligada aos meios, à medida que estes se fazem primordiais para o atingimento dos fins, em sua plenitude.

Não poder-se-ia cogitar a busca dos fins pelos fins, descurada de qualquer controle em relação aos meios. A eficiência não sobrevive somente dos resultados, mas também da seleção dos melhores meios para atingi-los em sua plenitude.

E o problema não se circunscreve exclusivamente a essa questão, posto que o fator ético também deve ser considerado. A velha expressão "os fins justificam os meios" não pode mais encontrar guarida em um Estado que se pretenda "Democrático de Direito". Por certo toda e qualquer ação torna-se imoral e mesmo ilícita quando se desapega dos valores fundamentais que norteiam o Estado moderno.

7. Eficiência na administração da "res" pública — Visão crítica

A eficiência não é simplesmente um rótulo que sobreviva dos adjetivos que lhe dêem aqueles que venham a analisar os atos praticados pelo administrador público. Mais que isso, trata-se de poder-dever do administrador público, como já ensinado há tempos por Hely Lopes Meirelles, elevado a princípio constitucional expresso, extensível a todo e qualquer agente público, que no desempenho funcional deverá observar a eficiência como um dos deveres que lhe sejam mais caros.

Não se trata simplesmente de ser um bom agente público, mas do "dever de ser um bom agente público", que agrega em uma de suas facetas o dever de agir eficientemente, da mesma forma como seria a obser-

13. *Plano Diretor da Reforma do Aparelho do Estado*, p. 23.

14. Ibid., *passim*.

15. Os assim denominados "setores do Estado" e seus respectivos conceitos foram apontados na pp. 52 e ss. do *Plano Diretor da Reforma do Aparelho do Estado*.

vância de todos os demais princípios da Administração Pública (implícitos e expressos), e comandos normativos deles decorrentes.

A partir do momento em que o Estado foi se desvinculando da noção personalista que lhe imprimiam até o fim do século XIX, com a hegemonia do Estado liberal, passou-se a idealizar concretamente uma feição de Administração Pública que dissesse respeito efetivamente, como o próprio nome sugere, a "administrar o que é público", o que é coletivo, o que pertence a todos e a nenhum ao mesmo tempo.

O novo constitucionalismo e a expansão das sociedades democraticamente organizadas veio a exigir constante e gradual transparência na Administração Pública, em um processo legiferante e contínuo de aquisição de novos direitos, inclusive metaindividuais, e de solidificação das garantias fundamentais, paralelamente a um movimento crescente na busca de um maior controle pela sociedade das ações do Poder Público, dos gastos públicos e dos serviços prestados à população.

Nesse contexto, a eficiência encontrou ambiente propício à sua inserção no direito administrativo brasileiro, embora pouco tenha sido estudada e muito ainda haja por fazer para o delineamento do instituto. Parte-se, por vezes, do errôneo pressuposto de que as empresas privadas são exemplos de eficiência a ser seguidas, a ponto do Governo Federal recomendar expressamente a adoção de técnicas próprias da iniciativa privada na gestão do patrimônio público, por meio da Administração Pública Gerencial.

Embora o Executivo tenha tido o bom senso de não confundi-las, vale ressaltar que a iniciativa privada estará sempre voltada ao *lucro*, com todas as conseqüências daí advindas.

As empresas privadas estão efetivamente assentadas sobre premissas absolutamente distintas daquelas que devem ser perseguidas pelo Poder Público. Toda a história das relações comerciais e empresariais estão relacionadas indubitavelmente à percepção de numerário e sua aplicação de forma a multiplicá-lo. Já o fim último da Administração Pública é o *atingimento do interesse público*. Daí os processos, mecanismos de atuação, estrutura dos órgãos e especialmente regime jurídico serem, inexoravelmente, distintos e em alguns pontos inconciliáveis com aqueles perseguidos pela iniciativa privada.

A eficiência, muito mais que um pressuposto da assim denominada administração gerencial, constitui dever, indeclinável e extensível a todo agente público. Cuida-se da busca contínua do aperfeiçoamento no desempenho das funções públicas que lhe sejam conferidas, tendo como "norte" a consciência da extrema importância e relevância de cuidar daquilo que é de todos sem ser de ninguém, do bem, do patrimônio, que constitui precisamente a soma dos esforços coletivos que através de gerações vieram a construir um país.

Bibliografia

BANDEIRA DE MELLO, Celso Antônio. *Curso de Direito Administrativo*. 12ª ed. rev., atual. e ampl. São Paulo, Malheiros Editores, 2000, 845 pp.

BRASIL. Presidência da República. Ministério da Administração Federal e Reforma do Estado. Câmara da Reforma do Estado. *Plano Diretor da Reforma do Aparelho do Estado*. Brasília, Presidência da República e Ministério da Administração Federal e Reforma do Estado, 1995, 84 pp.

DI PIETRO, Maria Sylvia Zanella. *Direito Administrativo*. 11ª ed. São Paulo, Atlas, 1999, 674 pp.

______. *Parcerias na Administração Pública: Concessão, Permissão, Franquia, Terceirização e outras Formas*. 3ª ed. rev. e ampl. São Paulo, Atlas, 1999, 328 pp.

FIGUEIREDO, Lúcia Valle. *Curso de Direito Administrativo*. 4ª ed. rev., ampl. e atual. São Paulo, Malheiros Editores, 2000, 622 pp.

LIMA, Ruy Cirne. *Princípios de Direito Administrativo*. 5ª ed. São Paulo, Ed. RT, 1982, 219 pp.

MEIRELLES, Hely Lopes. *Direito Administrativo Brasileiro*. 25ª ed. atual. por Eurico de Andrade Azevedo, Délcio Balestero Aleixo e José Emmanuel Burle Filho. São Paulo, Malheiros Editores, 2000, 765 pp.

ROCHA, Carmem Lúcia Antunes. *Princípios da Administração Pública*. Belo Horizonte, Del Rey, 1996.

SARMENTO, Daniel. "Constituição e globalização: a crise dos paradigmas do direito constitucional", *Revista de Direito Administrativo* 215/19-34, Rio de Janeiro, Renovar, jan.-mar. 1999.

SILVA, José Afonso da. *Curso de Direito Constitucional Positivo*. 12ª ed. rev. e atual. São Paulo, Malheiros Editores, 1996, 818 pp.

ZANCANER, Weida. "Razoabilidade e moralidade na Constituição de 1988", in *Revista Trimestral de Direito Público* 2/205-210, São Paulo, Malheiros Editores, jan.-mar. 1993.

SERVIÇOS DE TERCEIROS OU SUBSTITUIÇÃO DE MÃO-DE-OBRA

Interpretação do art. 72 da Lei de Responsabilidade Fiscal

MARCELO PALAVÉRI

Advogado, formado pela Faculdade de Direito da USP com atuação voltada para o Direito Público Municipal. Consultor da CONAM — Consultoria em Administração Municipal. Pós-Graduado da Escola Superior de Direito Constitucional/SP

WALTER PENNINCK CAETANO

Economista, Contador. Ex-Professor do CEPAM — Centro de Estudos e Pesquisa de Administração Municipal. Ex-Professor de Finanças Públicas das Faculdades Campos Sales/SP. Vice-Presidente da ABOP — Associação Brasileira de Orçamento Público/SP. Diretor Fundador da CONAM — Consultoria em Administração Municipal

Passados estes anos de vigência da Lei de Responsabilidade Fiscal, Lei Complementar n. 101/2000, editada em 5 de maio de 2000, parece-nos ser o momento apropriado de revermos alguns conceitos que inicialmente ficaram arraigados na interpretação de seus preceitos, não sem antes reconhecermos a revolução que este diploma legal já implementou na administração pública brasileira, sendo um verdadeiro divisor de águas entre o total descontrole fiscal da gestão pública, e a administração responsável, realista e preocupada com o equilíbrio das contas públicas.

Nos próximos anos, certamente essa mudança poderá ser sentida de forma mais evidente e concreta, com reflexos para a realidade das administrações públicas as quais hoje atravessam o processo destinado à adaptação à nova realidade normativa.

Reconhece-se, ademais, que toda mudança traz em si um procedimento traumático, característico da resistência às novas realidades, o qual, depois de superado, certamente permite verificar as grandes vantagens advindas dessas necessárias alterações.

Feitas essas colocações iniciais, reconhecemos, como já anotado, que é o momento de rever alguns conceitos relacionados à interpretação de normas estabelecidas pela Lei Complementar n. 101/2000, especialmente no tocante ao art. 72 do referido diploma legal.

Diz o artigo:

> Art. 72. A despesa com serviços de terceiros dos Poderes e órgãos referidos no art. 20 não poderá exceder, em percentual da receita corrente líquida, a do exercício anterior à entrada em vigor desta Lei Complementar, até o término do terceiro exercício seguinte.

A primeira leitura que fizemos desse preceito, veiculada em palestras e no livro *O Município e a Lei de Responsabilidade Fiscal*, editado pela CONAM, aponta para o fato de que, em linhas gerais, os *dispêndios com serviços de terceiros*, efetivados no exercício de 1999, pelos órgãos públicos nominados no art. 20 da Lei (aí incluídos os Municípios), não poderiam crescer, *em percentuais*, determinados com base na receita corrente líquida, até o exercício de 2003.

Assim, se em 1999, determinado Poder ou Órgão, dispendia com *serviços de terceiros* 10% da receita corrente líquida do exercício, esse percentual deveria ser mantido em 2000, 2001, 2002 e 2003, calculado com base na receita corrente líquida do respectivo ano.

Até aí, nada demais, pois, na verdade, apenas se explicitou, em linguagem mais direta, a redação do preceito legal.

O problema se encontra na noção dada por nós e, também por muitos outros, do que seriam *serviços de terceiros*, exatamente com o propósito de explicar a expressão contida no art. 72.

Na obra editada pela CONAM, redigida em conjunto com Austen S. Oliveira, Francisco Antonio Miranda Rodriguez e José Carlos Pólo, asseverou-se:

"O que deve ser considerado como serviços de terceiros?

"Todas as despesas classificadas como 'remuneração de serviços pessoais' (3.1.3.1) são serviços de terceiros.

"Já dentre as classificáveis como outros serviços e encargos, devem ser isoladas aquelas despesas que não correspondam a prestação de serviço.

"A maneira mais simples de se conceituar a aquisição de um serviço é através da contraposição à aquisição de um bem material.

"Na prestação de serviços não há, normalmente, uma transferência de bem para novo proprietário, que dele passaria a fruir e dispor.

"No serviço o bem produzido é imaterial.

"O trabalho que consiste em serviços, cria um artigo que de modo normal se consome precisamente durante o tempo da execução do serviço; o trabalho empregado na produção de objetos materiais, cria um artigo de consumo futuro. Não cabe dúvida que existe paralelismo de esforço produtivo entre o cabeleireiro que corta o cabelo de um cliente e o sapateiro que ao mesmo cliente faz um par de sapatos. A diferença está no fato do segundo produzir um objeto de utilidade material, enquanto que o primeiro não o produz, senão apenas presta um serviço (Albert Crew, citado por Bernardo Ribeiro de Moraes).

"Desse modo, são serviços de terceiros os de consultoria, a locação de bens, os de utilidade pública (água, luz, telefone), de transporte etc. O Adendo I à Portaria SOF n. 8, de 4 de fevereiro de 1985, exemplifica o que, no entendimento oficial, deve estar compreendido na classificação de 'outros serviços e encargos':[68]

"Nessa norma se pode verificar, mais facilmente, o que não corresponde a serviço de terceiro. A partir de 'despesas de caráter secreto ou reservado', os tipos de despesas elencados envolvem uma contraprestação em bem material. Quem compra uma medalha, uma condecoração, recebe, um bem material em troca. Já na outorga de um prêmio em dinheiro, não há nenhum serviço. No pagamento de uma indenização ou na restituição de importância, idem. São encargos, não serviços.

"Mesmo na classificação adotada pela União, estampada no seu Manual Técnico do Orçamento para 2001, exclusiva para Outros Serviços de Terceiros — Pessoa Jurídica, há despesas que, a rigor, não seriam serviços:[69]

"Note-se que 'despesas com congressos, simpósios, conferências ou exposições; despesas miúdas de pronto pagamento' podem não conter exclusivamente serviços, mormente estas últimas.

"68. *3.1.3.2 Outros Serviços e Encargos*

"Despesas com assinatura de jornais e periódicos; energia elétrica e gás; fretes e carretos; impostos; taxas e multas; locação de imóveis (inclusive despesas de condomínio e tributos à conta do locatário, quando previstos no contrato de locação; locação de equipamentos e materiais permanentes); passagens; transportes de pessoas e suas bagagens e pedágios; conservação e adaptação de bens imóveis; seguros em geral (exceto o decorrente de obrigação patronal); serviços de asseio e higiene (inclusive taxas de água e esgoto, tarifas de lixo, etc.); serviços de comunicação (correios, telefone, telex, etc.); serviços de divulgação, impressão, encadernação e emolduramento; convênios, acordos e ajustes realizados entre entidades públicas, visando a prestação de serviços; salários de presos e internados (Lei n. 3.274, de 2 de outubro de 1957); serviços funerários; despesas de caráter secreto ou reservado; despesas com congressos, simpósios, conferências ou exposições, despesas de pronto pagamento; diplomas, condecorações, medalhas e prêmios; aquisição de materiais para distribuição gratuita; indenizações e restituições, e outros serviços ou encargos.

"69. *39 — Outros Serviços de Terceiros — Pessoa Jurídica*

"Despesas com prestação de serviços por pessoas jurídicas para órgãos públicos, tais como: assinaturas de jornais e periódicos; tarifas de energia elétrica, gás, água e esgoto; serviços de comunicação (telefone, telex, correios, etc.); fretes e carretos; pedágio; locação de imóveis (inclusive despesas de condomínio e tributos à conta do locatário, quando previstos no contrato de locação); locação de equipamentos e materiais permanentes; conservação e adaptação de bens móveis; seguros em geral (exceto os decorrentes de obrigação patronal); serviços de asseio e higiene; serviços de divulgação, impressão, encadernação e emolduramento; serviços funerários; despesas com congressos, simpósios, conferências ou exposições; despesas miúdas de pronto pagamento; vale-transporte; vale-refeição; auxílio-creche (exclusive a indenização a servidor); *software*; habilitação de telefonia fixa e móvel celular; e outros congêneres."

Reconhecemos, hoje, que a interpretação emprestada ao preceito não é a mais adequada e propomos a sua revisão, conforme segue:

Com efeito — a definição de *serviços de terceiros* —, para os fins empregados no art. 72 da Lei Complementar n. 101/2000, deve ser tomado à semelhança de noção de *contrato de terceirização de mão-de-obra, referente à substituição de servidores e empregados públicos, a serem contabilizados como "outras despesas de pessoal"*, nos termos propostos pelo art. 18, § 1º, do mesmo diploma legal.

Por certo, a noção de *serviços de terceiros*, para o caso, não tem a mesma noção técnico-econômica dada à expressão no aspecto orçamentário, noção esta muito mais ampla, englobando desde remuneração de *serviços pessoais* que visam *substituir servidores*, até a *contratação de serviços* feitos sob a égide da Lei n. 8.666/1993, precedidas de licitações, denominados *contratos administrativos*.

Para o caso do art. 72, que aqui interessa estudar, *serviços de terceiros* deve ser entendido como expressão correlata àquela constante do art. 18, § 1º, da Lei Complementar n. 101/2000 (contrato de terceirização de mão-de-obra, referente à substituição de servidores e empregados públicos, a serem contabilizados como "outras despesas de pessoal"), lembrando-se, que não são efetivamente despesas com pessoal, mas apenas serão assim contabilizadas, para fins de verificação de limites nessa área.

Oportuno, nesse diapasão, lembrar ainda, que o enquadramento dessas despesas como sendo de pessoal, tem o único propósito de verificação dos limites legais, não se importando, a lei, com a verificação do real destino do dispêndio, e *nem mesmo com a legalidade da contratação*, a qual poderá, inclusive, até ser questionada.

Nesse sentido, é exemplificativo o texto do art. 61 da Lei de Diretrizes Orçamentárias da União, Lei n. 10.266, de 24 de junho de 2001.[1]

Assim, não é correto afirmar, como se tem verificado às escâncaras, que os órgãos públicos indicados no art. 20 da Lei Complementar n. 101/2000, estão limitados no tocante à contratação de empresas para *prestação de serviços*. Essas despesas são classificadas como *serviços de terceiros*, hoje denominadas de "outras despesas correntes", não estando obrigadas a se ater, para tais dispêndios, aos comandos percentuais, a que se refere o art. 72 da Lei de Responsabilidade Fiscal.

Pensamos hoje, ser inverídica a afirmação de que as despesas havidas com contratos administrativos, denominados *contratações de terceiros*, até o exercício de 2003, estão limitadas em percentuais da receita corrente líquida ao montante dispendido pelo órgão em 1999.

Além de inverídica essa afirmação, é, na verdade, inconstitucional.

Com efeito, a Lei Complementar n. 101/2000, surgiu no ordenamento jurídico pátrio com propósito específico, indicado no seu preâmbulo, *e reproduzido em seu art. 1º*, que estabelece:

> Art. 1º. Esta Lei Complementar estabelece *normas de finanças públicas voltadas para a responsabilidade na gestão fiscal, com amparo no Capítulo II do Título VI da Constituição.*
>
> § 1º. A responsabilidade na gestão fiscal pressupõe a ação planejada e transparente, em que se previnem riscos e corrigem desvios capazes de afetar o equilíbrio das contas públicas, mediante o cumprimento de metas de resultados entre receitas e despesas e a obediência a limites e condições no que tange a renúncia de receita, geração de despesas com pessoal, da seguridade social e outras, dívidas consolidada e mobiliária, operações de crédito, inclusive por antecipação de receita, concessão de garantia e inscrição em Restos a Pagar (destacamos).

Destina-se, assim, a normatizar o Capítulo de Finanças Públicas (Capítulo II), do Título VI (Da Tributação e Orçamento), de modo a normatizar os arts. 163 a 169 da Carta Magna.

Esses artigos, como é sabido, tratam de finanças públicas, versando, sob esse enfoque os limites e despesas com pessoal.

Não tratam, vale dizer, de contratos administrativos enquanto *contratação de serviços de terceiros* que não se refiram à substituição de mão-de-obra, regidos pelos arts. 22, XXVII, e 37, XXI, da Constituição Federal.

Assim, sistematicamente, a Lei Complementar n. 101/2000 não tem o condão de estabelecer limitações às *terceirizações de serviços em geral*, do poder público, vez que não se destina a disciplinar e complementar regra da Constituição Federal versando sobre a matéria.

Esse entendimento, ademais, encontra reforço no § 1º do art. 1º da própria Lei de Responsabilidade Fiscal, já reproduzido, o qual especificou que a responsabilidade fiscal, buscada por esse diploma legal, pressupõe o estabelecimento de regras referentes à geração de despesa com pessoal ou aqueles que visam substituir mão-de-obra de servidor, nada se falando acerca das *contratações administrativas de serviços*.

Por certo, além desse aspecto, de não encontrar amparo constitucional para normatizar questões atinentes à *contratação de terceiros*, no tocante a *contratos administrativos de serviços*, posto que os arts. 163 e ss., da Constituição Federal, não autorizam normatizar a matéria, tem-se que o assunto sob comento, refoge ao âmbito da Lei Complementar, ficando a cargo de Lei Ordinária, já existente, qual seja a Lei n. 8.666/1993 e suas alterações, por força do previsto pelo art. 22, XXVII, da Constituição Federal.

1. "Art. 61. O disposto no § 1º do art. 18 da Lei Complementar n. 101, de 2000, aplica-se exclusivamente para fins de cálculo do limite da despesa total com pessoal, independentemente da legalidade ou validade dos contratos."

Ademais, decorre dessa norma constitucional que à União cabe apenas estabelecer normas gerais, sobre as contratações administrativas a serem realizadas pelos entes públicos de outras esferas, não estando a regra em questão caracterizada enquanto tal.[2]

Assim, esta não é a correta noção de *serviços de terceiros* empregada pelo legislador no art. 72, tendo em vista não estar a Lei Complementar n. 101/2000 autorizada a estabelecer regras e limites aos contratos administrativos, *com o que a expressão somente pode relacionar-se com os limites em que está autorizada a disciplinar, quais sejam os relativos ao pessoal do poder público*.

Com efeito, a Lei Complementar em testilha disciplina preceitos da Constituição Federal referentes às finanças públicas, *estando autorizada expressamente a fixar limites de dispêndios com pessoal, nos termos do art. 169 da Constituição Federal*.

E ao fazê-lo, o diploma complementar foi pródigo no estabelecimento de regras, fixadas nos arts. 18 e ss., e nos arts. 70 e ss., das Disposições Finais e Transitórias.

Fiel ao objetivo de impor gestão responsável, destinada à busca do equilíbrio das contas públicas, regulamentou, de forma bastante detalhada, o art. 169 da Constituição Federal, atuando com mais objetividade que as Leis Complementares ns. 82/1995 e 96/1999, já revogadas.

Reforce-se, ainda, que o § 1º, do art. 18, traz uma inovação importante, pois insere nesse rol de despesas com pessoal aquelas decorrentes de *contratos de terceirização de mão-de-obra para substituição de servidores e empregados públicos*, que deverão ser contabilizados como "outras despesas de pessoal".

2. Para saber se determinada norma é ou não geral impõe-se verificar se, na sua essência, veiculam princípios, fundamentos e diretrizes do instituto das licitações e contratos, podendo ser aplicada de maneira uniforme em todo o país, o que não é o caso.

Esse preceito vem gerando acalorada polêmica, sendo que alguns lhe impõem a pecha de inconstitucional, vez que o art. 169 da Constituição Federal conferiu à Lei Complementar apenas a competência para fixar limites de despesas com pessoal ativo e inativo, categorias nas quais não se encaixam a mão-de-obra cedida para substituição de servidores.

Parece inexistir inconstitucionalidade no preceito, estando a matéria adequadamente normatizada, tendo o legislador destacado na definição o que estabelece como sendo despesa total com pessoal.

Realmente, pessoas assim contratadas, não são pessoal do Poder Público e a Lei efetivamente não disse que eram; apenas estabeleceu que — quando *estiverem em substituição a servidores e empregados públicos* —, as despesas correspondentes serão contabilizadas como "outras despesas de pessoal", adentrando o cálculo para apuração das despesas com pessoal, devendo respeitar o limite que veremos a seguir.

A norma desceu a aspectos práticos, buscando coibir subterfúgios destinados a maquiar despesas e a permitir a fuga do limite estabelecido.

Uma premissa, então, deve ficar assentada: pessoas que *prestam serviços como mão-de-obra terceirizada cedida em substituição a servidores e empregados* não são pessoal do Poder Público. Apenas os valores decorrentes desses ajustes serão computados para o cálculo das despesas com pessoal.

Sob esse enfoque, as regras foram impostas não só no texto básico da lei, destinado a fixar normas perenes, como também foram estabelecidas nas Disposições Transitórias, especialmente nos arts. 70, 71 e 72.

Com efeito, a leitura dos arts. 70 e 71 estabelece regras de adaptação — transitórias — de contenção no que pertine às despesas com pessoal, *ao passo que o art. 72, sob esse mesmo prisma, nitidamente relaciona-se com as despesas de substituição de mão-de-obra mencionadas no § 1º do art. 18 da Lei Complementar n. 101/2000.*

Até mesmo sob o aspecto *topográfico*, essa interpretação encontra sentido, pois as normas do art. 18 (*caput*) no aspecto transitório estão versadas no art. 71 e as atinentes ao § 1º (do art. 18) estão tratadas, em caráter transitório, no art. 72.

Assim, *serviços de terceiros*, na expressão do art. 72, é *sinônimo* dos *contratos de terceirização de mão-de-obra*, a que alude o art. 18, § 1º, da Lei Complementar n. 101/ 2000.

É nesse contexto que se limitam as despesas nos exercícios de 2000, 2001, 2002 e 2003, as quais devem ficar adstritas ao mesmo percentual das receitas correntes líquidas apuradas em 1999.

No contexto geral tem-se:

Art. 71. Ano a ano, de 2000 a 2003, as despesas com pessoal (art. 18) pode acrescer apenas até 10%, percentualmente, em relação à receita corrente líquida, ressalvada a hipótese do art. 37, inciso X, da Constituição Federal.[3]

O entendimento da regra estabelecida neste artigo se faz mais fácil a partir de um exemplo:

DESPESAS COM PESSOAL — LIMITES

REALIZAÇÃO DA DESPESA	1999	2000	2001	2002	2003
Receita corrente líquida					
(1) Despesa com pessoal[a]	1.000	1.050	1.100	1.200	1.300
(2) Percentual RCL (1):(2)	400	462	532,4	638,88	702
(3)	40%	44%	48,4%	53,24%	54%[b]
LIMITE PARA O ANO SEGUINTE					
(4) Percentual RCL do ano anterior	40%	44%	48,4%	53,24%	
(5) 10% de acréscimo máximo (3)x10%	4%	4,4%	4,84%	5,324%	
(6) LIMITE PARA O ANO SEGUINTE (4)+(5)	44%	48,4%	53,24%	58,564%	54%

[a] A hipótese admite que em todos os anos a despesa total atinja o limite máximo (anote-se, contudo, que o crescimento pode ser menor, sendo 10% o máximo que pode atingir).

[b] Em 2003, o percentual tem que se ater ao limite máximo estipulado no art. 20 da LRF.

Art. 72. De 2000 a 2003, as despesas com *serviços de terceiros*, na exata noção de contratos de *terceirização de mão-de-obra para a substituição de servidores e empregados*, contabilizados como "outras despesas de pessoal", não poderão crescer, percentualmente em relação à receita corrente líquida, mantendo-se o mesmo percentual apurado em 1999.

Após essas colocações, é importante concluirmos o presente estudo com aspectos práticos, os quais reforçam nosso entendimento interpretativo ao art. 72 da Lei de Responsabilidade Fiscal.

3. "Art. 37. A administração pública direta e indireta de qualquer dos Poderes da União, dos Estados, do Distrito Federal e dos Municípios obedecerá aos princípios de legalidade, impessoalidade, moralidade, publicidade e eficiência e, também, ao seguinte: (...). X — a remuneração dos servidores públicos e o subsídio de que trata o § 4º do art. 39 somente poderão ser fixados ou alterados por lei específica, observada a iniciativa privativa em cada caso, assegurada revisão geral anual, sempre na mesma data e sem distinção de índices.

Nesse passo, suponhamos um Município que em 2001 pretende terceirizar a execução dos *serviços de coleta de lixo*, anteriormente executados por seus próprios servidores. Ao assim agir, promoveria licitação e contrataria com a sua vencedora a execução de tais serviços. Diante da interpretação inicialmente proposta ao art. 72, isso provavelmente estaria inviabilizado, pois o Município poderia estar dispendendo percentual superior da receita corrente líquida com serviços de terceiros àquele dispendido em 1999.

Essa interpretação não é possível, senão pelas razões já ofertadas, também pelo fato de que se estaria, inclusive, ferindo a autonomia do Município, o qual diante dessa norma, veria tolhido o seu direito de optar pelos diversos caminhos existentes para a execução de serviços públicos, disponibilizando-os à coletividade, inclusive podendo melhorar, com isso, seus dispêndios com pessoal, posto que deixaria de gastar com servidores até então encarregados desses serviços.

E mais, essa alternativa não significaria necessariamente estar o Município, de fato, implementando uma gestão administrativa responsável, e estar atingindo o propósito principal da Lei de Responsabilidade Fiscal, ou seja, o equilíbrio entre receita e despesa. Por certo, não há como dizer que a execução dos serviços diretamente, em detrimento de sua *terceirização*, acarreta a possibilidade de mais facilmente alcançar, ou manter, os propósitos da gestão administrativa responsável.

Outro exemplo, que nos permitimos apresentar, torna mais evidente a impossibilidade da interpretação da qual agora nos afastamos. Suponha-se um Município que pretenda contratar empresa para a execução de serviços de fiscalização do trânsito, com a implantação de radares fotográficos. Com a implantação desses serviços, o Município passa a auferir significativa receita, e remunera a contratada com uma pequena parcela desse valor, ocorrendo, com certeza, uma elevação de sua receita corrente líquida.

Pela interpretação ora abandonada, certamente não poderia o Município optar por essa contratação. Sim, porque ao iniciar um novo contrato, faria crescer o seu percentual de dispêndio com *serviços de terceiros*, superando talvez (em 2002) o percentual apurado em 1999, que deveria manter-se constante até 2003.

Impedir a contratação, sob esse argumento seria um verdadeiro disparate, porque o contrato do exemplo é daqueles que reverte receita para o Município, mesmo que parte dela seja destinada a remunerar o contratado. A prevalecer essa interpretação, estaríamos por dizer que o Município deve agir, contrariamente aos comandos da Lei de Responsabilidade Fiscal, certos em orientá-los para a busca das receitas ao seu alcance, com o propósito de equilibrá-las com as sempre crescentes despesas, ou mesmo de apurar superávits nessa equação.

Como se vê, de todo o anteriormente exposto, reforçado pelos exemplos ao final produzidos, outra não pode ser a intelecção que se deve dar à expressão *contratação de terceiros*, empregada pelo art. 72 da Lei de Responsabilidade Fiscal, que não assemelhá-la a *contratos de terceirização de mão-de-obra, referentes à substituição de servidores ou empregados públicos*, previsto pelo art. 18, § 1º do mesmo diploma legal.

Sendo assim, apenas essas despesas, contabilizadas para fins de limite de pessoal como "outras despesas de pessoal", é que até 2003 devem se manter no mesmo percentual da receita corrente líquida apurada em 1999.

E mais, assim sendo, não há limitações para o crescimento das despesas, de *contratos com terceiros para prestação de serviços, ou sua terceirização*, salvo orçamentária, não se lhes aplicando aquelas impostas pelo art. 72 da Lei de Responsabilidade Fiscal.

São Paulo, junho de 2002.

GRÁFICA PAYM
Tel. (011) 4392-3344
paym@terra.com.br